속자치통감1

이 도서의 국립중앙도서관 출판시도서목록(CIP)은 서지정보유통지원시스템 홈페이지
(http://seoji.nl.go.kr)와 국가자료공동목록시스템(http://www.nl.go.kr/kolisnet)
에서 이용하실 수 있습니다.(CIP제어번호: CIP2017033576)

속자치통감1 (권001~권005)

2018년 2월 1일 초판 1쇄 찍음
2018년 2월 8일 초판 1쇄 펴냄

지은이　　필원
옮긴이　　권중달
펴낸이　　정철재
만든이　　권희선 문미라 정은정
디자인　　황지영

펴낸곳　　도서출판 삼화
등　록　　제320-2006-50호
주　소　　서울 관악구 남현1길 10, 2층
전　화　　02)874-8830
팩　스　　02)888-8899
홈페이지 www.samhwabook.com

도서출판 삼화, 2018, Printed in Seoul Korea

ISBN 979-11-5826-331-7 (94910)
　　　979-11-5826-330-0 (세트)

속자치통감1

권001~권005

 도서 출판 삼화

들어가면서

《속자치통감》의 역주작업에 붙여

사마광의 《자치통감》 294권을 우리말로 역주하여 완간한 지 벌써 6~7년이 흘렀습니다. 《자치통감》을 출간하면서부터 독자들 가운데 《속자치통감》도 이어서 번역해 달라는 요구가 있었습니다. 그러나 그 분량이 220권으로 《자치통감》의 3분의 2가 넘는 방대한 분량이어서 엄두를 내기가 어려웠습니다.

그동안 《자치통감》을 독자들이 쉽게 이해할 수 있도록 '자치통감행간읽기' 시리즈를 출간하였고, 최근에는 《자치통감평설》을 집필하고 있었으므로 《속자치통감》의 역주에 손을 대지 못하였습니다.

그러나 생각해 보면 《속자치통감》은 18세기 중국 고증학(考證學)의 결정체라고 말할 수 있으며, 송·요·금·원 네 왕조 시대를 다루고 있는데 우리나라로는 고려시대에 해당하는 시기입니다. 당시 동아시아에서는 전통적인 한족(漢族) 왕조인 북송(北宋)과 남송(南宋)이 있었지만, 이에 대하여 동아시아 북방족인 거란의 요(遼), 여진의 금(金), 몽골의 원(元) 왕조가 전통적인 중원으로 넘어가거나 중원을 지배하는 역사가 펼쳐지고 있었습니다.

자칫 동아시아는 한족(漢族)이 주류가 되어 역사를 전개시킨다는 오해를 단번에 풀 수 있는 시대입니다. 즉 동아시아 세계를 한족을 넘어 아시아적 시각으로 보아야 하는 시기였던 것입니다. 우리 역사에서는 고려 왕조가 이 시대에 병존하였으니, 고려가 동아시아의 급변하는 국제정세 속에서 어떻게 생존을 위하여 지혜를 모았는지를 볼 수 있는 아주 적절한 시기라고 해야 할 것입니다. 그리고 이것은 오늘날 우리에게도 어쩌면 타산지석이 될 수 있을 듯하였습니다.

　여기까지 생각해 보면 이 책이 청대 고증학의 결과물이어서 불편부당한 역사기록이라고 할 수 있고 따라서 동아시아 역사학의 최고 결정체라고 할만합니다. 한·당시대에는 훈고학(訓詁學), 송·명시대에는 심성학(心性學)이 학문의 주류였던 것에 비하여 청대의 고증학은 실재적 진실이 무엇인지를 추구하는 학문 경향이었습니다.

　더구나 이 책이 만주족 왕조인 청대에 편찬된 동아시아 학문의 최고 수준이며, 객관적 역사 기록의 백미임을 생각한다면 이 속에 기록된 역사사실 속에서 역사를 과장하거나 축소하려는 이념이 지배하는 역사서가 아닌 적나라한 실제 그대로의 동아시아 역사의 소용돌이를 볼 수 있습니다.

이 책을 통하여 우리나라에 청대 고증학의 결과물을 소개하게 되고, 이 책이 편찬되던 시기에 아직도 심성학에 머물러 있던 조선시대의 학문경향과 비교도 될 것입니다. 물론 혼자의 힘으로 이 작업을 추진하는 것이 어렵고 힘들다는 것을 잘 알지만 그래도 필요하기 때문에 용기를 내지 않을 수가 없었습니다.

강호 제현의 성원과 편달을 바랍니다.

대방재(待訪齋)에서

권중달 적음

목차

권001
송기 1 : 조광윤의 송 왕조 건국

권002
송기 2 : 술잔으로 녹인 병권

권003
송기 3 : 문치를 향하여

권004
송기 4 : 송의 촉국 정벌

권005
송기 5 : 북한 정벌의 실패

부록

《속자치통감》권001~권005 연표

송 기년	요 기년	서 기	중 요 사 건
태조 건원 원년	목종 응력 10년	960년	■ 후주의 전전도점검 조광윤이 후주 공제를 폐위하고 자립하다. ■ 후주의 소의절도사 이균이 기병하여 송을 토벌하다 실패하다. ■ 남당에서 송에 사신을 보내 조하하다.
2년	11년	961년	■ 남당이 홍주로 천도하다. ■ 송 태조가 석수신과 왕심기의 병권을 빼앗다. ■ 남당의 주군 이경이 홍주에서 죽고, 후주 이욱이 금릉에서 즉위하다.
3년	12년	962년	■ 무평절도사 주행봉이 죽고, 아들 주보권이 뒤를 잇다. ■ 형남절도사 고보욱이 죽고, 아들 고계충이 뒤를 잇다. ■ 호남의 장수 장문표가 담주를 점거하고 주보권에 반란하다.
태조 건덕 원년	13년	963년	■ 송에서 문신으로 지주사로 삼다. ■ 장문표가 주보권에게 죽다. ■ 송이 담주로 진격하여 주보권을 포로로 잡다. ■ 형남의 고계충이 송에 항복하여 남평이 망하다.
2년	14년	964년	■ 송 태조가 조보를 재상으로 하다. ■ 송 태조가 왕전빈을 파견하여 촉을 치게 하다. ■ 촉의 군사가 송군에게 대패하다.

송 기년	요 기년	서 기	중 요 사 건
3년	15년	965년	■송의 군사가 촉에 들어가자 촉주 맹창이 투항하여 후촉이 멸망하다. ■송이 형·호·서촉의 비단을 내고에 쌓고 봉춘이라고 하다.
4년	16년	966년	■송이 양천지역의 반란 세력을 평정하다.
개보 원년	18년	968년	■북한주 유균이 죽고 양자 유계은이 뒤를 이었다가 대신에게 피살되고, 그 동생 유계원이 뒤를 잇다. ■송이 이계훈을 파견하여 북한을 치자 요가 북한을 돕다. ■송의 군사가 돌아오다.
2년	경종 보령 원년	969년	■요의 목종이 근시에게 피살되고, 경종 야율현이 뒤를 잇다. ■송 태조가 북한정벌에 나섰다가 요의 군사에게 패배하다. ■송이 왕언초 등을 절도사에서 파직하다.

[일러두기]

· 이 책은 대만 세계서국에서 간행된 필원의 《속자치통감》의 표점본을 저본으로 하여 송시대부터 원시대 말까지의 전권(220권)을 완역한 것이다.

· 사건의 번호는 대만 세계서국본 《신교속자치통감》을 준용하였다.

· 번역의 기본 원칙은 원전이 갖고 있는 통감필법의 정신을 최대한 살린다는 의미에서 직역하되 의미가 불분명한 경우는 역자의 역주로 설명하였다.

· 역자가 내용과 분량을 감안하여 문단을 나누고 각 문단마다 제목을 달았다.

· 필요한 한자어는 괄호 속에 병기하였다.

· 인명·지명·관직명 등 고유명사는 외래어 표기법을 따르지 않고 한글 발음대로 표기하였다. 인명 가운데 원문에 성이 기록돼 있지 않은 것도 이해를 돕기 위해 성을 추가하였다. 지명은 괄호 속에 현재의 지명을 넣었고, 주(州)·군(郡)·현(縣) 등 행정단위가 생략되었지만 필요한 경우 이를 추가하였다. 관직명은 길고 그 업무가 생소하고 길게 느껴질 경우 관직명 자체를 우리말로 풀어주고 원 관직명은 각주로 설명을 보충하였다.

· 간지로 된 날짜는 괄호 속에 숫자로 표시하였다.

· 필요한 부분에 지도를 넣어서 이해를 돕고자 하였다.

· 본문의 '帝'는 '황제'로, '上'은 '황상'으로 번역하였다.

· 책이름이나 출전은 《 》, 편명은 〈 〉로 하였다.

· 본문에서 전후관계를 알아야 할 사건이나 내용·용어·고사 등 설명이 필요한 경우 각주로 설명을 보충하였다.

· 독자들의 이해를 돕기 위해 각주의 설명이 다소 중복 되게 하였다.

· 주어가 생략된 경우는 해당 연도의 기준을 삼은 황제가 주어이다.

· 고려와 관계된 사건은 《고려사》와 대조하여 그 동이(同異)를 각주로 밝혔다.

· 한글로 번역하여 말뜻이 분명하지 않을 경우 〔 〕안에 한자를 넣었다.

서문

풍집오¹의 서문

　진양(鎭洋, 江蘇省 太倉直隷州) 출신 상서(尙書)이신 고(故)필추범(畢秋帆)² 선생이 《속자치통감(續資治通鑑)》을 저술하였다. 대개 사마온공(司馬溫公)³이 《자치통감(資治通鑑)》⁴을 저술한 이후로 명대(明代)

1　풍집오(馮集梧)의 자(字)는 헌포(軒圃)이고 호는 노정(鷺庭)이고 안휘성 동향(桐鄕) 사람이다. 건륭 46년(1781년)에 진사과를 거쳐서 서길사(庶吉士)에 선발되었으며 산관(散館)에서 편수(編修)로 제수를 받았다. 장서를 많이 갖고 있었고, 교감에 정예였다. 필원이 생전에 겨우 《속자치통감》 103권을 초각한 상태에서 필씨 집안이 부패 죄로 적몰되어 중지되었고, 책의 원고는 산일되자 풍집오가 모든 원고를 사들여서 220권을 보충하여 판각하였다. 저서로는 《저운거고(貯雲居稿)》와 《번천시집주(樊川詩集註)》가 있다.

2　추범은 필원(畢沅, 1730~1797)의 호이며, 그의 자는 양형(纕蘅)이며 스스로 영암산인(靈巖山人)이라고 호칭하였다. 강소성 진양현(江蘇 鎭洋縣, 오늘의 太倉市) 사람으로 청조(淸朝)에서 장원(壯元)하였던 학자이며 정치적 인물이었다.

3　사마광(司馬光, 1019~1086)의 호로 자는 군실(君實)이고 다른 호로 우수(迂叟)라고 하였으며 세상에서는 속수 선생이라고 한다. 북송시기의 저명한 정치가이며 역사가, 산문가로 북송 섬주(陝州) 하현(夏縣) 속수향(涑水鄕) 사람이다.

4　사마광이 전국시대부터 오대 후주말까지 총 294권의 분량으로 1,362년간의

14　속자치통감1 (서문)

의 왕종목(王宗沐)[5]과 설응기(薛應旂)[6]가 각기 쓴 《속통감(續通鑑)》이라는 책이 있다. 국조(國朝, 청조)의 서건학(徐乾學)[7]이 다시 《통감후편(通鑑後編)》을 지었으니 왕씨와 설씨의 책에 입각하여 이를 늘리거나 줄였는데, 지금 원고는 겨우 남아 있기는 하지만 역시 흩어지고 빠진 것이 없지 아니하였다.

이 책은 송(宋)·요(遼)·금(金)·원(元) 네 왕조의 정사(正史)를 경(經)으로 하고 《속자치통감장편(續資治通鑑長編)》·《거란국지(契丹國志)》 등의 책과 각 전문가의 설부(說部)[8]·문집(文集) 약 110여 종을 참고하면서 《통감고이(通鑑考異)》의 예(例)를 모방하여 《고이》를 저술하고, 아울러 호삼성(胡三省)[9]이 각 정문(正文) 아래에 줄을 나누어 주(注)를

역사를 편년체로 쓴 역사책이다.

5 왕종목(王宗沐, 1524~1592)의 자는 신보(新甫)이고 호는 경소(敬所)이며 임해성관(臨海城關) 사람으로 명대의 정치인물이다. 저서로는 《송원자치통감(宋元資治通鑑)》, 《십팔사략(十八史略)》, 《태주부지(台州府志)》 등이 있는데 그 가운데 《송원자치통감》이 대표작이다.

6 설응기(薛應旂, 1500~1574)는 자는 중상(仲常)이고 호는 방산(方山)이며 직예무진현(直隸武進縣, 江蘇省 常州市 武進區) 사람으로 명조에서 관리를 지냈으며 여러 저서가 있지만 그 가운데 《송원자치통감(宋元資治通鑑)》이 있다.

7 서건학(徐乾學, 1631~1694)의 자는 원일(原一)이고 호는 건암(健庵)이며 강남(江南) 곤산현(崑山縣) 사람이다. 청대 초기의 정치적인 인물이며 학자로 관직은 형부상서에 올랐는데 저명한 고증학자인 고염무(顧炎武)의 생질이다.

8 고대의 소설과 필기, 잡저 같은 종류의 서적을 말한다.

9 호삼성(胡三省, 1230~1302)의 원래 이름은 만손(滿孫)인데 자는 신지(身之)이며 또 다른 자는 경삼(景參)이며 호는 매간(梅澗)이다. 영해 중호촌(寧海中胡村) 사람으로 남송 말년에서 원대 초기의 역사학자이며 절동사학파의 대표적인 인물이다. 저서로는 《죽소원지(竹素園集)》 100권, 《강동십감(江東十鑑)》,

달았던 것에 의거하여 사건은 반드시 자세하고 분명하게 하였으며 언어는 요점을 체득하는 데 귀착하게 하였다.

30여 년간 경영하면서 연달아 한 시대의 앞서가는 인재와 학문에 통달한 인사들을 모셔다가 참고하고 수정하며 원고를 완성하였으며 다시 여요(餘姚, 浙江省 寧波市) 출신의 소이운(邵二雲, 晉涵, 1743~1796)[10] 학사(學士)가 체례(體例)를 핵정(核定)하여 간각(刊刻)에 붙였고, 또 가정(嘉定, 上海市) 출신의 전죽정(錢竹汀)[11] 첨사(詹事)[12]가 뒤좇아서 교열을 덧붙이는 과정을 거쳤다.

그러나 번각(翻刻)을 하다가 반도 못 되는 겨우 103권에서 중지하였다.[13] 나 풍집오는 지난해에 사들여 온 원고 전부와 완전하지 못한 판각 편(片)에서 애석하게도 그 끝까지 이루지 못하였던 것에 마침내 117권을 보충하여 220권의 책을 거연(居然)히 잘 완성하였다. 필씨의

《사성부(四城賦)》가 있지만 지금에는 산일되어 찾아 볼 수 없고 지금 남아 있는 것은 《자치통감음주(資治通鑑音注)》 294권과 《통감석문변오(通鑑釋文辨誤)》 12권이다.

10 소진함(邵晉涵, 1743~1796)의 자로 또 다른 자는 여동(與桐)이며 호는 남강(南江)으로 절강(浙江) 여요(餘姚) 사람으로 청대의 한림(翰林)이며 교간(校刊) 학자이고 역사학자이다.

11 전대흔(錢大昕, 1728~1804)의 호가 죽정이며 그의 자는 효징(曉徵)이고 또 다른 자는 신미(辛楣)이며 강소성(江蘇省) 가정현(嘉定縣, 상해) 사람으로 청대의 역사가이며 언어학자이다.

12 청조의 관직명으로 명대의 것에 그 기능을 더하였는데, 중요한 것은 황자 혹은 황제의 내무에 관한 일을 맡거나 시종하였는데 정3품으로 첨사부에 속하였다.

13 《속자치통감》은 모두 220권이므로 103권은 절반이 못된다.

정본(定本)과 인연을 맺고 관계하였으니 그러므로 조금씩 정리하였지만 다시금 고정(考訂)을 더 하지는 아니하였다. 그 인명, 지명, 관직명을 되풀이하여 가리면서 역시 원서에 의거하여 사고관(四庫館)에 있는 책의 통용되는 조례(條例)를 존중하여 고쳐 확정하였다.

사마씨의 《자치통감》에는 신종(神宗, 1048~1085)이 그 명칭을 하사한 것을 상고해 보고 이도(李燾, 1115~1184)도 역시 말하였다.

"신(臣)의 이 책은 적어도 《자치통감》을 이었다고 말하는 것이 편할 수 있지만 억지로 '속자치통감장편(續資治通鑑長編)'이라고 말하여도 좋은 것입니다."

그러므로 효종(孝宗, 1127~1194)은 이도가 죽은 뒤에 "짐은 일찍이 이도에게 크게 '속자치통감장편'이라는 일곱 자를 쓰도록 허락하였다."고 말하였다. 그러하니 뒷날 사람들이 책을 쓰게 되면 다만 《자치통감후편》 혹은 《속편》이라고 말할 수는 있을 것 같지만 '속자치통감'이라고 말하는 것은 부당하다. 단지 필씨의 원명(原名)이 이와 같았으니 의당 그 구본(舊本)을 좇아야 하였다.

또 필씨가 아직 간각하지 아니한 원고본은 권(卷) 가운데에 무릇 년(年)을 나눈 곳은 모두 각기 그 연호를 머리에 두어서 전에 이미 간각한 103권의 체례와는 맞지 않지만 역시 고식(姑息)적으로 이를 거듭하였다.

가경(嘉慶) 6년(1801년) 3월 일
동향(桐鄕)의 후학 풍집오 씀

첨사(詹事) 전(錢) 선생님의 편지

노정(鷺庭, 풍집오) 선생님 각하

《속통감(續通鑑)》의 간각(刊刻)이 완성되었음을 알려드리오며 추범(秋帆, 필원)이 수십 년간 고심하였던 것이 싹 없어지지 않기에 이르게 되었으니 이는 선생님의 높은 우의(友誼) 덕택이며 추범께서도 역시 지하에서 마땅히 감사할 것입니다.

앞서 만났을 때에 누차 서문을 지어 달라고 부탁을 받고 제(弟)가 깊이 돌아보고서 감히 순응하지 아니하였는데 실제로 옛날부터 기전체와 편년체로 된 책은 단지 본인이 스스로 쓴 서문만 있을 뿐이었습니다. 만약에 《사기(史記)》, 《한서(漢書)》, 휴문(休文),[14] 연수(延壽)[15] 같

---

14 휴문은 남북조시대의 역사가이며 문학가인 심약(沈約, 441~513)의 자이다. 오흥(吳興) 무강(武康, 浙江 武康) 사람으로 《진서(晉書)》 120권, 《송서(宋書)》를 1년 만에 완성하였다. 다른 저서로는 《진서(晉書)》 110권, 《제기(齊紀)》 20권, 《양무기(梁武紀)》 14권, 《이언(邇言)》 10권, 《시례(諡例)》, 《송문장지(宋文章志)》 30권, 《사성보(四聲譜)》 등이 있지만 모두 일전(佚傳)하고 오직 《송서》만이 남아 있어 오늘에 이른다.

15 이연수(李延壽, ?~?)를 말하는데, 이연수는 상주(相州, 河南省 安陽市) 사람으

은 예(例)의 경우에는 있지만, 다른 사람이 이를 위하여 서문을 쓴 것은 아직 없습니다. 온공(溫公)의 《통감(通鑑)》에는 신종(神宗)이 〈어제(御製, 서문)〉를 내려 주었습니다. 이씨(李氏, 이도)의 《장편(長編, 속자치통감장편)》에는 효종(孝宗, 남송 1127~1194)이 서문을 하사하려고 하였지만 결과적으로 없었으며, 서동해(徐東海)[16]의 책에도 역시 서문이 있다는 말을 듣지 못했습니다.

대개 역사라는 것은 포폄(褒貶)에 의지하는데, 그 마음을 쓰는 곳이 있는 것은 오직 책을 쓴 사람만이 스스로 이를 말할 수 있습니다. 지금 추범이 이미 서문을 남겨 두지 아니하였고 그가 작고한 뒤에 선생이 그의 유고를 얻어서 이를 계속하여 완성하였으니 대서(大序)[17]는 다만 간각에 뜻을 두었던 시말(始末)을 쓰고 그 찬술한 종지(宗旨)를 말하지 않는 것이 가장 체례에 맞습니다. 만약에 별도로 서문을 짓게 되어 옛사람이 하지 않은 것을 새로 만들어 낸다면 제(弟)의 이름과 지위가 이미 낮은데 어찌 추범의 책보다 무거울 수 있겠습니까?[18] 하물며 쇠약

로 조적(祖籍)은 농서군(隴西郡) 적도현(狄道縣, 甘肅省 定西市 臨洮縣)으로 일찍이 유송(劉宋, 남북조시대의 남송), 남제(南齊), 남양(南梁), 남진(南陳) 그리고 북위(北魏), 북제(北齊), 북주(北周), 수(隋)까지 8왕조의 역사를 증수하거나 보충하였으며 이를 《남사(南史)》와 《북사(北史)》로 부르는데, 아주 유행하였다.

16 서건학(徐乾學)을 말한다. 서건학의 자호(字號)에는 동해(東海)가 없지만, 서건학이 정치적인 일을 한 것을 두고 당시 백성들 사이에서 "九天供賦歸東海[徐乾學], 萬國金珠獻澹人[高士奇]"이라고 노래를 불렀다. 그러므로 여기서 서건학을 서동해라고 호칭한 것이다.

17 풍집오가 쓸 서문을 높여서 말한 것이다.

18 전대흔은 서문은 찬자가 쓰거나 아니면 찬자보다 높은 사람이 써야 하는 것

하고 병들어 행동도 불편한데 어찌 감히 이 일을 맡겠습니까?

오로지 이것으로 받들어 회답하나이다.

대흔(大昕, 전대흔)이 머리 숙여 올리나이다.

으로 이해하고 있다.

필원의 묘지명

태자태보(太子太保)이고 병부상서(兵部尙書)이시며 호광총독
(湖廣總督)이고 세습이등(世襲二等)이시며 경거도위(輕車都尉)
이신 필공(畢公)의 묘지명(墓誌銘)

전대흔(錢大昕) [19]

가경(嘉慶) 2년(1797년) 7월 경오일(3일)에 병부상서이시며 호광총
독이시고, 세습경거도위이신 진양 필공이 병으로 진양행관(辰陽行館,
湖南省)에서 생을 마치시었다. 공은 오랫동안 행간(行間) [20]에 계시면
서 공훈과 수고로움이 성대하게 드러났으며 옮겨서 초남(楚南, 湖南省)
에 이르러서는 훗날에 대한 좋은 계책을 계획하시고 묘족(苗族)들이
사는 경지에서는 어루만져서 편안하게 하였다.

황상은 공이 수고로움을 쌓다가 병이 들었다는 소식을 듣고 손과 발
로는 부족하여 바로 말을 달려서 제일 좋은 약을 하사하고 유시하기를

---

19 전대흔(錢大昕, 1728~1804)의 자는 효징(曉徵)이고 다른 자는 신미(辛楣)이며
호는 죽정(竹汀)이다. 강소성 가정현(嘉定縣) 사람으로 청대의 역사가이며 언
어학자이다.

20 군대의 대오와 항열의 사이라는 말로 군대 생활을 가리키는 말이다.

마음을 편히 하면서 몸을 돌보면서 유지하라고 하셨다.

공은 스스로 은혜를 받은 것이 깊고 무겁다고 생각하고 또한 삼초(三楚: 西楚·江蘇, 東楚·彭城 以東, 南楚) 지역에 있는 많은 일을 감당하면서 감히 사사로움으로 공적인 것을 그르치지 않고 앓으면서도 억지로 몸을 지탱하면서 힘껏 업무를 살피다가 덧붙여 병이 낫지 않으니 드디어 일어나지 못하였다. 상소문을 남겨서 들어가 알리게 하자 구중 궁궐에서 진휼(軫恤)하여 태자태보를 증직하고 유시(諭示)하여 예(禮)에 맞게 제사지내게 하였다.

문장(文章)에 능통하였으며 무사(武事)에 통달하였으니 살아서는 영광스러웠고 돌아가시자 애달프니 아름다운 덕을 갖고 고종(考終)하셨다고 할 것이다. 여러 아들들이 공의 영구(靈柩)를 받들어 모시고 오문(吳門)에 있는 마을의 댁으로 돌아오니 해를 넘긴 다음해 3월 18일에 오현(吳縣) 영암향(靈巖鄕) 상사리(上沙里)에 새로이 무덤을 찾아내어서 원래의 배필인 왕부인(汪夫人)을 부장(祔葬)하며 예를 치렀다.

나 전대흔은 공과는 같은 마을 사람으로 앞서거니 뒤서거니 관각(館閣, 한림원)에 들어가서 문장을 논하고 옛것을 말하면서 자주 신석(晨夕)을 함께 하였는데, 만년(晩年)에 비록 운니(雲泥)의 차이[21]로 나뉘어 떨어져 있었지만 공은 오랫동안의 중요한 것을 잊지 아니하여 편지로 물은 것이 여러 차례 이르렀으며 매번 찬술(撰述)을 할 적에는 반드시 먼저 기탁하여 보였다. 이에 여러 아들들이 유언을 말하면서 글을 청하여 정석(貞石)에 새기고자 하여 나 전대흔은 현연(泫然, 물이 떨어

---

21 하늘의 구름과 땅의 진흙처럼 지위의 차이가 심히 많은 것을 일컫는 말이다. 여기서 필원은 지위가 높아지고 전대흔은 지위가 낮은 것을 의미한다.

지는 모양)이 감히 사양하지 아니하였다.

생각하건대 공의 휘(諱)는 원(沅)이고 자(字)는 양형(纕蘅)이고 다른 자(字)는 추범(秋帆)으로 스스로 호를 영암산인(靈巖山人)이라고 하였다. 대대로 휘(徽, 안휘성)의 휴녕(休寧, 安徽省 黃山市)에 살았으며 명(明) 왕조 말기에 피난할 땅인 소(蘇, 강소성)의 곤산(崑山, 江蘇省)으로 갔다가 또 태창주(太倉州, 蘇州)로 이사하였는데 후에 진양현(鎭洋縣)으로 갈리고 나서 드디어 호적을 등록하였다. 일찍이 증조할아버지인 태래공(泰來公)과 할아버지 견봉공(見峯公), 아버지 소암공(素庵公)은 모두 후덕하고 도타운 행실을 하여서 식자(識者)들은 그 후손들이 반드시 크게 될 것이라고 말하였다.

공께서는 어려서부터 영특하고 총명하여 어린 나이 6세 때에 어머니인 장태부인(張太夫人)[22]이 손수 《모시(毛詩)》와 《이소(離騷)》를 가르쳐 주셨는데, 눈길이 가는 곳에서는 모두 외웠다. 10세 때에 성운(聲韻)을 살폈으며 12세 때에는 제거(制擧, 과거)의 뜻을 익혔고 15세 때에는 시(詩)를 지을 수가 있었다. 조금 더 자라자 영암산(靈巖山)에서 책을 읽었는데 심문각공(沈文慤公) 덕잠(德潛),[23] 혜징군(惠徵君) 동

---

22 필원의 어머니 장조(張藻, 1723~1795)이다. 필원은 어려서 부친을 잃고 그의 어머니 손에서 자랐는데 그의 어머니 장조는 당시 자못 명성과 재주가 있었고 시를 쓸 수 있을 뿐 아니라 학문도 깊어서 《배원당시집(培遠堂詩集)》이라는 저술을 남겼다.

23 심덕잠(沈德潛, 1673~1769)의 자는 확사(碻士)이고 호는 귀우(歸愚)이며 청대 정치적 인물이며 시인이다. 그는 서길사(庶吉士)에 선발 된 이후로 산관(散館)에서 한림원편수(翰林院編修)로 제수되었고, 기거주관(起居注官)과 내각학사(內閣學士)를 거쳐서 관직이 예부시랑(禮部侍郞)에 이르렀고 시호가 문각공이다.

(棟)²⁴과 교유하면서 학업이 더욱 깊어졌다.

약관(弱冠, 20세 전후) 이후에는 경사(京師)에서 유학하였다. 건륭(乾隆) 18년(1753년, 23세)에 순천(順天) 향시에 합격하였고, 또 4년이 지나서 내각중서(內閣中書)로 제수되었는데 대학사인 부문충공(傅文忠公)²⁵이 한 번에 큰 그릇임을 알아보고 바로 직예(直隸) 군기처(軍機處)에 들어가도록 하였다.

공은 장고(掌故)를 연습하여 일을 처리하는데, 대체(大體)를 알았으니, 추정(樞庭)에 있는 여러 공들이 모두 공(公)에게 이에 보필하기를 기대하였다. 건륭 25년(1760년)에 회시(會試)에서 합격하였는데, 그의 이름이 두 번째였으며 정대(廷對)에서는 연이어 수천 마디를 하였는데 논의한 내용이 아주 적절하여지자 황상께서 친히 1등으로 발탁하였다.

이 해에 처음으로 새로운 진사들의 성적이 앞에서 10명은 시험지를 읽는 날에 이끌어다 만나보도록 정하여졌는데, 공의 의관(儀觀)이 뛰어나고 나아가고 멈추는 데서 절도가 있어서 천자의 용안이 아주 기뻐하였다.

노창(臚唱)²⁶하여 한림원(翰林院) 수찬(修撰)을 제수하니 관중(館中)

---

24 혜동(惠棟, 1697~1758)의 자는 정우(定宇)이고 호는 송애(松崖)이다. 강소성 소주부 오현(江蘇 蘇州府 吳縣, 江蘇 蘇州市) 사람으로 청대의 경학자(經學者)이며 오파 경학의 대표적 인물이다. 저술로는 《고문상서고(古文尚書考)》, 《후오파경학한서보주(後吳派經學漢書補註)》, 《구경고의(九經古義)》, 《명당대도록(明堂大道錄)》, 《송문초(松文鈔)》 등이 있다.

25 부항(傅恒, 1720~1770)으로 자는 춘화(春和)이고 부찰씨(富察氏)이다. 효현순황후(孝賢純皇后)의 동생으로 청 왕조 만주 양황기(鑲黃旗) 사람이고 정치적 인물이자 군사적 인물이다. 관직은 군기대신(軍機大臣)과 대학사(大學士)에 이르렀고 시호는 문충이다.

에서 올린 글의 대부분은 공의 손을 거쳤는데, 모두가 전중(典重, 典雅 莊重)하고 체례가 있었다. 우춘방(右春坊) 중윤(中允)으로 옮겨졌으며 다시 한림원(翰林院) 시독(侍讀)으로 옮겨져서 일강기거주관(日講起居 注官)에 충임되었다가 좌춘방(左春坊) 좌서자(左庶子)로 전보되었다.

건륭 32년(1767년)에 황상이 적전(藉田)에서 친경(親耕)을 하면서 가대(稼臺)에 나아가서 시찰하는데, 공이 시직(侍直)하면서 상주하고 대답하는 것이 뜻에 맞았으며, 어제시(御製詩)를 선포하여 보이고 필 찰(筆札)을 주어 갱화(賡和)[27]하게 하였는데, 시가 완성되어 나아가서 보이니 훌륭하다고 칭찬하였다.

이 해 겨울에 감숙(甘肅) 공진계도(鞏秦階道, 天水市 秦州)로 제수(除 授)하면서 불러서 접견하고 유시하여 말하였다.

"너는 군기처의 옛 소속이어서 정치에 통달하였으니 문학에서 우수 하고 뛰어난 것뿐만이 아니다."

관부에 도착하여 바로 머물며 신강(新疆) 경비국(經費局)을 만들고 또 총독을 좇아서 가욕관(嘉峪關)을 나가서 둔전(屯田)을 살펴보고 조 사하였으며, 목루하(木壘河, 신강 위구르)에서부터 길목살(吉木薩, 신강 위구르)에 이르기까지 왕복하기를 수만 리였는데, 도중에 아주 많은 편 수의 기행록(紀行錄)과 옛날을 읊은 시(詩)가 있다.

안숙도(安肅道, 안서와 감숙을 잇는 길)를 찾아보고 조사하였다. 건륭

---

26 과거를 치를 때에 전시(殿試)를 마친 다음에 황제가 전지(傳旨)하여 새로이 시험에 합격한 진사들을 순서대로 부르는 것을 말한다.

27 다른 사람이 사용한 원래의 운(韻) 혹은 제의(題意)에 따라서 화답하여 창 (唱)하는 것이다.

36년(1771년)에는 섬서(陝西)안찰사로 발탁되어 들어가서 조근(朝覲)하면서 감숙지역이 자주 여러 해 동안 고생스럽고 가문 상황을 구체적으로 말하니 독신(督臣)에게 지유(旨諭)를 더하여 진휼하게 하였고 아울러 쌓인 흠결(欠缺)된 400만 량을 면제하게 하였다.

얼마 안 있다가 섬서포정사(陝西布政使)로 발탁되었으며 호순무(護巡撫)의 인무(印務)를 겸하게 하였다. 당시에 많은 군사가 금천(金川, 四川 阿壩藏族 羌族 自治州 金川縣)을 정벌하면서 섬서를 통하여 촉으로 들어갔는데, 공은 대참(臺站)을 감독 관리하면서 양향(糧餉)의 공급을 충족하게 하였다.

건륭 38년(1773년)에는 하수(河水)·위수(渭水)·낙수(洛水) 세 강의 물이 넘쳐서 조읍(朝邑)의 경계로 들어오자 공은 말을 달려가서 부분별로 나누어 진휼하여 전부 살아난 것이 아주 많았다.

섬서(陝西)순무로 발탁되었다. 그해에 가뭄이 들어서 태백산(太白山)에서 기도를 하여 단비를 얻었다. 팔기(八旗)와 제표(提標)[28]의 마창(馬廠)에 있는 빈 땅을 깨끗하게 정리하여 백성들을 모집하여 개간하여 부(賦)를 납부하게 하였는데 구휼하고 상을 주는 비용으로 사용하였다.

또 서악묘(西嶽廟)[29]와 원성(元聖)인 주공(周公)의 묘를 수리하기를 상주하고 그 후예를 찾아보고 오경(五經)박사 한 명을 두어 제사 받드는 일을 하게 하였다. 경양(涇陽, 陝西省 中部)에 있는 용동거(龍洞渠)

---

28 각 성의 제독(提督)이 직접 관할하는 녹영관병(綠營官兵)을 말한다.

29 한 무제가 화산 아래에 서악신의 첫 번째 묘우(廟宇)를 창건하고 제사를 지냈다.

를 준설하였다.

섬서에 6년간 있으면서 서안(西安)장군을 겸서(兼署)한 것이 두 번이었고 섬감(陝甘)총독을 서임(署任)한 것이 한 번이었으며 특히 공작령(孔雀翎)를 쓰도록 특별히 내려주시니 은혜와 대우가 융중(隆重)한 것이 한인(漢人) 대신 가운데는 그를 따라올 사람이 없었다.

장태부인(張太夫人, 필원의 모친)이 어려움을 당하였는데, 겨우 1년에 이르자 황상은 섬서(陝西)지역의 책임이 무거워서 공을 복기(復起)하여 순무사(巡撫使)로 서임하였다.

마침 감숙(甘肅)에서 회적(回賊)이 하주(河州, 甘肅 臨夏)를 함락시키고 난주성(蘭州城, 甘肅省 蘭州市)을 압박하니 공은 격문(檄文)을 써서 만·한병(滿·漢兵)의 군사를 동원하여 앞뒤로 가서 돕게 하였고 또 팔기(八旗)의 경려(勁旅, 정예의 군대)를 간추려서 대신(大臣)으로 하여금 전체를 통일하여 응원하기를 요청하였다.

일이 평정되기에 이르자 황상이 말하였다.

"필(畢) 아무개는 섬서에 있으면서 감숙에 도적이 들끓는다는 소식을 듣고 바로 모든 마음을 거두어 조달하고 헤아려서 모든 일이 타당하게 협조를 이루고 아울러 먼저 처리한 것은 짐의 지의(旨意)와 서로 맞았으니 실로 가상하다고 할 만하며 상으로 일품(一品)의 정대(頂帶)[30]를 준다."

그 후에 평량(平涼, 甘肅省)에서 거스른 회적(回賊)들이 다시 반란을

---

30 청대에 관원의 등급을 구별하기 위한 모자의 장식이며 정대(頂戴)라고도 부른다. 통상적으로 황제가 관원에게 몇 품의 정대를 준다고 하는데 등급에 따라서 조금씩 고급의 정대를 준다.

일으켜서 통위(通渭, 甘肅省 定西市), 정령(靜寧, 甘肅省 동부)을 공격하여 약탈하여 역도(驛道)가 막히자 공은 다시 군사를 조달하여 빼앗는 것을 도왔으며 또 군사를 나누어 샛길로 그들의 배후를 둘러싸서 그들로 하여금 숨을 수 없게 하였다. 공은 마음을 다하여 나랏일을 하였고 구역을 나누지 아니한 것이 대부분 이와 같았다.

건륭 50년(1785년)에 하남(河南) 순무(巡撫)로 옮겨졌다. 이때에 하남·북(河南·北)에는 빈번하게 해마다 한발로 고생을 하거나 하수(河水)가 범람하여 넘쳐서 백성들의 전지와 여사(廬舍)를 무너뜨리니 공은 이미 명령을 받고서 바로 상주문을 올려서 조운(漕運)을 다스리며 머물면서 시장의 가격을 고르게 하고 여러 주현(州縣)에서 재난을 입은 호구에게 두 달간의 진휼을 펼쳤다.

그리고 아직 완납하지 아니한 은미(銀米)를 징수하였다가 재난을 입은 사람들을 시찰하고 나누어 헤아리거나 혹은 전부 면제하거나 혹은 천천히 징수하게 해달라고 청하여 모두 허락을 받고 시행하였다. 이로부터 뒤로는 쌓인 물이 점차로 줄어들었거나 비가 오기를 기도하여 번번이 응험(應驗)이 있어서 그해에 풍년을 얻었다.

또 명령을 받들고 동백산(桐柏山, 河南省과 湖北省의 변경 지역)에 가서 회원(淮源, 회수의 시원지)을 찾았는데, 공은 몸소 가파른 바위를 밟고 그 맥락을 찾아서 그림을 그리면서 나아갔는데 특히 아름다운 장려(獎勵)를 받고 회원기(淮源紀)를 어제(御製)로 작성하여 그 사실을 기술하였다.

황마괘(黃馬褂)[31]를 입는 것을 심상(尋賞)하였지만 호광(湖廣) 총독으로 발탁되어 실행하지 못하고 이양거포(伊陽拒捕) 사건[32]으로 말썽이 있었으나 여전히 순무의 임무를 보유하였다.

건륭 52년(1787년)에는 황하가 수주(睢州, 河南 商丘市 睢縣)에서 터져서 영릉(寧陵), 상구(商邱), 영성(永城), 녹읍(鹿邑), 자성(柘城) 같은 여러 현(縣)으로 물이 넘쳐흘러 들어오니 대학사(大學士)인 아문성공(阿文成公)[33]에게 조서를 내려서 가서 시찰하도록 하고 함께 계획하도록 하자 여름부터 겨울까지 무릇 5개월 동안 지내면서 일을 바로잡았다.

재난을 만난 백성들을 위무하고 구휼하며 빌려 준 종자를 면제하고 미루어 주어 전부 살아나면서 계산할 것을 없앴다. 다음 해에 하북지역의 세 군에 가뭄이 들어 지의를 받들어 쌀과 보리를 운반하는 일을 맡았는데 값은 감하여 평적(平糶)하였고, 또 백천(百泉), 단하(丹河), 구도언(九道堰)을 준설하여 물을 끌어다가 전지(田地)에 물을 댔다.

조금 있다가 호광총독에 제수되었다. 당시에 장강의 물이 특이하게 불어나서 물이 넘쳐서 형주성(荊州城)으로 들어갔고, 하유(下游)에 있는 주현(州縣)들 역시 대부분 물에 빠졌다.

그곳을 찾아보고 장강의 한 가운데에 교금주(窖金洲, 강 가운데 있는 모래 섬)가 있어서 물길을 방해하고 막고 있어서 상유(上游) 지역이 해

---

31 황마괘란 청대의 일종의 관복인데 마괘란 청조의 관원들이 말을 탈 때에 입기에 편하도록 설계된 것이다.

32 건륭 51년(1786년) 7월에 하남 이양현에서 발생한 사건으로 범인이 체포를 거부하고 관원을 살해하였다. 지현(知縣)인 손악호(孫岳灝)가 범인을 조사하는 과정에 도끼에 찍혀 죽었다.

33 아계(阿桂, 1717~1797)을 말하는데, 자는 정광(廣廷)이고 장규씨(章佳氏)이며 처음에 만주(滿洲) 정람기인(正藍旗人)이었다가 회부(回部)를 평정하고 이리에 주둔(伊犁)하면서 일을 처리한 수고가 있기 때문에 정백기인(正白旗人)에 예속하도록 고쳤다.

를 입는다는 것을 알아내고 재빨리 명령을 내려서 갈대풀을 제거해 버리라고 명령하고 사는 백성들이 점거할 수 없게 하였다.

이어서 북쪽 강안(江岸)에 방죽을 쌓고 여울을 압박하여 남쪽으로 달리게 하여 보호하는 밑천으로 삼았으며 물에 빠졌던 집을 진휼하고 성(城)의 담장에 있는 제안아서(堤岸衙署)의 병방(兵房)을 차례대로 수리하였다. 또 염과(鹽課)의 누규(陋規, 잘못된 규정)를 혁파하여 사사롭게 판매하는 것을 금절(禁絶)하여 매 해에 10만을 넘치고 녹인 것을 끌어냈다.

건륭 59년(1794년)에 천진에 있는 행재소로 들어가서 조근하자 어제시를 하사하니 악차(幄次, 제왕의 휴식용 장막)를 따르는 사람들이 갱화(賡和, 다른 사람의 原韵에 이어 쓴 唱和)하였는데, 스스로 어려서부터 쇠약하고 병이 많았음을 진술하면서 경직(京職)을 가지고 보답하게 해 달라고 빌었지만 따뜻한 유시를 내리면서 허락하지 않았다.

이 해 가을에 호북(湖北)지역의 간사한 백성들의 전교(傳敎, 종교의 전파) 사건으로 산동(山東)순무로 좌천되었다. 임청(臨淸), 관도(館陶) 같은 여러 주현이 물 피해를 입자 지의(旨意)를 받들어 배로 진휼하고, 추량(秋糧)과 본년도의 조미(漕米)를 활면(豁免)하게 하고, 풍년이 든 곳에서는 양식을 사들여서 저축하도록 하여 내년의 평조(平糶, 파는 값을 고르게 하는 조치)에 대비하게 하였다.

건륭 60년(1795년) 봄에 은혜로운 조서를 내려서 각 성의 민흠(民欠)[34]을 전체적으로 면제시키니 공은 동성(東省, 산동성)을 조사하여

---

34 민호가 마땅히 내야하는 전량(錢糧)을 내지 못하였거나 수량이 부족한데 이를 미룬 것을 말한다.

해마다 흠결(欠缺)된 정모은(正耗銀)[35]이 487만여이었는데, 상평사(常平社)의 창고에 있는 쌀 50만여를 절약해 내어서 이를 면제하였다고 모두 주문을 올렸다. 이때에 이미 호독(湖督, 호광총독)을 두 번째로 맡으라는 명령을 얻었는데, 배수하고 주문을 올린 다음에 떠났으니 그가 책임을 맡음에 미루고 바라보지 않았음이 이와 같았다.

처음으로 초(楚)지역 경내로 들어가서 묘족(苗族)의 강역(疆域)에 경보(警報)가 있다는 소식을 듣고 바로 말을 달려서 상덕(常德, 湖南省)으로 가서 군량을 전운(轉運)하는 계획을 만들었다.

이미 그렇게 하였는데 대학사인 가용공(嘉勇公) 복공(福公)[36]과 사천총독(四川總督) 화공(和公)[37]이 앞뒤로 초(楚)지역에 도착하여 격문으로 여섯 성의 군사를 발동하여 모여서 공격하게 하자 공급하고 지급하는 것이 매일 수만을 밑돌지 않았지만 공은 진주(辰州, 湖南省 懷化市)로 옮겨 머물면서 군량 운반을 감독하여 보내는 것이 서로 이어지게 하였다.

대군(大軍)이 이미 우두머리 역적인 오반생(吳半生) 등을 체포하고 건주(乾州), 영순(永順), 영수(永綏), 보정(保靖)에 사는 묘족들의 500여 영채(營寨)는 앞뒤로 진주에 와서 항복을 받아달라고 빌었다. 공이 승

---

35 정모란 명·청시기에 조운(漕運)할 양곡의 정세 이외에 민호(民戶)들에게 조운하면서 손모(損耗)하는 것을 징수하는 일종의 부가세이다.

36 복강안(福康安, 1754~1796)을 말하는데 자는 요림(瑤林)이고 부찰씨(富察氏)이며 만주(滿洲) 양황기(鑲黃旗) 사람이고 청 고종효현황후(高宗孝賢皇后)의 조카로 대학사인 복부항(福傅恒)의 아들이다.

37 화림(和琳, 1753~1796)을 말하는데 만주 정홍기(正紅旗) 사람이고 뉴호록씨(鈕祜祿氏)이며 자는 희재(希齋)이다.

조(承詔)하여 어루만지고 타이르자 모두 감동하여 눈물을 흘리고 머리를 조아리며 갔다.

가경(嘉慶) 원년(1796년) 봄에 호북(湖北)의 지강(枝江)에서 도적이 일어나서 백련교(白蓮敎)라고 궤변으로 칭탁하여 의도(宜都), 장양(長陽), 장낙(長樂)에 사는 교비(敎匪)들이 일시에 호응하여 화답하며 사방에서 나와서 불 지르고 약탈하자, 공은 말을 달려서 지강으로 가서 순무(巡撫)인 혜공(惠公)[38]과 군사를 움직여서 나아가 소탕하였는데 연달아 소가암(蕭家巖), 율자산(栗子山), 장령충(長嶺沖) 같은 여러 영채(營寨)를 격파하였다.

당시에 북성(北省, 호북성)의 표영병(標營兵)[39]을 모두 움직여서 묘족(苗族)이 사는 지역으로 갔는데 간민(奸民)들이 텅 빈틈을 타고서 비도(匪徒)들을 유혹하여 모아놓고 여러 현(縣)을 나누어 가면서 시끄럽게 하였다. 당양(當陽), 보강(保康), 내봉(來鳳), 죽산(竹山)이 서로 이어가면서 잃어버리고 함락되자, 여러 대수(大帥)들에게 조서를 내려서 길을 나누어 공격하여 소탕하게 하였다.

공과 장군(將軍)인 서공(舒公)[40]은 당양을 공격하였는데, 바로 날래

---

38 혜령(惠齡, ?~1808)을 말하는데, 혜령은 살이도극씨(薩爾圖克氏)로 자는 춘정(椿亭)이고 몽고 정백기(正白旗) 사람으로 청조의 장령이다. 가경 원년에 교비인 섭걸인(聶傑人)과 장정모(張正謨) 등이 지강, 의도 등에서 난을 일으키자 군사를 거느리고 가서 이를 토벌하였다.

39 표영은 청대 녹영병의 편제 명칭이다. 《청사고》·《병지6》에는 '하도총독의 표영은 무릇 12영이다.'라는 기록이 있다.

40 서량(舒亮, ? ~1798)을 말하는데 소가씨(蘇佳氏)이고, 만주 정백기(正白旗) 사람이며 청 왕조의 장령이다.

고 용감한 사람을 선발하여 산의 좁은 곳을 움켜쥐고 그 밖에서 원조하는 3천 명을 섬멸하자 도적들은 모두 힘을 다하여 죽기로 하고 지켰다. 공은 친히 장사(將士)들을 독려하여 화전(火箭)과 화탄(火彈)을 성안으로 발사하게 하여 그들의 포대(礟臺)와 저축해서 모아 놓은 것을 불 질렀다.

7월에 동쪽 문에서 이기자 도적들은 물러나서 서북쪽을 지키었지만 다시 공격하여 2천여 명을 죽이어 없애고 그들의 거짓장수[41]를 포로로 잡자 현의 경내에는 모두 평정되었다.

이 일이 보고되자 우악(優渥, 넉넉함)하게 하사품을 내리고 상으로 경거도위(輕車都尉)를 세습하게 하였다. 다시 말을 달려 양양(襄陽, 湖北省)에 이르러서 같은 진(鎭)의 길을 감독하여 청하구(靑河口)에서 도적들을 요격(邀擊)하여 이들 격파하였다.

이때에 묘족을 정벌하는 대학사 패자(貝子)[42]인 복공(福公)과 총독인 화공(和公)이 서로 이어 가면서 조사(殂謝, 서거)하자 공은 비밀리에 주문을 올렸다.

'건주(乾州)는 이미 회복되었고, 우두머리 역적은 바로 잡혔으며 오직 석류등(石柳鄧, ?~1797)만 아직 붙잡지 못하였으며 10만 명의 무리

---

41 청 조정에서 임명하지 아니하고 반란을 일으킨 다음에 그들 사이에서 만든 직위이기 때문에 청조의 입장에서는 위직(僞職)인 것이다.

42 고산패자(固山貝子)의 간칭(簡稱)인데 만주어인 패륵(貝勒)의 복수이며, 왕(王) 혹은 제후의 뜻을 가지고 있다. 청조가 건설된 다음에는 종실의 작위 명칭으로 쓰였는데, 작위는 왕공(王公) 이하 9등작(等爵)이 있어서 종실을 책봉하였으며 고산패자는 종실 봉작의 4급이고, 다라패륵(多羅貝勒)보다는 낮고 봉은진국공(奉恩鎭國公)보다는 높다.

를 가지고 만장(蠻瘴)[43] 속에 주둔하며 지키고 있습니다. 묘인(苗人)들은 많은 군사가 있는 것으로 보고 살아날 계책을 세울 밑천이 없자, 석류등은 역전(逆轉)하여 중앙에서부터 선동하고 유혹할 수 있습니다.

그들을 곤궁하게 하여 스스로 새롭게 되는 것을 허락하는데, 적절하게 묘족영채에 있는 관병(官兵)을 줄여서 철수하고, 사면에 군사를 두어 막고 지키면서, 그 가운데 밖으로 나와서 일을 많이 벌이고 같은 부류들 속에 원수로 죽인 사람이 있으면 이들을 이용하여 묘족으로 묘족을 공격하는 법을 가지게 되면 다시는 번거롭게 병력을 사용하지 않을 수 있습니다.'

조서를 내려서 그 주장(奏章)을 군중(軍中)에 내려보내어 이를 논의하게 하였다.

얼마 가지 아니하여 많은 군사가 평농(平隴, 山西省 稷山縣 稷峰镇)을 격파하고 석류등 등의 목을 베자 드디어 공에게 조서를 내려서 말을 달려 호남으로 가서 잘한 다음의 일과 철병하는 일을 계획을 세우게 하였다.

가경 2년(1797년) 봄에 건주에 다다라서 세 개의 관청을 거치면서 묘족의 영채를 어루만지고 타이르고 백성들에게 묘족지역의 땅을 깨끗이 정리하고 농사지으라고 씨 뿌린 것을 돌려주니 모두가 땅에 엎드려서 감복하며 눈물을 흘렸고 각기 생업으로 돌아갔으며 각 성의 군사들도 역시 차례대로 철수하여 돌아갔다.

공은 지의(旨意)를 준수하여 진주(辰州, 호남성)에 머물러 체류하면서 순무(巡撫)인 강공(姜公)[44]과 제독(提督)인 악공(鄂公)[45]과 함께 모

---

43 남부와 서남부 산림지대의 습한 열기로 병을 일으키는 기운을 말한다.

여서 상주문을 올려서 '제독(提督)을 진주로 옮기고 진주를 협력하여 건주(乾州, 陝西省)에 주둔하고 동정(洞庭)은 협조하여 상덕(常德, 湖南省 北部와 洞庭湖의 西側)에 주둔하며 또 화원신(花園汛)에 하나의 진(鎭)을 보태주어 영수협(永綏協)과 보정영(保靖營)을 그곳에 예속하게 하며, 다른 중요한 요애처(要隘處)는 군사를 덜어내어 둔수하고 연락하면서 통제하게 해달라.'라고 요청하였다. 그러면서 요족의 영채에서는 짐작하여 토변(土弁, 토착민 우두머리)을 설치하여 약속을 지키는 밑천으로 삼았다.

또 성보(城堡)와 영방(營房, 군사들이 머무는 곳)을 값을 내어 수리하고 난민(難民)을 진휼하고 어루만져 주며 순난(殉難)한 관변(官弁)과 신사(紳士)의 부녀자들에게 증정(贈呈)하여 모두 지칙(旨勅)을 받아서 나누어 의논하여 시행할 수 있었다.

그러나 공은 염장(炎瘴, 더운 지방의 풍토병)으로 병이 되었지만 먹는 것은 적고 일은 번거로워서 대년(大年)의 끝까지 가지 못하였으니 이는 해내의 알건 모르건 놀라고 슬퍼하며 눈물을 떨어트리지 않는 사람이 없었다.

공이 아는 것의 양은 넓고 멀었으며 즐겁거나 화내는 것이 안색에 드러내지 않았다. 예의로써 요속(僚屬)을 만났고, 일을 논의하면서 자기의 견해를 고집하지 않았고, 사람마다 모두가 그 말을 다 할 수가 있었다. 만약에 크게 의심되고 어려운 일이어서 무리들이 어찌해야 할

---

44 강성(姜晟, 1730~1810)으로 자는 광우(光宇)이고 호는 두향(杜薌)이며 강소(江蘇) 원화(元和) 사람이다.

45 악휘(鄂輝, ? ~1798)을 말하며 만족으로 만주 정백기(正白旗) 출신이다.

바를 알지 못한다면 공은 활동을 가라앉히고 바로 단안을 내렸으니 비록 1만 명이라고 하더라도 빼앗을 수가 없었다.

오랫동안 한 방면에서 자리를 차지하고 있으면서 직책과 일을 닦고 드러냈지만 꼼꼼히 살펴서 밝히지 않고 역시 온정을 베풀어 칭찬을 요구하지도 않았다. 추천하여 뽑힌 사람이 대부분 큰 관직에 이르러서 혹은 같은 반열에 있게 되어도 역시 이끌어 준 것을 자기의 공로로 여기지 아니하였다.

공의 천성은 순박하고 효성스러워서 이미 귀하게 되었지만 스스로 녹봉을 덜어내어 양생(養生)하지 않았던 것은 어머니의 가르침에 의하여 이루어진 것이 관재(官齋, 제사를 관장하는 관원)를 맞이하여 봉양했는데 결백한 반찬을 차렸다.

장태부인이 세상을 버리게 되자 기일을 만나게 되면 슬프고 사모하여 눈물을 흘리고 일찍이 마음을 진술하여 앞으로 올렸더니 황제는 '경훈극가(經訓克家, 경전의 가르침을 실천하는 집안)'라고 커다랗게 4글자를 써서 하사하였는데 영암산(靈巖山)의 남쪽 기슭에 누각을 짓고 어서(御書)를 받들었고 옆에 장태부인의 사당을 세우고서 자손들로 하여금 스스로 할 바를 잊지 말게 하였다.

죽치(竹癡)[46]와 매천(梅泉) 두 동생과는 우애하여 틈이 없었고,[47]

---

46 필농(畢瀧)의 호가 죽치이며 시화(詩畫)를 전문으로 하였으며 이를 많이 소장하고 있었는데, 한묵(翰墨) 가운데 정수(精髓)한 것을 보면 값을 아끼지 아니하고 구입하여 소장하여 송(宋)·원(元)·명(明)대 사람들의 진품을 많이 가지고 있다.

47 오율명(吳聿明)의 《일빈선통방단소시필원가보(一份宣統榜單昭示畢沅家譜)》에 의하면 필원은 태창 필씨로 필원은 그 시조로부터 5세로 적고 있으며, 여기에

여러 조카들을 보면서 자기 아들처럼 하였다. 두 누이동생이 일찍이 과부가 되자 재산을 마련하여 그 고아인 생질을 도와서 성공할 수 있게 하였다.

일평생 옛날 친구들에게 도탑게 하였는데 더욱 후진들을 이끌어 주기를 좋아하여 일시에 이름난 유자와 재주 있는 인사들이 대부분 그의 막부에 초청되었으며, 공무를 하다가 틈이 나면 시를 읊고 술을 나누며 창수(唱酬)하였으니 그 문에 오른 사람들은 영광으로 여겼다.

성품은 책 쓰기를 좋아하여 비록 관직이 지극한 품급에 이르렀지만 연참(鉛槧, 문자를 기록하는 도구)하는 일은 손에서 떼어 놓지 아니하였다.

경전의 뜻은 마땅히 한유(漢儒)를 마루로 하여야 한다고 말하였으니 그러므로 《전경표(傳經表)》라는 저작이 있다. 문자는 마땅히 허씨(許氏)[48]를 마루로 하여야 한다고 하였으니 그러므로 《경전문자변정서(經典文字辨正書)》와 《음동의이변(音同義異辨)》이라는 저작이 있다.

편년체의 역사에는 속수(涑水, 사마광)보다 훌륭한 것이 없으며 이를 뒤 이은 것으로는 설(薛, 薛應旂, 1500~1574)·왕(王, 王宗沐, 1523~1592)·서(徐, 徐乾學, 1631~1694) 같은 세 분이 있는데, 서씨의 것은 비록 설씨와 왕씨의 것보다는 우수하지만 그러나 서적을 보는 바는 아직 갖추어지지 않았으며 또한 남쪽의 역사를 자세히 쓰고 북쪽의 역사를

필원과 같은 5세로는 공생(貢生)으로 원외랑을 지낸 필농이 있고, 그 외에 필호(畢浩)와 필운(畢沄)이 있는데, 출신은 생략되어 있다.

48 허신(許慎, 58?~147?)을 말하며 그의 자는 숙중(叔重)이고 후한대의 여남소릉(汝南召陵, 河南 漯河市 召陵區) 사람이다. 그의 저서로는 《설문해자(說文解字)》가 유명하다.

소략히 하는 병통[49]이 없지 않았다고 말하였다.

마침내 여러 책을 널리 쌓아 놓고 정사(正史)를 고증하며 손수 스스로 재정(裁定)하여 송(宋)에서 시작하여 원(元)에서 마치고《속자치통감》220권을 만들고 별도로《고이(考異)》를 만들어 본문의 아래에 붙였으니 무릇 4번 원고를 바꾸어서 완성한 것이다.

역사학은 마땅히 유별(流別)을 살펴보아야 한다고 말하였으니 그러므로《사적고(史籍考)》라는 저작이 있다. 역사학에는 반드시 지리와 연결해야 한다고 말하였으니 그러므로《산해경(山海經)》과《진서지리지(晉書地理志)》에 교주(校注)를 단 것이 있고, 또《관중승적도기(關中勝蹟圖紀)》와《서안부지(西安府志)》라는 저작이 있다.

금석문(金石文)은 경전(經典)과 사적(史籍)을 증명할 수 있다고 말하고 관직으로 족적(足跡)이 닿는 곳이면 수집하고 벌려 놓은 것이 아주 넓었으니《관중(關中)》,《중주(中州)》,《산좌금석기(山左金石記)》[50]가

---

49 《속자치통감》에서 다루는 시기는 송·요·금·원이라는 네 왕조가 있던 시기를 다루고 있는데, 이 가운데 송을 남송과 북송으로 구별한다면 다섯 왕조의 역사를 다루고 있다. 이 가운데 북송시기는 요·서하·금과 대치하여 남북으로 가려져 있었고, 남송시절에는 금과 남북으로 나뉘었으며, 원대는 북방족이 중국 전역을 통치하는 시기였다. 이러한 상황에서 본다면 북방의 역사가 동아시아의 역사를 주도하였다고 할 수 있는데, 역사를 쓰는 사람이 한족(漢族), 즉 남쪽에 속한 사람이기 때문에 한족중심사관(漢族中心史觀)을 벗어나지 못하여 이러한 결과를 가져온 것이다.

50 필원의 금석문관계 저작으로는 그가 섬서(陝西)에 있으면서 저술한《관중금석기(關中金石記)》가 있고, 하남(河南)에 있으면서 저작한《중주금석기(中州金石記)》가 있고, 호광총독(湖廣總督)으로 있으면서 엄관(嚴觀)을 초빙하여《호북금석시(湖北金石詩)》를 저작하였으며, 산동(山東)에 있으면서는 완원(阮元)과 함께《산좌금석지(山左金石志)》를 저작하였다.

있다.

시문(詩文)에서는 붓을 내려놓으면 즉각적으로 완성 되었는데 한 눈금에 구속되지 아니하며 스스로 성령(性靈)을 움직여서 대아(大雅)의 종지(宗旨)에 어그러지지 않는 것을 요점으로 하였으니《영암산인시집(靈巖山人詩集)》40권과《문집(文集)》8권이 있다.

공은 옹정(雍正) 8년(1730년) 8월 18일에 탄생하고 춘추는 68세였다. 왕(汪)부인은 맑고 신중하며 여자로서의 덕을 가지고 있었으며 후보지부(候補知府)인 ○○의 딸[51]인데 공이 30세 때에 먼저 돌아가셨다.

아들은 3명인데 필염증(畢念曾)은 후보원외랑(候補員外郎)이었는데 일찍 죽었고, 둘째 아들은 필숭주(畢崇珠)인데 일품음생(一品蔭生)으로 후보원외랑이었으며 셋째 아들은 필악주(畢鄂珠)로 후선원외랑(候選員外郎)이다.

딸은 4명인데, 장녀는 진경(陳曔)에게 시집갔고, 둘째는 진(秦) ○○에게 허자(許字)[52]하였으며, 셋째는 공경령(孔慶齡)에게 허자하였고 넷째는 아직 허자하지 아니하였다. 손자는 두 명인데, 필난경(畢蘭慶)이 2등 경거도위를 이어받았고, 필지상(畢芝祥)은 후선원외랑이며 증손은 2명이다.

---

51 필원의 부인 이름은 왕덕(汪德)인데 1971년에 강소성(江蘇省) 오현(吳縣) 금산공사(金山公社)에서 천평산(天平山)에서 그의 묘지를 정리하면서 출토된 부장품이 200여 점이 있으며 그중에 필원과 왕덕 부부의 유골도 나왔다.

52 여자를 어떤 사람에게 배필로 허락하는 것을 말한다.

명문(銘文)으로 말한다.

목민(牧民)을 물으니 우순(虞舜)에게 명하는 도다.

섬서를 나누고 주(周)를 도우니 열 번 연달아 인솔하였다.

작은 제후들을 통합하니 위진(魏晉)과 당(唐)이라.

직책은 고르지만 명칭은 구별되니, 도독과 총관이고 절도와 관찰이다.

현수(峴首)에서는 양(羊)과 두(杜)이고 진새(秦塞)에서는 범(范)과 한(韓)이라.

앞뒤로 업신여김을 막으며 나라를 위한 울타리였도다.

아! 필공과 더불어 하니 아름다운 덕을 가진 후예로다.

문장은 몸을 윤기 나게 하고 따뜻하고 배부른 것에 뜻을 두지 아니하였다.

남쪽 궁궐에서는 첫머리로 뽑혔고, 북쪽 대궐에서는 펼쳐서 전하니

풍채와 도량은 엉기어 장중하고 의젓하기는 신선과 같도다.

지혜는 모가 나고, 행동은 원만하고 본체를 밝혀 쓰임에 통달하여

삼관(三館)에서 모범으로 삼으니 중조(中朝)의 대들보이며 기둥이다.

황제가 이르되 너에게 잘 어울린다 하고 그를 시험하여 감사로 하니

뿌리에 밑받침을 하고 절도를 섞으니 이로운 그릇에 흠잡을 것이 없도다.

마침내 삼진(三秦)을 어루만지는데 얼음이 깨끗하고 달은 밝아

변방의 일을 계획하고 군사에게 양향(糧餉)을 보내는데 만 가지가 손바닥 안에 있었다.

마침내 변경(汴京)과 낙양(洛陽)을 어루만지며 짐을 실어 하거(河

渠)를 수리하니

황폐된 정치는 모두 들어 올리니 검수(黔首)들이 살아났다.

마침내 제로(齊魯)지역을 어루만지게 되어 몸을 똑바로 하고 아랫사람을 인솔하고

널리 어짊을 선포하니 백성들은 손뼉을 쳤도다.

강한(江漢)의 물가에서 만형(蠻荊)을 당기고 움켜잡는데

공이 군량미 보내는 것을 감독하자 병사는 배부르고 말은 껑충껑충 뛰었다.

황지(潢池)에서 경보(警報)가 울리자 친히 북채를 들어 북을 쳤는데

가슴에는 갑병(甲兵)을 가지고 사람들은 그의 용맹을 백 배로 하였다.

험한 산을 짊어진 것이 전투하듯 하여 한 번 북이 울리자 섬멸되었다.

노포(露布)를 가지고 별이 성성한 밤에 달리니 명령을 내서 점용하라 하였다.

묘족의 역적이 이미 붙잡혔는데, 묘족 백성들은 와서 싸우고자 하니

공은 묘당(廟堂)의 지모(智謀)를 이어받아서 영구할 대책을 만들었다.

덤불과 대나무 숲으로 들어가고 나오며 풍토병 구름이 낀 곳을 거치자

길을 차단하고 나배(羅拜)하니 함께 존경하는 친한 분으로 모셨다.

마침내 비휴(貔貅, 맹수)를 치워버리고 마침내 둔수(屯戍)를 설치하고

봉수(烽燧)로 그물처럼 경계하니 울타리가 아주 굳어졌다.

큰 별이 홀연히 떨어지니 대들보가 기울었지.

풍신(楓宸)이 애도하고 아쉬워하니 수반(鷲班)들이 가슴을 친다.

공의 은혜와 영광은 공훈 있는 이름으로 시작하고 끝나는데
상방(尙方)에 제사를 지내니 은택이 손자에게 미쳤다.

연산(硯山)의 남쪽에 물과 나무는 밝은 비파 같고
어느 물, 어느 언덕이라도 옛날에 놀던 곳을 방불케 하는구나!
정곽(井椁)은 여기를 점쳤으니 공은 이곳을 즐기는구나!
나의 글은 사실을 기록하였으니 혹 부끄러워할 말은 없도다.

필제군(畢制軍)[53]과 전신미(錢辛楣) 궁첨(宮詹)[54]을 위하여

《속자치통감》을 논하는 편지

장학성(章學誠) 씀

　송·원(宋·元)시대를 편년체 역사로 엮는 작업은 20년을 드리웠으니 처음에는 거칠게 되어 은괄(隱括)하였고, 남겨진 것을 줍고 모자라는 것을 보충하고 복잡한 것과 간단한 것을 상각(商榷)하니 머리를 긁적거리며 고심하지 않는 것이 없었다.

　옛사람이 책을 저술함에 귀하게 여기기로는 가법(家法)이 있었으니, 듣고 본 것이 외루(猥陋)하면 일가(一家)를 이루기에는 부족하여 말을 달려 번거롭게 많기를 좋아하여 잘라낼 것을 알지 못하니 역시 옛사람이 책을 저술함의 종지(宗旨)를 잃었다. 대개 뺨에 터럭을 덧붙이고 뱀 밑에 다리를 그려서 서로의 떨어진 것이 별 차이가 없는 데 그친다.

　요컨대 저술하는 것에 연고가 있다면 패제(稗稊, 보잘것없는 것)라도 역시 보배이며, 아니라면 새롭고 이상하더라도 역시 먼지와 때일 뿐이다. 이 안에 있는 달거나 쓴 것은 넓고 우아한 사람이 그 커다란 기세를

53　필원을 말하는 것으로 제군이란 총독을 말하는 것이다.

54　전대흔을 말하는 것으로 신미는 그의 호이고 궁첨은 그의 관직인데, 궁첨은 태자첨사(太子詹事)를 말하며 동궁(東宮) 첨사부(詹事府)에 소속되어 있다.

흘려 꺾기 어려울 것이고, 고명한 것을 아는 사람은 반드시 이것을 잘 라서 가져갈 것이다.

사마씨의 책[55]을 생각해 보면 남북조시대에 서로 힘세기를 다투고, 오대십국시대에 각기(角掎)하며 정치(鼎峙)하던 때에는 그 자세하고 생략하며 나누고 합한 것이 《좌씨춘추(左氏春秋)》에서 제·진(齊·晉)을 자세히 하였던 것에 근본을 두었다.

진(陳)[56]·왕(王)·설(薛) 세 가(家)는 분분(紛紛)하게 송·원시대의 일 을 이으면서 마침내 요·금(遼·金)의 정사는 묶어놓고 보지 않고 겨우 송대의 사람이 사건을 기록한 것에 의거하고 요·금으로 이어진 연월을 생략하기에 이르렀으니 그 책이 거칠고 고루한 것은 말하기를 기다릴 것이 없다.

서곤산(徐崑山, 徐乾學)의 책이 가장 늦게 나왔는데, 한 시기에 만용 동(萬甬東),[57] 염태원(閻太原),[58] 호덕청(胡德淸) 같은 여러 사람과 같

---

55 사마광의 《자치통감》을 말한다.

56 진경(陳桱)으로 자는 자경이고 절강 사명 사람이며 명초의 정치가이다. 저서 로 《통감속편(通鑑續編)》이 있고, 그 외에 《송감강목(宋鑑綱目)》 24권, 《통감전 편거요신서(通鑑前編擧要新書)》 2권, 《자치통감강목전편외기(資治通鑑綱目前 編外記)》 1권 등 《자치통감》 관련 저작이 있지만 모두가 일실되었다.

57 만사동(萬斯同, 1638~1702)을 말하며 청초의 저명한 역사가로 자는 계야(季 野)이고 호는 석원(石園)이며 문생들은 정문(貞文) 선생으로 부르는데 절강 (浙江) 근현(鄞縣) 사람이다. 강희 연간에 박학홍사과(博學鴻詞科)로 천거되 었으나 가지 아니하였으며 황종희(黃宗羲)를 사사(師事)하였다.

58 염약거(閻若璩, 1636~1704)를 말하며 자는 백시(百詩)이고 호는 잠구(潛丘)인 데 청대 초기의 경학자이며 하자이고, 산서 태원(太原) 사람이다. 그의 저서 로는 《상서고문소증(尚書古文疏證)》, 《사서석지(四書釋地)》, 《잠구찰기(潛邱札 記)》, 《곤학기문주(困學記聞注)》, 《맹자생축년월고(孟子生逐年月考)》, 《권서당집

이 함께 공을 들였고, 또 모두가 역사 사실에 깊이가 있었으니 의당 정본(定本)이 될 수도 있을 것 같았다.

돌아보건대 《영락대전(永樂大典)》은 중비(中秘, 궁중의 비각)에 소장되어 있었고, 유송(有宋)의 동도(東都)라면 단릉이씨(丹陵李氏)의 《장편(長編)》의 후속본이 아직 나오지 아니하였다.[59] 남도(南渡)한 경우에는 정연이씨(井研李氏)[60]의 《계년요록(繫年要錄)》이 아직 나오지 아니하였다. 원대에는 문집과 설부(說部)가 《대전(大典)》 속에 흩어져 있는 것 역시 대부분 잃어버려서 보이지 않으니 책에서는 비록 결략(缺略)되었다고 말하지만 역시 그 시절의 형세가 그러하게 한 것이니 아직은 서씨에게 전부 허물을 할 수 없다.

그러나 요·금의 정사는 본기를 보는 데 그쳤고, 중간에 한두 명의 열전에만 미치었으니 여러 〈전기(傳記)〉와 〈지(志)〉와 〈표(表)〉는 모두 눈에 들어오지 않았다. 송(宋)의 가정(嘉定, 1208~1224) 이후로 원의 지순(至順, 1330~1332) 이전까지는 거칠고 생략된 것이 아주 심한 지경에 이르렀으니 모두 남겨진 일사(逸事)가 아직 나오지 아니하였다는 것과 관련 있는 것은 아니다.

(春西堂集)》 등이 있다.

59 이도(李燾)의 《속자치통감장편(續資治通鑑長編)》을 가리키는 것으로 이 책은 모두 980권이지만 다룬 시기는 북송시대(960~1127)만을 다루었고, 그 후 남송·금·원은 다루지 아니하였다.

60 이심전(李心傳, 1167~1244)을 말하는 것이며 그의 자는 미지(微之), 백미(伯微)인데, 수엄(秀嚴) 선생으로도 불린다. 융주(隆州, 四川) 정연(井研) 사람이다. 그의 저서로는 《건염이래계년요록(建炎以來繫年要錄)》 200권이 있는데 건염(建炎) 원년(1127년)부터 소흥(紹興) 32년(1162년)까지 모두 36년의 역사 사건을 기록하였으며 특히 악비(岳飛)에 관하여 자세히 기록하였다.

우연하게 본 바를 근거하기에 이르러서 말을 달려 그 번거롭고 풍부하기가 예컨대 서하(西夏)에서 인척(姻戚)의 세계(世系)를 갖추어 서술한 것과 원말(元末)의 쇄사(瑣事, 자질구레한 일)는 자료를 철애악부(鐵崖樂府)에서 뽑은 것 같았으니, 편년체의 책은 홀연히 흡사 보첩(譜牒) 같고 홀연히 흡사 시화(詩話) 같아서 특히 체제(體制)에서 잃게 되었다.

그러나 그 수집한 재료가 비교적 풍부하였고, 핵심을 상고한 것이 비교적 자세하여 이미 진·왕·설씨를 몇 배나 넘어 섰으니 후에 일으킨 공로는 착수하기에 쉽게 하였으니 역시 그것의 길이었다.

무릇 책을 저술하는 의례(義例)는 비록 가법을 이어받는다고 말하지만 요컨대 작자가 재단하는 일을 운용하는 것 역시 한 시대의 풍조와 기풍이었으니, 바로 예컨대 송·원시대의 편년책을 만든 여러 사람들의 경우에 진·왕·설씨가 비록 아직은 훌륭하다고는 말하지 않는다고 하여도 그러나 역시 각기 그 주장하는 바를 가지고 있다.

진씨는 처음에 초창(草創)하였으니 역시 공로가 없다고 말할 수 없을 것이고, 설씨는 강학(講學)이 성행할 때였으니 그러므로 그 책이 고루(孤陋)하였다고 싫어하지 아니하고 오직 학파에 자세하였다. 서씨는 실학이 경쟁적으로 나오던 시대였으니 그러므로 그 책은 의례(義例)를 중요하게 여기지 아니하고 오직 많이 듣는 것을 주로 하였다.

촌뜨기 같은 나는 풍속이 숭상하는 곳에 이로운 것이 있다면 바로 그 폐단도 있는 것이라고 생각하는데, 책을 저술하는 종지(宗旨)는 스스로 마땅히 폐단 때문에 그 치우침을 구해야 하지만 그러나 굽어진 것을 교정한다고 하여도 지나친데 이를 수는 없다.

지금은 다행스럽게 우문(右文)이 왕성하게 다루어지고 있으므로 사고(四庫)⁶¹에 있는 것을 찾아서 벌려 놓고, 전장(典章)도 크게 갖추어 졌으며 남겨진 글과 비밀스러운 책은 수백 년 동안 박학(博學)한 통유 (通儒)들이 얻어 볼 수 없었던 것들이다.

지금은 관각(館閣)⁶²에서 빌려서 베껴 쓸 수 있고, 종횡(縱橫)으로 살펴볼 수 있어서 보고 듣는 것이 전의 사람들보다 넓다. 또한 시절에 의거하고 편리한 것을 타고서 여기에 이르렀다고 하여 어찌 이것을 가 지고 지난 시대의 올바른 사람들이 고심하였던 것을 경솔하고 소홀히 하면서 그 자료를 가진 것을 믿고 조금씩 사치해져서 즐기며 스스로 기뻐하면서 도가 바로 여기에 있다고 말하겠는가!

바로 속수(涑水, 사마광)가 구원(九原, 묘지)에서 일어나서 마침내 '내 려 준 것이 현명한가? 나는 틈이 없다.'고 꾸짖음이 있다면 무엇이라 말 하겠는가?

지금 송대(宋代)의 사건은 단릉(丹稜)과 정연(井研)⁶³ 두 명의 이씨

---

61 《사고전서(四庫全書)》를 말하는데, 이는 중국 역사상 가장 규모가 큰 총서(叢書)이다. 청 건륭 38년(1773년)에 편찬을 하기 시작하여 9년의 시간을 걸려서 완성하였으며 수록한 책은 3,503종에 79,337권(文溯閣本에 의하면 79,897권 임)이며 책으로는 36,304책이며 쪽수로는 230만 정도이고 글자 수로는 8억 자 정도이다. 선진시대부터 청 건륭 전기까지의 고적(古籍)을 전부 수록하였 는데, 이 가운데는 서양전교사들이 참여하여 완성한 책도 포함되어 있다.

62 도서와 경적(經籍)를 분장(分掌)하고 국사(國史)를 편찬하는 사무를 담당하 는 기관을 말한다. 명대에는 이 업무를 한림원(翰林院)에 돌려주었으므로 한 림원도 관각으로 부른다. 청대에는 이를 이어받아서 관각에 근무하는 인원들 은 항상 제서(制書)에 요구에 응하여 시문을 지었는데, 그 문체와 서체는 모 두 아주 세밀한데 힘쓰도록 되어 있기 때문에 이를 관각체(館閣體)라고 부르 기도 한다.

63 단릉은 《속자치통감장편》을 쓴 이도(李燾, 1115~1184)를 말하는데, 그의 고향

의 책에 근거하고 이를 미루어 넓혔으며 그 요·금(遼·金) 두 역사에 실린 바 큰 사건은 하나도 남기거나 떨어뜨린 것이 없으며, 또 옆에 있는 전적에 근거하여 그 빠진 것을 보충하였는데 열 개 가운데 서너 개였다.

원대(元代)의 사건은 대부분 문집을 인용하였으며 설부(說部)인 경우라면 그것이 불러들여 믿을 수 있는 것을 신중하게 골랐다.

이어서 사마씨의 예(例)를 이용하여 여러 설(說)의 같고 다름을 절충하여 그것을 빼거나 넣은 연고를 밝혀서 고이(考異)라고 여겼다. 오직 별도로 서(書)를 만들지 않은 것은 본문의 아래에 주로 달아서 살펴보는 데 편하게 하고자 함이다. 바로 세상에 전해지고 있는 호천태(胡天台)[64]의 《주본고이(注本考異)》가 흩어서 본문의 아래에 붙여 둔 의례를 사용하였다.

글자 수를 계산해 보니 235만5천여 자인데 책을 만드니 220권이어서 이를 속수의 원서에 비교한다면 이미 3분의 2에 이르렀다.

혹 어떤 사람은 속수는 294권에 1,362년간의 사건을 기록하였고,

이 단릉(四川省 眉州)이기 때문에 이단릉이라 한 것이고, 정연은 《건염이래계년요록(建炎以來繫年要錄)》 200권을 쓴 이심전(李心傳, 1167~1244)으로 그의 고향이 정연(四川, 隆州)이기 때문에 이정연이라 한 것이다.

64 호삼성(胡三省, 1230~1302)을 말하는데 원래의 이름은 만손(滿孫)이고 자는 신지(身之)인데, 또 다른 자로 경삼(景參)을 사용하였고, 호는 매한(梅澗)이며 영해 중호촌(寧中胡村) 사람이다. 남송 말년에서 원대 초기의 역사가로 절동사학파의 대표 가운데 한 사람이며, 저술로는 《죽소원집(竹素園集)》 100권, 《강동십감(江東十鑑)》, 《사성부(四城賦)》가 있지만 지금은 산일(散逸)되어 전해지지 않고, 현재 남아 있는 것은 《자치통감음주(資治通鑑音注)》 294권, 《통감석문변오(通鑑釋文辨誤)》 12권이 있다. 《자치통감》을 쓴 사마광은 별도로 고이를 묶었지만 호삼성은 그의 음주 속에 해당 본문에 할주(割註)로 고이를 넣었다.

이 책은 송·원(宋·元) 2대 468년을 기록하였는데, 책을 완성하고 보니 3분의 2를 차지하고 있으니 마치 번잡하고 간결함에서 현격한 차이가 있다고 의심한다.[65]

그러나 역사가는 근래 것을 자세히 쓰고 먼 시대의 것을 소략히 하는 것은 예부터 그러하였다. 바로 예컨대 좌씨(左氏, 《춘추좌전》)[66]라는 한 책의 경우에도 장공(莊公)[67]과 민공(閔公)[68] 이전과 희공(僖公)[69]과 문공(文公)[70] 이후는 하나의 개념으로 예로 삼을 수 없었다. 속수 자신도 송대에 태어나서 그가 보고 섭렵한 당대(唐代)의 것에서는 상세하고 한·위(漢·魏)시절 이전의 것에서는 소략히 하였으니 역시 그 이

---

65 역사 사건이 벌어진 시간과 그 사건을 기록한 분량을 비교할 때에 《자치통감》은 간략하고 《속자치통감》은 번잡하다는 뜻이다.

66 좌씨는 좌구명(左丘明, 생졸년불상)을 말하는데, 전해지는 말로는 춘추 말기 노(魯)나라의 역사가라고 하며, 그의 저작으로는 《춘추좌전(春秋左傳)》과 《국어(國語)》가 있다. 《좌전》은 사건의 기록을 중시하였고, 《국어》는 말한 것을 기록하는데 주력하였다. 《춘추좌전》은 공자의 《춘추》를 역사사실로 해설하였으며, 《춘추》를 뜻으로 해석한 〈공양전〉과 〈곡량전〉과는 차이가 있다. 이를 이어받은 사람으로는 전국시대의 순자(荀子)가 있다.

67 춘추시대 노나라 16대 군주 환공(桓公)의 뒤를 이어서 국군(國君)이 되었는데, 재위 기간은 32년(기원전 693~기원전 662)이다.

68 춘추시대 17대 국군(國君)으로 주 혜왕 8년(기원전 669년)에 출생하여 주 혜왕 17년(기원전 660년)에 죽었으니 열 살 정도였다고 고증하고 있다.

69 노 희공은 노 장공의 아들로 노나라 18대 국군이다. 재위기간은 33년(기원전 659~기원전 627)이다. 기원전 662년에 노나라 장공이 죽자 그의 후임자인 공자(公子) 반(般)과 민공이 장공의 동생인 경보(慶父)에게 압박을 받아서 앞뒤로 2개월과 2년만에 죽었다. 마지막으로 계우(季友)가 나이 어린 희공을 도와서 즉위하게 하였다.

치이다.

촌뜨기인 내가 보기에 구구하게 스스로 이 책은 전의 철인(哲人)보다 차이가 있다고 말하지만 그러나 미첩(眉睫, 눈썹과 속눈썹 사이처럼 아주 가까움)에 비유할 것인데 실로 책을 저술하는 공통된 걱정거리이니 고명하신 분들은 어떻게 이를 가르쳐 주시겠는가?

소여동(邵與桐)[71]이 비교하며 정정한 것은 자못 부지런하였지만 그러나 책의 명칭을 상각(商榷)하여 정한다면 '송원사감(宋元事鑑)'이라고 고식적(姑息的)으로 표시하기를 청하였는데, 《설문(說文)》[72]에 사(史)를 기사(記事, 사건을 기록함)라고 뜻을 해석해 두었다고 말하고 또 《맹자조주(孟子趙注)》[73]에서도 역시 '천자의 일은 천자의 역사다'라고 하였으니, 옛사람들은 즉사즉사(卽事卽史, 사건이 있으면 그것이 바로 역사이다)의

---

70 노 문공(文公, ?~기원전 280)은 노 평공(平公)의 아들로 노나라 34대 국군이다. 재위기간은 23년간이었는데, 최근 고증에 의하면 재위기간은 기원전 302년에서 기원전 280년까지로 알려져 있다.

71 소진함(邵晉涵, 1743~1796)의 자가 여동이며, 다른 자로는 이운(二云)이라고 하는데, 그의 호는 남강(南江)이고 절강(浙江) 여요(餘姚) 사람이다. 청조의 한림으로 교감(校勘)학자이며 역사가이다.

72 《설문해자(說文解字)》를 말하는데, 이를 간략하게 줄여서 《설문(說文)》이라고 한 것이다. 이 책은 후한시대의 경학자이며 문자학자인 허신(許愼)이 편찬한 문자공구서로 한 화제 영원 12년(100년)에서 안제 건광 원년(121년)까지 21년간 편찬한 것이다. 이 책은 540개 부수(部首)로 나누었고, 수록한 글자는 9,353개이며 별도로 이체자(異體字)로 1,163개를 수록하였으며 해설하는데 133,441자를 사용하였으며 목록(目錄)과 정문(正文) 14편으로 구성되어 있다.

73 조기(趙岐, 108~201)가 쓴 《맹자(孟子)》의 주석서이다. 조기의 자는 분경(邠卿)이고 경조(京兆) 장릉(長陵) 사람인데, 그는 《맹자》를 주해한 것으로 당대에 유명한 경학자가 되었다.

뜻을 보고 완곡(婉曲)하게 돌려서 옮겨서 피하려고 한 것이다.

　대개는 감히 갑자기 《통감》을 잇지는 않겠다는 태도를 취한 것이며 오히려 세상에 전해지는 이씨(李氏, 이도)도 겸손하게 칭하여 《장편(長編)》이라고 했을 뿐이었다.

　나 장실재(章實齋)는 맹자의 '기사기문(其事其文)'[74]의 뜻을 미루어 보고 또 여백공(呂伯恭)[75]씨가 찬집(撰輯)한 것을 넓혀서 별도로 《송원문감(宋元文鑑)》으로 하여 사감(事鑑)과 병립시켜서 뒤에 가서 이 하나의 완성된 예(例)가 될 것이라고 생각하였다.

　촌뜨기인 나는 이씨의 《속편(續編)》은 지금 이미 원서가 보이지 않고 《통고(通考)》[76]에서는 자목(子目)[77]을 나누어 놓은 것이 많게는 1천

---

74 《맹자》 권8, 〈이루(離婁)〉(하)에 나오는 말이며 그 내용은 다음과 같다. "孟子曰: '王者之迹熄而《詩》亡, 《詩》亡然後《春秋》作. 晉之《乘》, 楚之《檮杌》, 魯之《春秋》, 一也. 其事則齊桓, 晉文, 其文則史.' 孔子曰: '其義則丘竊取之矣.'"

75 여조겸(呂祖謙, 1137~1181)의 자이다. 여조겸은 안휘(安徽) 수주(壽州) 사람이다. 남송시대의 철학자이며 교육자이다. 그의 저작으로는 《좌전설(左傳說)》, 《동래좌씨박의(東萊左氏博議)》, 《역대제도상설(歷代制度詳說)》, 《송문감(宋文鑑)》 등의 책이 있고, 주희와 함께 편찬한 《근사록(近思錄)》이 있다.

76 《문헌통고(文獻通考)》를 약칭한 것으로 원대의 마단림(馬端臨)이 찬술하였는데, 두우(杜佑)의 《통전(通典)》을 남본(藍本)으로 하면서 통전에서 8문(門) 하였던 것은 24문으로 늘렸으며, 상고시대부터 송 영종(寧宗) 가정(嘉定) 말년까지 역대의 전장제도(典章制度)를 기록한 정서(政書)이다. 원 대덕 11년 (1307년)에 완성되었으며 《통전》, 《통지》와 아울러 3통(三通)으로 불리며 후대의 10통(十通) 가운데 하나이다.

77 서적의 조례로 전체적인 목록을 다시 나눈 세목(細目)이다.

여 권에 이르렀다.《계신잡식(癸辛雜識)》[78]에서는 한언고(韓彦古)[79]가 그 원고를 훔쳐 베껴서 두 상자를 가득 채웠다고 하였다.《통감(通鑑)》은 의당 이처럼 많지 않다면《장편》은 이로부터 이씨가 책을 저술하는 본래의 종지는 '속감(續鑑)'이라는 명칭을 겸손하여 피하려했던 것이 아니다.

《통감》은 주 위열왕 23년부터 시작하였으니 감히《춘추》를 계속하고자 하지 않은 것을 보였고, 삼가《성경(聖經, 춘추)》을 피하였으니 그 이치가 있다. 후세에 편년의 역사는 본래 기전체(紀傳體)와 같이 드리워 왔지만 기전체는《한서(漢書)》에 이르러 규모가 비로소 정해졌으며 오히려 편년체는《통감》에 이르러 법식(法式)이 시작되었으니 같은 이치이다.

반고(班固)의《한서(漢書)》이후로 범(范, 范曄《後漢書》)·심(沈, 沈約《宋書》)·소(蕭, 蕭子顯《南齊書》)·이(李, 李延壽《南史》와《北史》)가 만든 기전체라는 것은 그 글은 비록 반고의《한서》에 아주 멀리 떨어지지만 아직 일찍이 겸손하게 피하여 감히 '서(書)'라는 글자를 붙이지 않은 것은 아니었다. 사람들도 이를 참람(僭濫)하다고 여기지 않았으니, 사마광의《통감》이후에 뒤를 이은 것은 흡사《통감》이라는 이름을 거리낀 것은 아닌 것 같다.

---

78 송나라가 멸망한 뒤에 주밀(周密, 1232~1298)이 계신가(癸辛街)에 살면서 분한 마음에 기탁하여 쓴 책으로 전집 1권, 후집 1권, 속집 2권, 별집 2권으로 되어 있으며 모두 481개의 사건을 기록하였는데 대부분 송·원시대의 소소한 일을 기록하였다.

79 한언고(韓彦古, ?~1192)의 자는 자사(子師)이며 연안(延安, 陝西) 사람으로 저명한 장군인 한세충(韓世忠)의 넷째 아들로 알려지고 있다.

또 책의 우열(優劣)은 명목(名目)의 이동(異同)에 있는 것이 아니고 대개 시문(詩文)의 명칭이 일정하듯이 그 잘되고 졸열(拙劣)한 근본은 스스로 만 가지 종류이다. 시(詩)에도 아주 그 수준이 열등하더라도 아직 일찍이 시라고 이름을 붙이지 않은 것은 없듯이 문장에도 잘되지 않은 것이라고 하여도 아직 일찍이 문장이라는 이름을 붙이지 않은 것은 없다.

　명칭으로《통감》이라고 하였다고 하여 그 책이 속수(涑水)를 이었는지의 여부는 뒷사람들이 이를 재어보는 데 있을 것이다. 높으신 분들의 뜻은 어떠하신지요?

　오직 속수의 책에는 중간에 평론이 있는데 역시 좌씨(左氏)가 '군자(君子)'[80]라는 말을 만들어서 학자들에게 보였던 것에 근본을 둔 것이다. 사마광은 '신광왈(臣光曰)'이라는 글자를 들어내어 조정에 올렸는데 서씨(徐氏, 徐乾學)는 역시 이를 모방하여 '신건학(臣乾學)'을 들어내어 말하고 있는데 그 예는 모두 주어준 바가 있다.

　시골뜨기인 나는 사실에 근거하여 곧바로 쓰면 선악은 스스로 나타난다고 생각한다. 그런데 역사 문장의 평론이 만약에 탁견(卓見)과 특식(特識)을 갖고 있어서 앞의 사람들이 아직 계발하지 아니한 것을 계발해 내고 후학들이 아직 들어 보지 못한 것을 열어 주는 것이 없이 어지러이 요(堯)임금을 칭송하고 걸(桀)임금을 비난하는 늙은이들의 일상적인 담론이거나, 혹은 의도를 가지고 신기한 것을 끌어내려고 한다

---

80 《춘추좌전주소(春秋左傳注疏)》 권1에 '①君子曰 潁考叔 純孝也…… ②君子論之 不以文害意'라는 두 곳의 평론이 있으며, 이러한 평론은 대개 600여 곳에 보인다.

면 돌려서 우벽(迂僻)한 곳으로 들어간다.

앞의 사람들이 말하였다.

"석가모니처럼 설법을 하고 말이 다하였다면 이를 이어서 게(偈)를 읊고 문사들은 비문을 쓰며 한 일이 갖추어져서 이를 운문으로 명문(銘文)을 만드는데 이것은 군더더기이다."

지금은 고식적으로 결여(缺如)한 것을 좇으니 아직 사마씨의 뜻을 잃어버린 것은 아닌가? 그래서 연도를 경(經)으로 하고 나라를 위(緯)하여 그 정수하고 중요한 것은 모아서 목록으로 삼았는데, 또한 한 해 안에서 직무를 끝낼 수 있으니 대개 명년 가을이나 겨울이면 판각을 하게 될 것이다.

나 장실재가 마침내 말하겠다.

"기전체의 역사는 나뉘어서 합하지 아니한 것이니 마땅히 서로 주(注)를 달아 주는 방법을 사용하여 그 흩어진 것을 연결해 주어야 하고, 편년체의 역사는 혼호(渾灝, 아주 크고 넓음)하여 문(門)이 없으니 마땅히 구별하는 방법을 사용하여 그 유별(類別)을 분명히 해야 할 것이다."

그 설(說)에서 찾아본다면 하나의 〈제기(帝紀)〉 가운데에서 〈회요(會要)〉의 문목(門目)을 대략 모방하여 후비(后妃), 황자(皇子), 장상(將相), 대신(大臣), 방진(方鎮), 사상(使相), 간관(諫官), 집사(執事), 목수(牧守), 영장(令長) 같은 무리를 취하여 각기 품류(品類)를 만들고 그 보이는 연월을 표제(標題)로 하고 별록 1편을 정하여 들어내고 각 〈제기(帝紀)〉의 머리에 올려놓아 사람들로 하여금 편년체의 책 속에서도 은밀하게 기전체의 반부(班部, 반열)를 얻게 한다. 속수(涑水)의 《목록거요(目錄擧要)》에 있는 여러 편과 비교하여 더욱 그 요령을 얻는다고 생각하며 또 그 예를 넓혀서 위로 가서 속수의 원서까지 다루고자 한다면 편년체의 법이 되고 그 설은 아주 새로울 것이라고 생각된다.

그러나 책을 읽는 것은 갑자기 원서의 규모를 고치면 가르쳐 준 스승이 없다는 불평이 있을 것이니 나 장실재는 그 뜻은 두씨(杜氏)가 《좌전(左傳)》을 정리한 것[81]에 근본을 두는데 별도로 세경공자(世卿公子)의 여러 보(譜)를 두었던 예(例)가 있다고 말할 뿐이다.

촌뜨기인 나의 뜻으로는 떨어트릴 것인지 합칠 것인지가 반반이어서 아직 도려내어 선택할 수가 없었다. 무릇 이 하나는 모두 고명한 분들께 질문하니 어떠어떠합니까?

전서(全書)는 부본을 써서 나란히 올리오니 어그러지고 잘못 된 것을 점검하여 주시면 다행이다. 이른바 책을 교정하는 것은 마치 낙엽을 청소하는 것 같아서 토론하면서 많이 가고 오는 것을 싫어하지 않는 것이다. 옛날에 사마씨(司馬氏, 사마광)의 책은 재단해서 완성하기 위하여 절업(絶業)한 것이 비단 19년 동안 마음을 쓴 것만이 아니며 역시 한 시기에 서로 더불어 상각(商榷)하였다.

예컨대 두 분의 유씨(劉氏; 劉放, 1022~1088와 劉恕, 1032~1078)와 범씨(范氏, 范祖禹, 1041~1098) 같은 사람은 당시의 석학이었는데, 지금 남아 있는 어려운 것을 분별하였던 말을 보면 마치 견고한 것을 공격하고 거대한 것을 제거하는 것처럼 하였다. 모두 뒷날 사람들의 지식력

---

81 두씨란 두예(杜預, 222~285)를 말하는데 그의 자는 원개(元凱)이고 경조군 두릉현(京兆郡 杜陵縣, 陝西省 西安市) 사람이다. 삼국시대에서 서진 전기의 정치가, 군사가, 학자인데, 그는 스스로 좌전벽이 있다고 할 정도로 《좌전》을 연구하였으며 저서로는 《춘추경전집해(春秋經傳集解)》, 《춘추맹회도(春秋盟會圖)》, 《춘추장력(春秋長曆)》, 《여기찬(女記讚)》 등이 있다.

(知識力)을 개척하였는데, 다만 한 책을 발명한 것뿐만이 아니었다.

촌뜨기인 내가 어찌 감히 옛사람의 뒤를 좇을 수 있겠는가마는 그러나 고명하신 분들께서 바로 가르쳐 준다면 이익이 되거나 혹은 옛사람을 넘어설 수 있을 것이다.

듣건대《원사(元史)》를 대대적으로 저작한다고 하였으니 이미 끝날 때쯤 되었을 터인데 어느 때에 간각하는데 부치실 것인가? 후학들에게 아름다운 혜택을 주면 앞을 다투어 즐겁게 보겠으며 목을 길게 뽑아 이를 바라본다. 필삭(筆削)하는 의례는 먼저 그 요령이 되는 것을 보여 줄 수 있는가? 감당하지 못하지만 간절히 바란다.

소여동별전 (邵與桐別傳)

장학성(章學誠)

여요(餘姚)의 소씨(邵氏)[82]가 돌아가시니 명성이 흘러 다녀서 대부분 장(狀)·술(述)·비(碑)·지(誌)[83]가 되었는데, 내가 스스로 헤아려 보건대 문필이 아직은 상대하기에는 부족하다.

소씨의 제자인 대흥(大興) 사람 주석경(朱錫庚)[84]이 누차 편지를 보내어 나에게 글을 쓰라고 책임지웠고 나는 한두 가지 아는 것이 깊으니 의당 잠자코 있을 수는 없어서 우의로 보아 감히 사양하지 않는다.

그러나 군(君)[85]이 죽고 몇 년이 되었고 나는 여러 차례 그의 집에

---

82 소진함(邵晉涵)을 말한다.

83 사람의 일생을 다룬 글에는 행장(行狀), 행술(行述), 묘비(墓碑), 묘지(墓誌) 등이 있다.

84 주석경(朱錫庚)은 청 건륭 연간에 저명한 학자인 주균(朱筠)의 아들이다. 주균은 생전에 박학을 주장하고 인재를 양성하는데 힘썼으며, 그의 제자 혹은 친구로 장학성(章學誠), 소진함(邵晉涵), 손성연(孫星衍), 완원(阮元), 왕창(王昶), 전대흔(錢大昕) 같은 사람이 있었다. 그러므로 여기서는 장학성에게 주석경은 사우(師友)의 아들이다.

85 소진함(邵晉涵)을 가리키는 말로 존대하는 뜻이 있다. 이 글에서 이후로도 군이라 한 것으로 모두 소진함을 말하는 것이다.

가서 그가 남긴 책의 남겨진 실마리라도 찾아보려고 하면서 거의 아는 바를 거두어들이려고 했지만 마침내 끝내는 얻을 수가 없었다.

지금에는 눈이 못 쓰게 되어 쓸 수 없으며 질병이 날로 스며들어 아마도 오래도록 이 세상에 살 것 같지 않으니 만약에 끝내 한마디도 하지 않는다면 구천(九泉)에서 죽은 친구에게 짐을 질 뿐만 아니라 역시 또 주석경이 맡긴 책임을 보답할 길이 없다.

입으로 대략을 구술해 주어서 아들 장이선(章貽選)으로 하여금 이를 쓰게 하였는데, 장이선은 정말로 일찍이 군에게 공부를 한 사람이다. 사양하려는 뜻을 다 갖추지 아니하고 혹은 보주(補註)하는데 보탬이 될 것이다.

옛날에 사마천(司馬遷)이 책을 저술하면서 스스로 《춘추(春秋)》의 경세(經世)를 명명(命名)하였는데, 실제로는 동씨(董氏)[86]의 천인성명(天人性命)의 학(學)에 근본을 두었으니 그 연원은 아주 깊지만 반씨(班氏, 반고) 이후로는 그 뜻이 적어졌다.

남송 이래로 절동(浙東)의 유철(儒哲)들 가운데 성명(性命)을 강론하였던 사람은 대부분 역사학을 공부하며 거쳐 오는 동안 사승(師承) 관계를 가졌다. 송·명(宋·明) 두 왕조(王朝)에서 기재되었듯이 모두 절동(浙東)에서 고회(稿薈, 薈萃, 聚集)하니 사관(史館)에서는 가져다가 정확한 근거로 하였고, 그 사이에서 문헌을 거두어들인 것은 본바, 들은바, 전해 들은바의 것은 중원에 사는 기숙(耆宿, 나이 많고 덕망 있는 사

---

86 동중서(董仲舒, 기원전 179~기원전 104)를 말한다. 동중서는 전한시대 광천(廣川, 河北省) 사람으로 사상가, 정치가, 교육가이며 전한 경제(景帝) 때에 박사가 되어 《공양춘추(公羊春秋)》를 강론했다. 한 무제 때에 거현량대책(擧賢良對策)을 제출하고 여기서 천인감응(天人感應), 대일통(大一統)을 주장하였다.

람)한 사람들이 들어볼 수 없는 것들도 포함되었다.

소씨의 선조세대는 강학(講學)을 많이 했는데, 군(君)의 종조(從祖)인 소정채(邵廷采)[87]에 이르러서는 옛 문사(文辭)를 잘하여 《사복당문집(思復堂文集)》[88]을 저술하였고, 요강(姚江, 浙江省에 있는 하천)의 학문[89]과 승국(勝國, 망한 나라; 명)의 유문일사(遺聞軼事, 산일되었다가 남겨져 내려오는 事蹟)의 경위(經緯)를 찾아 밝혀서 일가(一家)를 이루었다고 말하니 우뚝 솟은 대가(大家)였다.

애석하게도 끝내 늙은 제생(諸生)들이어서 그 책은 세상에 드러내지 아니하였고, 이 일은 대흥(大興) 사람인 주균(朱筠)[90] 선생이 찬술한 묘표(墓表)에 상세하게 쓰여 있다.

군은 숙혜영민(宿慧英敏)하여 어린아이로 글방에서 글을 익힐 시절부터 책을 읽는데 어렵고 쉬운 것이 없었고, 서너 번 지나고 보면 종신토록 잊지 않았으며 점차 자라면서 더욱 많은 것을 섭렵하여 널리 들

---

87 소정채(邵廷采, 1648~1711)의 원명은 행중(行中)이고 자는 염로(念魯)이며 또 다른 자는 윤사(允斯)인데 절강 여요 사람이다.

88 소정채의 문집으로 《장학성》과 《사국정(謝國楨)》 등이 명저로 추숭되고 있다.

89 요강학이란 여요(餘姚) 경내에 요강(姚江)이 있고, 여기 출신인 왕수인(王守仁)이 창시한 양명학을 말한다.

90 주균(朱筠, 1729~1781)의 자는 미숙(美叔)이고 호는 죽균(竹均)과 죽군(竹君)이며 다른 호는 사하(笥河)이다. 한림원편수(翰林院編修)를 거쳐서 일강기거주관(日講起居注官)이었다가 안휘학정(安徽學政)을 지냈다. 건륭 37년(1772년)에 영락대전(永樂大全)의 집일(輯佚)을 건의하고 완전한 고서(古書)를 수록한 것을 분별하여 초선(抄繕)하였으며 복건학정(福建學政)을 지냈다. 황제의 뜻을 받들어 《일하구문(日下舊聞)》을 편찬하고 《일하구문고(日下舊聞考)》 120권을 완성하였으며 저술로 《사하집(笥河集)》이 있다.

고 많은 것을 기억하니 보는 사람이 놀라서 마치 귀신같다고 했다.

건륭 30년(1765년) 을유년에 처음으로 고향에서 과거를 보고 경사에 모이기를 기약하자 도읍의 인사들이 다투어 얼굴을 알고자 요구하였다.

신묘년(1771년)에 예부의 회시에서 1등하여 사제(賜第, 집을 하사함)하고 끝나서 귀향하였다. 마침 사고관(四庫館)이 개관되자 특별히 조서를 내려서 군(君)과 역성(歷城, 山東省 濟南市)의 주영년(周永年),[91] 휴녕(休寧, 安徽省 黃山市)의 대진(戴震)[92] 등 다섯 명을 징소(徵召)하여 사고관에 들어가서 《사고전서》를 편찬(編纂)하고 교감(校勘)하게 하고 한림(翰林)의 직책을 제수하니 천하에서는 이를 영광으로 알았지만 군 스스로는 잠시 머무는 곳처럼 보았다.

군의 학문에서는 정통하지 않은 것이 없었지만 그러나 역시 이것으로 누(累)가 되었으니 뜻은 넓은데 갑자기 쉽게 재단하지 못하였다. 대흥(大興) 주(朱, 주균) 선생을 만나 뵙게 되면 말하였다.

"경훈(經訓)의 뜻은 거칠고 오래되었으니 아소(雅疏)[93]는 더욱 거칠고 고루하여 다루지 아니하였다. 군(君)의 넓은 지식을 가지고 마땅히

---

91 주영년(周永年, 1730~1791)의 자는 서창(書昌)이고 《사고전서》를 편찬하고 송대의 여러 중요한 문헌을 찾아냈다.

92 대진(戴震, 1724~1777)은 언어학자, 사상가로 자는 신수이고 호는 동원이다. 《사고전서》 편수관을 지냈고, 《분주부지(汾州府志)》와 《분양현지(汾陽縣誌)》를 편찬하였으며 장학성과 격렬한 논쟁을 벌인 것으로 유명하다.

93 《이아(爾雅)》는 중국의 가장 이른 시기에 나타난 훈고서(訓詁書)로 세계적으로도 가장 이른 시기에 나타난 사전(詞典)이다. 《이아주소(爾雅注疏)》는 《이아》에 주해(注解)를 단 저작으로 이 작업을 한 사람으로 진대(晉代)의 곽박(郭璞, 276~324)과 송대(宋代)의 형병(邢昺, 932~1010)이 있다.

곽경순(郭景純)[94]씨와 더불어 앞뒤에서 밝혀낸다면 아마도 거의 후학들에게 좋은 혜택이 될 것이요."

군은 이로부터 두루 10년간을 생각하여 마침내 그 일을 끝냈으니 지금 전하여지는《이아정의(爾雅正義)》[95]가 바로 이것이다.

그러나 군의 재주는 특히 역사에서 뛰어났으니 그는 집안에서 전해오고 고향에서 익히면서부터 보고 들은 것이 다른 사람들보다 앞섰다. 관각(館閣)에 들어가게 되자 궁중의 비각(祕閣)에 있는 것을 거리낌 없이 보게 되자 드디어 마치 바다가 개천을 삼키는 것 같아서 한정을 지을 수가 없었다.

신묘년(辛卯, 1771년) 겨울을 맞아서 나는 주(朱) 선생님의 안휘사원(安徽使院)[96]에 함께 손님으로 있을 때에, 나는 바야흐로 주 선생님에게 옛 문사(文辭)를 배우면서 고생스러워서 손을 댈 수가 없었지만 군

---

94 경순은 곽박(郭璞, 276~324)의 자인데, 곽박은 하동(河東, 산서성) 문회(聞喜) 사람이다. 서진시대에 건평(建平)태수를 지낸 곽원(郭瑗)의 아들로 당시의 저명한 학자로 문학과 훈고학뿐만 아니라 방술(方術)에도 조예가 깊어서 유선시(遊仙詩)의 조사(祖師)로 일컬어진다.《이아(爾雅)》방면에서는 18년간 연구하여 당시 통용되는 방언의 명칭과 옛날의 동식물의 명칭을 연구하고 그 주음(注音)을 달고 그림을 그려서《이아》연구의 중요한 참고서가 되었다.

95 소진함의 훈고저작이다. 머리에 소씨 자신의 서문이 있고 다음으로 이 책을 쓴 종지(宗旨)를 썼으며 전서는《이아》의 순서에 따라서 19편으로 나누었다. 매 조목마다《이아》의 원문을 쓰고 다음에 진(晉)의 곽박의 주를 달고, 다음에 소씨의 정의를 달아 두었다. 이 책은 송대 형병의《이아소(爾雅疏)》에 불만을 가지고 쓴 것이다. 소진함은 형병의《이아소》는《모시정의(毛詩正義)》를 철습(掇拾)하여 자기의 설로 가려놓았다고 보고 이 책을 쓴 것이다.

96 주균(朱筠)은 건륭 19년(1754년)에 진사가 된 이후에 일강기거주관(講起居注官)을 거쳐서 안휘학정(安徽學政)을 지냈으므로 이 시기일 것으로 보인다.

은 번번이 전 왕조시대에 남겨진 일을 근거로 하여 선생님과 나로 하여금 각기 시험 삼아 전기(傳記)로 문심(文心)을 질의하게 하였다.

그가 역사 사건을 섭렵한 것 가운데에는 표(表), 지(志), 기주(記注), 세계(世繫), 년월(年月), 지리(地理), 직관(職官) 같은 것들이 있었으니 무릇 문의(文義)에 관련된 것이 아니면 다시 검사하여 모두 실수함이 없었다. 이로 말미암아서 나와 더불어 역사를 토론하면서 숨겨지고 미미한 것도 계합(契合)하였다.

내가 《문사통의(文史通義)》[97]를 저술하였는데, 특별한 식견이나 독특하게 결단을 내린 것이 없지는 않았지만 모르는 사람은 혹 서로 비난하며 논의하였다.

군은 나의 책을 볼 적이면 매번 번번이 그 가슴 속에서 말하고자 한 것을 찾아내는 것처럼 중간에 문득 착악(錯愕, 놀람)하는 소리가 들렸고 잠시 뒤에는 돌아서서 놀라며 기뻐한 것은 역시 하나만으로는 충분하지 않다.

내가 알고 이해하는 바로 군의 학문을 본다면 제미(稊米)가 태창(太倉)에 있는 것 같을 뿐만 아니라 군은 마침내 이처럼 깊이 계합(契合)하는 것은 옛사람들이 말하는바 창촉(昌歜, 창포로 담근 김치)의 기호(嗜好)이니 거의 천성을 가진 것이니 이해할 수 없다.

바야흐로 사고에서 책을 거두어들이면서 남겨진 전적과 비밀스러운 책은 도하(都下)에 많이 모였으며 학사들은 듣고 보는 것을 풍부함에 사

---

97 장학성(章學誠)의 저작으로 도광(道光) 12년(1832년)에 출판되었는데 내평 5권, 외편 3권으로 되어 있으며, 특히 육경개사(六經皆史)를 주장한 것으로 유명하다.

치하여 별도로 풍기(風氣)를 이루어서 역사학을 이야기하고 찾았다. 마단림(馬端臨, 1254~1323)씨가 만들어 정리하고 가지런히 하였던 것[98]에 비교하지 않으면 바로 왕백후(王伯厚)[99]씨가 하였던 일서(逸書)를 상고하고 남긴 것을 찾는 것이었다.

이는 그것이 연구하고 찾는 괴로움과 벽적(襞績, 주름잡는 것)의 근면함은 공(功)을 위하여 적을 수 없는 것이지만 그러나 최고의 상태였다. 만약에 전의 사람들이 말한바, 버리고 취하는 것을 결단하는데 이르러서는 각기 스스로 일가를 이루었으니, 방원(方圓)을 취하여 구하여 갖춤이 없다면 오직 바라건대《춘추(春秋)》의 경세(經世)에 해당하는 것이니 거의 선왕(先王)의 뜻일 것이라면 하한(河漢)이다.

나는 일찍이 군에게 말하였다.

"역사학에서 가법(家法)을 구하지 않는다면 기이(奇異)한 것에 욕심을 내고 자질구레한 것을 좋아하게 될 것이지만 그러나 매일 힘쓰고 화려함을 늘리는 것을 안다면 천년을 지나지 않아도 장차 대지(大地)에는 관각(館閣)이 부족할 것이다."

군은 가슴을 쓰다듬으면서 탄식(歎息)하며 끊고 이 뜻을 가지고 앞의 역사를 간정(刊定)하여 스스로 일가(一家)를 이루려고 하였다.

당시의 논의된 것은 모두 앞의 역사는 번잡하다고 말하는 것이 원대(元代) 사람들이 쓴 3종류의 역사[100]보다 심하여서 공을 세우려 한다

---

98 《문헌통고》를 말한다.

99 왕응린(王應麟, 1223~1296)을 말한다. 왕응린의 자가 백후이고, 호는 심녕(深寧)이며 남송말 정치적인 인물로 경사학(經史學)과 문자학자이다.

100 원대에 쓰인 기전체 역사에는 《송사(宋史)》, 《요사(遼史)》, 《금사(金史)》 셋이

면 《송사(宋史)》가 더욱 어려웠는데, 군은 드디어 개탄하며 스스로 일을 맡았다.

일찍이 송대의 사건과 역사에 근거한 대책이 흘러 다니며 전해져서 다른 것을 크게 어기는 것은 무릇 몇 개의 조목이었고, 연회를 여는 한가한 사이에서 누차 학자를 위하여 이를 말하였다.

식자들은 군(君)이 필삭을 통하여 책을 완성할 것임을 알고 반드시 간행하는 것이 따른 소착(疏鑿, 소통하고 뚫음)하는 공로를 가질 것이며 우뚝 솟은 예림(藝林)의 거관(鉅觀)이 될 것을 알았다.

어찌 끝내 재주는 높고 넓기를 좋아하는 데 앉아서 관청의 업무를 개인의 과제로 하여 공로를 나누는 것이 진실로 많으며, 만년에는 세월이 더욱 촉박하였고, 몸이 아리따우면 병이 많은데 사람의 일이란 그 사이에서 차질이 생기니 지극히 아름다운 뜻을 쫓아내다가 이루지 못하고 빠르게 홀연히 세상을 하직할 것을 알았겠는가!

수백 년간의 총서와 문집을 듣고 보았는데, 만약에 장차 커다란 그의 성취를 기다리는 사람은 하루아침에 잃고 흩어져서 다시는 모을 수 없으니 다만 군의 불행일 뿐만 아니라 역시 사문(斯文)[101]의 액운(厄

있다. 《송사》는 원말 지정(至正) 3년(1343년)에 승상인 탈탈(脫脫)과 하로도(阿魯圖)가 앞뒤로 주관하여 2년 반의 시간을 걸려서 편찬한 송대의 역사책으로 전체 496권으로 되어 있다. 《요사》는 원의 승상인 탈탈 등이 지정 3년(1343년) 4월에 착수하여 다음 해(1344년) 3월에 완성한 총 116권으로 된 기전체 역사서이며, 《금사》도 승상 탈탈 등이 편찬한 총 135권으로 된 기전체 역사서이다.

101 사문의 뜻은 예교문화(禮敎文化) 혹은 전장제도(典章制度)를 말하는 것이지만, 그 외에 문학(文學), 유사(儒士)나 문인(文人), 혹은 시(詩), 문아(文雅) 등을 가리키는데, 여기서는 중국문화·중국역사를 가리킨다.

運)이다.

고(故) 호광에서 총독을 지낸 상서(尙書)이며 진양(鎭陽) 분인 필원(畢沅) 공은 일찍이 20년의 공적을 가지고 객(客)인 아무개[장학성]에게《속자치통감》을 위촉하였는데 대개 바로 서씨의 책에 조금씩 덜어내고 덧붙였으며 크게 다른 보탬이 없었다.

공[필원]은 아직 마음으로 흡족함이 없어서 군[소진함]에게 위촉하여 바르게 고치게 하였더니 군은 실마리를 끄집어낸 나머지 이를 위하여 다시금 살폈으니 그 책은 바로 크게 고쳐 보였다.

당시에 공은 바야흐로 군사작전을 하고 있어서 책이 군영으로 보내지니 이를 읽고 공은 크게 기뻐하고 감복하여 손수 편지를 써서 회보하여 감사하다고 하면서 여러 사람들의《속감(續鑑)》의 위에서 멀리 나왔다고 말하였다.

공이 바로 군(軍)에서 돌아가시니 그 집에서 판각한《속감(續鑑)》은 마침내 빈객이 처음으로 확정한 책인데, 군에게 기탁한 바 공이 죽은 후에 그 집안은 오히려 적몰되어 찾아갈 수가 없었다.

아! 넓고 넓은 하늘이 백 명의 재주 있는 선비를 내셨다면 한 명의 사재(史才) 있는 사람을 찾아낼 수 없고, 열 명의 사재가 있는 사람을 내셨다면 한 명의 사식(史識) 있는 사람을 얻을 수 없다는데,[102] 사재가

---

102 당대에《사통(史通)》을 쓴 유지기(劉知幾)는 역사가에게 사재(史才)·사식(史識)·사학(史學)의 3가지를 가져야 된다고 하면서 이 가운데 하나라도 모자라면 안 된다고 하였다. 사재란 역사를 연구하거나 공부할 수 있는 재능을 말하며 어떤 점에서는 타고난 것이다. 사식(史識)이란 역사를 공부하고 난 다음에 얻어지는 역사적 식견(識見)을 말하는 것이며, 사학이란 역사를 학문적으로 접근할 수 있는 전문적인 훈련을 받는 것을 말한다. 이 글을 쓴 청대의 장학성은 그의《문사통의(文史通義)》에서 여기에 사덕(史德)을 추가하여 4장(長)

있고 사식이 이와 같은데, 또 그의 성취를 돕지 않았으니 만약에 사물이 꺼리는 것이 그러하다면 어찌 거듭 애석하다 아니하겠는가!

군은 집안에서는 효성스럽고 우애 있으며 다른 사람에게는 충직하고 믿음을 주었으며 여러 일가견(一家見)을 가진 전(傳)과 지(誌)를 헤아려 이미 자세한 바이니, 내가 군더더기를 덧붙이지 않는다.

오직 나에게는 아끼는 것이 동생 같고 형 같아서 앞뒤로 20여 년 동안 남북으로 흩어졌다가 만났으며 지나온 일을 거슬러 올라갈 수 있다. 뜻을 얻어서 아직 일찍이 서로 위로하고 즐거워하지 않은 일이 없었으며 바람과 먼지는 검속(檢束)할 수 없는 경지에 이르러 질병과 환난은 역시 반쯤은 억지로 군에게 부탁하였다.

지금 군이 세상을 하직한 지 5년에 나는 또 쇠약하고 병든 것이 이와 같은데, 춘명(春明, 북경)에서 옛날에 놀던 것을 생각하니 의기(意氣)가 서로 격발(激發)하였는데, 얼마나 그것이 성대한가! 지금은 편안히 계시는가? 슬프다!

평론하여 말하노라.

건륭 계묘년(1783년) 봄에 나는 북경의 여관에서 병이 들어 누워 있었는데 군(君)은 나를 싣고서 그의 집에 데려가서 의원(醫員)을 모셔다가 치료하였다. 나는 피곤 속에 가라앉아 있는 가운데서도 번번이 군과 학문을 토론하면서 매번 밤중까지 이르렀는데, 군은 내가 피곤할까 염려하였지만 나의 기운은 더욱 씩씩해졌다.

이 필요하다고 하였다. 사덕을 역사를 연구하면서 삐뚤어진 마음, 한쪽으로 기울어진 마음을 가지지 아니하고 불편부당한 태도를 가지는 것을 말한다.

군과 더불어 《송사(宋史)》를 편수하는 것을 토론하였기 때문에 군이 책을 다 완성하기를 기다린 다음에 나는 다시 마음을 가지고 이를 하려고 생각하였는데, 마치 《후한서(後漢書)》와 《진서(晉書)》가 각기 스스로 일가(一家)를 이룬 것처럼 훗날 사람들에게 도려내어 선택하는 것을 듣고자 하였다.

군이 방략(方略)을 물었기 때문에 나는 말하였다.

"마땅히 몇 가지 사실을 가져다가 먼저 장편(長編) 비슷한 것을 만들면 권질(卷帙)의 분량은 1천 권을 꽉 채울 것이고, 이를 찬집(撰集)하여 책을 만들게 되면 50만 자는 될 것이니 이를 처음에 보게 되면 그 책의 100배가 되어서 커다란 뜻은 마땅히 바뀌어 드러날 것이다."

군이 말하였다.

"그대가 약속한 것처럼 한다면 나는 할 수 없을 것이지만 그러나 역시 군보다 세 배에 불과할 것이니, 넓게 하려고 애써서 전문가의 체면을 잃는 데는 이르지 아니할 것이요."

나는 군을 청하여 말의 종지(宗旨)를 세우려고 하였기 때문에 군은 말하였다.

"송대(宋代) 사람들이 문호(門戶)를 만드는 습관과 어록(語錄)하는 고루(固陋)한 기풍은 진실로 촌스럽다고 할 것이다. 그러나 그들이 입신(立身)하고 행동을 통제하면서 윤상(倫常)은 일상 속에서 나왔으니, 어찌 없앨 만하겠는가! 사대부들은 널리 배우고 문장을 꼼꼼히 쓰니 영웅이 당세에 나오고 말씨에서 진퇴하는 사이에 받아들이고, 내보내는 곳은 단두(簞豆)[103]와 만종(萬鍾)의 없을 수 없겠으나 본래의 마음

---

103 한 그릇의 밥과 한 그릇의 된장국을 말하는 것으로 먹을 것이 아주 적다거

은 이미 잃었으니 기타 또 무엇을 논의하겠는가! 이것이 《송사》를 저작하는 종지(宗旨)이다."

나는 그 말을 듣고 두려웠다.

건륭 기유년(1789년)과 경술년(1790년)에 군은 재주와 학식을 가지고 있다는 것은 권력을 가진 요인들이 아는 바였는데, 점차로 유혹하여 나아가게 하였지만 군은 의연(毅然)하게 굴복하지 않았다. 그러므로 이것으로 저어(齟齬, 어긋나다)하면서 생을 끝냈으니 군은 스스로 가엾이 여기지 않았다. 아! 책을 저술함의 귀함은 종지를 갖고 있으니 어찌 어지럽히겠는가?

주 이로움이 적다는 것을 형용하는 말이다.

권001

송기1

조광윤의 송 왕조 건국

진교에서 회군하여 등극하는 조광윤

태조(太祖) 건륭(乾隆) 원년(경신, 960년)[1]

1   봄, 정월 을사일(5일)에 주(周, 후주)의 귀덕(歸德, 치소는 송주)절도
사·검교태위·전전도점검(殿前都點檢)인 조광윤(趙匡胤, 927~976)[2]이
황제를 칭하였다.

이에 앞서 초하루 신축일에 주(周, 후주)의 여러 신하들이 바야흐로
정단(正旦, 정월 초하루)을 축하하였는데, 진(鎭, 하북성 정정현)과 정(定,
하북성 정주시) 두 주(州)에서 말을 달려 주문을 올려서, 요(遼)의 군사
가 남하하여 북한(北漢, 도읍은 태원)과 군사를 합하였다고 하니, 주제

---

1   이 해는 후한 천회 4년, 후주 현덕 7년, 남당 건륭 원년, 오월 건륭 원년, 남한
    대보 3년, 남평 건륭 원년, 후촉 광정 23년, 요 목종 응력 10년이다. 이로 보아
    송(宋)이 후주를 대신하여 건국한 다음에 송의 연호를 쓰는 나라는 오월·남
    평·남당이고, 후한·남한·후촉은 송의 세력 범위에 들어와 있지 않은 상태임
    을 알 수 있다.

2   《자치통감》은 송대의 저작물이므로 조광윤이 아직 황제에 오르지 않았을 때
    라도 태조 황제라고 하였지만 《속자치통감》은 청대의 저작물이고, 그가 아직
    황제에 오르지 않았기 때문에 바로 조광윤의 이름을 썼다.

(周帝, 947~973)[3]는 조광윤에게 명령하여서 숙위(宿衛)하는 제장(諸將)을 인솔하여 이를 막게 하였다.

조광윤은 군정(軍政)을 6년 동안 장악하여 사졸들의 마음을 얻었고, 자주 세종(世宗, 후주의 2대 곽영, 921~959)을 좇아서 정벌(征伐)하면서 누차 공적을 드러내니, 인망(人望)이 그에게 돌아가는바 되었는데, 이에 이르러 주군(主君)은 어리고 나라에서는 의심하자 장사(將士)들이 추대(推戴)하기로 음모하였다.

임인일(2일)에 전전부(殿前副)점검[4]·진녕군(鎭寧軍)절도사인 태원(太原, 산서성 태원시) 사람 모용연쇠(慕容延釗, 913~963)가 전군(前軍)을 거느리고 출발하였고, 계묘일(3일)에 대군(大軍)이 그를 이었다.

이때에 경사에서는 대부분이 모여서 말하였다.

"점검을 책(策)하여 천자로 삼자."

군대 안에 별자리를 아는 하중(河中, 산서성 영제현) 사람 묘훈(苗訓)이 해 아래에 다시 하나의 해가 있으며, 검은 빛이 문질러져서 씻겨 나가는 것을 보고, 가리키며 조광윤이 가까이하는 관리인 초소보(楚昭輔, 914~983)에게 말하였다.

"이것은 천명(天命)이다."

3　후주의 마지막 황제인 곽종훈(郭宗訓)으로 이때에 여덟 살이었다.

4　조광윤이 전전도점검(殿前都點檢)이었는데, 그 부관을 말하는 것이다. 후주 시대에 전전도점검은 무관명으로 전전(殿前)도지휘의 위에 설치하여 금군(禁軍)을 총괄하며, 출정하는 각 군을 통솔하는 최고지휘관이다. 후주시대에 이 직책을 증설하여 조광윤이 가지고 있다가 황제가 되었으므로 송대에는 이를 설치하지 않았다. 요(遼)에도 역시 이 직책이 있었지만 전전도점검사를 주관하였으며, 남면군에 속한 관직이었고 후대에 친군(親軍)을 관장하였다.

이날 저녁에 진교역(陳橋驛, 하남성 봉구현 동남쪽)에서 유숙하는데, 장사(將士)들이 서로 더불어 모의하여 말하였다.

"주상은 어리고 약하여서 우리들이 죽을힘을 내어 국가(國家)를 위하여 적(賊)을 깨뜨려도 누가 이를 알아주겠는가! 먼저 점검(點檢, 조광윤)을 세워서 천자로 삼는 것만 같지 아니하며, 그런 다음에 북방정벌을 하자."

도압아(都押衙, 큰 군영의 책임자)인 상당(上黨) 사람 이처운(李處耘, 920~966)이 갖추어 그 일을 조광윤의 동생인 내전지후공봉관도지(內殿祇候供奉官都知)[5] 조광의(趙匡義, 939~997)와 귀덕(歸德)절도사부의 장서기(掌書記)[6]인 계(薊, 천진시 계현) 사람 조보(趙普, 922~992)[7]에게 고백하였다. 말을 아직 다 끝내지 않았는데, 제장들이 칼날을 드러내 놓고 갑자기 들어와서 큰 소리로 말하였다.

"군중(軍中)에서는 논의를 확정하였으니, 태위(太尉, 조광윤)를 책립하여 천자로 삼고자 합니다."[8]

조광의가 이어서 그들에게 알아듣게 말하였다.

"왕을 일으키고 성(姓)을 바꾸는 것은 비록 천명(天命)이라고 말하지만 실제로는 사람의 마음에 연계한 것이다. 너희들이 각기 군사를 엄

---

5 내궁(內宮)의 편전(便殿)에서 수종하는 사람을 주관하는 책임을 진 관직이다.

6 귀덕은 조광윤이 절도사로 있는 군(軍)이며, 치소는 송주에 있고, 장서기는 절도사부에서 기밀을 취급하는 직책이다.

7 조보는 현덕 2년(955년) 2월에 처음으로 보인다.

8 이미 조광윤을 천자로 하기로 하였다는 말이 나왔으니, 그것만 가지고도 반역이 되므로 이대로 가만히 있게 되면 족주(族誅)될 수밖에 없다는 논리이다. 이 말은《자치통감장편》에 기록되어 있다.

하게 경계할 수 있고, 표략(剽掠)하지 않아서 도성(都城)의 인심이 편안하게 된다면 사방에서도 자연스레 안정될 것이고,[9] 너희들도 역시 함께 부귀함을 지킬 수 있을 것이다."

무리가 허락하니, 마침내 함께 부서를 나누었다.

밤에 아대군사(衙隊軍使)[10]인 곽연빈(郭延贇)을 파견하여 말을 달려 전전(殿前)도지휘사 석수신(石守信, 928~984)과 전전(殿前)도우후 왕심기(王審琦, 925~974)[11]에게 가서 알렸는데, 석수신과 왕심기는 모두 평소에 태조에게 마음으로 귀부하였던 사람이다. 장사들은 둥글게 늘어 서서 아침이 되기를 기다렸다.

조광윤은 술에 취하여 자서 처음에는 살피지 못하였다. 갑진일(4일)에는 밝기가 더뎠는데, 제장들은 이미 갑옷을 두르고 무기를 잡고 곧바로 침실의 문을 두드리며 말하였다.

"제장들에게는 주군이 없으니, 바라건대 태위를 책립하여 천자로 삼고 싶습니다."

---

9 이때에 조광윤의 선봉군은 어제 이미 하(河, 황하)를 지났고, 다른 절도사들은 각기 여러 방면(方面)을 점거하고 있었기 때문에 이를 염려하였던 것이다.

10 경비를 위하여 파견된 부대의 군사 책임자이다.

11 조광윤이 전전도점검으로 있는 전전사(殿前司)에는 도점검 이외에 부도점검·도지휘사·부도지휘사·도우후·주관전전사공사·전전태위(殿前太尉)가 있다. 전전사는 시위사와 공동으로 금군을 나누어 관장하는데, 시위사는 마보군을 관장하고, 전전사는 전전(殿前)에서 당직을 맡아 황제의 근위(近衛)를 책임진다. 전전사는 그 외에 보기(步騎)제지휘의 명적(名籍)·통제·훈련·번위(番衛)·수수(戍守)·천보(遷補)·상벌의 정령을 총괄하는데, 부도점검·도지휘사·부도지휘사·도우후·주관전전사공사는 모두 도점검을 돕는 직책이며, 왕심기는 현덕 3년(956년)에 처음으로 보인다.

태조는 놀라서 일어나 옷을 걸치고 아직 응대하지 아니하였는데, 바로 황포(黃袍, 황제가 입는 옷의 색깔로 되어 있는 두루마기)를 입히고, 벌려서 절하며 만세를 불렀으며, 부축하여 말에 오르게 하고, 남쪽으로 갔다.

조광윤은 면할 수 없음을 헤아리고 마침내 고삐를 잡고 제장들에게 맹세하여 말하였다.

"너희들이 스스로 부귀(富貴)하기를 욕심내어 나를 세워서 천자로 삼았다면 내가 호령하거든 너희들은 받을 수 있겠는가?"

모두 말에서 내려서 말하였다.

"오직 명령만 하십시오."

조광윤이 말하였다.

"태후와 주상(主上)[12]은 내가 북면(北面)하며 그들을 섬겼으며, 조정의 대신들은 모두 나에게 비견(比肩)된다. 너희들은 궁궐을 놀라게 하며 범접하거나 조정의 귀한 사람을 침범하고 능멸하며 부고(府庫)를 범접하지 말라. 명령이 시행된다면 후한 상이 있을 것이며, 어긴다면 노륙(孥戮, 자식까지 죽임)할 것이다."

모두 응답하였다.

"예!"

마침내 군사를 정돈하고 인화문(仁和門, 개봉성 내성 동쪽의 남문)에서부터 들어갔는데, 추호도 범법하는 바가 없었다. 〔지도참고〕

익일(翼日, 5일)에 먼저 객성사(客省使)인 대명(大名, 하북성 대명현)

---

12 황제라는 말로 후주의 황제인 곽종훈을 말한다. 이는 조광윤의 말이므로 조광윤의 입장에서 호칭한 것이다.

❖ 진교의 변과 당시의 정황

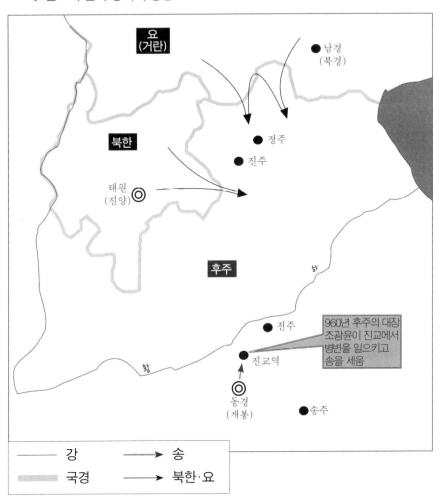

사람 반미(潘美, 925~991)를 파견하여 정치를 잡은 사람을 보고 뜻을 일러주고, 또 초소보(楚昭輔)를 파견하여 집안사람들을 위로하며 편안히 하였다.

이때에 재상인 대명(大名) 사람 범질(范質, 911~964)과 태원(太原, 산서성 태원시) 사람 왕부(王溥, 922~982)는 일찍 조현하였다가 아직 물러나지 않았는데, 변고의 소식을 듣고 범질이 전(殿)을 내려가서 왕부의 손을 잡고 말하였다.[13]

"창졸(倉卒)간에 장수를 보낸 것은 우리들의 죄요."

손톱을 왕부의 손에 넣으니 거의 피가 나려고 하였다. 왕부는 입을 다물고 대답할 수가 없었다.

천평(天平)절도사·동평장사·시위마보군부도지휘사인 태원 사람 한통(韓通, 908~960)이 내정(內廷)에서부터 황급하게 달려 돌아가서 장차 무리를 인솔하고 막으려 하였다. 산원(散員)도지휘사 왕언승(王彦昇, 917~974)이 한통을 길에서 만나자, 말에 뛰어 올라 그를 좇아서 그의 집으로 달려 들어갔고, 한통과 그의 처자도 죽였다.[14]

제장들이 조광윤을 도와서 명덕문(明德門, 궁성 남문)에 올라가니 조광윤은 갑사들에게 군영으로 돌아가게 하였고, 물러나서 공서(公署)로 돌아가서 황포(黃袍)를 벗었는데, 조금 있다가 제장들이 범질 등을 데리고서 도착하니 조광윤은 오열(嗚咽)하고 눈물을 흘리며 말하였다.

"내가 세종(世宗, 후주 2대 곽영)의 두터운 은혜를 받았는데 육군(六

---

13 범질(范質)과 왕부(王溥)는 이때에 후주의 재상이었다.

14 다른 자료에 의하면 조광윤이 우액문 밖에 군사를 매복하였다가 몰래 활로 쏘아 한통을 죽였다고 되어 있다.

軍)의 압박을 받아서 하루아침에 이에 이르러서 천지에 부끄럽게 죄를 졌는데 장차 이를 어찌할까?"

범질 등이 아직 대답을 하지 아니하였는데 산(散)지휘도우후인 태원(太原) 사람 나언괴(羅彦瓌, 923~969)가 칼을 잡고 성난 소리로 말하였다.

"우리들은 주군이 없으니 오늘 반드시 천자를 얻어야 합니다."

범질 등은 서로 돌아보며 할 바를 알지 못하였는데, 왕부가 계단을 내려가서 먼저 절을 하자 범질도 부득이하여 역시 절을 하였다.

드디어 조광윤을 청하여 숭원전(崇元殿)에 이르게 하고 선대예(禪代禮)[15]를 행하였다. 문무백관을 부르자 포시(晡時, 오후 4시경)에 이르러서 반열이 정해졌는데, 한림학사(翰林學士)·승지(承旨)인 신평(新平, 섬서성 빈현) 사람 도곡(陶穀, 903~970)[16]이 소매 속에서 주제(周帝)의 선조(禪詔, 선양하는 조서)를 내었고, 선휘사(宣徽使)인 고당(高唐, 산동성 고당현) 사람 잠거윤(昝居潤, 908~966)[17]이 조광윤을 인도하여 용지(龍墀, 址臺)에 나아가서 북면하여 절하고 받았다.

재상이 겨드랑을 끼고 숭원전에 올라섰고, 곤면(袞冕)을 입고 황제

---

15 선양(禪讓)하는 의식을 말한다. 보통 선양(禪讓)이라고 하는데, 여기서는 양(讓) 대신에 대(代)를 사용하고 있다. 선양은 원래 황제의 자리를 자기 아들이나 같은 성을 가진 사람에게 물려주는 것이 아니고, 성이 다른 훌륭한 사람에게 물려주는 것을 말한다. 흔히 왕조가 바뀔 때에 이러한 예식을 한다.

16 도곡은 후한 고조 건우 원년(948년) 11월에 은인인 이숭(李崧)을 모함하여 해친 것으로 이름이 나 있으며, 이 내용은《자치통감》권288에 실려 있다.

17 이도의《속자치통감장편》에는 선휘사의 이름이 실려 있지 않았다. 그러나《동도사략》에는 이름이 나와 있다.

의 자리에 나아갔다.[18] 여러 신하들이 절하며 축하하였다. 주제(周帝)를 받들어 정왕(鄭王)으로 하고, 부(符)태후를 주(周)태후로 하여 서궁(西宮)으로 옮겨 거처하게 하였다.[19]

조서를 내려서 천하를 소유한 호칭을 정하여서 '송(宋)'이라고 하였는데, 관장하고 있는 절도(節度)의 주명(州名, 귀덕절도사의 치소는 송주) 때문이었다. 기원을 고치고 크게 사면하였다. 내외마보군사들에게 우급(優給)을 차례대로 주었다. 관(官)에 명령하여 나누어 천지와 사직에 고(告)하게 하였다. 중사(中使)를 파견하여 역전(驛傳)을 타고 조서를 싸가지고 천하에 알아듣게 하였으며, 여러 도(道)의 절도사에게 별도의 조서를 하사하였다.

화산(華山, 서악, 섬서성 화음시 남쪽)의 은사(隱士)인 진박(陳搏)이 황제가 주(周)를 대신하였다는 소식을 듣고 말하였다.

"천하는 이로부터 안정되겠다."

2   변도(汴都, 변주인 도읍, 하남성 개봉시)는 조운(漕運)으로 공급되기를 바라니, 하거(河渠)가 가장 급한 업무였다. 이보다 먼저 매해에 정부(丁夫)를 움직여서 얕은 곳을 열고 준설(浚渫)하였는데, 구량(糧糧)은 모두 백성들이 스스로 준비하게 하였으나 정미일(7일)에 조서를 내려서 모두 관부에서 공급하게 하자 드디어 명령을 만들었다.

또 하북(河北)에 풍년이 들어서 곡식이 싸지자 그 값을 높여서 이를

---

18 황제의 정위치로 간 것을 말하며, 이를 즉위라고 한다. 이때에 조광윤의 나이는 서른네 살이었다.

19 후주는 건국한 지 10년 만에 멸망하였고, 송(宋)이 건국되었다.

사들이게 명령하였다. 〔지도참고〕

3 무신일(8일)에 주(周, 후주)의 한통(韓通)에게 중서령을 증직(贈職)하여 예를 갖추어 그를 장사 지냈다.

애초에, 한통은 황제와 더불어 숙위를 관장하였는데, 군정(軍政)은 대부분 한통에게서 결정하였다. 한통은 성격은 강하지만 꾀가 적고 말이 많아 다른 사람에게 거슬려서 사람들은 한당안(韓瞠眼)[20]이라고 하였다. 그의 아들은 자못 뜻과 책략을 가지고 있었는데, 황제가 인망을 얻은 것을 보고 한통에게 일찍 갈 곳을 만들라고 하였으나 한통은 듣지 않다가 끝내 어려움에 이른 것이다.

황제는 왕언승(王彦昇)이 멋대로 죽인 것에 화를 냈지만 나라를 연 처음이어서 은인(隱忍)하며 죄를 주지는 아니하였다.

4 남당주(南唐主)에게 조서를 내렸다.

이보다 먼저 남당의 중서사인인 북해(北海, 산동성 유방시) 사람 한희재(韓熙載, 902~970)가 주(周, 후주)에 사자로 왔다가 돌아가게 되니 남당주는 주의 장수를 두루 물었는데, 한희재가 말하였다.

"조점검(趙點檢, 조광윤)은 돌아 보건대 비상함을 보이니 거의 헤아리기 어렵습니다."

이에 이르러서 사람들은 그의 식견에 복종하였다.

---

20 한(韓)은 그의 성을 붙인 것이고 당(瞠)은 눈을 휘둥그레 뜨고 보는 것이며 안(眼)은 눈을 가리키는 것이었으므로 그의 모습을 별명으로 한 것이다.

❖ 개봉으로 통하는 변거의 조운도

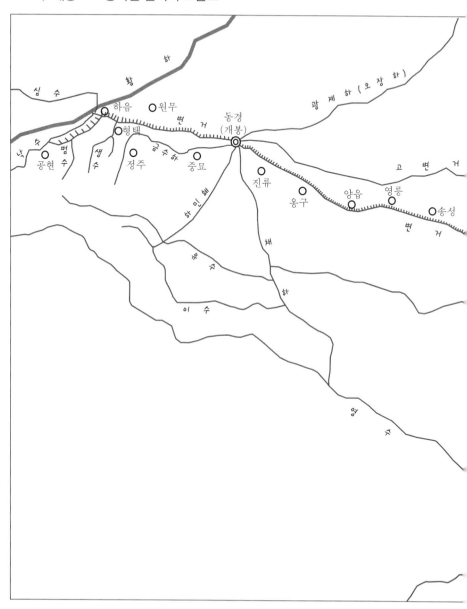

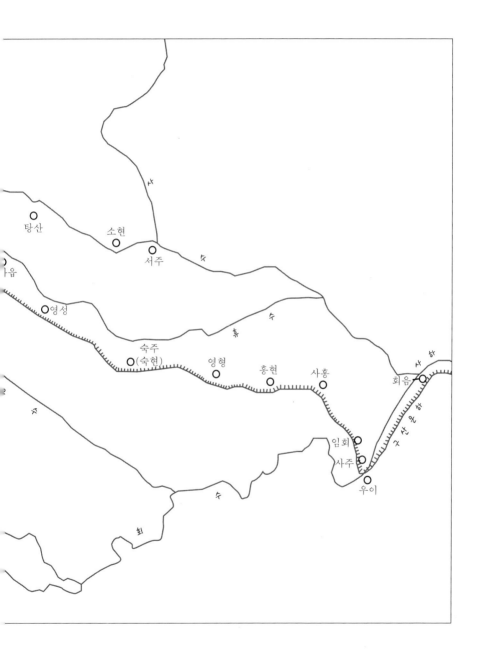

5   신해일(11일)에 도와서 추대한 공로[21]를 논의하였는데, 주(周)의 의성(義成, 치소는 활주)절도사·전전(殿前)도지휘사인 석수신(石守信)을 귀덕(歸德, 치소는 송주)절도사·시위(侍衛)마보군 부도지휘사로 삼고, 녕강(寧江, 치소는 기주)절도사·마보군(馬步軍)[22]도지휘사인 상산(常山, 절강성 상산현) 사람 고회덕(高懷德, 926~982)을 의성절도사·전전(殿前)부점검으로 하고, 무신(武信, 치소는 수주, 공함)절도사·보군(步軍)도지휘사 염차(厭次, 산동성 혜민현) 사람 장령탁(張令鐸, 911~970)을 진안(鎭安, 치소는 진주)절도사·마보군도우후로 삼고, 전전(殿前)도우후·목주(睦州, 절강성 건덕시)방어사인 왕심기(王審琦)를 태령(泰寧, 치소는 연주)절도사·전전도지휘사로 삼고, 호첩좌상(虎捷左廂)도지휘사·가주(嘉州, 사천성 낙천시)방어사인 요인(遼人) 장광한(張光翰, ? ~967)을 녕강(寧江, 치소는 기주)절도사·마군(馬軍)도지휘사로 삼고, 호첩우상(虎捷右廂)도지휘사·악주(岳州, 호남성 악양시)방어사인 안희(安喜, 하북성 정주시) 사람 조언휘(趙彦徽, ? ~968)를 무신(武信, 치소는 수주)절도사·보군(步軍)도지휘사로 삼고, 나머지 군사를 관장한 사람도 나란히 작위를 올렸다.

6   계축일(13일)에 주의 현덕(顯德, 주 세종의 연호, 954~959년)시절에 강남의 항복한 장수인 주성(周成) 등 34명을 남당(南唐)으로 돌려보냈다.〔지도참고〕

---

21 조광윤을 황제로 추대하는데 공로를 세운 사람을 말한다.

22 이를 교정한 사람은 보(步)를 연(衍)자로 보고 있다. 역자가 보건대 다음에 보군도지휘사가 나오는 것으로 보아 이는 마군도지휘사여야 할 것으로 보이며, 교정자의 의견에 동의한다.

❖ 후주말 송초의 10국 형세도

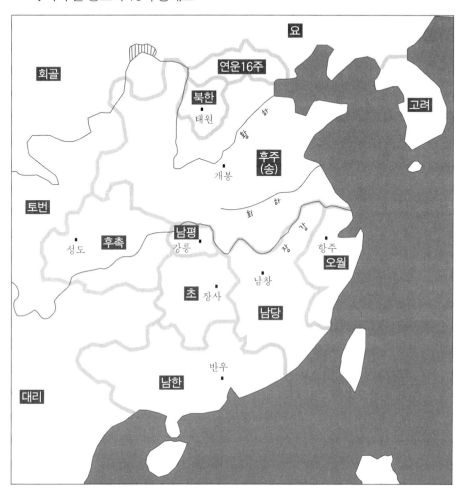

7 을묘일(15일)에 사자(使者)를 파견하여 여러 주(州)를 나누어 진휼(賑恤)하게 하였다.

8 정사일(17일)에 주(周)의 종정소경인 곽기(郭玘)에게 명령하여 주의 사당과 숭(嵩, 곽위의 능묘)·경(慶, 곽영의 능묘) 두 능(陵)에 제사 지내게 하고 이어서 명령을 내려서 때에 따라서 조배(朝拜)하게 하였다.

9 이보다 먼저 주(周)의 시위마보군도우후인 무안(武安, 하북성 무안시) 사람 한령곤(韓令坤, 923~968)이 군사를 관장하여 북변(北邊)을 순시하였는데, 모용연쇠가 다시 선봉부대를 인솔하고 진정(眞定, 하북성 정정현)에 도착하였다.

황제는 이미 자립(自立)하고[23] 나서 사자를 파견하여 모용연쇠와 한령곤에게 유시(諭示)하여 각기 편리하고 마땅한 대로 일을 좇게 하였는데, 두 사람이 모두 명령을 들었다. 기미일(19일)에 모용연쇠에게 전전(殿前)도점검·소화군(昭化軍)절도사[24]·동중서문하2품을 덧붙여 주고, 한령곤은 시위마보군도지휘사·천평절도사·동평장사를 덧붙여 주었다.

10 재상이 표문을 올려서 2월 16일을 장춘절(長春節)로 하자고 하였

---

23 조광윤이 황제가 되면서 후주로부터 선양을 받았으므로 형식적으로는 자립이 아니지만, 이 책의 필자는 실제로 자립한 것으로 본 것이다.

24 치소가 신주인데, 이때에 신주는 요(遼)에 속하였으므로 이 직책은 공함(空銜)이다.

는데, 황제의 생일이었다.

11   임술일(22일)에 조보를 우간의대부·추밀(樞密)직학사로 삼았다.

애초에, 황제가 송진(宋鎭)을 관장하면서[25] 조보는 서기가 되었는데, 절도판관인 녕릉(寧陵, 하남성 녕릉현) 사람 유희고(劉熙古, 903~976)·관찰판관인 안차(安次, 하북성 낭방시) 사람 여여경(呂餘慶, 927~976)·섭추관(攝推官)인 태강(太康, 하남성 태강현) 사람 심의륜(沈義倫, 909~987)은 모두 막부에 있었다.

이에 이르러 조보가 좌명한 공로로 승진하니 마침내 유희고를 불러서 좌간의대부로 삼고, 여여경을 급사중·단명전(端明殿)학사로 삼고, 심의륜을 호부랑중으로 삼았다.

12   계해일(23일)에 천웅(天雄, 치소는 대명)절도사인 완구(宛丘, 하남성 회양현) 사람 부언경(符彦卿, 898~975)을 수태사(守太師)[26]로 하고, 웅무(雄武, 치소는 진주)절도사인 액(掖, 산동성 내주시) 사람 왕경(王景, 889~963)을 수태보(守太保)로 하여 태원군왕(太原郡王)에 책봉하고, 정난(定難, 치소는 하주)절도사인 서평왕(西平王) 이이은(李彝殷, ?~967)을 수태위(守太尉)로 하고, 형남(荊南, 치소는 강릉)절도사 고보융(高保融, 920~960)을 수태부(守太傅)로 하고, 나머지 절진(節鎭, 절도사

---

25 송주에 진수하고 있는 절도사를 말하며, 조광윤이 맡고 있는 귀덕절도사를 말하는 것이다.

26 수직(守職)이다. 임시직 혹은 어떤 관직을 가진 사람이 다른 직책을 갖게 하는 것이다. 겸직의 의미를 가지고 있다.

의 방진)을 관장하는 사람에게는 널리 작위를 올려 주었다.

13   갑자일(24일)에 황제의 동생인 조광의(趙匡義)[27]에게 목주(睦州, 절강성 건덕시)방어사를 덧붙여 주고 이름을 하사하여 조광의(趙光義)라고 하였다.

14   국자감(國子監)에 행차하였다.

15   장차 종묘(宗廟)를 세우려고 하여 백관들에게 조서를 내려서 모여서 논의하게 하였다.

기사일(29일)에 병부상서인 복양(濮陽, 하남성 박양시) 사람 장소(張昭) 등이 주문을 올렸다.

"요·순·우(堯·舜·禹)는 모두 5묘(廟)를 세웠는데, 대개 2소(昭) 2목(穆)[28]과 그 시조였습니다. 상(商)이 나라를 고치고 비로소 6묘(廟)를 세웠으니 대개 소·목(昭·穆)의 밖으로는 설(契)과 탕(湯)에게 제사 지냈습니다. 주(周)가 7묘(廟)를 세웠는데, 대개 친묘(親廟, 직계의 사당) 이외에 할아버지·태조 그리고 문왕·무왕이었습니다. 한(漢) 초에는 사당을 세우면서 모두 예(禮)와 같이 하지 않았습니다. 위(魏)와 진(晉)은 비로소 7묘(廟)의 제도를 부활시키고 강좌(江左, 남조)에서는 이어받으

---

27 조광윤이 황제가 되었으므로 광(匡)을 피휘하여 광(光)으로 고친 것이다.

28 사당에 신주를 안치하는 방법인데, 짝수인 세대를 소(昭)라 하여 왼쪽에 배치하고 홀수 세대를 목(穆)이라 하여 오른쪽에 배치한다. 따라서 2소란 2세와 4세를 왼쪽에 모시고, 3세와 5세를 오른쪽에 모시며 가운데에 시조를 모시는 것이다.

면서 고치지 않았지만 그러나 7묘 가운데 오히려 태조의 방을 비워두 었습니다.

수(隋) 문제는 다만 고조(高祖)·증조(曾祖)·조(祖)·아버지 네 사당 뿐이었습니다. 당(唐)은 수의 제도를 이어서 네 친묘를 세우고 양씨(梁 氏, 오대 후량) 이하에서는 그 법을 바꾸지 아니하였으며, 옛날의 도를 상고하면 이것은 절충한 것입니다. 엎드려 청컨대 고조·증조·조·아버 지 네 대(代)를 추존하여 시호를 부르시고, 묘실(廟室)을 높이 세우십 시오."

제(制)를 내려 가(可)하고 하였다.

이에 종묘의 제도를 확정하고 해마다 네 맹월(孟月)과 마지막 겨울 달로 무릇 다섯 번[29] 제사 지내고, 초하루와 보름에 천식(薦食)하고 천 신(薦新)[30]하게 하였다. 3년에 한 번 협제(祫祭)를 맹동(孟冬, 10월)에 하고, 5년에 한 번 체제(禘祭)를 맹하(孟夏, 4월)에 하게 하였다.[31] 모두 병부시랑인 어양(漁陽, 천진시 계현) 사람 두의(竇儀, 914~966)가 정한 것이었다.

16   진주(鎭州, 하북성 정정현)에서 요(遼)와 북한(北漢)의 군사가 스스 로 물러갔다고 보고하였다.

---

29 맹월은 계절의 첫째 달로 1월, 4월, 7월, 10월을 말하며 마지막 겨울 달은 12월이어서 합하여 다섯 번이다.

30 천식(薦食)과 천신(薦新)은 모두 제물을 올리는 것인데, 천식은 식사를 올리 는 것이고, 천신은 새로운 곡식을 올리는 것이다.

31 협제(祫祭)란 조상에 대한 제사를 말하며, 체제(禘祭)란 조상을 제외하고 공 신까지 포함하여 지내는 제사이다.

17　　북한의 호부시랑 평장사인 형양(滎陽, 하남성 형양현) 사람 조화(趙華)가 파직되어 좌복야로 되었다.

18 남당주(南唐主)가 사자를 파견하여 종모(鍾謨, ? ~960)를 요주(饒州, 강서성 파양현)에서 주살하면서 그에게 힐문하였다.

"경(卿)은 손성(孫晟, ? ~956)과 더불어 같이 북쪽에 사신으로 갔는데, 손성은 죽었고,³² 경은 돌아왔으니 왜 그러한가?"

종모가 머리를 조아리며 죄를 자복하니 그를 목매어 죽이고 나란히 장만(張巒)을 선주(宣州, 안휘성 선주시)에서 주살하였다.

19 2월 을해일(5일)에 어머니인 남양군부인(南陽郡夫人) 두씨(杜氏)를 높여서 황태후로 하였다. 후(后)는 안희(安喜, 하북성 정주시) 사람이다.³³ 진교(陳橋)에서 변(變)이 나니 후(后)가 이 소식을 듣고 말하였다.

---

32 이 일은 후주 세종 현덕 3년(956년) 11월에 있었던 것이다.

33 《송사》〈후비전〉에서는 두태후의 어머니인 범(范)씨는 아들 다섯과 딸 셋을 낳았는데, 태후는 맏딸이었다고 적고 있고, 〈외척전〉에서는 태후는 형제자매가 5명인데 그 가운데 두심기가 맏아들이라고 하여 기록이 조금 다르다.

"내 아이는 평소에 큰 뜻을 가지고 있었는데, 지금 과연 그러하구나."

높여 황태후가 되기에 이르자, 황제가 전상(殿上)에서 절하고 여러 신하들이 축하하는 말을 하였으나 태후가 근심하며 즐기지 않으니, 좌우에서 나아가서 말하였다.

"신이 듣건대 어머니는 아들 때문에 귀하게 된다 하였으니 지금 아들이 천자가 되었는데, 어찌 즐기지 않습니까?"

태후가 말하였다.

"내가 듣건대 임금 노릇하기가 어렵다고 한다. 천자는 몸을 억조의 많은 사람 위에 두고서 만약에 잘 다스려서 그 도를 얻는다면 이 지위는 진실로 높겠지만, 진실로 혹 어거(馭車)하지 못하면 필부(匹夫)가 되기를 구하여도 얻을 수 없는 것이니 이것이 내가 근심하는 것이다."

황제가 두 번 절하고 말하였다.

"삼가 가르침을 받겠습니다."

20   재상인 범질(范質)·왕부(王溥)·위인포(魏仁浦, 911~969) 등에게 관직을 더하여 주었다. 위인포는 급군(汲郡) 사람이다. 황제는 주(周)의 세 재상을 대우(待遇)하는데 나란히 우대하는 예의로 하니, 범질에게는 사도·평장사·소문관(昭文館)대학사·참지추밀원사에서부터 시중(侍中)을 덧붙여 주었으며, 왕부에게는 우복야·평장사·감수국사(監修國史)·참지추밀원사에서 사공을 덧붙여 주었고, 위인포에게는 추밀원사·중서시랑·평장사·집현전(集賢殿)대학사에서 우복야를 덧붙여 주었다.

당(唐) 이래로 삼대관직(三大館職, 소문관, 국사관, 집현전)은 모두 재상이 이를 겸하여서, 수상(首相)은 소문(昭文)이고, 다음은 감수(監修)이고, 다음은 집현(集賢)이었는데, 송(宋)은 이를 이었다. 범질과 왕부는 일찍이 모두 참지추밀(參知樞密)에서 파직되었다. 또 추밀사인 태원 사람 오정조(吳廷祚, 918~971)에게 명령하여 여전히 동중서문하2품을 덧붙여 주었다.

옛날 제도에 의하면 무릇 큰 정사(政事)는 반드시 재신(宰臣)들에게 앉아서 논의하게 명령하고, 항상 조용히 차(茶)를 하사하고 물러났다. 당과 오대에도 오히려 이 제도를 준수하였다.

범질 등이 재상이 되기에 이르자 스스로 주실(周室, 후주)의 옛 신하이어서 안으로 형적(形迹)을 남게 하였고, 또 황제가 영예(英睿, 똑똑하고 밝음)한 것을 꺼려 마침내 매사에 차자(箚子)를 갖추어 올리고 지의(旨意)를 얻도록 청하니 황제가 이를 좇았다. 이로부터 앉아서 논의하는 예(禮)는 드디어 폐지되었다.

21   기묘일(9일)에 천하병마도원수인 오월국왕 전숙(錢俶, 929~988)을 천하병마대원수로 삼았다. 전숙의 이름에 있는 한 글자가 송(宋)의 휘(諱)를 범하였으니,[34] 그러므로 이를 버렸다.

22   병술일(16일)은 장춘절(長春節, 황제 조광윤의 생일)인데, 여러 신하들에게 옷을 각기 1습(襲)씩을 하사하였다. 재상들이 백관을 인솔하고

---

34 전숙의 원래 이름은 전홍숙(錢弘俶)이었는데, 조광윤의 아버지 이름이 조홍은(趙弘殷)이어서 전홍숙에서 홍 자를 없애고 전숙이라고 하였다는 뜻이다. 오월왕은 독립한 세력이었지만 송의 위력에 눌린 것이다.

축수를 올렸고, 상국사(相國寺)에서 연회를 내려 주었다.

23　중서사인인 안차(安次, 하북성 낭방시) 사람 호몽(扈蒙, 915~986)을 권지공거(權知貢擧)로 하니, 경인일(20일)에 진사 합격자는 경조(京兆) 사람 양려(楊礪) 등 19명이라고 주문을 올렸다. 이로부터 해마다 늘 있는 것으로 여겼다.

24　신묘일(21일)에 광덕전(廣德殿)에서 크게 연회를 열었다. 무릇 탄절(誕節, 황제의 탄신절) 후에 날짜를 택하여 크게 연회를 여는 것은 이로부터 시작되었다.

25　3월 을사일(6일)에 천하의 군현에서 어명(御名)과 묘휘(廟諱)를 범한 것을 고쳤다.[35]

26　병진일(17일)에 남당주가 사자를 파견하여 와서 등극한 것을 축하하였다.

27　남한(南漢)의 환자(宦者)인 진연수(陳延壽)가 남한주에게 말하였다.

"폐하께서 설 수 있었던 까닭은 선제(先帝)께서 여러 동생을 다 죽였기 때문입니다."

35　주현의 이름 가운데 황제의 이름자나 사당에 올라가 있는 신주의 휘(諱)가 들어가 있는 것은 모두 고친 것이다.

남한주가 그렇다고 여겨 정사일(18일)에 그의 동생인 계왕(桂王) 유선홍(劉璇興, ? ~960)을 죽였다.

28   오월왕 전숙이 사자를 파견하여 와서 등극한 것을 축하하였다. 남당주는 다시 사자를 파견하여 와서 장춘절을 축하하였다.

29   숙주(宿州, 안휘성 숙주시)에 불이 나서 백성들의 여사(廬舍) 1만여 구(區)를 태우자 중사(中使)를 파견하여 그들을 안무하였다.

30   임술일(22일)에 조고(祖考)를 추존하여 황제로 삼고 비(妣)를 황후로 하였다. 고조인 조조(趙朓)에게 시호를 붙여 문헌(文獻)이라 하고, 능을 흠릉(欽陵)이라 하며, 비(妣)인 최(崔)씨를 문의(文懿)라 하였다. 증조인 조정(趙珽)에게 시호를 붙여 혜원(惠元)이라 하고 묘호(廟號)를 순조(順祖)라 하고, 능을 강릉(康陵)으로 하며, 비(妣)인 상(桑)씨를 혜명(惠明)이라고 하였다. 황제의 할아버지인 조경(趙敬)에게 시호를 붙여 간공(簡恭)이라 하고, 묘호를 익조(翼祖)라 하고, 능을 정릉(定陵)으로 하였으며, 비(妣)인 유(劉)씨를 간목(簡穆)이라 하였다. 황고(皇考)인 조홍은(趙弘殷, 899~956)에게 시호를 붙여 소무(昭武)라 하고 묘호를 선조(宣祖)라 하며, 능을 안릉(安陵)이라 하였다.

31   국운(國運)을 정하여 주(周)의 목덕(木德)을 받아서 이어서 화덕왕(火德王)으로 하고 색깔은 붉은색을 숭상하게 하였으며, 납제(臘祭)는 술(戌)을 썼다.[36]

32 　계해일(24일)에 무승(武勝, 치소는 등주)절도사인 낙양 사람 송연악(宋延渥, 926~989)에게 명령하여 주사(舟師, 수군)를 관장하여 강(江, 장강)을 순무하게 하였는데, 서주(舒州, 안휘성 잠산현)단련사인 원성(元城, 대명의 치소) 사람 사초(司超)에게는 그를 돕게 하고 이어서 남당주에게 편지를 주어 뜻을 깨우치게 하였다.

33 　기사일(30일)에 황제의 동생인 조광미(趙光美, 947~984)를 가주(嘉州, 사천성 요산시)방어사로 삼았다.

34 　이보다 먼저 북한은 대북(代北, 산서 북부)의 여러 부(部)를 유혹하여 하서(河西)를 침략(侵掠)하였는데, 여러 진(鎭)에 조서를 내려서 군사를 모아서 이를 막게 하였다.

　이달(3월)에 정난(定難)절도사 이이흥(李彝興, ?~967)이 도장(都將) 이이옥(李彝玉)을 파견하여 나아가서 인주(麟州, 섬서성 신목현)를 돕게 하니 북한이 무리를 이끌고 떠났다고 말하였다. 이이흥은 바로 이이은(李彝殷)인데 선조(宣祖)의 휘(諱)를 피하여 고쳐서 흥(興)이라고 하였다.[37]

35 　여름, 4월 계유일(4일)에 겸판(兼判)태상시인 두엄(竇儼, 919~960)

---

36 송조는 후주가 목덕을 숭상하였으므로 상생론에 의거하여 화덕을 국운으로 정하였으며, 12월의 납제에서는 술(戌)이 들어가는 날에 제사를 지내게 하였다.

37 선조는 조광윤의 아버지에게 추존한 것이고, 그의 이름은 조홍은(趙弘殷)인데, 이이은의 은이 조홍은의 은과 같아서 이를 피하려고 이름을 고친 것이다.

이 주(周)의 음악 가운데 문무(文舞)인 숭덕지무(崇德之舞)를 고쳐서 문덕지무(文德之舞)로 바꾸고, 무무(武舞)인 상성지무(象成之舞)를 무공지무(武功之舞)로 하며, 악장(樂章)의 '12순(順)'을 '12안(安)'으로 고치기를 청하였는데, 대개 '치세(治世)의 음악이 편안하여 즐긴다.'는 뜻을 가져온 것이니, 조서를 내려서 이를 시행하였다. 두엄은 두의(竇儀, 914~966)[38]의 동생이다.

36 　철기좌상(鐵騎左廂)도지휘사 왕언승(王彦昇)이 밤에 재상인 왕부의 사가(私家)에 가자 왕부가 놀라서 두근거리며 나왔다. 이미 앉고 나자 마침내 말하였다.

"순찰을 돌며 경계하는 것이 고단하기가 심하여 즐겨 공에게 와서 한 번 취하려고 할 뿐입니다."

그러나 왕언승은 속으로 재물을 요구한 것이었는데, 왕부는 거짓으로 깨닫지 못하는 척 하면서 술자리를 마련하고 몇 번 주고받다가 파하였다.

다음날 왕부가 비밀리에 그 일을 상주하니 황제는 이를 더욱 미워하여 정축일(8일)에 왕언승을 내보내어 당주(唐州, 하남성 당하현)단련사로 삼았다. 당주는 본래 자사(刺史)를 둔 주(州)였는데, 이에 이르러 비로소 고쳐졌다.[39]

---

38 지난 후주 세종 현덕 6년(959년) 정월에 악장을 고친 일이 있었으며, 두의에 관한 일은 후주 세종 현덕 4년(957년)에 있었다.

39 한 등급이 상향된 주(州)로 직함을 바꾸어 주었다는 말이다.

37　요인(遼人)이 체주(棣州, 산동성 혜민현)를 침범하자 자사인 하남 (河南) 사람 하계균(何繼筠, 921~971)이 뒤쫓아서 그 무리를 고안(固安, 하북성 고안현)에서 깨뜨리고 말 400필을 얻었다.

38　황제는 주(周)의 소의(昭義)절도사인 태원 사람 이균(李筠, 李榮, ?~960)에게 중서령을 덧붙여 주었다. 사자가 노주(潞州, 산동성 장치시) 에 이르니 이균이 명령을 거절하려고 하였지만, 좌우에 있는 사람들이 간절하게 간하여 마침내 사자를 모시고 술자리를 마련하고 음악을 베 풀었다. 그러나 돌아서서 주조(周祖, 태조인 곽위)의 화상(畵像)을 가져 다가 청사(廳舍)의 벽에 걸어 놓고 눈물 흘리기를 그치지 아니하였다.

　빈좌(賓佐, 빈객으로 보좌하는 사람)들이 황송하고 두려워서 사자에게 알리며 말하였다.

　"영공(令公, 이균)께서 술로 정상을 잃었으니 이상하게 생각하지 말 았으면 다행이겠습니다."

　북한주(北漢主) 유승균(劉承均, 35세)이 이 소리를 듣고 마침내 납서 (蠟書)로 이균과 연결하여 같이 군사를 일으키기로 하였는데, 이균의 맏아들인 이수절(李守節, ?~960)이 울며 간하였지만 이균은 듣지 아니 하였다.

　황제는 수조(手詔)로 위로하며 어루만졌고 또 이수절을 불러서 황성 사(皇城使)로 삼았다. 이균은 드디어 이수절을 파견하여 들어와서 조 현하고 동정을 살피게 하였는데, 황제가 영접하며 말하였다.

　"태자, 너는 어떤 연고로 왔는가?"

　이수절은 두리번거리며 머리를 땅에 부딪치며 말하였다.

　"폐하께서 무엇을 말씀하십니까? 이는 반드시 참소하는 사람이 신의 아버지에게 틈을 가진 것입니다."

황제가 말하였다.

"내가 듣건대 너는 자주 간하였는데, 너의 아버지가 듣지 않았으니 그런고로 너를 보내어 오게 하여 내가 너를 죽이게 하려는 것일 뿐이다. 너는 돌아가서 네 아버지에게 말하되, 내가 아직 천자가 아닐 적에는 맡겨서 스스로 이런 일을 하였지만, 내가 이미 천자가 되었으니, 다만 나를 조금만 나무랄 수 없겠는가? 라고 하라."

이수절이 말을 달려서 돌아가서 이균에게 알리자 이균은 드디어 막부(幕府)로 하여금 격문(檄文)을 만들어 황제의 죄를 헤아리게 하였으며, 계미일(14일)에 감군인 주광손(周光遜) 등을 잡고 아장(牙將)인 유계중(劉繼仲) 등을 파견하여 북한에 정성을 보내면서 원조하여 주기를 요구하였고, 또 군사를 파견하여 택주(澤州, 산서성 진성시)를 습격하고 자사인 장복(張福)을 죽이고 그 성을 점거하였다.

종사(從事)인 여구중경(閭丘仲卿)이 이균에게 유세하였다.

"공(公)의 외로운 군사가 일을 일으켰으니, 그 세력은 아주 위태로우며, 비록 하동(河東, 후한)의 원조에 의지한다고 하여도 아마 역시 그 힘을 얻을 수 없을까 걱정입니다. 대량(大梁, 개봉, 송)의 병갑(兵甲)은 빼어나고 날카로워서 더불어 칼끝을 다투기가 어렵습니다. 서쪽으로 가서 태행(太行)으로 가는 것만 같지 못하니, 곧바로 회(懷, 하남성 심양현)와 맹(孟, 하남성 맹현)에 도착하여 호뢰(虎牢, 호뢰관, 하남성 형양현 서북쪽 사수진)를 막고, 낙읍(洛邑)을 점거하고서, 동쪽으로 향하여 천하를 다투는 것만 같지 못하니 계책 가운데 상책입니다."

이균이 말하였다.

"나는 주(周) 왕조의 묵은 장수이고 세종과는 뜻으로는 형제와 같으며 금위(禁衛)하는 병사는 모두 나의 옛날 사람들이니, 내가 이르렀다는 말을 들으면 반드시 창을 거꾸로 들고 나에게 귀의할 것인데, 어찌 해결 못할 것을 걱정하는가?"

그 계책을 사용하지 아니하였다.

병술일(17일)에 소의(昭義, 치소는 노주)에서의 변고 소식이 보고되었다. 추밀사인 오정조(吳廷祚)가 황제에게 말하였다.

"노주는 바위로 험하여 적(賊)이 만약에 굳게 지키면 아직은 세월을 가지고서는 격파할 수 없습니다. 그러나 이균은 평소에 교만하고, 쉽게 무모하니 의당 속히 군사를 이끌고 이를 칠 것입니다."

무자일(19일)에 석수신(石守信)과 고회덕(高懷德)을 파견하여 선봉군을 인솔하고 나아가서 토벌하는데, 황제는 석수신 등에게 칙령을 내려서 말하였다.[40]

"이균을 태행으로 내려가게 내버려 두지 말고, 급히 군사를 이끌고 그 좁은 곳을 움켜쥐면 그들을 격파하는 것은 분명하다."

황제는 삼사사인 청하(淸河, 하북성 청하현) 사람 장미(張美, 918~985)를 불러서 무기와 식량을 조달하게 하였는데, 장미가 말하였다.

"회주자사인 대명(大名, 하북성 대명현) 사람 마령종(馬令琮, 925~963)은 이균이 반드시 반란할 것을 헤아렸으며 밤낮으로 저축하면서 왕사(王師)를 기다렸습니다."

황제는 빠르게 마령종에게 단련사를 제수하도록 하였다.

---

40 석수신이 출군한 것을 《장편》에서는 《실록》을 인용하여 계사(癸巳, 26일)로 쓰고 있는데 《송사(宋史)》에서는 무자로 하였다. 이 책에서는 《송사》의 설을 채택하였다.

재상인 범질(范質)이 말하였다.

"대군이 북벌(北伐)을 하면 마령종에 의지하여 공급할 것인데, 다른 군으로 옮길 수 없습니다."

드디어 회주를 올려서 단련(團練)으로 삼고 마령종을 단련사에 충임하였다.

39   5월 초하루 기해일에 일식이 있었다.

40   경자일(2일)에 선휘남원사인 잠거윤(昝居潤)에게 명령하여 전주(澶州)에 가서 순검(巡檢)하게 하였으며, 전전(殿前)도점검·진녕(鎭寧)절도사인 모용연쇠(慕容延釗)와 창덕군(彰德軍)유후인 태원(太原) 사람 전빈(全斌)은 군사를 인솔하고 동로(東路)에서 석수신·고회덕과 만나게 하였다.

41   신축일(3일)에 명주(洺州, 하북성 영년현 동북쪽)단련사인 박야(博野, 하북성 蠡縣) 사람 곽진(郭進, 922~979)을 본주(本州, 명주)방어사로 삼아 서산순검(西山巡檢)을 겸하게 하여 북한(北漢)을 대비하게 하였다.

42   북한주는 내원사(內園使)인 이필(李弼)을 파견하여 조서(詔書)·금백(金帛)·좋은 말을 이균에게 하사하게 하니, 이균은 다시 유계충(劉繼沖)을 파견하여 진양에 와서 북한주에게 군사를 들어서 남하하여 달라고 요청하며 자기가 앞에서 인도하겠다고 하였다.

북한주는 사자를 파견하여 요(遼)에 군사를 요청하였는데, 요의 군사가 아직 다 모이지 않자 유계충이 이균의 뜻을 설명하면서 거란의 군사를 쓰지 말 것을 청하였다. 북한주는 그날로 크게 열병(閱兵)하고 나라를 기울여 스스로 거느리고 단백곡(團柏谷, 산서성 기현 동남)을 나왔고 여러 신하들이 그를 분수(汾水)에서 전별하였는데, 좌복야인 조화(趙華)가 간하였다.

"이균이 거사한 것은 가볍고 쉽게 한 것이어서 일은 반드시 이룰 것이 없는데, 폐하께서는 경내를 소제하여 그곳에 가시니, 신은 아직 그것이 옳다는 것을 보지 못하였습니다."

북한주는 듣지 아니하였다.

가다가 태평역(太平驛, 산서성 양원현 서남)에 이르렀는데, 이균 자신이 관속(官屬)을 인솔하고 영접하며 알현하자, 북한주는 이균에게 찬배(贊拜)[41]하며 이름을 대지 말라고 명령하고, 재상인 위융(衛融)의 위에 앉게 하고 서평왕(西平王)[42]으로 책봉하였다.

이균이 북한주를 보니 의위(儀衛)가 적고 약하자 속으로 심히 이를 후회하였으며, 또 스스로 주씨(周氏)의 은혜를 받아서 차마 죄짓지 아니할 것이라고 말하였다. 북한주는 주(周)와는 대대로 원수였는데, 이균의 말을 듣고 역시 기쁘지 않았다.

이균이 장차 돌아가려고 하니, 북한주가 선휘사 노찬(盧贊)을 파견하여 그 군사를 감독하자 이균의 마음은 더욱 평안하지 않았다. 노찬은 일찍이 이균을 보고 일을 계획하였는데, 이균이 호응하지 않자 노찬은

---

41 신하가 제왕을 만나면서 자기의 관직과 이름을 대고 절하는 것을 말한다.

42 《오대사기》와 《구국지》에는 농서군왕으로 하였는데, 《자치통감장편》과 《송사》에서는 서평왕으로 하였다.

화를 내고 옷을 떨치고 일어났다. 북한주는 노찬과 이균이 틈을 가지고 있다는 말을 듣고, 위융을 파견하여 군중(軍中)에 가서 이들을 화해하게 하였다.

이균은 그의 맏아들인 이수절을 남겨서 상당(上黨, 노주의 치소)을 지키게 하고 스스로 무리 3만을 인솔하고 남쪽으로 나왔다. 계묘일(5일)에 석수신 등이 장평(長平, 산서성 고평현 서북쪽)에서 이들을 깨뜨리고 또 그들의 대회채(大會寨)를 뽑았다.

갑진일(6일)에 이균의 관작(官爵)을 빼앗았다.

43 　을사일(7일)에 요주(遼主)가 회릉(懷陵)을 배알하였는데, 태종릉
이다.[43]

44 　기유일(11일)에 서경(西京)에서 주(周)의 6묘(廟)를 완성하였는
데, 광록경(光祿卿)인 곽기(郭玘)를 파견하여 신주(神主)를 받들어 옮
겼다.

45 　을묘일(17일)에 충정(忠正)절도사·겸시중인 양승신이 와서 조현
하자, 광정전(廣政殿)에서 연회를 베풀었는데, 이로부터 예(例)가 되
었다.

46 　정사일(19일)에 조서를 내려서 친정(親征)한다고 하였다. 추밀사
인 오정조를 동경유수로 삼고, 지(知)개봉부인 여여경(呂餘慶)에게 그
를 돕게 하였으며, 황제의 동생인 조광의를 대내(大內)도점검으로 삼

---

43 이때에 요주는 4대 야율술율이고, 태종은 2대 야율덕광이다.

았다. 한령곤을 파견하여 군사를 인솔하고 하양(河陽, 하남성 맹현, 맹주의 치소)에 주둔하게 하였다.

기미일(21일)에 황제가 대량을 출발하였고, 임술일(24일)에 형양(榮陽, 하남성 형양시)에서 묵었다. 서경유수인 하내(河內) 사람 향공(向拱, 912~986)이 황제에게 권고하였다.

"하(河, 황하)를 건너고 태행(太行)을 넘어서 적(賊, 이균)이 아직 모이지 않은 것을 타고서 그를 치십시오. 생각하건대 열흘 동안 두루 남겨 두면 그들의 칼날은 더욱 치열합니다."

추밀직학사인 조보 역시 말하였다.

"적은 속으로 국가(國家, 송, 황제)가 새로이 만들어져서 아직 출정할 수 없을 것이라고 생각하는데, 만약에 배의 속도로 밤낮을 가서 그들이 대비하지 않고 있는 것을 습격하면 한 번의 전투로 이길 수 있습니다."

황제가 그 말을 받았다.

47   정묘일(29일)에 석수신과 고회덕이 이균의 군사 3만 여를 택주(澤州, 산서성 진성시)의 남쪽에서 깨뜨리고 북한의 하양(河陽, 치소는 맹주) 절도사 범수도(范守圖)를 붙잡고 노찬을 죽였다. 이균은 숨어서 택주로 들어가서 농성하며 스스로 굳게 하였다.

48   이달[44]에 영안(永安, 치소는 부주)절도사인 운중(雲中, 산서성 대동

---

44 《송사기사본말》에는 6월 임오일(14일)로 되어 있고, 《십국춘추》와 《송사》에도 같다. 만약에 이대로라면 다음에 오는 기사들과 바뀌어야 되지만 《속자치통감》에서는 5월 중에 일어났지만 그 구체적인 날짜를 모르는 것으로 하고 있다.

시) 사람 절덕의(折德扆, 917~964)가 북한의 사석채(沙石寨)를 깨뜨리고 500을 참수하였다. 절덕의는 절종완(折從阮, 891~955)의 아들이다.

49 6월 초하루 기사일에 황제는 택주에 이르러서 군사를 독려하여 성을 공격하였는데, 열흘이 넘어도 떨어지지 않았다. 황제가 공학좌상(控鶴左廂)도지휘사인 계(薊) 사람 마전의(馬全義, 912~987)를 불러서 계책을 물으니, 마전의는 힘을 합쳐서 급히 공격하기를 청하였으며, 드디어 결사대를 인솔하고 먼저 올라갔는데, 나는 화살이 어깨를 관통하였지만 마전의는 화살촉을 빼고 나아가서 싸웠으며, 황제는 친히 위병(衛兵)을 인솔하고 뒤를 이었다. 〔지도참고〕

신사일(13일)⁴⁵에 그 성에서 이겼다. 이균은 불로 뛰어들어 죽었다. 위융(衛融, 후한의 재상)을 붙잡았다.

갑신일(16일)에 택주의 금년 조세를 면제하게 하였다.

을유일(17일)에 노주(潞州)로 나아가서 공격하였고, 정해일(19일)에 이균의 아들인 이수절이 성을 가지고 항복하였는데, 그를 사면하였다. 선주(單州, 산동성 선현)를 올려서 단련으로 하고, 이수절을 채용하여 사(使, 단련사)로 삼았다. 이날 황제는 노주로 들어가서 행궁(行宮)⁴⁶에서 종관(從官)들에게 연회를 베풀었다.

신묘일(23일)에 크게 사면하였다. 노주 부근의 30리에는 금년의 전

45 《송사기사본말》에는 신미일(3일)로 되어 있지만《속자치통감장편》에는 신사일로 되어 있는데,《속자치통감》은《속자치통감장편》을 따른 것이다.
46 황제가 도읍을 떠나서 머무르는 곳을 말한다. 궁은 황제가 머무는 곳인데, 본래의 궁궐을 떠나 있으므로 이를 행궁이라고 부르는 것이다.

❖ 송초 이균의 반란평정도

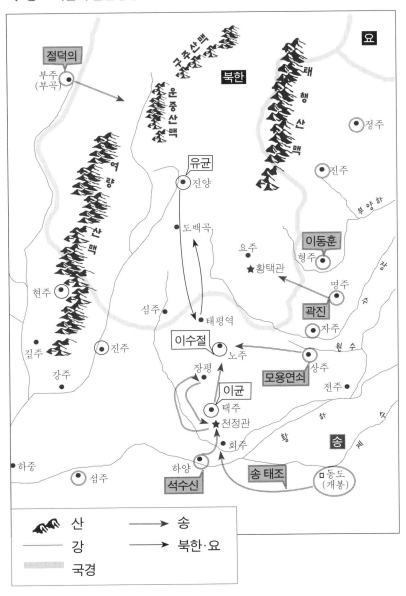

조(田租)를 면제하고 진지에서 죽은 장교의 자손을 기록하여 정부(丁夫)에게는 3년 부역을 면제하였다.

이균의 성격은 비록 포악하였지만 어머니를 섬기는 것은 아주 효성스러웠다. 매번 화를 낼 적에 곧 사람을 죽이려고 하였는데, 어머니가 병풍 뒤에서 이균을 부르면 이균은 즉시 달려갔고, 어머니는 말하였다.

"듣건대 장차 사람을 죽이려고 한다는데, 면제시킬 수 있는가? 우리들을 위하여 복을 늘리는 것일 뿐이다."

이균은 급히 그를 풀어 주었다.

북한주가 이균이 패하였다는 말을 듣고, 태평역에서부터 숨어서 진양으로 돌아가서 조화에게 말하였다.

"이균이 형편이 아니니, 갑자기 경의 말처럼 되었는데, 나는 다행히 군사를 온전히 하여 돌아왔으나, 다만 한스럽기는 위응과 노찬을 잃은 것일 뿐이다."

조화가 되돌아가서 늦게 해주기를 요청하니 식록(食祿)을 종신토록 주게 하였다. 북한주는 한림학사 승지·병부상서인 계(薊) 사람 조홍(趙弘)을 중서시랑·겸병부상서·평장사로 삼았다.

요사(遼師, 요의 군사)는 노주가 격파된 소식을 듣고 결과적으로 나오지 않았다.

50   계사일(25일)에 안국(安國, 치소는 형주)절도사인 원성(元城, 하북성 대명현) 사람 이계훈(李繼勳, 916~977)이 와서 조현하였으며, 을미일(29일)에 명령하여 소의(昭義)절도사로 삼았다.

51   정유일(27일)에 황제는 노주를 출발하여, 가을, 7월 무신일(10일)

에 경사에 이르렀다.

애초에, 위융(衛融, 후한의 재상)이 잡히자 황제는 위융에게 힐문하였다.

"너는 유균에게 교사되어 이균을 도와서 반란하였는데, 무엇 때문인가?"

위융이 대답하였다.

"개는 그 주인이 아닌 사람을 보고 짖는데, 신은 진실로 차마 유씨(劉氏)를 저버리지 못하였습니다."

또 말하였다.

"폐하가 놓아 주어 신을 죽이지 않아도 신은 반드시 폐하를 위하여 쓰이지 않을 것입니다."

황제가 화가 나서 좌우에 있는 사람에게 명령하여 철 채찍으로 그 머리를 치도록 명령하니 피가 흘러서 얼굴을 덮었다. 위융이 부르짖으며 말하였다.

"신은 죽을 곳을 얻었습니다."

황제가 말하였다.

"충신이니, 그를 석방하라."

좋은 약으로 그의 상처에 붙이게 하고 이어서 편지를 북한주에게 보내게 하면서 주광손 등을 찾았는데, 항복을 받고 위융을 태원으로 돌아가게 하였지만 북한주는 회보하지 않았다. 신해일(13일)에 위융을 태부경(太府卿)으로 삼았다.

52 전에 사공(司空)이었던 조국공(趙國公)인 여음(汝陰, 안휘성 부양시) 사람 이곡(李穀, 903~960)이 처음에 낙양으로 돌아가니, 이균은 이

곡이 주조의 명상(名相)이어서 전(錢) 50만을 남겨주고 다른 물건도 그와 비슷하였는데, 이곡이 이를 받았다. 이균이 반란하게 되자, 이곡은 걱정하고 화를 내다가 병이 나서 을묘일(17일)에 죽었다. 황제는 이틀간 조회를 폐하고 시중(侍中)을 추증하였다.

이곡은 평소에 의론을 잘하였고, 말씨가 밝고 통달하였는데, 더욱 사람을 알아볼 수 있어서 빈한한 선비를 이끌어 주니 대부분 드러난 지위에 이르렀다.

53 무오일(20일)에 한령곤(韓令坤) 등에게 예현강무전(禮賢講武殿)에서 연회를 베풀고 택(澤)과 로(潞)를 평정한 공로를 상 주었다.

54 신유일(25일)에 요(遼)의 정사령(政事令)인 야율수원(耶律壽遠, ?~960)과 태보(太保) 고아포(庫阿布)[47] 등이 모반하였다가 복주(伏誅)되었다.

55 요주(遼主)는 술과 포(脯, 말린 고기)를 가지고 흑산(黑山, 내몽고 호화호특시 북쪽)에서 천지에 제사 지냈다.

56 애초에, 성덕(成德, 치소는 진주)절도사인 금성(金城, 산서성 응현)사람 곽숭(郭崇, 908~965)이 황제가 자립(自立)하였다는 소식을 듣고, 주실(周室)의 은혜로운 대우를 추가로 기억하며 때에 따라 혹은 눈물을 흘렸다.

---

47 예전에는 초아불(楚阿不)이라고 하였다.

감군(監軍)인 진사회(陳思誨)가 그 상황을 비밀리에 상주하고 또 상산(常山, 항산, 하북성 곡양현 북쪽)에 가까운 변두리에서는 의당 이를 대비해야 한다고 말하였는데, 황제가 말하였다.

"나는 평소에 곽숭이 은혜와 의로움에 돈독하다는 것을 아는데, 이는 대개 부딪쳐서 드러내었을 뿐이다."

사자를 파견하여 이를 엿보았다.

곽숭은 근거를 잃을까 걱정하고 번민하는데, 관찰판관인 효의(孝義, 산서성 효의시) 사람 신중보(辛仲甫, 927~1000)가 말하였다.

"공은 먼저 정성과 절개를 본받았고, 또 군민(軍民)이 조치(措置)되고 대개 보통의 풍도(風度)를 따랐으니, 조정에서는 비록 죄를 더한다고 하여도 무슨 말로 하겠습니까? 사자(使者)가 이르면 다만 관리를 인솔하고 예를 다하여 공손함을 보이십시오. 오래 머무르며 엿보고 살피면 마땅히 스스로 구별되어 밝혀질 것입니다."

곽숭이 그 말처럼 하였다. 사자가 돌아가서 곽숭은 다른 것이 없다고 상주하니 황제는 기뻐하며 말하였다.

"나는 본디 곽숭이 반란하지 않을 것을 알았다."

57   잠거윤(岑居潤)을 권지진주(權知陳州)로 하였다. 처음으로 지주(知州)를 방진(方鎭)으로 바꾸었다.

58   을축일(27일)에 남(南)[48]당주(唐主) 이경(李景)이 백금을 진상하

---

48 원문에는 남(南)을 괄호 속에 넣었다. 교정자가 추가한 것이다. 독자의 편의를 위하여 추가한 것으로 보인다.

고 택과 로를 평정한 것을 축하하였다.

59　전전(殿前)과 시위(侍衛) 두 사(司)가 각기 관장하는 군사를 열병(閱兵)하고, 그 가운데 날래고 용감한 사람을 가려서 올려 상군(上軍)으로 삼고, 여러 주(州)의 장리(長吏)[49]에게 명하여 거느리는 부병(部兵)을 뽑아서 도하(都下)로 보내게 하여 금려(禁旅)의 궐원(闕員)을 보충하였다.

또 강하고 건장한 졸병을 선발하여 군사의 모델을 정하였으며, 여러 도(道)에 나누어 보내어 불러 모아 교습하게 하였으며, 그들이 빼어나게 연습되기를 기다려서 바로 궐하(闕下)로 보냈다. 이로 말미암아서 광한(獷猂, 사나운) 병사는 모두 금적(禁籍, 금군의 군적)에 예속시켰다. 또 당(唐) 이래로 번진(藩鎭)의 폐단을 거울삼아서 경수법(更戍法)[50]을 세우고 금려(禁旅, 금군)를 나누어 파견하여 변성(邊城)을 지키게 하고 길을 왕래하며 부지런하고 고생스러운 것을 익히게 하며 수고로움과 고단함을 고르게 하였다.

이로부터 장수는 그 군사를 오로지할 수 없었고 사졸들은 교만하고 게으름에 이르지 아니하였으니, 모두 조보의 꾀였다.

60　8월 초하루 무진일에 숭원전(崇元殿)에 나가서 의장과 호위를 두고 합문에 들어가는 의식을 시행하고 대제(待制)와 후대관(候對官)[51]을

---

49 지방관으로 한 기관의 장급(長級)인 관리를 말하는데, 주의 자사·군의 군수·현의 현령 같은 사람들을 말한다.

50 수자리 서는 것을 돌아가면서 하도록 하는 법을 말한다.

두고 낭하(廊下)에 식사를 하사하였다.

61 경오일(3일)에 가까운 신하들에게 광덕전(廣德殿)에서 연회를 베풀었는데, 강남(江南, 남당, 도읍은 금릉)과 오월(吳越, 도읍은 항주)의 조공사(朝貢使)들이 모두 참여하였다.

62 임신일(5일)에 다시 패주(貝州, 하북성 청하현)를 올려서 영청군(永淸軍)절도[52]로 삼았다.

63 보의(保義)절도사인 하동(河東, 산서성 영제현) 사람 원언(袁彦, 907~972)이 황제가 자립하였다는 소식을 듣고, 밤낮으로 갑옷을 수선하고 무기를 다듬었다. 황제는 그가 변란을 일으킬 것을 염려하여 반미(潘美, 925~991)에게 가서 그 군(軍)을 감시하게 하였다. 반미는 단기(單騎)로 입성하여 조근(朝覲)하기를 타일러 명령하니, 원언이 바로 행장을 다듬어 길에 올랐다.

황제가 기뻐하여 좌우에게 말하였다.

"반미가 원언을 죽이지 아니하였으니, 나의 뜻을 이루었다."

병자일(9일)에 원언을 옮겨서 창신군(彰信軍, 치소는 조주)절도사로

---

51 숭원전은 대경전의 전전(前殿)이다. 대제와 대후관은 당의 제도인데, 정아(正衙)에는 대제관이 두 명이 있으며, 정아가 퇴근한 다음에는 또 6품 이하의 관원으로 하여금 연영전에서 후대하게 하였는데, 모두 고문에 대비하기 위한 것이었다.

52 영청군을 철폐한 일은 주 세종 현덕 원년(954년) 11월이었는데, 송에 이르러 다시 설치한 것이다.

삼았다.

64　충정(忠正, 치소는 수주)절도사 양승신(楊承信, 921~964)을 호국(護國, 치소는 하중부)절도사로 삼았다. 양승신이 하중(河中, 산서성 영제현)에 이르러서 혹은 그들이 모반할 것을 말하자, 황제는 작방부사(作坊副使, 궁정 技工 부책임자)인 상주(相州, 하남성 안양현) 사람 위비(魏丕, 919~999)를 파견하여 양승신에게 생일 예물을 하사하고 이어서 그를 살피게 하였는데, 돌아와서 양승신은 반란할 상황이 없다고 말하였다. 양승신은 이로 인하여 진(鎭)에서 죽을 수 있는 길을 얻었다.

65　충무(忠武, 치소는 허주)절도사·겸시중인 양곡(陽曲, 산서성 양곡현) 사람 장영덕(張永德, 928~1000)이 무승(武勝, 치소는 등주)절도사로 옮겨지자 들어와 조근(朝覲)하였는데, 좇아서 옥율원(玉律園)을 유람하였다.

　이때에 황제는 장차 북한에서 일[53]이 있을 것이어서 비밀리에 책략을 물었더니 장영덕이 말하였다.

　"태원의 군사는 적으나 사나우며, 그 위에 거란이 원조할 것이니 아직은 갑자기 빼앗을 수 없습니다. 신은 매년 유격병을 많이 두어서 그들의 농사일을 시끄럽게 하고 이어서 간첩을 내어 요(遼)를 염탐하여 먼저 그들의 원조를 끊게 하고 그런 다음에 도모할 수 있습니다."

　황제가 말하였다.

　"훌륭하다."

53　송이 북한을 정벌하는 일을 말한다.

66 임오일(15일)에 황제의 동생인 전전(殿前)도우후·목주(睦州, 절강성 건덕시)방어사 조광의로 영태령(領泰寧)절도사[54]로 삼았다.

67 갑신일(17일)에 낭아군부인(琅邪郡夫人) 왕(王)씨를 황후로 삼았다. 후(后)는 화지(華池, 감숙성 화지현 동남쪽) 사람이고 창덕(彰德)절도사 왕요(王饒)의 딸이다.

68 병술일(19일)에 새로운 저울을 만들어 천하에 반포하고, 사사로이 만드는 것을 금지하였다.

69 무자일(21일)에 조보를 병부시랑으로 삼아서 추밀사에 충당하였다.
    황제가 택과 로를 정벌하자 조보(趙普)가 가기를 청하였는데, 황제가 웃으며 말하였다.
    "조보가 어떻게 갑주(甲冑)를 이기겠는가?"[55]
    이에 이르러 군사가 돌아와서 공로를 논하는데 황제가 말하였다.
    "조보는 의당 우등(優等)에 있어야 한다."
    드디어 직책을 승진시켰다.

---

54 영직(領職)이다. 관리를 임용하는 방법의 하나로, 이는 한 사람이 여러 개의 직책을 갖는 것이어서 겸직과 유사하지만 여러 개의 직책 가운데 어느 하나는 실제로 중요한 관직으로 주고 나머지는 별도로 관장하도록 영직을 준다. 당대에는 중앙에서 관직을 가지고 있으면서 멀리 지방의 번진을 관장하는 것을 영직으로 하였다.
55 조보는 갑옷을 입을 만큼 힘이 없다는 뜻이다.

┌─────────────────────────────────────┐
│   북한과의 다툼   │
└─────────────────────────────────────┘

70   형남(荊南)절도사·수(守)태부·겸중서령인 남평왕 고보융(高保融, 920~960)이 아파서 누웠는데, 그 아들인 고계충(高繼沖, 943~973)이 어리고 약하여 아직은 이어받는 것을 감당하지 못하니, 그의 동생인 행군사마 고보욱(高保勗, 924~962)에게 명령하여 총판내외군마사(總判內外軍馬事)[56]로 하였다. 갑오일(27일)에 고보융이 죽었다. 일이 보고되자 부의(賻儀)를 하사하고 태위를 증직하고 시호를 정의(貞懿)라고 하였다.

   고보융의 성품은 어둡고 느려서 군대를 통솔하고 백성을 다스리는 데 법도가 없었으니 고씨는 비로소 쇠퇴하였다.

71   을미일(27일)에 남당주가 사자를 파견하여 와서 황제가 경사로 돌아온 것을 축하하였다.

---

56 판직(判職)이다. 관리를 임용하는 방법의 하나로 어떤 업무를 판단하여 처결하게 하는 것이다. 검교, 시, 섭, 지와 더불어 정식으로 제수하는 것이 아니다. 여기서는 임시로 안팎의 군사와 기병에 관한 업무를 총괄하여 판단하고 처리하는 직책이다.

72　이달에 요주(遼主, 야율술율)가 추산(秋山)에 갔다가, 드디어 회주(懷州, 내몽고 파림좌기의 서쪽)에 갔다. 요주는 죽이기를 좋아하여 진인석준예(鎮茵石㺞猊)[57]로 근시(近侍)인 고격(古格, 古哥)을 쳐서 죽였다. 이후에 내시(內侍)·옹인(饔人) 그리고 녹인(鹿人)·치인(雉人)·낭인(狼人)·체인(彘人)[58]들은 대부분 죄를 짓지 아니하고서도 죽는 사람이 있었다.

73　9월 임인일(5일)에 소의(昭義, 치소는 노주)절도사 이계훈(李繼勳, 916~977)이 북한의 평요현(平遙縣, 산서성 평요현)을 불태웠다.

74　병오일(9일)에 숭원전에 나가서 사친묘(四親廟)를 책봉하는 예의를 갖추었다.[59]

75　기유일(12일)에 중서사인인 회융(懷戎, 하북성 회래현) 사람 조행봉(趙行逢)이 정벌을 좇다가 어려움을 피하였다는 것에 연좌되어 방주(房州, 호북성 방현)사호참군으로 깎였다.

57　자리가 바람에 날리는 것을 막기 위해 이를 눌러 두려고 돌로 만들어 둔 사자상을 말한다.

58　옹인(饔人)·녹인(鹿人)·치인(雉人)·낭인(狼人)·체인(彘人)은 모두 궁중에서 맡은 업무를 가지고 붙인 이름인데, 옹인은 식사 담당자이고, 녹인은 사슴 관리인이고, 치인은 까치 관리인이며, 낭인은 이리 관리인이고, 체인은 돼지 관리인이다.

59　조광윤이 송(宋) 왕조를 다시 열었으므로 그 선조 네 명을 사당에 모시는 의식을 말한다.

황제가 택(澤)과 로(潞)를 친히 정벌하면서 산길이 좁고 돌이 많자, 황제는 스스로 몇 개의 돌을 가져다가 말 위에서 이를 안았으며, 여러 신하들과 육군(六軍)이 모두 다투어 돌을 짊어지며 길을 열었다. 조행봉은 험한 곳을 건너기 꺼려서 거짓으로 발을 다치게 하고 회주에 남아 있으면서 가지 않았다.

군사가 돌아오게 되자 조행봉이 입직(入直)에 당번이 되었는데 또 아프다고 하고 사저(私邸)에서 제서를 기초하게 해달라고 청하니 황제는 화를 내고, 어사부에 내려 보내어서 그 죄를 탄핵하게 하여 그를 쫓아냈다.

76   주(周, 후주)의 검교태위·회남(淮南, 치소는 양주)절도사[60]인 창(滄, 하북성 창주시 동남쪽) 사람 이중진(李重進, ? ~960)은 주 태조(太祖, 곽위)의 생질이었는데,[61] 처음에 황제와 더불어 세종(世宗, 곽영)을 섬겼으며, 군권을 나누어 관장하면서 황제가 뛰어나고 힘이 있기 때문에 마음으로 이를 꺼렸다.

공제(恭帝, 곽종훈)가 자리를 잇자 이중진은 나가서 양주(揚州, 회남의 치소)에서 진수(鎭守)하였다. 황제가 자립하게 되자 한령곤(韓令坤)으로 하여금 이중진을 대신하게 하였다. 이중진이 들어와서 조현하기를 요청하였지만 황제는 조서를 내려서 이를 중지시키니, 이중진은 더욱

---

60 검교는 관직을 임명하는 방법의 하나이다. 보통 검교는 지방관인 절도사의 지위를 표시하는 방법으로 사용하였는데, 이 경우에는 이중진은 회남절도사이지만 그 지위는 태위에 해당하는 사람이라는 뜻이다.

61 이에 관한 일은 후주 광순 2년(952년) 7월에 있었다.

스스로 편안하지 아니하였다.

이균이 택과 로에서 군사를 일으키니 이중진은 그의 친한 관리인 적수순(翟守珣)을 파견하여 샛길로 가서 이균(李筠)과 서로 연결하게 하였다. 적수순이 몰래 황제를 알현하기를 구하고 이중진이 다른 뜻을 품었다고 말하였다. 황제는 적수순에게 후하게 하사하고 이중진에게 유세하여 그의 모의를 좀 늦추어서 두 흉측한 무리가 나란히 일을 만들 수 없게 하게 하였다. 적수순이 돌아와서 이중진에게 아직은 가볍게 발동할 수 없다고 하니 이중진은 이를 믿었다.

황제가 이미 택·로를 평정하고, 따라서 회남(淮南)을 경략하려고 하여 이중진을 옮겨서 평로(平盧)절도사로 삼고, 또 육택사(六宅使)인 진사회(陳思誨)를 파견하여 철권(鐵券)을 싸가지고 가서 하사하고 그를 위로하며 편안하게 하였다.

이중진은 스스로 주실(周室)의 의친(懿親)이어서 온전할 수 없을까 걱정하여 드디어 진사회를 구금하고 성을 다스리고 무기를 수선하였다. 사람을 파견하여 남당(南唐)에 원조해 주기를 구하였는데, 남당주는 감히 받아들이지 아니하였다.

황제는 이중진이 군사를 일으켰다는 소식을 듣고, 석수신에게 명령하여 양주(揚州)행영도부서·겸지(兼知)양주행부사로 삼고, 왕심기(王審琦)를 부(副)로 하고, 이처운(李處耘)을 도감(都監)으로 하며, 송연악(宋延渥)을 도배진사로 삼아서 금군(禁軍)을 인솔하고 이를 토벌하게 하였다.

77　　녕국(寧國)절도사 오연복(吳延福)은 오월왕 전숙(錢俶, 전홍숙)의 외삼촌이었다. 어떤 사람이 오연복이 다른 뜻을 가지고 있다고 고발하

자, 경신일(23일)에 전숙은 내아(內牙)지휘사인 설온(薛溫)을 파견하여 군사를 가지고 그 집을 둘러싸고 오연복의 형제 다섯 명을 붙잡았다.

목주(睦州, 절강성 건덕시)자사 오연우(吳延遇)는 두려워서 자살하였다. 무리들이 오연복 형제를 죽이려고 하니 전숙이 눈물을 흘리며 말하였다.

"돌아가신 부인[어머니]의 동기(同氣)이니 내가 어찌 차마 법으로 처치하겠는가?"

모두 제명하고 여러 주로 귀양 보내고 끝내 어머니 족속을 온전히 하였다.

78　계해일(26일)에 조서를 내려서 이중진의 관작(官爵)을 삭탈(削奪)하였다.

79　조서를 내렸다.

"문무(文武) 상참관(常參官, 조회에 늘 참석하는 관원) 가운데 병이 들면 알리고 사흘이 경과하여 유사는 이름을 보고하고 태의(太醫)를 파견하여 진찰해 보게 하라."

80　이달62에 오월은 비로소 각주고(榷酒酤)63를 하였다.

81　애초에, 이균이 군사를 일으키고 사자(使者)를 파견하여 건웅(建

62 《오월비사(吳越備史)》에는 건륭 2년 9월이라고 되어 있다.

63 술을 전매(專賣)하는 것이다.

雄, 치소는 진주)절도사인 진정(眞定, 하북성 정정현) 사람 양정장(楊廷璋, 912~971)을 맞게 하였다. 양정장의 누이동생은 옛날 주조(周祖, 곽위) 의 비(妃)여서, 황제는 그가 다른 뜻을 가졌을까 의심하여 정주(鄭州, 하남성 정주시)방어사인 신도(信都, 기주의 치소, 하북성 기현) 사람 형한 유(荊罕儒)에게 명령하여 진주병마검할(晉州兵馬鈐轄)로 삼아서 이를 엿보아 살피게 하였다.

형한유는 양정장을 도모하려고 매번 볼 적마다 반드시 칼을 품었는 데, 양정장이 지성을 가지고 대접하니 형한유는 감히 발동하지 아니하 였다. 마침 양정장을 불러서 궁궐에 오라고 조서를 내렸는데, 양정장 은 그날로 단거(單車, 단 한 대의 수레)로 길에 올랐다. 겨울, 10월 기사일 (3일)에 양정장을 옮겨서 정난(靜難, 치소는 분주)절도사로 하였다.

82　임신일(6일)에 하(河, 황하)가 체주(棣州, 산동성 혜민현)의 염차현 (厭次縣, 체주의 치소)에서 터졌고, 또 활주(滑州, 하남성 활현)의 영하현 (靈河縣, 하남성 활현 서남쪽)에서 터졌다.

83　병자일(10일)에 요주(遼主)의 사촌 동생인 조왕(趙王) 야율희곤 (耶律喜袞, 耶律喜隱)이 모반(謀反)하였는데, 말이 그의 아버지인 야 율노호(耶律魯呼, 耶律李胡)와 상곤(詳袞, 詳隱) 한광사(韓匡嗣, 918~ 983)[64]에 이어졌다.

야율노호는 태조[65]의 셋째 아들인데 성격이 잔혹하였지만, 서로(舒

---

64 계주(薊州) 옥전(玉田) 사람이고, 상곤이란 여러 관부에서 관부를 다스리는 사람을 말한다.

嚕, 述律) 태후가 그를 아주 아껴서 태종(太宗, 야율덕광) 시절에 세워서 황태제로 삼고 천하병마대원수를 겸하게 하였다. 태종이 난성(欒城, 하북성 난성현)에서 죽고,[66] 영강왕(永康王, 야율올욕)이 진양(鎭陽, 항주의 치소)에서 즉위하니 이 사람이 세종(世宗)이며, 태후는 야율노호를 파견하여 군사를 거느리고 이를 치게 하였다.

군사가 실패하니 대신인 야율오진(耶律烏珍, 옛 이름은 야율악질)이 야율노호를 마주하고 죄를 헤아리며 지독하고 포학하여 인심을 잃은 것을 헤아리니, 태후는 응답할 것이 없었고, 군사는 드디어 풀어졌다.

세종은 야율노호를 조주(祖州, 내몽고 파림좌기 서쪽)로 귀양 보내고 그 출입을 금하였으며, 이에 이르러서 희곤의 말이 연결되어 옥중에 갇혀서 죽었다. 한광사는 훌륭한 의원(醫員)으로 장락궁에서 당직하였는데 황후는 그를 아들처럼 보아서 버려두고 묻지 않았다.

84   을유일(19일)에 진주(晉州, 산서성 임분시)에서 주문을 올렸다.

"병마검할인 형한유(荊罕儒)가 1천여 기(騎)를 관장하여 북한의 분주성(汾州城, 산서성 분양현) 아래에 도착하였으며, 그 초시(草市)를 태우고 돌아갔습니다. 저녁에 경토원(京土原, 분양현 남쪽)에 묵는데, 북한

---

65 요의 태조를 말하는 것이다. 《속자치통감》은 청대의 필원의 저작이므로 송 중심으로 쓰지 않았기 때문에 요의 황제에 대하여 존칭을 썼다.

66 요(遼)의 태종인 야율덕광이 죽은 것을 《속자치통감》에서는 붕(崩)이라는 용어를 사용하고 있어서 정통황제의 죽음을 표시하는 용어를 사용하였다. 야율덕광은 후한 고조 천복 12년(947년) 4월에 죽었는데, 《자치통감》 권286에서 졸(卒)이라고 기록하여 이민족 황제라는 뜻을 보였으니, 조(祖)라는 황제이긴 하지만 통일 왕조의 황제가 아님을 표시한 것과도 다르게 표현한 것과는 큰 차이가 있다. 역시 《속자치통감》이 청대에 필원의 저작이기 때문이다.

주가 대장인 학귀초(郝貴超)를 파견하여 1만의 무리를 인솔하고 와서 습격하였고, 여명(黎明)에 이에 다다르니 형한유가 도감인 염언진(閻彦進)을 파견하여 군사를 나누어서 막았습니다.

형한유는 금포(錦袍)를 갑옷 위에 입고 호상(胡牀, 이동식 간이 의자)에 의거하여 병사들에게 향응하는데 바야흐로 양(羊)의 어깻죽지를 베어 먹다가 염언진이 조금 퇴각하였다는 소식을 듣고, 바로 말에 올라서 군사를 지휘하여 샛길로 그 칼끝을 범접하였습니다.

북한인들은 창을 뉘여 이를 절구질하니, 형한유는 말에서 떨어져서 붙잡혔는데 오히려 격투하여 손으로 10여 명을 죽이고서 해를 만났습니다. 북한주는 평소에 그의 용감함을 두려워하여 형한유를 산 채로 잡으려고 하였는데, 그가 죽었다는 소식을 듣고 형한유를 죽인 사람을 죽였습니다."

황제는 형한유가 싸우다 죽었다는 소식을 듣고, 아프게 애도하기를 그치지 않고 그 아들인 형수훈(荆守勳)을 발탁하여 서경무덕부사로 삼고 장교로 명령을 시행하지 않은 자를 책망하여 두 명을 축출하고 29명을 목 베었다.

형한유는 재물을 가벼이 하고 베풀기를 좋아하였는데, 태주(泰州, 강소성 태주시)에는 끓여서 소금 만드는 이익을 가지고 있어서 1년에 거만(鉅萬, 억에 해당하는 액수)이 들어오자, 조서를 내려서 열에 그 여덟을 수입으로 하도록 들어 주었으나 쓰는 것이 오히려 부족하였다. 집안의 재산은 들어오는 것은 기록을 가지고 있으나, 나가는 것은 그 수를 묻지 않았다. 용감하여 잘 싸웠으며, 항상 태원(太原, 후한의 도읍)을 삭제하고 싶었는데, 뜻은 아직 결과를 얻지 못하였고 실패하기에 이르러서 사람들은 모두 이를 애석하게 생각하였다.

85   황제는 조보(趙普)에게 양주(揚州, 강소성 양주시)에서 할 마땅한 일을 묻자 조보가 말하였다.

"이중진(李重進)은 장회(長淮, 장강과 회하)를 의지하며 믿고 외로운 보루를 수선하였는데, 밖으로 구원하는 길이 끊어지고, 안으로는 물자와 양식이 부족하니 의당 속히 이를 빼앗아야 합니다."

황제는 그 말이 옳다고 생각하였다. 정해일(21일)에 조서를 내려서 친정(親征)한다고 하고, 조광의를 대내(大內)도부서로 삼고, 오정조(吳廷祚)를 권(權)동경유수로 하였으며, 여경여(呂慶餘)를 그 부관(副官)으로 하였다.

경인일(24일)에 황제가 경사를 출발하였는데, 백관과 육군(六軍)이 나란히 배를 타고 동쪽으로 내려갔다. 갑진일(28일)에 사주(泗州, 강소성 우태현 회하 북안)에서 유숙하고 배를 버리고 육지에 올라서 제장들에게 명령하여 북을 치면서 행군하여 앞으로 가게 하였다. 11월 정미일(12일)에 양주의 성 아래에서 묵고 그날로 이를 뽑았다.

애초에, 성이 곧 함락되려는데, 좌우에서 진사회(陳思誨)[67]를 죽이라고 권고하니, 이중진이 말하였다.

"나는 지금 온 집안을 들어서 장차 불타 죽을 곳으로 가고자 하는데, 이를 죽인들 무슨 이익이 있겠는가?"

바로 불을 놓아 스스로를 태웠는데, 진사회도 역시 그 무리들의 해를 입었다.

황제가 성에 들어가서 같이 모의한 사람 수백 명을 죽였다. 이중진의

---

67 지난번에 육택사(六宅使)로 진사회(陳思誨)를 이중진에게 사자로 파견하여 철권(鐵券)을 싸가지고 가서 전하고 그를 위로하며 편안하게 하였던 사람이다.

형인 이중흥(李重興)은 처음에 그가 명령을 거부한다는 소식을 듣고 즉시 자살하였고, 동생인 이중찬과 그 아들인 이연복도 나란히 저자에서 죽었다. 황제는 적수순(翟守珣)[68]을 구득(購得, 현상금을 걸고 찾음)하며 전직(殿直, 궁전 당직)에 보임하였다가 얼마 안 있다가 공봉관(供奉官)으로 승진시켰다.

기유일(14일)에 양주 성에 있는 백성들을 진휼(賑恤)하였는데, 1인당 쌀 1곡(斛)을 주고 열 살 이하는 그 반으로 하였다. 협박으로 예속되어 군사가 된 자는 옷과 신발을 하사하여 돌려보냈다.

경술일(15일)에 이중진의 가속(家屬)과 부곡들에게 조서를 내려서 나란히 죄를 풀어 주었다.

86　을묘일(20일)에 남당주는 좌복야인 강도(江都, 강소성 양주시) 사람 엄속(嚴續, 910~967)을 파견하여 와서 호사(犒師)[69]하였고, 경신일(25일)에 다시 그의 아들인 장국공(莊國公) 이종감(李從鑑)과 호부상서인 신안(新安, 하남성 신안현) 사람 풍연로(馮延魯)를 파견하여 와서 매연(買宴)[70]하니, 황제가 성난 기색으로 풍연로에게 말하였다.

"너의 나라 주군이 어떠한 연고로 나의 배반한 신하와 왕래하였는

---

68 이균이 택과 로에서 군사를 일으켰을 적에 이중진의 친한 관리로 파견되어 샛길로 가서 이균(李筠)과 서로 연결하게 하였는데, 적수순이 돌아와서 이중진에게 아직은 가볍게 발동할 수 없다고 하니 이중진은 이를 믿었다.

69 자기가 관리하는 지역으로 온 군대에게 식사를 대접하거나 선물을 주는 것을 말한다.

70 연회를 산다는 말인데, 이는 황제가 베푸는 연회의 경비를 부담하는 것을 말한다. 이러한 일은 후주 태조 광순 2년(952년) 12월에 있었다.

가?"

풍연로가 말하였다.

"폐하께서는 다만 그 왕래한 것만 아시고 그가 모반하는 것에 참여한 것을 모르십니다."

황제가 그 연고를 물었더니, 풍연로가 말하였다.

"이중진의 사자가 신(臣)의 집에 묵었고, 나라의 주군[당주]이 다른 사람으로 하여금 그에게 말하게 하였습니다. '대장부가 뜻을 잃고서 반란하는데, 세상에도 역시 이런 일이 있기는 하지만 다만 때가 안 될 뿐이오. 바야흐로 중조(中朝, 중원지역에 있는 조정, 여기서는 송)에서는 선양(禪讓)을 받은 처음이어서 사람들의 마음이 아직 정해지지 않자, 상당(上黨, 노주의 치소)에서 난을 일으켰는데 그대는 이때를 가지고 반란하지 아니하였다가 지금 사람들의 마음이 이미 안정되자, 마침내 수천의 오합(烏合)의 무리를 가지고 천하의 정병(精兵)을 대항하고자 하니, 설사 한(韓, 한신)과 백(白, 백기)이 다시 생겨도 반드시 성공할 리는 없고, 비록 군사와 식량을 가지고 있으나 감히 서로 보탬이 되지 않을 것이오.' 이중진은 끝내 원조 받는 것을 잃어서 패하였습니다."

황제가 말하였다.

"비록 그렇다고 하여도 제장들이 모두 나에게 이긴 기세를 타고서 강(江, 장강)을 건너라고 하는데, 어떠한가?"

풍연로가 말하였다.

"이중진은 스스로 웅걸(雄傑)이어서 더불어 대적할 사람이 없다고 생각하지만, 신령한 무력이 한 번 다가가면 패하여 발을 돌리지도 못할 것인데, 하물며 작은 나라가 그렇게 능히 하늘같은 위엄을 대항할 수 있겠습니까?

그러나 역시 염려할 수 있는 것은 본국(本國)의 시위(侍衛) 수만은 모두 선주(先主, 먼저 돌아가신 주군, 이변)의 친병이어서 같이 죽거나 살기로 맹세하였으니, 폐하께서는 능히 수만의 무리를 포기하고 그와 더불어 피 흘리며 싸우겠다면 좋을 것입니다.

또 대강(大江, 장강)은 하늘이 낸 해자이고 바람과 파도를 예측하지 않고 만약에 나아가서 아직 성을 이기지 못하면 물러나도 양도(糧道)가 부족할 것이니 일은 역시 우려할 만합니다."

황제가 웃으며 말하였다.

"그대를 놀려서 즐기고자 하였을 뿐이니 어찌 경의 유세(遊說)를 듣겠는가?"

87   황제가 제군(諸軍)으로 하여금 영난(迎鑾, 강소성 의징시)에서 전투를 연습하게 하니 남당주는 두려움이 심하였는데, 그 하급 신하인 두저(杜著)와 설량(薛良)이 도망하여 와서 또 남쪽[남당]을 평정할 계책을 바치자 황제는 그가 충성스럽지 않음을 싫어하여 두저를 하촉(下蜀, 강소성 구용시 하촉향)의 저자에서 참수하게 하고, 설량은 여주(廬州) 아교(牙校)로 배속시키자 남당주[이경]는 조금 편안하였지만, 끝내 국경(國境)이 오그라들고 약해져서 드디어 천도(遷都)할 계책을 결정하였다.

88   을축일(30일)에 선휘북원사인 이처운(李處耘)에게 권지양주(權知揚州)를 하게 명령하였다.

이때에 양주(揚州, 강소성 양주시)는 병화(兵火, 전쟁)를 거친 나머지 경내가 두루 피폐하여서 이처운은 어루만지고 편안하게 하는데 부지런히 하고 요역을 가볍게 하고 부역을 적게 거두니 양주는 드디어 편안해졌다.

89 12월 기사일(4일)에 황제가 양주를 출발하였고, 정해일(22일)에 경사(京師)에 도착하였다.

90 신묘일(25일)에 당(唐)의 청원(淸源, 치소는 천주)절도사인 영춘(永春, 복건성 영춘현) 사람 유종효(留從效, 906~962)가 칭번(稱藩)[71]하였다.

91 황제가 처음 즉위하여 몰래 여러 사람들의 마음의 향배를 살피고자 하여 자못 미행(微行)[72]을 하였다. 어떤 사람이 간(諫)하자, 황제가 웃으며 말하였다.

"제왕이 일어나는데, 스스로 천명을 가지고 있다. 주(周) 세종은 제장(諸將) 가운데 네모인 얼굴과 큰 귀를 가진 자를 보면 이를 죽였는데, 나는 하루 종일 옆에서 모시고 있었지만 나를 해칠 수 없었다."

이미 그리고 나서 미행을 더욱 자주하며 말하였다.

"천명을 가진 자는 스스로 하는 것을 맡기는 것이니 너에게 금지 하지 않는다."

황제가 하루는 조회를 끝내고 편전(便殿)에 앉아서 즐겁지 않기를 오래 하였다. 좌우에서 그 연고를 말해 달라고 청하였더니, 황제가 말하였다.

---

71 번(藩)은 번방(藩邦)을 말하며, 이는 중앙에 귀속된 지방을 말하는데, 독립된 정권이 다른 정권에 대하여 스스로 번방이라고 표명하는 것을 말한다.

72 제왕이 일반인의 옷을 입고 민정(民情)을 살피기 위하여 다니는 것을 말한다.

"너는 천자가 쉽다고 생각하는가? 빨리 하는 김에 한 가지 일을 지휘하도록 부탁했다가 잘못되니 그런고로 즐겁지 않을 뿐이다."

일찍이 후원(後苑)에서 참새를 쏘는데, 어떤 사람이 급한 일이 있다고 알현하기를 청하자 황제는 그를 빨리 보니 그가 주청하는 것은 보통의 일이었을 뿐이었다. 황제가 화가 나서 그에게 힐문하니, 대답하였다.

"신은 오히려 참새를 쏘는 것보다 급하다고 생각하였습니다."

황제가 더욱 화가 나서 도끼자루를 들어서 그 입을 쳐서 두 개의 이빨을 떨어뜨렸다.

그 사람이 천천히 이를 주워서 품속에 넣어 두었는데, 황제가 욕하여 말하였다.

"네가 이를 품는 것은 나에게 소송하려는 것이냐?"

대답하였다.

"신은 폐하를 소송할 수 없지만 스스로 사관(史官)이 있으면 이를 쓰게 해야 마땅할 것입니다."

황제가 기뻐하며 금백(金帛)을 주어서 그를 위로하였다.

92   처음으로 수명보(受命寶)를 만들고, 송(宋)의 통원보전(通元寶錢)을 만들었다.[73]

93   이 해에 북한은 곽무위(郭無爲, ?~979)를 간의대부로 삼아서 중서(中書)의 일에 참여하게 하였다.

---

73 수명보란 천명을 받은 보배라는 뜻이지만 이는 황제의 어인(御印)을 말하는 것이고, 통원보전은 화폐의 명칭이다.

곽무위는 안락(安樂, 산동성 양곡현 동북쪽 안락진) 사람이다. 네모진 턱에 새부리 같은 입을 가졌는데, 여러 가지를 섞어서 배우고 많이 들었으며 말하고 변론을 잘하였다. 일찍이 갈의(褐衣, 베옷)를 입고 도사(道士)가 되어 무당산(武當山, 호북성 단강 입구 서북쪽)에서 살았다. 주(周) 태조가 이수정(李守貞, ?~649)을 하중(河中, 산서성 영제현)에서 토벌하는데,[74] 곽무위가 군문(軍門)에 가서 알자(謁刺, 명함)를 올리자 당세(當世)의 일을 묻고 아주 그를 기이하게 여겼다.

어떤 사람이 주조(周祖, 곽위)에게 말하였다.

"공(公, 곽위)은 한(漢)의 대신으로 무거운 군사를 쥐고 밖에 있으면서 종횡(縱橫)하는 인사를 부르니 작은 것을 막고 멀리까지 염려하는 도(道)가 아닌 것입니다."

곽무위가 옷을 털고 일어나서 가서 포독산(抱犢山, 하북성 녹천시 서쪽)에 숨었다.

추밀사인 단항(段恒)[75]이 이를 알고 그 재주를 천거하였더니 북한주가 불러서 더불어 이야기하고 크게 기뻐하면서 이어서 정사(政事)를 주었고, 다시 단항과 시위친군사인 태원(太原, 산서성 태원시) 사람 울진(蔚進)에게 명령하여 나란히 동평장사로 하였다.

94   요주(遼主, 야율술율)의 동생인 태평왕(太平王) 야율암살갈(耶律譜

---

74 이수정이 반란하였던 일은 후진 건우 원년(948년) 7월에 있었다.

75 《오대사기》〈동한세가〉에는 단상(段常)으로 되어 있다. 이는 대개 구양수가 진종(眞宗)의 이름을 피하기 위하여 글자를 바꾼 것으로 보이는데, 여러 기록들은 단항(段恒)으로 된 것과 단상으로 된 것이 있다.

薩噶, 耶律罨撒噶)은 태종의 둘째 아들인데, 세종 때에 조서를 내려서 그가 진주(晉主, 야율술율)와 더불어 형제의 예(禮)로 왕래하는 것을 허락하였다.

이에 이르러서 요주가 술을 탐닉하고 죽이기를 좋아하는 것을 보고 몰래 다른 뜻을 품었는데, 요주는 깨닫지 못하고 나라의 정사를 위임하면서 오직 매일 놀며 사냥하는 것을 일삼았고, 한겨울과 한여름에도 말 달리는 것을 그만두지 아니하였다.

시신(侍臣) 가운데 군사가 주(周)에 패하여 삼관(三關)[76]에서 땅을 잃은 것은 계책이 아니라고 추가로 허물하는 사람이 있었는데, 요주가 말하였다.

"삼관은 본래 한(漢)의 땅이니 지금 다시 그들에게 돌려주었는데, 무엇을 잃었는가?"

그가 나라의 일을 걱정하지 않은 것이 이와 같았다.＊

---

76 익진관(益津關), 와교관(瓦橋關), 어구관(淤口關)을 말하며 모두 하북성에 있다.

권002

송기2

술잔으로 녹인 병권

내치를 다지는 태조 조광윤

태조(太祖) 건륭(乾隆) 2년(신유, 961년)[1]

1   봄, 정월 초하루 병신일에 숭원전(崇元殿)에 나아가 조하를 받았
으며 물러나니 여러 신하들이 황태후의 궁문에 가서 축하하였다.

2   임인일(7일)에 새로 만든 조선무(造船務)[2]에 가서 수전(水戰)을
연습하는 것을 보았다.

3   무신일(13일)에 태복소경(太僕少卿)인 왕승철(王承哲)이 관원을
천거하는 일에서 사실대로 안 하였다는 죄에 연좌되어 책임을 지워 전

---

1   요 목종 응력 11년이다.

2   송대에 조선업(造船業)은 전 시대의 제도를 이어받았는데, 송대에는 변경(汴
京)에 전문적으로 배를 만드는 기구가 있었다. 당시에는 조선무(造船務)와 남
조선무(南造船務)가 있었으며, 송대의 조선 능력은 1년에 200~300척, 많은
경우에는 1,300척 이상이었다.

중승(殿中丞)을 수여했다.[3]

4　기유일(14일)에 황제가 명덕문(明德門)에 나아가서 등불놀이를 관람하고 좇는 신하들에게 연회를 베풀었는데, 남당(南唐)과 오월(吳越)의 사자들이 모두 더불어 하였다.

5　임자일(17일)에 상주(商州, 陝西省 商洛市)에서 쥐들이 보리 싹을 먹어 치우니 조서를 내려서 그 전부(田賦)를 면제하였다.

6　후주 현덕 말년에 관리를 파견하여 백성들의 전지(田地)를 장량(丈量)하였는데 대부분 백성들의 호소하는 바가 되었다. 이에 이르러서 황제는 재신(宰臣)들에게 말하였다.

"전지(田地)를 장량하는 것은 본래 아래 백성들을 부지런히 구휼하고자 한 것인데 근래에 대부분 공로를 세우려고 폐단이 발생하니 마땅히 그 사람들을 신중하게 선발하여 짐의 뜻에 부응하라."

정사일(22일)에 상참관(常參官)[4]을 나누어 파견하여 여러 주에 가서 민전을 장량하였다.

3　태복소경은 두 명인데 그 품급은 4품상이며, 전중승도 두 명이지만 그 품급은 5품상이다. 따라서 왕승철의 관직이 강등된 것이다.

4　상참관은 항상 황제의 조회에 참여하여 황제를 가까이서 볼 수 있는 고급관원이다. 당대에는 문관으로 5품 이상인데, 중서문하성의 공봉관, 감찰어사, 원외랑, 태상박사였다. 송 신종대에는 문하성 기거랑 이상, 중서성 기거사인 이상, 상서성 시랑 이상, 어사대의 중승 이상이 매일 황제를 참현(參見)하도록 하였다. 이 사건이 있는 시대에는 아직 당대의 제도를 그대로 원용했을 것으로 생각된다.

7   조서를 내려서 채거(蔡渠)⁵를 준설하여 회우(淮右)의 조운(漕運)을 소통하게 하라 하고, 우령군위(右領軍衛) 상장군 진승소(陳承昭, 896~969)에게 명령하여 그 역사를 감독하게 하였다.

8   기미일(24일)에 곽기(郭玘)를 파견하여 후주의 사당에 제사 지내게 하였다.

9   갑자일(29일)에 택주(澤州, 山西省 晉城市)자사 장숭고(張崇詁)를 목 베었는데, 그의 무리 이중진(李重進) 때문이었다.

10   감수(監修)인 왕부(王溥, 922~982) 등이 《당회요(唐會要)》⁶ 100권을 올리니 조서를 내려서 사관(史館)에 넣어 두라고 하였다.

11   사자를 파견하여 오월왕(吳越王)에게 전마(戰馬)와 탁타(橐駝, 낙

---

5   후에 혜민하(惠民河)로 고쳤다. 혜민하는 남경시 고루구의 하관(下關)지구에 있는데, 진화하구(秦淮河口)의 지류이다. 삼차하(三汊河) 부근에서 동북쪽으로 흘러가다가 중산교(中山橋)를 지나 하관을 거쳐서 남경 장강대교의 서쪽을 지나서 남경서역 부근에서 장강으로 들어간다.

6   《당회요(唐會要)》는 송대 왕부가 찬한 것으로 송 태조 건륭 2년(961년)에 완성하였으며, 현존하는 최고(最古)의 회요이다. 《당회요》는 소면(蘇冕)의 《당구조회요(唐九朝會要)》와 최현(崔鉉)과 양소복(楊紹復)이 찬술한 《속회요(續會要)》를 이어서 찬술한 것으로 당대의 정치, 경제, 문화 등 각 방면의 정치제도의 연혁을 전문적으로 기록하였으며 제호(帝號)에서 시작하여 사이(四夷)에서 끝내고 있다. 모두 514개 항목이며 조그만 역사적인 일이어서 항목을 정할 수 없는 것은 잡록에 기록하고 각 조목의 뒤에 붙여 두었다. 이 책은 《통전(通典)》과 비슷한 곳이 많은데, 당대 제도에서는 보다 상세하다.

타)를 하사하였다.

12 2월 병인일(2일)에 비산(飛山, 湖南省 靖州현 城西北쪽 5Km)에 있는 군영에 행차하여 포차(礮車, 炮車)[7]를 검열하였다.

13 요주(遼主, 요의 穆宗 耶律璟)가 조왕(趙王) 야율희곤(耶律喜袞)을 감옥에서 풀어 주었다.[8]

야율희곤은 몸집이 크고 영웅다웠으며 말 타고 활쏘기를 잘하였으며, 성격은 가볍고 민첩하였지만 꾸준함이 없어서 모반하는 흔적이 있었는데, 요주가 친히 그를 석방한 것이다. 얼마 안 있다가 다시 모반하여 이어서 하옥되었다.

---

7 고대의 대포로 돌을 멀리 쏘아 보내는 무기이다.

8 서기 960년 10월 10일에 요의 황제 야율경(耶律璟)의 4촌 동생 조왕 야율희곤(耶律喜袞)이 반란을 음모다가 체포되었는데, 신문결과 그의 아버지 야율로호(耶律魯呼)와 황실 직속군대의 지휘관인 한광사(韓匡嗣)와 연관되어 있었다. 야율로호는 요 태조황제 야율아보기(耶律阿保機)의 셋째 아들로 성격이 잔인하였지만 그의 모친인 서로태후는 그를 무척 좋아하였다. 태종 야율덕광(耶律德光) 시절에 야율로호를 황태제로 책봉하여 천하병마대원수로 삼았다. 태종이 947년에 죽자 야율덕광의 형인 야율배(耶律倍)의 아들 영강왕(永康王) 야율완(耶律阮)이 진양(鎭陽, 河北省 欒城縣)에서 황제가 되니 바로 요의 세종황제인데, 서로태후는 야율로호를 파견하여 군대를 거느리고 야율완을 공격하였다. 하지만 이것이 실패하자 대신인 야율조진이 서로태후 앞에서 야율로호의 성격이 잔포(殘暴)하여 인심을 잃었다고 유세하니 서로태후는 말을 못하고 하는 수 없이 야율완이 황제를 계승하는 것을 승인하였다. 요의 세종은 야율로호를 연금하고, 아무도 만날 수 없게 하였었는데, 야율로호는 아들 야율희곤의 연관을 받게 되어 감옥에서 죽었다.

14   남당주가 도읍을 남창(南昌, 강서성 남창시)으로 옮길 계획을 확정하고 오왕(吳王)인 이종가(李從嘉, 937~978)[9]를 태자로 삼아 금릉(金陵, 남경)에 남아서 감국(監國)하게 하였다. 우복야인 엄속(嚴續, 910~967)을 지추밀원사(知樞密院事)로 삼고 탕열(湯悅)에게 그를 보좌하게 하였다. 배를 띄워 당도(當塗, 安徽省 馬鞍山市)를 지나가면서 크게 연회를 베풀었다. 송가보(宋家洑)에 이르렀는데, 폭풍이 불어 어함(御艦)을 날려서 거의 북쪽 강안에 이르게 하였다. 다음 날 따르는 관리들이 모두 가벼운 배를 타고 달려가 문안하였다.

15   임신일(8일)에 급사중인 범양(范陽, 保定市와 北京市 일대) 사람 유재(劉載, 913~983)에게 명령하여 오장거(五丈渠)[10]를 준설하여 동방으로의 조운이 통하게 하였다.[11] 황제가 시신(侍臣)들에게 말하였다.

   "백성들을 번거롭게 하여 나를 받들게 하는 일은 짐(朕)은 반드시 하지 않을 것이다. 구혁(溝洫, 봇도랑, 해자)을 열어 경읍으로 가도록 하는 것은 대개 부득이한 것일 뿐이다."

---

9   남당주인 이경(李璟)의 여섯째 아들이며 남당의 마지막 군주이다.

10 《송사》에는 오장하(五丈河)라고 하였으며, 후에 가서 광제하(廣濟河)로 이름을 고쳤다.

11 북송시기의 조운은 네 개의 길로 서울인 변경(汴京, 河南 개봉)으로 모이게 하였는데, 회변(淮汴)의 곡식은 강남에서 회수(淮水)로 들어와서 변수(汴水)를 거쳐서 경사로 들어왔고, 섬서(陝西)의 곡식은 삼문협(三門峽) 부근에서 황하로 돌아서 변수로 들어와 경사에 이르게 하였고, 섬채(陝蔡)의 곡식은 혜민하(惠民河)에서 채하(蔡河)로 돌아서 변수로 들어와서 경사에 이르렀으며, 경동(京東)의 곡식은 제로(齊魯)지역에서 오장하(五丈河)를 거쳐서 경사에 이른다.

16   계유일(9일)에 권지공거(權知貢擧)인 두의(竇儀, 914~966)가 주문을 올렸는데 진사 장거화(張去華, 938~1006) 등 합격자는 11인이었다.

17   형남(荊南) 사람 고보욱(高保勗, 924~962)이 황금으로 된 집기(什器)를 진상하였다.

18   정축일(13일)에 남당주가 사자를 파견하여 와서 장춘절(長春節, 황제 조광윤의 생일)을 축하하였다. 기묘일(15일)에 통사사인인 왕수정(王守貞)에게 명령하여 강남에 사신으로 가게 하여 남당주에게 천도한 것을 위로하였다.

19   이보다 먼저 번진(藩鎭)들이 대체적으로 가까운 관리를 파견하여 백성들의 조부(租賦)가 들어오는 것을 살펴보게 하였는데, 대개 양(量)을 늘려 넘치게 하고, 공공연하게 여선(餘羨)[12]을 가져갔다. 부언경(符彦卿, 898~975)이 천웅군(天雄軍)에 있으면서 백성들에게서 빼앗는 것이 더욱 심하였다. 황제는 이에 상참관(常參官)을 파견하여 그 일을 나누어 주관하게 하고 마침내 공적인 곡식을 내어서 부언경에게 하사하여 그 마음을 부끄럽게 하였다.

20   백성들에게 2월부터 9월까지는 채취하거나 포획하거나 화살을

---

12 잉여라는 뜻이다. 당대 이후에 지방관원들이 부세를 거두다 보니 남는 것이 있다고 하면서 조정에 진공(進貢)하는 재물이다. 황제에게 일종의 뇌물로 작용하는 것이었다.

발사하는 것을 금하고 법령으로 만들었다.

21   명령하였다.

"문관이나 무관 그리고 백성들은 지금부터 장춘절과 다른 경축일에는 번번이 공헌할 수 없다."

22   3월에 남당주가 남창(南昌)에 도착하였다. 성읍이 좁고 궁색하여 궁과 관부가 건물을 짓는데, 열에 한둘은 집어넣을 수가 없었으며, 역역(力役)이 비록 번거로웠지만 교묘하게라도 집어 넣을 곳이 없어서 여러 신하들은 밤낮으로 돌아갈 것을 생각하였다. 남당주는 북쪽으로 금릉을 바라보다가 우울해하면서 처음 모의한 사람을 주살하고자 하였는데, 징심당(澄心堂)[13]의 승지(承旨)인 진승유(秦承裕)가 항상 병풍을 끌어다가 이를 막았다. 추밀부사·급사중인 당호(唐鎬, ? ~961)는 부끄럽고 두려워하다가 종기가 나서 죽었다.[14]

23   병신일(2일)에 내주방(內酒坊)[15]에서 화재가 있었다. 내주방은 삼

---

13 남당시대의 이욱이 통치하던 시기에 만든 건물의 이름이다. 남당시대의 이경과 이욱 두 군주는 문화예술 사업에 대하여 대단히 열심이었는데 특별히 후주 이욱의 치하에서는 문화예술의 발전이 최고조에 달하였다. 이른바 문방4보라고 하는 지·필·묵·연은 모두 이 시대를 배경으로 만들어졌다. 그중에 종이는 진심당이라는 명칭을 가져다 붙여서 징심당지라고 하였다.

14 다른 판본에는 죽을까 두려워하다가 목매 죽었다고 되어 있는 곳도 있다.

15 송대에 양조업은 질과 양에서 모두 도읍인 개봉이 최고였다. 관부에서 운영하는 양조기구인 법주고(法酒庫)에서는 진상용과 제사용을 제조하고 내주방에서는 기타 필요한 술을 제조하였다. 그러므로 내주방은 술제조 공장이 있

사(三司)와 인접해 있어서 불이 일어난 날 저녁에 역부(役夫)들이 성서(省署, 관부)로 달려 들어가서 관청물건을 훔쳐갔다. 황제는 주방사(酒坊使, 술 제조 당당관)인 좌승규(左承規, ? ~961) 등이 그들이 훔치는 것을 내버려 두었으므로 역부 38명을 목 베고, 좌승규 등은 모두 기시(棄市)에 처하였다.

24   신해일(17일)에 웅무(雄武)절도사 겸중서령 태원군왕(太原郡王)인 왕경(王景, 889~963)을 봉상(鳳翔)절도사로 삼아 서면연변도부서(西面沿邊都部署)[16]에 충임하였다.

왕경은 병사들의 대오에서 시작하였는데, 성품이 겸손하고 양보하였으며, 조정의 사자가 도착할 적마다 비록 지위가 낮다고 하여도 예의를 다 하였다. 어떤 사람이 말하였다.

"왕의 지위는 높으니, 마땅히 스스로 덜어내고 눌러서 안 된다."

왕경이 말하였다.

"다른 사람의 신하는 주군의 명령을 중히 여기는데, 진실로 마땅히 이와 같아야 하니 나는 오직 삼가지 못할까를 두려워할 뿐이요."

이에 이르러 진주(秦州, 감숙성 천수시)에서부터 와서 조현하자 황제는 그를 우대하고 연회를 열어주고 등급을 덧붙여 주었으며, 다시 파견하여 봉상에서 진수하게 하였다.

는 곳이다.

16 송초에는 서면과 서남면, 그리고 북면에 연변도부서를 설치하였다. 도부서란 마보군도부서의 약칭이며, 부서·병마도부서·보군도부서 등으로 불렸는데 군사조직으로 대단히 중요하였으며, 이 경우에는 거란·서하 등 변방방어의 의무를 지고 있다.

25   북한(北漢)이 인주(麟州)를 침범하자 방어사인 양중훈(楊重勳, ?
~975)이 이를 쳐서 달아나게 했다. 양중훈의 본명은 양중훈(楊重訓)인
데 후주 황제의 휘(諱)를 피하여[17] 지금 이름으로 고쳤다.

26   요(遼)의 사도인 오리질(烏哩質, 예전의 烏哩尺)의 아들 질라격(迭
喇格, 예전의 迭剌哥)이 그 아버지가 모반하였다고 무고(誣告)하고 다시
속여서 전거(傳車)를 타고 행인을 죽이기에 이르렀는데, 그 아버지의
요청으로 곤장을 때려서 그를 석방하였다.

27   계해일(29일)에 황제가 걸어서 명덕문(明德門)에서부터 작방(作
坊)[18]에 행차하여 연사(宴射)하였는데[19] 술에 취하자 전에 봉상절도
사였던 임청(臨淸, 山東省 聊城市) 사람 왕언초(王彦超, 914~986)를 돌
아보고 말하였다.
    "경이 전에 복주(復州)에 있어서 짐이 가서 의탁하였는데, 경은 어찌
하여 나를 받아 주지 않았소?"
    왕언초가 계단을 내려가서 머리를 조아리며 말하였다.
    "당시에 신은 하나의 자사일 뿐이었으니 작수(勺水, 한 홉 정도의 물)
로 어찌 신룡(神龍)을 받아들일 수 있겠습니까? 신이 폐하를 받아들였

---

17 후주의 마지막 황제의 이름이 시종훈(柴宗訓)이었으므로 훈(訓)자를 피하여
    쓰지 아니하려고 훈(勳)으로 고친 것이다.

18 수공업적으로 가공하는 공장을 말하는데, 고대에는 관청 경영의 작방과 민
    간이 경영하는 작방이 있었다.

19 옛날 사례(射禮) 가운데 하나로 여러 사람이 모여서 술을 마시면서 활쏘기를
    익히는 것을 말한다.

더라면 폐하께서 어찌 오늘이 있었겠습니까?"

황제가 크게 웃고 파하였다.

윤달(윤3월) 초하루 갑자일에 왕언초가 표문을 올려서 대죄(待罪)하겠다고 하니 황제는 사자를 파견하여 그를 위무하였으며 이어서 시신들에게 말하였다.

"술에 잔뜩 취하면 어찌 사람이 되겠는가! 짐이 혹은 연회를 통하여 아주 취하여 잠을 자고 나서는 후회를 하지 않은 일이 없다."

시신들이 모두 두 번 절하였다.

28   전전도점검(殿前都點檢)·진녕군(鎭寧軍)절도사인 모용연쇠(慕容延釗, 913~963)를 산남서도(山南西道)절도사로 삼고 시위친군(侍衛親軍)도지휘사인 한령곤(韓令坤, 923~968)을 파직시켜 성덕(成德)절도사로 삼았다. 이로부터 전전도점검은 드디어 다시는 제수하지 아니하였다.[20]

---

20 전전도점검(殿前都點檢)이라는 관직은 황실시위 총책임자인데, 조광윤이 황제가 되자 이 관직을 없앤 것이다.

동생을 후계자로 삼게 한 황태후

29　요주(遼主, 穆宗)가 황하(潢河, 內蒙古 시라무렌강의 別稱)에 갔다.

30　정축일(14일)에 금주(金州, 大連市, 遼東半島 南部)·상주(商州, 四川省 宜賓市)·방주(房州, 湖北 房縣) 세 주의 백성이 주리자 사자를 파견하여 그들을 진휼(賑恤)하였다.

31　이 해 봄에 장리(長吏)들에게 명령하여 백성들에게 나무 심는 일을 부과하게 하였는데, 매 현에서는 민적(民籍)을 다섯 등급으로 나누어 확정하게 하였다. 첫 번째는 잡목을 100그루 심게 하는데, 매년 20그루씩을 차례로 줄여 나가게 하였고, 뽕나무, 대추나무는 그 반으로 하였다. 남자건 여자건 열 살 이상이면 사람은 부추[韭]를 한 휴(畦)[21]를 심어야 하는데 너비는 한 걸음이고 길이는 열 걸음으로 하였다. 우물이 없는 사람은 이웃과 대오를 만들어 이를 판다. 보좌관으로

─────────

21　전원 가운데 있는 작은 구획으로 휴전(畦田) 또는 채휴(菜畦)라고도 하는데 고대에는 50무(畝)를 1휴(畦)로 하였다.

하여금 봄·가을로 순시하여 그 수를 살피다가 질만(秩滿)이 되면 부조(赴調)[22]하게 하였는데, 유사는 그 부과한 것에 차례를 매겨서 이를 전최(殿最)[23]로 만들었다.

또 조서를 내렸다.

"지금부터 백성들 가운데 도망한 사람이 있으면 본래의 주(州)에서 호적과 경무(頃畝)[24]를 갖추어 보고하고 바로 이를 조사하고 살피도록 하되, 가깝고 이웃인 사람들로 하여금 그 조(租)를 대신 보내게 하지 말라."

32   여름 4월 초하루 계사일에 일식이 있었다.

33   갑오일(2일)에 검전사(檢田使)[25]·급사중(給事中)인 상준(常準)에게 조서를 내려서 두 관직을 빼앗았다. 이보다 먼저 관도(館陶, 河北省 邯鄲市)의 백성인 곽지(郭贄, 935~1010)가 궁궐에 와서 전지를 조사하는 것이 고르지 않다고 호소하자 조서를 내려서 다른 현관(縣官)으로 하여금 조사하여 보게 하니 감추어진 경무(頃畝)가 모두 사실이었다.

---

22 이부(吏部)에 가서 다른 곳으로 옮겨지기를 기다리는 것이다.

23 고대에 정치적 업적 혹은 군공(軍功)을 심사하여 평정하는데, 하등급은 전(殿)이라 하고 상등급은 최(最)라고 하였다. 따라서 성적의 차례를 매기는 것이다.

24 무(畝)는 동아시아 전통시대에 토지의 면적을 계산하는 단위이며, 현재의 단위로 보면 667m^2이다. 보통 1경(頃)은 100무(畝)이니, 경무란 토지면적을 의미한다.

25 나라에서 경지를 조사하도록 파견한 관리를 말한다.

황제가 화가 나서 상준을 책망하고, 본 현의 현령인 정적(程迪)은 곤장을 때려 바다에 있는 섬으로 유배하도록 결정하였다.

34 임인일(10일)에 조서를 내렸다.

"먼저 시대의 제왕의 능침(陵寢)은 소속하는 주부(州府)로 하여금 가까이 있는 호구를 보내어 지키고 감시하게 하며, 전에 훌륭한 사람의 총묘(冢墓) 가운데 무너진 것은 바로 수리하게 하라."

35 기미일(27일)에 상하현(商河縣, 山東省 濟南市) 현령인 이요(李瑤)가 장죄(臟罪, 뇌물죄)에 걸려서 곤장을 맞고 죽었고, 좌찬선대부(左贊善大夫)인 신문위(申文緯)가 사자가 되어 전지를 조사하였는데 들어내어 살필 수가 없어서 제적(除籍)되었다. 황제는 장리(臟吏, 뇌물 받은 관리)를 아주 싫어하여 이후로는 내외관으로 장죄에 걸린 사람은 대부분 기시(棄市)에 처하기에 이르렀다.

36 후한(後漢) 초기에 사국(私麴, 사사로이 누룩을 만들고 술을 빚은 사람)을 범한 사람은 기시(棄市)에 처하였는데, 후주(後周)의 법령은 5근(斤)에 이르면 사형으로 하였다. 황제는 그 법이 오히려 엄격하다 하여 경신일(28일)에 조서를 내렸다.

"민간으로 사국 15근을 범한 사람과 사사로이 만든 술을 성안으로 들여온 것이 3두(斗)에 이른 자 가운데 시작한 사람은 극전(極典, 사형)에 처하고 그 외의 나머지 죄는 차등 있게 하라."

37 이달에 요주(遼主, 목종)가 사슴을 사냥을 하면서 조정의 정치를

살피지 아니하였다.

38 5월 초하루 계해일에 황제가 숭원전(崇元殿)에 나아가서 조배(朝拜)를 받았다. 황태후가 병이 나서 잡범으로 사형 이하를 받은 죄수들은 사면하였다.

39 을축일(3일)에 사천소감(司天少監)인 낙양 사람 왕처눌(王處訥, 915~982) 등에게 조서를 내려서 흠천력(欽天曆)[26]을 다시 검토하게 하였다.

이보다 먼저 흠천력이 완성되었는데, 왕처눌이 사사로이 왕박(王朴, ?~959)에게 말하였다.

"이 역(曆)은 멀지 않아 바로 어긋날 것이다."

또한 그것은 마땅히 어긋난 곳을 지적하여 왕박에게 보여 주었고, 왕박도 깊이 그렇다고 하였다.

40 애초에 후주(後周) 세종은 국자사업 겸 태상박사인 낙양 사람 섭숭의(聶崇義)에게 명령하여 교묘(郊廟)에 사용할 예기(禮器)를 자세히

---

26 후진(後晉) 천복 4년(939년) 사천감인 마중적(馬重績)이 《조원력(調元曆)》을 만들었는데, 오차가 있어서 사용할 수 없었다. 후주(後周) 광순 연간에 국자박사인 왕처눌이 《명현력(明玄曆)》을 만들었다. 현덕 3년(956년)에 단명전 학사인 왕박(王朴)이 조서를 받들어 새로운 역법을 만들었는데 후주 세종이 이를 《현덕흠천력(顯德欽天曆)》이라 하고 친히 서문을 쓰고 사천감에 붙여서 사용하게 하였다. 이 흠천력은 송 건덕 2년(965년)에 《응천력(應天曆)》을 사용하여 이를 대신하게 된다.

정하라고 하니 섭숭의가 이 때문에《삼례(三禮)》²⁷의 옛 그림을 가져다가 같고 다른 것을 교정하여 늘어놓아 새로운 그림 20권을 만들었는데, 이때에 이르러 와서 올리니 조서를 내려서 포상(襃賞)을 더하게 하고, 이어서 태자첨사(太子詹事)인 여음(汝陰, 安徽省 阜陽市) 사람 윤졸(尹拙, 891~971)에게 명령하여 유신(儒臣)들을 모아 놓고 논의에 참여하게 하였다. 윤졸이 대부분 어려운 것을 반박하였더니 섭숭의가 다시 경전을 인용하여 해석해 주어서 마침내 모두를 공부상서 두위에게 내려 보내어 지극히 마땅하도록 재단하여 처리하고 반포하여 시행하게 하였다.

41 갑술일(12일)에 전전(殿前)·시위사(侍衛司)와 여러 주의 장리(長吏)들에게 거느리는 병사 가운데 날래고 용감한 사람을 열람하여 그 군적(軍籍)을 올려주고, 늙고 약하며 겁먹은 사람들은 이를 제거하라고 하였다. 처음에는 잉원(剩員, 잉여의 인원)으로 두었다가 퇴병(退兵, 부대에서 퇴출된 병사)으로 처리하였다.

42 을해일(13일)에 요(遼)의 사천(司天)인 왕백(王白)·이정(李正) 등이 역서(曆書)를 올렸다.
  이보다 먼저 후진 천복(天福) 연간에 사천감인 마중적(馬重績)이 주문으로 을미원력(乙未元曆)을 올렸는데 조원력(調元曆)이라고 불렀다.

---

27 삼례는 하늘과 땅과 종묘(宗廟)에 제사지내는 예의를 말하는 경우와 책으로서 주례(周禮)·의례(儀禮)·예기(禮記)를 말하는 경우가 있는데, 여기서는 앞의 것을 말하는 것이다.

태종(太宗, 요의 耶律德光)이 후진을 멸망시키고 변(汴)에 들어가게 되자 모든 관청의 요속(僚屬)·기술(技術)·역상(曆象)을 거두어서 중경(中京, 內蒙古 赤峰市 寧城縣)으로 옮기니 요에는 비로소 역(曆)이 있게 되었다. 왕백 등이 올린 것은 바로 조원력이다. 왕백은 계주(薊州, 幽州의 치소, 天津市 薊州區) 사람으로 천문에 밝고 복서(卜筮, 점)를 잘하였는데 후진의 사천소감이었다가 태종이 변(汴)에 들어가서 그를 얻은 것이다.

43　정축일(15일)에 조서를 내려서 안읍(安邑, 山西省 夏縣)·해현(解縣, 山西省 運城市 鹽鹽湖)의 두 지염(池鹽)을 서(徐)·숙(宿)·운(鄆)·제(濟)의 백성들에게 공급하였다. 이보다 먼저 몇 개의 군에서는 해염(海鹽)을 먹었는데, 물을 거슬러 올라오느라고 그 비용이 배나 많았으니, 그런고로 이를 고친 것이다.

44　기묘일(17일)에 상참관(常參官)의 서천법(序遷法)을 없앴다. 옛 제도는 모두 세월에 따라서 서천(序遷)되었는데, 황제가 재상에게 말하였다.

"이는 명분을 좇아 실제를 책임지는 길이 아니다."

마침 감문위장(監門衛將)인 위인척(魏仁滌) 등이 저자를 다스리면서 징수하다가 선리(羨利)[28]가 생겼는데, 나란히 조서를 내려서 녹질(祿秩)을 늘려 주니 이로부터 순서에 따라 옮겨지지 않았다.

---

28 세금을 거두어 이를 정부에 내야할 것과 비교했을 때 더 걷어서 남는 것이 생기는데 이를 선리라고 한다.

45 경인일(28일)에 공봉관(供奉官)인 이계소(李繼昭)가 관선(官船)을 훔쳐서 판 죄에 걸려들어서 기시(棄市)되었다.

46 조서를 내렸다.

"여러 주에서는 다시는 백성을 움직여서 역전(驛傳)에 두지 말고 모두 군졸(軍卒)로 이를 대신하게 하라"

47 오대(五代) 이래로 주목(州牧)과 군수(郡守)는 대부분이 무인이었고 옥사(獄事)를 맡은 관리는 멋대로 법을 사용하였다. 이때에 금주(金州)의 백성 가운데 마한혜(馬漢惠)라는 사람이 사람을 무뢰(無賴)하게 죽이니 마을에서는 이를 근심하였는데, 그 부모와 형제들이 함께 마한혜를 죽였다. 방어사인 구초(仇超)와 판관 좌부(左扶)가 모두 조사하고 이를 주살하였다. 황제가 구초 등이 법을 가지고 깊고 각박하게 처리한 것에 화를 내고 나란히 제명하고 좌부를 바다에 있는 섬으로 유배시켰다. 이로부터 사람들은 법을 받들 줄 알았다.

48 6월 갑오일(2일)에 황태후인 두(杜)씨가 자덕전(滋德殿)에서 죽었다.

황태후는 총명하고 지혜와 도량을 갖고 있어서 매번 황제와 더불어 큰 정치적인 일을 결정하면서 오히려 조보(趙普, 922~992)를 불러 서기로 삼고 일찍이 그를 수고하였다고 위무하면서 말하였다.

"조서기는 또한 마음을 다하여 일을 하는데 나의 아이는 아직 업무를 고치지 않았다."

더욱 조광의(趙光義, 宋太宗 趙炅, 939~997)를 아껴서 매번 나가면서 번번이 그에게 경계하여 말하였다.

"반드시 조서기와 함께 가라."

병이 위독하자 조보를 불러서 들어와서 유언으로 남기는 명령을 받게 하였다. 황태후가 황제에게 물었다.

"네가 천하를 얻게 된 까닭을 아느냐?"

황제가 오열(嗚咽)하면서 대답을 할 수 없었다. 황태후가 말하였다.

"나는 바야흐로 너에게 큰일을 말하는데 그저 곡만 하느냐?"

처음처럼 물었다. 황제가 대답하였다.

"이는 모두 할아버지와 태후께서 남기신 경사(慶事)입니다."

황태후가 말하였다.

"그렇지 않다. 바로 시씨(柴氏)가 어린아이로 하여금 천하를 주관하게 하니 많은 사람들이 마음으로 붙지 않은 연고로 말미암은 것이다. 너와 광의는 모두 내가 낳았으니 너의 뒤로는 마땅히 그 동생에게 자리를 전해 주어라. 사해는 아주 넓어서 어른인 군주를 세울 수 있는 것은 사직의 복이다."

황제가 머리를 조아리고 눈물을 흘리면서 말하였다.

"감히 태후의 가르침처럼 아니하겠습니까?"

이어서 조보에게 말하였다.

"너는 나의 말과 똑같이 기록하고 어길 수 없다."

조보가 바로 평상 앞으로 나아가서 맹세하고 종이 끝에 글을 썼는데, 서명하여 일렀다.

"신(臣) 조보 씀"

이를 금궤(金櫃)에 감추어 두고 궁인에게 삼가 비밀스럽게 하라고 명령하여 이를 관장하게 하였다.

49 기해일(7일)에 여러 신하들이 청정(聽政)하기를 요청하니 이를 좇았다.[29] 경자일(8일)에 태후의 상사(喪事)로 시향(時享)을 잠시 중단하였다. 신축일(9일)에 자신전(紫宸殿)에서 백관을 접견하였다. 경신일(28일)에 황제가 상복을 벗었다.

50 이날 남당주인 이경(李景, 916~961)[30]이 죽었다. 이에 앞서 스스로 유서로 남기는 명령을 써서 남도(南都, 남경)의 서쪽 산에 머물게 하여 장사지내고 흙은 몇 자만 쌓아서 봉분(封墳)을 만들게 하고 또 말하였다.

"나의 말을 어기면 충신이나 효자가 아니다."

남당주는 재예(才藝)가 많았고, 독서를 좋아하였는데, 군주의 자리에 있으면서 자비롭고 검소하여 군주의 풍도를 갖고 있었다. 그러나 스스로 당 황실의 후예라는데 붙여 놓고 영토를 크게 넓혀야 한다는 논리에 꾀여서 복주(福州, 湖南)에서 두 번 군사를 잃기에 이르러서 공격하여 빼앗는 것이 어렵다는 것을 알고 비로소 미병(弭兵, 전쟁을 멈추는 것)과 농사에 힘쓰는 것을 논의하였다.

---

29 청정이란 정치적 보고를 받는다는 말인데, 황태후가 죽은 후로 조광윤은 청정을 하지 않았던 것으로 보이는데, 황태후가 죽은 것이 6월 2일이었으므로 조광윤이 정사를 직접 살피지 않은 것은 6일인 셈이다.

30 남당(南唐)의 원종(元宗) 이경(李璟)을 말한다. 원래는 서경통(徐景通)으로 불렸는데, 남당이 세워진 다음에 본래의 성인 이(李)씨를 회복하고 이름을 이경(李璟)으로 고쳤다. 후에 후주에 대하여 칭신하면서 후주의 곽위(郭威)가 등극한 다음에 그 고조부 곽경(郭璟)을 추존하여 신조(信祖)라 하였기 때문에 곽경의 휘자를 피하려고 이경(李景)으로 고쳤다. 남당의 열조인 이변(李昪)의 장자로 남당의 두 번째 황제이다.

일찍이 말하였다.

"군사는 죽을 때까지 사용하지 않는 것이 가능하다."

마침 후주의 군사가 크게 일어났는데, 일을 맡긴 사람이 대부분 그에 적당하지 않아서 꺾이고 패배하여 지탱하지 못하고 나라를 쭈그러들게 하고 호칭을 강등하며 걱정하고 후회하다가 죽었다.

51   임술일(30일)에 태후의 빈(殯)을 하였기 때문에 조하를 받지 아니하였다.

52   이보다 먼저 요의 남경유수인 소사온(蕭思溫, ? ~970)은 노인성(老人星)[31]이 나타났으므로 사유(赦宥, 사면하여 용서함)를 시행하기를 빌었는데, 요주가 이를 허락하였다. 사면장의 초안을 만들어 이미 다 완성하였는데 몇 달을 보류하고 내보내지 않으니 한림학사 하간(河間, 河北省 河間市) 사람 유경(劉景)이 말하였다.

"당나라 제도로는 사면하는 글은 하루에 500리를 가는데, 지금 시기를 미루고 발표하지 않으니 잘못입니다."

요주는 역시 회보하지 않았다. 이달에 이르러 비로소 사면하였다.

53   가을 7월에 남당주의 영구(靈柩)가 금릉(金陵, 남경)으로 돌아오니 유사들은 재궁(梓宮)을 다시 대내(大內)로 들여오는 것은 마땅하지

---

31 노인성은 남극노인성(南極老人星) 수성(壽星)인데 선저좌(船底座)의 주성이며, 중국의 전통 천문에서는 정수(井宿)에 주선인 노인성은 육안으로 볼 수 있는 항성이다. 이 노인성은 남반구의 선저좌에서 가장 밝은 항성이며, 온 하늘에서 두 번째로 밝은 항성이다.

않다고 논의하였지만 태자인 이종가(李從嘉, 937~978)가 안 된다고 하여 마침내 정침(正寢)에 빈소(殯所)를 만들었다.

　이종가가 즉위하고 이름은 이욱(李煜)으로 고치고 어머니 종씨(鐘氏)를 높여서 태후로 하였다. 태후의 아버지 이름은 종태장(鐘泰章)이어서 그 호(號)를 바꾸어 성존후(聖尊后)라고 하였다.[32] 비(妃)인 주씨(周氏)를 세워서 국후(國后)[33]로 하고 경내에 크게 사면하였다.

　여러 도의 둔전(屯田) 업무를 철폐하고 본래 주와 현으로 돌려보냈다. 이보다 먼저 남당주는 상서원외랑 이덕명(李德明)이 논의한 것을 채용하여 텅 빈 땅을 다시 개간하여 둔전으로 삼아서 군사들의 식량을 넓히려고 하였는데, 부리는 관리자가 대부분 그에 적당한 사람이 아니어서 주와 현을 침범하여 시끄럽게 하고 백성들의 이익을 크게 빼앗아서 당시에 큰 걱정거리가 되었다. 이에 이르러 사직(使職, 둔전관리직)을 모두 철폐하고 소속된 현령과 보좌하는 사람에게 맡겨서 상부(常賦)와 함께 징수하는데 거두는 조(租)의 수입에 따라서 10분의 1을 녹름(祿廩, 녹봉)으로 내려주는 것으로 하니 백성들은 조금 쉽게 되었다.

---

32 이욱의 어머니는 전통적으로 본다면 태후라고 해야 하지만 문제는 태후의 아버지 이름에 같은 글자는 아니지만 같은 발음의 태(泰)가 들어가 있어서 태후라고 부르는 것이 마땅치 않아서 태후라는 호칭 대신에 성존후라고 바꾼 것이다. 이러한 것을 피휘(避諱)라고 하는데 태후가 비록 황제의 어머니라는 높은 신분이기는 하지만 그 생부의 이름을 피휘한 것이다.

33 남당은 이미 스스로 후주에 칭신하였으므로 황제를 칭할 수 없는 나라가 되었고, 단지 남당국주(南唐國主)를 칭하였으므로 그 후(后)도 황후로 부를 수가 없어서 국후로 부른 것이다.

병권을 술잔에 녹인 사건

54 애초에 황제는 이미 이균과 이중진을 이기고 나서 어느 날 조보를 불러서 물었다.

"당 말 이래로 수십 년간 제왕이 바뀐 것이 무릇 8개의 성(姓)인데, 전투는 쉼 없고 산 백성들은 도탄에 빠졌으니, 그 연고는 무엇인가? 나는 천하의 군사를 쉬게 하고 국가를 장구하게 하려고 하는데 그 도리(道理)는 어떤 것이요?"

조보가 말하였다.

"폐하께서 말씀 하시는 것이 여기에 이르렀으니 하늘과 땅과 사람과 신의 복입니다. 이는 다른 연고가 없고, 방진(方鎮)이 지나치게 무거워서 임금은 약하고 신하가 강하기 때문일 뿐입니다. 지금 이를 잘 다스리고자 한다면 오직 조금씩 그들의 권한을 빼앗고 그들이 가진 전량(錢糧)을 제한하며 그들이 가진 정예의 군사를 거둔다면 천하는 스스로 편안해 집니다."

이때에 석수신(石守信)·왕심기(王審琦)는 모두 황제의 옛날 친구들이어서 각기 금위(禁衛)를 관리하였다. 조보는 자주 황제에게 다른 직책을 수여할 것을 요청하니 황제가 말하였다.

"저들은 반드시 나를 배반하지 않을 것인데, 경은 어찌 걱정하시오?"

조보가 말하였다.

"신도 역시 그들이 반란할 것을 걱정하지는 않습니다. 그러나 몇몇 사람을 익히 살펴보니 모두가 통제하고 어거하는 재주를 갖지 않았으며, 아마도 그 아랫사람을 통제하여 복종시킬 수 없을까 걱정입니다. 만약에 군대의 대오가 작얼(作蘗, 그루터기에 새싹이 자라는 것)하게 되면 저들은 자유로울 수 없을 뿐입니다."

황제가 이를 깨달았으니 이에 석수신 등을 불러서 술을 마시고 술에 취하자 좌우에 있는 사람들을 물리치고 말하였다.

"나는 그대들의 힘이 아니었더라면 여기에 이르지 못했을 것이오. 그러나 천자도 역시 아주 어려우며, 특히 절도사 노릇을 하면서의 즐거움 같지 못하며 나는 끝내 저녁이면 베개를 높이 베고 눕지를 못하오."

석수신 등이 그 연고를 들려 달라고 청하자 황제가 말하였다.

"그것은 알기 어렵지 않은데, 이 자리에 있는 사람이라면 누구라도 하고 싶지 않겠는가?"

석수신 등이 머리를 조아리며 말하였다.

"폐하께서 어찌 이러한 말씀을 하십니까? 오늘날 천하는 이미 안정되었는데 누가 감히 다시 다른 마음을 품겠습니까?"

황제가 말하였다.

"경 같은 사람이야 정말로 그러하겠지만 가령 휘하에 있는 사람들 가운데는 부귀하고자 하는 사람이 있을 것인데, 어느 날 황포(黃袍)를 그대의 몸에 덮어준다면[34] 그대가 비록하지 않으려한다고 하여도 그

---

34 현재 송의 황제인 조광윤은 이 말을 통하여 자기가 진교의 변을 주도한 것이

렇게 할 수 있겠는가?"

석수신 등이 머리를 조아리고 눈물을 흘리며 말하였다.

"신 같은 사람들은 어리석어서 여기까지에 생각이 이르지 못하였으니 오직 폐하께서 애달프고 긍휼히 여기시어 살 수 있는 길을 지시하여 주십시오."

황제가 말하였다.

"인생이란 흰말이 틈새를 지나는 것 같은데, 행하는 바가 부유하고 귀하게 되는 것을 좋아한다고 하여도 금전을 많이 쌓아 놓으려는 것에 지나지 않으니 스스로 즐기는 것을 많이 하고 자손들로 하여금 가난하거나 궁핍하지 않게 하는 것뿐이다. 경들은 어찌하여 병권을 풀어 놓고 나아가 큰 번진(藩鎭)을 지키면서 편리하고 좋은 전택(田宅)을 골라서 사 놓고 자손들을 위하여 영원한 기업을 세우지 않는가? 노래하는 아이와 춤추는 여인을 많이 데려다가 매일 술 마시며 서로 즐거워하며 천수를 마치라! 짐은 또한 경들과 약속하여 혼인하고 군신 사이에 양쪽에서 시샘하거나 의심함이 없게 하여 아래 위가 서로 편안한 것이 역시 좋지 않겠는가?"

모두 절하며 감사하며 말하였다.

"폐하께서 신들을 생각하시는 것이 여기에 이르렀으니 이른바 살든 죽든 골육입니다."

다음날 모두가 병이 들었다고 하면서 파직해 주기를 청하였고, 황제

아니고 부하들에 의하여 주도되어 황제가 된 것을 원용하여 석수신 등에게 그들의 부하가 석수신 등을 옹립한다면 별 수 없다는 뜻이다. 이 말은 그들도 자기도 모르는 사이에 반역할 수 있다는 말이어서 조광윤의 묘한 한 수의 말이었다.

도 이를 좇았는데, 상으로 내려 준 것이 아주 많았다.

경오일(9일)에 석수신을 천평(天平)절도사[35]로 삼고, 고회덕(高懷德, 926~982)을 귀덕(歸德)절도사[36]로 삼으며, 왕심기를 충정(忠正, 壽州, 安徽鳳台)절도사로 삼고 장령탁(張令鐸, 911~970)을 진령(鎭寧)절도사로 삼았다. 모두는 군직(軍職)에서 파직되었는데 홀로 석수신만은 시위(侍衛)지휘사[37]를 예전처럼 겸직하였지만 그 실제로 병권은 없었다. 전전부점검(殿前副點檢)은 이로부터 역시 다시는 제수하지 않았다고 말한다.

55 임신일(11일)에 조광의(趙光義, 송 태종, 939~997)를 행개봉윤(行開封尹)·동평장사(同平章事)로 하고, 조정미(趙廷美, 조광윤의 동생, 947~984)를 산남서도(山南西道)절도사로 하였다. 이보다 먼저 범질(范質, 911~964)이 주소(奏疏)로 말하였다.

"조광의·조정미는 모두 품급과 지위가 아직 높지 않아서 전례(典禮)

---

35 원래는 천평군절도사(天平軍節度使)인데 이를 간단히 천평절도사라고 한다. 이는 당·오대·북송시대에 산동성의 서남부지역에 있던 번진 가운데 하나이다. 치소는 운주(鄆州)였고 군명은 동평군(東平郡)이었으며, 북송시대에는 문관을 지주군사(知州軍事)로 임명하고 각 로(路)에 안무사(安撫使)·전운사(轉運使)·제형사(提刑使)·제거사(提舉使)를 두어서 절도사들의 속주(屬州)에 대한 권력을 박탈하였다.

36 귀덕절도사는 조광윤이 시작할 때의 관직이므로 특별한 의미가 있으며 하남의 상구가 잠룡(龍潛)의 땅으로 불린다. 그리하여 진종시대에 오면 조광윤이 여러 신하들에게 받았던 존호인 응천광운인성문무지덕황제(應天廣運仁聖文武至德皇帝)에서 송주(宋州)의 상구(商丘)를 응천부(應天府)로 개명하고 있다.

37 시위도지휘사일 것이다.

에서 오히려 빠졌으니, 빌건대 나란히 책봉(冊封)을 더해 주시든가 혹은 공태(公台, 3공)의 열(列)에 있게 하거나 혹은 그들에게 방진을 맡기시고, 황제의 아들과 황제의 딸은 비록 강보에 있는 사람이라도 빌건대 유사에게 하달하여 은혜로운 제서(制書)를 시행하도록 허락하십시오."

그러므로 이렇게 명령한 것이다.

범질이 또 말하였다.

"재상이라는 것은 현명한 사람을 천거하는 것을 직책으로 삼는 것이니 선한 것을 감추는 것은 충성스럽지 않은 것입니다. 가만히 생각하건대 단명전(端明殿)학사인 여여경(呂餘慶, 927~976)·추밀부사 조보(趙普, 922~992)는 치도에 정통하고 패부(霸府)[38]에서 일을 처리한 것이 여러 해를 거쳐서 깊은데 모두 공정하고 충성스러워서 임무를 의뢰할 만하니 빌건대 태사(台司)를 내려 주시어서 펼쳐 크게 쓰이도록 해 주십시오."

황제가 이를 기쁘게 받았다.

56   이달에 진승소(陳承昭, 896~969)[39]가 체(棣)·활(滑)에서 터진 황

---

38 진(晉)·남북조(南北朝), 그리고 오대(五代)시기에 세력이 강대하여 끝내 왕업을 이룩한 번왕(藩王) 혹은 번신(藩臣)이 있었던 부서(府署)를 말한다. 여기서는 조광윤이 절도사 시절에 가지고 있던 절도사부(節度府)를 말하는데, 여여경은 조광윤이 동주(同州)제제였을 때에 여여경을 추천하였고, 조보는 현덕 3년(956년)에 광국군(匡國軍)절도사 겸전전도지휘사였을 때의 막료였다.

39 송초에 태조 조광윤이 진승소가 수리를 잘 알기 때문에 혜민하(惠民河)와 오장하(五丈河) 공사를 감독하여 조운이 개통하게 하였는데 모두 사람들이 이를 이롭게 생각하였고, 이 두 하(河)가 완성되자 30만 전을 하사하였다. 혜민하는 북송시대의 조운(漕運)에서 중요한 하천이며, 북송의 개봉 서남쪽의 민

하를 막는 공사를 완성하니 전 30만을 하사하였다. [지도참고]

57 오월(吳越)에서는 5월에서부터 비가 오지 않은 것이 7월까지 이어졌다.

58 8월 갑진일(13일)에 당(唐, 남당)의 계양군공(桂陽郡公) 서막(徐邈)이 그 주군인 이경(李景)의 유표를 받들고 와서 올렸다. 사주(嗣主, 후계자)인 이욱(李煜)이 추가로 제호(帝號)를 회복하게 해달라고 청하니 이를 허락하였다.[40] 이경에게 시호(諡號)를 되돌려주어 명도숭덕문선효(明道崇德文宣孝)황제라고 하고 묘호를 원종(元宗)이라고 하였다.

59 의무(義武, 河北)절도사·동평장사인 청원(淸苑, 河北省 中部) 사람 손행우(孫行友)가 형인 손방간(孫方簡)을 대신하여 역정(易定)[41]에서 진수한지 8년이 넘자 낭산(狼山, 江蘇省 南通市)의 요사스러운 니승인 심의(深意)의 무리가 더욱 많아졌다. 황제가 처음 즉위하니 손행우는 스스로 편안하지 아니하여 누차 표문을 올려서 관직을 풀어 놓고 산으

수(閔水)와 채하(蔡河)에 있는 여러 운하를 통칭하는 것이며, 오장하는 오대 후주와 북송시대에 전후로 변수(汴水)와 금수하(金水河)를 끌어서 들어가게 하여 조운을 통하게 하였다.

40 남당은 이경 때에 북쪽을 공격하다가 실패하자 스스로 칭호를 내리어 황제를 칭하지 못하였다.

41 정주(定州, 河北 定州市)와 역주(易州, 河北 易縣)를 말하며 의무군(義武軍)의 다른 이름이다.

로 돌아가겠다고 하였지만 황제가 허락하지 않으니 손행우는 두려워하여 마침내 갑옷과 병기를 수선하여 다듬고 곧 어린아이들을 버리고 돌아가서 산채를 점거하고 반란하였다.

병마도감(兵馬都監) 약계능(藥繼能, ? ~934)이 비밀리에 그 일을 표문으로 올리니 황제는 합문사(閤門使)[42]인 무회절(武懷節)을 보내어 말을 달려 진(鎭)·조(趙)의 군사를 모으고는 거짓으로 변방을 순시한다고 하고 곧바로 정주(定州)로 들어갔다.

손행우는 이를 깨닫지 못하였는데, 이미 그리하고 조서를 내어서 그에게 보여주고 온 족속을 다 들어서 귀조(歸朝)하게 하자 손행우는 허둥대며 명령을 들었다. 이미 도착하고서 시어사(侍御史)인 이유악(李維岳)에게 명령하여 바로 신문하게 하여 사실을 얻어내고 기유일(18일)에 손행우의 관작을 삭탈하고 개인 집에 금고(禁錮)에 처하였는데, 심의의 시체를 가져다가 도성의 서북쪽 귀퉁이에서 이를 불실랐다.

60　여진국(女眞國)에서 사자를 파견하여 명마를 공헌(貢獻)했다.

여진의 선조는 옛날 숙신(肅愼, 흑룡강, 송화강 일대) 땅에 거주하였는데, 원위(元魏, 북위)시기에 물길(勿吉)이라 불렸고, 수대(隋代)에 이르러 호칭을 고쳐서 말갈(靺鞨)이라고 하였으며, 당(唐) 초기에는 흑수부(黑水部)와 속말부(粟末部) 두 부(部)를 가지고 있었으며, 뒤에 가서 속

---

42 당말 오대에 합문사라는 관직이 있었는데, 승여(乘輿)에 관한 업무를 관장하며 조회와 유행 대연회의 안내를 맡아 친왕과 재상, 백관과 번국의 조현을 안내하며 의례에 어긋난 것을 규탄하는 직무를 맡았다. 송대에는 예빈의 안내, 황제와 백관 사이의 소식을 전달하는데 중요한 역할을 하며 직접적으로 최고 권력자인 내정을 위하여 서비스하는 기구이다.

❖ 황하의 수계

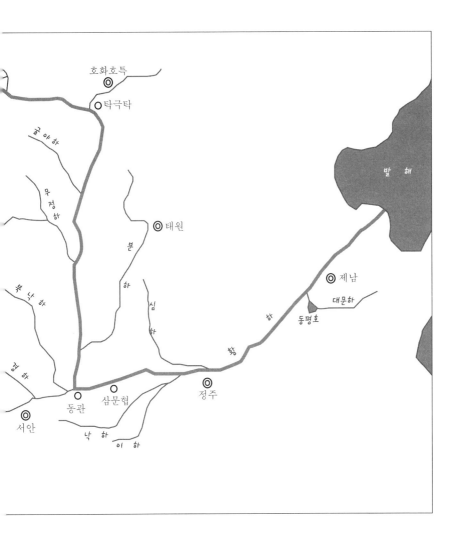

말부가 대단히 강해져서 발해국(渤海國)으로 호칭하였고 흑수부는 이 어서 그들에게 속하여 불리어졌다.〔지도참고〕

오대시기에는 요(遼)가 발해 땅을 전부 가지게 되자 흑수부의 백성 들 가운데 혼동강(混同江, 흑룡강 우안의 최대 지류)의 남쪽에 거주하는 사람들은 요에 적(籍)을 두면서 숙여진(熟女眞)이라 호칭하였고, 요에 적을 두지 아니한 사람들을 생여진(生女眞)이라 불렀다.

이때에 이르러 말을 가지고 들어와서 공헌(貢獻)한 것이다. 조서를 내려서 등주(登州, 山東半島 동쪽 끝으로 요동반도와 한반도로 가는 바닷길 의 起點)의 사문도(沙門島)에 거주하는 백성들의 조부(租賦)를 없애주 고 오로지 배로 공헌하는 말을 건너 주는 일을 처리하도록 하였다.

61　조서를 내렸다.

"변방 근처에 있는 여러 산채에 대벽(大辟) 죄를 범한 사람이 있으면 소속하는 주(州)나 군(軍)으로 보내어 이를 국문(鞫問)하고 번번이 목 을 벨 수 없게 하라."[43]

62　국자박사인 낙양(洛陽) 사람 곽충서(郭忠恕, ? ~977)가 술에 취하 여 태자중사인 부소문(符昭文)과 조당(朝堂)에서 훤경(喧競, 시끄럽게 싸움)하여서 어사가 탄핵하는 주문을 올리니 곽충서는 대리(臺吏)를 질책(叱責)하고 그 주문을 빼앗아 이를 훼손하였다. 기미일(28일)에 곽 충서에게 책임을 지워 건주(乾州)사호참군으로 하고 부소문은 맡은 관 직을 면직시켰다.

---

43 이 일은 《송사(宋史)》에서는 임인일(10일)에 일어난 것으로 적고 있다.

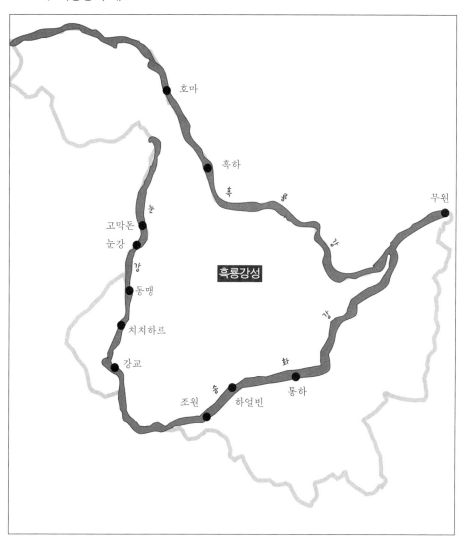

호마

흑하

흑

룡

강

무원

눈

고막돈

눈강

강

동맹

치치하르

강교

흑룡강성

강

화

송

조원

하얼빈

통하

63   경신일(29일)에 《후주세종실록(後周世宗實錄)》40권이 완성되었
는데 감수국사인 왕부(王溥, 922~982)·수찬관인 호몽(扈蒙, 915~986)
에게 기물과 폐백(幣帛)을 차등 있게 하사하였다.

64   남당주 이욱이 중서시랑 풍밀(馮謐)을 파견해 와서 금은과 증채
(繒綵, 비단)를 바쳤다. 풍밀이 바로 풍연로(馮延魯)이다. 또 표문으로
스스로 이어서 계승하겠다는 뜻을 진술하니 황제는 우대하는 조서로
회답하였다. 애초에 후주 세종이 이미 강북을 빼앗고 강남에 편지를 보
내면서는 당(唐)이 회골(回鶻)의 가한에게 불러 주는 방식처럼 다만 국
주(國主)라고 불렀을 뿐이었다. 이에 이르러 비로소 서(書)라고 하는
용어를 고쳐서 조(詔)[44]라는 용어로 불렀다.

65   9월 갑자일(2일)에 고보욱(高保勖, 924~962)을 형남(荊南, 湖北省
中部, 치소는 江陵)절도사로 삼았다.
    고보욱은 음란하고 방자하며 대사(臺榭, 활쏘기 연습장)만들기를 좋
아하여 토목공사를 끝까지 시키니 군민(軍民)들이 모두 원망하였는데
기실(記室)인 손광헌(孫光憲, 900~968)이 간하였지만 듣지 않았다.

66   요(遼)의 야율해리(耶律諧里, 解里)가 와서 항복하였다.

---

44 조서는 황제가 천하의 신민에게 포고하는 문서이다. 진왕(秦王) 영정이 6국을
   통일하고 군주제 국가를 수립한 뒤에 스스로 황제라고 부르면서 그동안 사용
   하던 '명(命)'을 '제(制)'라고 하고, 그동안 '령(令)'이라고 하던 것을 '조(詔)'라고
   하면서 사용하기 시작했다.

67   고보욱이 그의 동생 고보인(高保寅)을 파견하여 와서 조현하였
다. 이보다 먼저 고보융이 성(城)의 북쪽에서 강물을 7리(里)가량 고여
놓아서 다니는 것을 막았는데, 고보인이 돌아오게 되자 물을 터 보내어
도로가 막힘이 없게 하도록 타이르도록 하였다. 고보인이 돌아가서 고
보욱에게 말하였다.

"천하가 곧 하나가 될 것이니 의당 먼저 땅을 받들어 조정에 귀의하
고 다른 사람이 부귀함을 빼앗게 하지 마시오."

고보욱은 듣지 않았다.

68   무자일(27일)에 안비고사(鞍轡庫使)[45]인 양의(梁義)를 파견하여
강남에 가서 조제(弔祭)하게 하면서[46] 황제가 불러 접견하고 면전에
서 약속을 내려 주었다. 이어서 좌우에 있는 사람들에게 말하였다.

"짐은 매번 사방으로 사신을 파견하면서 항상 삼가 경계할 일을 타
이르는데, 자못 예(禮)로 할 수 있는 것이 드물다고 보고하니 먼 곳에
사는 사람들이 무엇을 보겠는가! 지금부터 사자를 사방으로 나가게 하
면서 반드시 마땅히 그 적당한 사람을 심사하여 선택해야 하오."

69   조서를 내려서 큰 연회를 철폐하게 하였는데 황태후의 상사(喪
事) 때문이었다.

---

45 관부의 명칭으로 군목사(羣牧司)에 소속하여서 어마의 금옥으로 된 안장과
   굴레를 관장하며 왕공과 대신, 외국사자에게 고삐 등을 공급하는 직책이다.
46 남당 황제 이욱의 죽음에 문상으로 보낸 것이다.

70 겨울, 10월 계사일(3일)에 남당주가 호부시랑 한희재(韓熙載, 902~970)·태부경(太府卿)[47] 곡림(曲霖)을 파견하여 황태후를 장사지 내는 산릉 작업을 돕게 했다.

71 병신일(6일)에 추밀승지(樞密承旨)[48]인 방성(方城, 河南省 南陽市) 사람 왕인섬(王仁贍, 917~982)에게 강남에 사자로 가서 남당(南唐)의 주군[49]이 새로 즉위한 것을 축하하게 하였다.

72 무술일(8일)에 칙서를 내렸다.

"변방 근처에 있는 모든 주(州)에서는 백성들이 요새를 나가서 융족(戎族)들의 말을 습격하여 훔칠 수 없도록 금지하고 전에 훔친 것은 모두 이를 돌려보내도록 하라."

73 병오일(16일)에 명헌태후(明憲太后)를 안릉(安陵)에 부장(祔葬, 남편의 무덤에 합장하는 것)하였다.[50]

---

47 태부시(太府寺)의 책임자이며 태부시는 궁정의 창고와 무역을 관리하였으며 도시의 무역, 물가 조절 관료의 봉록출납, 재화의 교역 등을 담당한 부서이다.

48 송대에는 추밀원과 중서문하가 군령과 정령을 나누어 관장하기 때문에 이를 이부(二府)라고 부르기도 하며, 추밀원의 장관인 추밀부사는 재상이 가지고 있는 군사권을 나누어 갖고 있었다. 다만 재상이라고 부르지 않을 뿐이었다. 승지는 추밀원 안의 사무를 관장하는 직책이다.

49 이 사람이 이욱(李煜, 937~978)으로 남당의 3대 군주이며 975년에 송에 항복한다.

50 명헌태후(明憲太后, 902~961) 두씨(杜氏)는 태사로 증직된 두상(杜爽)의 장녀로 송의 선조(宣祖)로 추증된 조홍의(趙弘殷)와 결혼하였다. 그녀는 송 태조

74 이달(10월)[51]에 지제고(知制誥)인 하남(河南, 懷州河內, 河南沁陽) 사람 노다손(盧多遜, 934~985)에게 명령하여 정책을 올리고 책을 받친 사람의 문장을 자세히 보아서 그 우열을 보고하라고 하였다.

75 11월 갑자일(4일)에 황태후를 부묘(祔廟)[52]하였다.

76 기사일(9일)에 상국사(相國寺, 河南省 開封市)[53]에 행차하였고, 드디어 국자감(國子監)[54]에 행차하였다.

조광윤과 태종 조광의를 낳았는데, 조광윤이 송의 황제가 되자 태후로 높여졌고, 죽은 다음에는 조홍의의 안릉에 합장되었다.

51 《속자치통감》은 편년체 사서인데, 편년체 사서는 사건을 연원일의 순서대로 기록하는 것을 원칙으로 하고 있다. 그런데 월만 알고 일을 모르는 경우에는 그달의 맨 마지막에 쓰고, 연만 알고 월일을 모르는 경우에는 그 해의 마지막에 기록한다. 이 경우에는 10월에 일어난 일이지만 그 날짜를 모른다는 뜻이다.

52 사당에 남편의 위패와 합사(合祀)하는 것이다. 여기서는 조광윤의 생모 명헌태후를 그 남편인 선조 조홍의의 사당에 합사한 것을 말한다.

53 이 절은 중국 하남성 개봉시에 있는데 중국에서 한(漢)대부터 전해 오는 불교의 10대 사찰 가운데 하나이며, 원래는 전국시대의 4공자(公子) 가운데 한 사람인 위의 신릉군(信陵君)의 옛집이다.

54 국자감은 수대 이후에 중앙의 관학인데, 교육체계 중 최고의 학부이며, 국자학 혹은 국자시라고 불렀다. 송대에는 당대의 제도를 이어받아서 서경국자감(西京國子監, 河南省 洛陽市)과 동경국자감(東京國子監, 河南省 開封市)을 나누어 설치하였다. 여기서는 송의 도읍이 개봉이었으므로 동경국자감에 간 것으로 보인다. 그 명칭은 국자감 혹은 국자학으로 불렀으며, 그 기능은 관학을 관리하는 최고의 기구이며, 다른 한편으로는 학생들이 공부하는 최고의 학부였다.

77　은주단련사(恩州團練使) 운중(雲中, 山西大同) 사람 이한초(李漢超, ?~977)를 제주방어사(齊州防禦使)로 삼고 얼마 안 있어서 관남병마도감(關南兵馬都監)을 겸하도록 명령하였다.[55] 이한초가 관남을 맡고서 힘써 정치를 잘 닦고 이민(吏民)들은 그를 아꼈다.

78　호(濠, 安徽省 鳳陽縣 東北)·초(楚, 江蘇 淮安)의 백성들에게 기근이 들자 장리(長吏)들에게 조서를 내려서 창고를 열어서 진대(賑貸, 구

---

55 단련사는 한 지방의 자위대인 단련을 책임지는 무직으로, 송대에도 무작직함으로 자사보다는 높고 방어사보다는 낮은데, 부임할 필요는 없었다. 방어사는 한 주 혹은 여러 주의 군사를 책임지는 관직으로 보통 자사와 관찰사를 겸하는데, 송대에는 제주(諸州)방어사를 두었지만 정원이나 직장(職掌)이 없어서 다만 무신들의 기록관(寄祿官)이었으니, 그 사람의 직위를 말하는 것일 뿐 실제 업무는 없다. 송대에 병마도감은 무직으로 변방의 요로에 두고 해당 로(路)의 금군의 둔수(屯戍)와 훈련 그리고 변방사무를 관장한다. 별도로 주부(州府)에도 두는데 그 지역의 상군의 주둔, 훈련, 군기(軍器), 차역(差役) 등의 사무를 보는데 왕왕 지주(知州)와 지부(知府)가 병마도감을 겸직한다. 관남은 요와 경계하고 있는 익진(益津, 河北省 霸縣), 와교(瓦橋, 河北省 雄縣), 초교(草橋, 河北省 高陽縣)에 있는 관문을 말하며 그 남쪽을 가리키는 말이다.

제하고 빌려 주는 일)하게 하였다.

79   서산순검사(西山巡檢使)인 곽진(郭進, 922~979)이 북한군(北漢軍)을 분서(汾西)에서 패배시키고 말과 소, 노새를 획득하였는데 수천 마리로 계산되었다.[56]

곽진의 위엄 있는 명령은 엄숙하여 황제는 매번 수졸(戌卒)을 파견할 적마다 반드시 그들에게 타일러 말하였다.

"너희들은 삼가 법을 받들어야 하는데, 내가 오히려 너희들을 관대하게 한다 하여도 곽진이 너희들을 죽일 것이다."

일찍이 어떤 군교(軍校)가 곽진이 불법한 일을 저질렀다고 무고하여 소송하였는데, 황제가 그 사정을 힐문하여 알고 곽진에게 보내어 그를 죽이게 하였다. 마침 북한(北漢)이 침구하니 곽진이 그 사람에게 말하였다.

"네가 감히 나를 평가하다니 담력이 있는 것으로 믿겠다. 지금 너의 죄를 용서할 터이니 네가 적병을 엄습하여 죽인다면 마땅히 즉각 너를 천거하겠다."

그 사람이 뛸 듯 싸움터로 나가서 크게 승리하였더니 곽진이 그 일을 다 갖추어 조정에 보내고 관직을 상으로 주도록 요청하였는데, 황제가 말하였다.

"네가 나의 충성스럽고 훌륭한 사람을 무고하여 해치었으니 이제야

---

56 북한(北漢, 951~979)은 오대십국시기에 산서성 북부와 섬서성과 하북성의 일부를 가지고 있던 정권으로 979년 송 태종 조광의 시기에 송에 항복하였다. 북한이 건국되는 과정은 《자치통감》에 실려 있다.

겨우 속죄할 수 있을 뿐이다."

그 사람을 그에게 돌려보내게 명령하였다. 곽진이 다시 청해서 말하였다.

"신으로 하여금 믿음을 잃게 한다면 사람을 채용할 수 없습니다."

황제는 이에 그것을 좇았다.

80   12월 을미일(6일)에 소의(昭義, 山西省 東南部와 河北省 西南部에 있던 藩鎭)절도사인 이계훈(李繼勳, 916~977)이 주문을 올려서 북한군 1,000명을 패배시키고 100여 급을 참수하였으며, 요주(遼州, 山西省 昔陽縣 西南)자사 부정언(傅廷彦)과 동생 부훈(傅勳)을 잡아서 헌상한다고 하였다.

81   대주(代州, 山西省 東北部의 忻州市 代縣)자사인 절인리(折仁理)는 당항(党項)[57] 번부(藩部) 가운데 대성(大姓)인데 대대로 하서(河西)에 살았다. 황제는 그가 변방을 막은 공로가 있기 때문에 불러서 들어와 알현하게 하고 다시 돌아가서 자사(刺史)의 업무를 관장하는 것은 옛날처럼 하게 하였다.

82   후주의 광순(廣順) 연간 초기에 진주(鎭州, 河北省 경내)에 속한 여러 현(縣)들은 10호(戶)에서 재주가 있고 용기가 있는 사람으로 한 사

---

57 당항은 중국 고대에 서북부에 사는 종족으로 그 언어는 서하어(西夏語)로 장면어족(藏緬語族)에 속한다. 송대에는 한인(漢人)들에게 고강족(古羌族)의 한 지파로 생각되어 당항강이라고도 불렸으며, 서하 왕조를 세운 족속이다.

람을 뽑아서 궁전수(弓箭手)로 삼고 나머지 9호는 기갑(器甲)과 추량
(芻糧, 군용 식량과 사료)을 장만하게 하였다. 이 해에 조서를 내려서 이
를 풀어주었는데, 무릇 1,400명이었다.

83   처음으로 장빙(藏氷, 얼음 저장)하는 업무를 두고 항상 맹하(孟夏,
초여름)에 관에 명령하여 폐물(幣物)을 사용하여 흑생(黑牲, 검은 색깔의
희생물)을 가지고 현명신(玄冥神)[58]에게 제사를 지내고 얼음을 꺼내어
태묘(太廟)에 제사를 지냈다.

84   애초에 남한(南漢)의 여자 무당인 번호자(樊胡子)가 스스로 옥황
(玉皇)이 그 몸에 내려 왔다고 말하고 환자(宦者)인 진연수(陳延壽)를
통하여 그 주군인 유창(劉鋹, 942~980)을 보았다.

유창은 내전에 장막을 만들고 보배로운 기물을 늘어놓았는데, 번호
자는 원유관(遠遊冠, 제왕의 모자)을 쓰고 붉은 두루마기를 입고 장막에
앉아서 화(禍)와 복(福)을 공포하면서 유창을 불러 태자황제(太子皇帝)
라고 하였다. 나라의 업무는 모두 번호자에게서 결정되었으며 내태사
(內太師)[59]인 공징추(龔澄樞)와 여시중(女侍中)인 노경선(盧瓊僊) 등

---

58 백송도인(百損道人)이 만들었다고 하는데, 일종의 비교할 수 없는 음독(陰毒)
   를 가진 장법(掌法)으로 후에 현명(玄冥)이라는 두 노인인 학필옹(鶴筆翁)과
   녹장객(鹿杖客)에게 전해 주었다고 한다. 이를 받은 사람은 몸에 녹색의 다섯
   손가락의 무늬가 나타나고 한독(寒毒)이 몸에 들어가는데 발작을 하면 고통
   스러워서 아홉 중에 한 명만 살아남는다고 한다.
59 오대의 남한에 있었던 것인데 환관인 공징추가 군국의 중요 사무를 관장하
   자 그에게 붙여준 직함이다.

이 그에게 붙어 있었다.

이 해에 지균(芝菌, 영지 같은 것)이 궁중에서 자라고 들짐승이 침실 문에 부딪치고 정원에 있는 양(羊)이 구슬을 토하며 우물 옆에 있는 돌이 스스로 일어서서 100여 걸음을 가다가 마침내 넘어졌는데, 번호자는 상서로운 조짐으로 생각하며 여러 신하들에게 넌지시 일러 들어와서 축하하게 하였다.

태조 건륭 3년(壬戌, 962년)[60]

1   봄, 청월 초하루 경신일에 상사(喪事, 황태후 상)로 조하를 받지 아니하였다.

2   기사일(10일)에 회남도 관리에게 명령을 내려서 창름(倉廩)을 열어서 줄인 백성들을 진대하게 하였다. 애초에 호부랑중인 심의륜(沈義倫, 909~987)이 오월(吳越)에 사신으로 갔다가 돌아와서 말하였다.

"양(揚, 강소성)·사(泗, 江蘇省 盱眙縣)에 기민이 많이 죽었습니다. 군(郡)에 있는 군저(軍儲, 군대를 위해 쓸 저축)에는 오히려 100여 만이 있으니 백성들에게 대여해 주고 가을이 되면 이에 새 곡식을 받을 수 있습니다."

이를 저지하는 사람이 말하였다.

"만약에 그 해에 거듭하여 기근이 들면 장차 상환 받을 것이 없게 되

─────────

60 요력(遼曆)으로는 응력(應曆) 12년이다.

는데, 누가 그 허물을 가지겠습니까?"

황제가 심의륜에게 힐문하니 대답하여 말하였다.

"국가는 창름(倉廩)에 있는 곡식으로 백성을 구제하면 스스로 마땅히 화기(和氣)를 느껴 불러 오고 바로 풍년에 이를 것인데, 어찌 다시 수재나 한재가 들것을 걱정합니까?"

황제가 기뻐하였으니 그러므로 이러한 명령을 하게 되었다.

3   갑술일(15일)에 황성(皇城)을 넓히고 유사에게 명령하여 낙양에 있는 궁전을 그려서 그림에 따라서 수리하고 처리하게 하였다.

4   여러 주의 장리들에게 명령하여 농사를 권고하고 뽕나무 심는 일을 부과하게 하였다.

5   주현(州縣)에 조서를 내려서 교거(僑居, 타향에 사는 것)하는 백성들에게 부역을 시킬 수 없게 하였다.

6   계미일(24일)에 국자감에 행차하였다.

7   정해일(28일)에 감찰어사(監察御史) 유담(劉湛)을 선부랑중(膳部郎中)으로 삼았다.[61] 유담은 기춘(蘄春, 湖北省 黃岡市)에서 차를 전매하여 세입이 배로 늘어나자 급수를 뛰어 넘어 벼슬을 준 것인데, 옛날

---

61 어사는 당·송시대에 겨우 8품관이었지만 랑중은 정5품관이었으므로 많이 승급시킨 것이다.

전범(典範)에 의한 것이 아니었다.

8 요(遼)의 여러 왕들이 대부분 사건에 걸려서 감옥에 갇혔는데, 요
주(遼主)는 어사대부인 소호사(蕭護斯)가 재간이 있어서 조서를 내려
서 끝까지 추궁하게 하니 뜻에 맞추었다. 2월 초하루 기축일에 소호사
를 옮겨서 북원추밀사(北院樞密使)[62]로 삼고 대의(對衣, 꼭 맞는 옷)·안
마(鞍馬)를 하사하고 이어서 대대로 재상을 뽑는데 참여하도록 명령하
니 소호사가 사양하며 말하였다,

"신의 자손이 현명할지 아닐지는 아직 알지 못하고 한 객성사(客省
使, 소수민족 관리)를 얻을 수 있다면 만족하겠습니다."

이를 좇았다.

요주는 술을 좋아하고 형벌을 대부분 남용하여 사용하였는데, 소호
사는 중요한 자리에 있으면서 조심하며 자신을 보호하다가 아직 일찍
이 광구(匡救)하는 말을 한 마디도 하지 못하여 논의하는 사람들은 이
로써 그를 하찮게 보았다.

9 경인일(2일)에 명령하였다.

"한림학사·문반상참관(文班常參官)으로 이미 막직(幕職)·주현직(州
縣職)을 맡았던 사람은 각기 뛰어난 사람을 천거하여 빈좌(賓佐)·영록
자(令錄者)[63]로 삼는 것을 한 사람으로 하는데, 다른 시기에 탐욕스럽

---

62 요의 태종 야율덕광은 한지를 점령한 후에 남추밀원 혹은 한인추밀원을 세우
고, 원래 있던 거란추밀원을 설립하여 추밀원은 남원과 북원을 두게 되었는데
남원이 민정을 관장한데 대하여 북원은 군정을 관장하였다.

고 오탁하고 나약하며 직사(職事)를 제대로 하지 않은 사람이 있으면 천거한 사람이 연좌된다."

10　갑오일(6일)에 조서를 내렸다.

"한림학사·문반상참관은 매 5일마다 내전(內殿)에서 기거(起居)하는데 차례로 돌아가면서 대답하고 아울러 반드시 당시 정치의 득실을 가리켜 진술하라. 조정의 급한 업무와 형옥에서의 원망스럽거나 남용된 것, 백성들의 질고에 관한 것은 한가롭게 일을 천천히 하여서는 조서에 응할 수 없다. 급하고 절실한 것에 관계된 것은 때가 아니더라도 장주(章奏)를 올리고 회피해야할 것을 건드리는 것을 두려워 할 것이 없다."

11　기해일(11일)에는 절도에 관한 법률을 다시 정하고 뇌물을 받은 것이 5천 전을 가득 채우고 그 경계를 충분히 닿은 자는 마침내 사형에 처하게 하였다.

12　촉주(蜀主, 孟昶, 919~965)는 진왕(秦王) 맹현철(孟玄喆, 937~991)을 황태자로 삼고 기거(起居, 함께 생활하는 것)하고 전도(前導, 길을 여는 일)하는 사람들로 하여금 모두 전하로 부르게 하고 태자를 척언(斥言, 직접 허물을 지적하여 말하는 것)할 수 없게 하였는데, 재상인 성도(成都,

---

63 송대에는 현령이나 녹사참군 1급의 지방관리를 가리키는 말이었다. 청(淸) 전대흔(錢大昕)의 《이십이사고이(廿二史攷異)》에서 〈송사〉 부분에서 '송초에 사람을 선발하는 기록관(寄祿官)은 무릇 4등급이 있는데 (중략) 녹사참군·현령을 영록이라고 하였다.'라고 설명하였다.

사천성 치소) 사람 이호(李昊, 893?~965?)가 상소문을 올려서 그것이 안 된다고 하여 마침내 중지하였다.

13　임인일(14일)에 황제가 시신(侍臣)들에게 말하였다.

"짐은 무신들에게 다 책을 읽으라고 하여 정치를 하는 도리를 알게 하고 싶다."

좌우에 있는 사람들이 모두 대답을 하지 못했다.

14　정미일(19일)에 조서를 내렸다.

"재상·추밀사(樞密使)가 평장사 겸시중(平章事 兼侍中)·중서령·절도사의 직함을 가지고 있는 사람은 예전(禮錢)[64]을 납부하는데 재상·추밀사는 30만 전으로 하고 번진은 50만 전으로 하여 중서문하의 공용(公用)으로 제공하게 하라."

당나라 시대의 제도에 의한 것이다.

15　갑인일(26일)에 북한(北漢)이 노(潞, 山西省 上黨)·진(晉, 河北省 石家庄) 두 주(州)에 침입하였는데, 지키는 장수가 이들을 쳐서 도망하게 하였다.

16　병진일(28일)에 국자감에 행차하였다가 드디어 영춘원(迎春苑)에

---

64 예를 치를 물건으로 바치는 전(錢)이나 재물을 말하는데, 《태평어람(太平御覽)》 권836에 삼국시대 위의 환범(桓范)이 쓴 《세론(世論)》을 인용하여 설명하고 있다. 여기서 '한의 영제(靈帝)는 서원(西園)에서 작위를 팔고 돈을 받으면서 이를 예전(禮錢)이라고 불렀다.'고 하였다.

행차하여 좇던 신하들에게 연회를 베풀었다.

17   3월 초하루 무오일에 공학우상도지휘사(控學右廂都指揮使)인 준의(浚儀, 安徽省 亳州市) 사람 윤훈(尹勳)을 허주(許州, 河南省 許昌市)로 배속시켜서 교련사(教鍊使)로 삼았다.

윤훈은 오장거(五丈渠, 河水 囓堤에서 3里 정도)를 준설하면서 진류의 정부(丁夫)가 밤중에 어지럽히자 윤훈은 그 대장(隊長) 10여 명을 멋대로 목을 베고 또 뒤쫓아서 도망한 사람 70여 명을 붙잡아서는 모두 그 왼쪽 귀를 잘랐다. 대궐에 나아가서 억울함을 호소하니 병부상서인 경조(京兆) 사람 이도(李濤)가 병으로 집에 누워 있다가 힘껏 빨리 주문(奏文)을 기초하여 윤훈을 목 베어서 백성들에게 사과하게 해달라고 빌었다.

이도 집에 사는 사람이 말하였다.

"공은 오랫동안 병을 앓고 있으니 마땅히 스스로를 아끼십시오. 조정의 일은 잠시 이를 접어 두시지요."

이도가 흥분하여 말하였다.

"죽는다는 것은 사람에게 보통으로 있는 일인데 내가 어찌 면할 수가 있겠는가? 다만 내가 병권을 쥐고 있는데 군대의 장교가 죄 없이 사람을 죽였으니 어찌 논죄하지 않을 수 있겠는가!"

황제가 그 상주문을 보고 이를 아름답게 보았는데, 그러나 윤훈의 충성스럽고 용감함을 생각하고 넓게 책임지우는 것을 그치게 하였다.

18   갑자일(7일)에 조서를 내려서 기주(沂州, 山東省 臨沂市 東南) 백성들이 주렸으니 씨앗과 먹을 것을 내려주라 하였다.

19   황제가 재신(宰臣)에게 말하였다.

"오대(五代)의 제후들이 발호하여 대부분 법을 구부려서 사람을 죽였는데, 조정에서는 내버려 두고 묻지 않았으니 형부(刑部)의 업무는 거의 없어진 것이다. 지금부터 대벽(大辟, 사형)을 판결하는 사람은 문서를 기록하여 주문으로 보고하고 형부에 위임하여 자세히 재심(再審)하게 하라."

20   병자일(19일)에 권지공거(權知貢擧)인 선보(單父, 山東省 單縣) 사람 진사 왕저(王著, 928?~969?)가 마적(馬適) 등 합격자 15명을 상주하였다.

21   정축일(20일)에 여진(女眞)에서 와서 공물을 바쳤다.

22   기묘일(22일)에 봉구현의 현령 소윤원(蘇允元)이 비가 내린 것을 보고한 것이 실제대로 아니하였다는 죄에 걸려들어 관직에서 파면되었다.

23   정해일(30일)에 북한(北漢)에서 항복한 백성들을 형(邢, 河北省 邢台市)·명(洺, 河北省 永年縣 東南) 두 주로 옮기고 사람 수를 계산하여 부속(賦粟)을 내게 하였다.

24   백성들에게 화장(火葬)을 금지하게 하였다.

25　애초에 천주(泉州, 福建省 東南의 沿海)절도사인 유종효(留從效, 906~962)가 죽자 형 유종원(留從願)의 아들인 유소자(留紹鎡)가 뒤를 이어서 군무(軍務)를 관장하였다. 얼마 되지 아니하여 아장(衙將)인 임회(臨淮, 江蘇省 泗洪縣) 사람 진홍진(陳洪進, 914~985)이 유소자가 전씨(錢氏)[65]에게 붙기로 모의하였다고 무고하여 붙잡아서 남당(南唐, 937~975)으로 송치하고 통군부사(統軍副使)인 장한사(張漢思)를 추천하여 유후로 하였다.

26　여름 4월 을미일(8일)에 연(延, 延安 東北)·영(寧) 두 주(州)에 큰 눈비가 내려서 구혁(溝洫, 도랑)이 얼음판이 되었다.

---

65 전씨는 오대십국시대에 오월(吳越, 907~978)을 세운 전(錢)씨를 말하는 것이 므로 오월을 가리키는 말이다. 오월은 전류(錢鏐, 852~932)가 세운 나라로 도 읍은 전당(錢塘, 杭州)에 있었으며, 강성할 때에는 13개 주의 영역을 차지하여 지금의 절강성 전부와 강소성 동남부 그리고 복건성의 동북부에 자리하였다. 오월국은 5명의 군주가 있었고 71년간 지속되었는데 마지막 군주인 전홍숙 (錢弘俶, 948~978 재위)이 송에 항복하여서 멸망하였다.

27　　병신일(9일)에 조찬(趙贊, 923~977)을 창무(彰武)절도사로 삼으면서 별도로 밀지(密旨)를 받게 하였는데, 편리한 대로 일을 하게 하였다. 조찬이 연주(延州)에 도착하여서는 마침내 보병과 기병을 나누어 두고 앞뒤로 연락을 하면서 임망(林莽, 우거진 숲) 속에서 멀리 정기(旌旗)를 바라보게 하니, 강(羌)·혼(渾)의 영접하는 사람들이 그 수를 헤아리지 못하자 두려워하며 복종하지 않는 사람이 없었다. 조찬은 조연수(趙延壽, ?~948)의 아들이다.

황제는 모의할 장수에 주목(注目)하였는데, 이미 조찬에게 연주에 주둔하도록 명령하고 또 동준회(董遵誨, 926~981)에게 명령하여 환주(環州, 甘肅省 경내지역)를 지키게 하고, 왕언승(王彦昇, 917~974)은 원주(原州)를 지키게 하며 풍계업(馮繼業)은 영무(靈武, 寧夏回族自治區 靈武市)에서 진수하게 하여 서하(西夏)를 대비하였다.

이한초(李漢超, ?~977)는 관남(關南)[66]에 주둔하고 마인우(馬仁瑀)는 영주(瀛州, 河北 河間市)를 지키고 한령곤(韓令坤, 923~968)은 상산(常山, 河北省 石家莊)에 진수하게 하며 하유충(賀惟忠, ?~973)은 역주(易州, 河北省 中部偏西 保定市)를 지키게 하고, 하계균(何繼筠, 921~971)은 체주(棣州, 山東 陽信縣)를 관장하게 하여 거란(契丹)을 막게 하였다.

또 곽진(郭進, 922~979)으로 산서(山西)를 잡아당기게 하고 무수기(武守琪)는 진주(晉州, 河北省 石家庄市)를 지키게 하며 이겸부(李謙

---

66 오대 후주 현덕 6년(959년)에 거란으로부터 수복한 것이 와교(瓦橋)·익진(益津)·어구(淤口) 세 관문과 영주(瀛州)와 막주(莫州) 두 주인데, 북송시기에는 이 세 관문 이남을 관남이라고 하였다.

溥, 915~976)는 습주(隰州, 山西省 경내 지역)를 지키고 이계훈(李繼勳, 916~977)은 소의(昭儀)에 진수하게 하여 태원(太原, 山西省 치소)을 방어하게 하였다.

여러 신하들의 가족으로 경사에 있는 자들은 아주 두터운 위무를 받았으며, 군(郡)에 있는 관각(筦榷, 전매)의 이로움은 모두 이들에게 주었으니 그들이 도모하는 것을 마음대로 하여 무역을 하게하고서 통과하면서 걷어야 하는 조세를 면제해 주었다.

이로 말미암아서 변방에 있는 신하들은 모두 부유하게 되었으며 결사대를 모집하고 기를 수가 있었고 간첩을 부릴 수 있어서 적의 사정을 환히 알았으니 매번 변경에 들어갈 적마다 반드시 먼저 알고 예비할 수 있었고, 복병을 두어 습격하였다. 이로부터 여러 해 동안 서북지역에는 근심거리가 없어서 온 힘을 동남부에 다하여 형(荊)·호(湖)·천(川)·광(廣)·오월의 땅을 빼앗았다.

28   형주(邢州, 河北省 邢台市)에서 북한(北漢)의 백성 400여 명이 와서 항복하였다고 말했다.

29   기사일[67]에 형인 조광제(趙光濟, ? ~960)에게 증직하여 옹왕(邕王)으로 하고 동생 조광찬(趙光贊, 幼年 夭亡)을 기왕(夔王)으로 삼았는데 회계(會稽)부인 하씨(賀氏)[68]를 추가로 책봉하여 황후로 하였다.

---

67 4월 초하루가 을미일이므로 4월에는 기사일이 있을 수 없다. 《속자치통감장편》 권3에는 을사(乙巳)로 되어 있는데 기사가 을사의 잘못이라고 한다면 이 날은 16일이다.

30 무신일(21일)에 북한(北漢)이 인주(麟州, 陝西 麟遊縣 서쪽)를 공격하자 방어사인 양중훈(楊重勳, ? ~975)이 그들을 쳐서 도망가게 하였다.

31 정난(定難)절도사[69] 이이홍(李彝興)이 사신을 파견하여 말 300필을 공헌하였다. 황제는 바야흐로 옥공(玉工)에게 명령하여 요대(腰帶)를 만들게 하고 그 사자를 불러서 이이홍의 허리둘레가 얼마인지를 물으니 사자가 이이홍의 커다란 요복(腰腹)을 말하자 황제가 말하였다.

"네 장수는 정말로 복 있는 사람이다."

바로 사자를 보내어 요대를 그에게 하사하니 이이홍이 감복하였다.

32 5월 갑자일(8일)에 상국사에 행차하여 비가 오기를 기도하였다.

이때에 요(遼)에도 역시 가뭄이 들어서 경오일(14일)에 요주(遼主)가 좌우에 있는 사람들에게 명령하여 물을 가지고 서로 물대기를 하도록 명령하자[70] 얼마 안 있다가 과연 비가 왔다.

---

68 회계부인 하씨는 조광윤의 첫째 부인이다. 그녀는 효혜황후(孝惠皇后) 하씨(賀氏, 929~958)로 불리는데 우천우위솔부솔(右千牛衛率府率)인 하경사(賀景思)의 장녀이다. 둘째 부인은 효명황후(孝明皇后) 왕씨(王氏, 942~963)로 청덕군절도사 왕요(王饒)의 셋째 딸로 그 동생이 왕계훈이며, 다음은 효장송황후(孝章宋皇后, 952~995)로 개보황후(開寶皇后)라고 불린다. 그러므로 하씨는 조광윤이 황제가 되기 전에 죽었으므로 추가 책봉한 것이다.

69 정난절도사는 하수절도사(夏綏節度使)라고도 부르는데, 당대에 서북지구에 두었던 절도사로 881년에 당항(党項)의 수령인 탁발사공(拓跋思恭)이 이곳을 근거로 하여 자립하였으며, 서하가 성립하게 되는 근원이 된다.

70 원문은 이수상결(以水相決)로 되어 있는데,《요사(遼史)》권6에는 이수상옥(以

33   을해일(19일)에 노주(潞州)의 백성들을 징발하여 태행(太行)[71]으로 가는 길을 뚫어서 괴운(餽運)이 왕래하게 하였다.

34   병자일(20일)에 하북지역의 여러 주가 가물어서 사자를 파견하여 전거(傳車)를 타고 가뭄에 묘(苗, 싹)를 검사하게 하였다.

35   갑신일(28일)에 다시 상국사에 행차하여 비 오기를 기도하고 을유일(29일)에는 음악을 거두었으며 대관(大官)[72]은 소식(蔬食)을 올렸다.

36   이달에 궁궐을 크게 지었는데 서경(西京, 장안)의 제도를 모방하였으며, 전전(殿前)도지휘사인 무안(武安, 河北省 邯鄲市) 사람 한중빈(韓重贇, ?~974)에게 명령하여, 그 역사(役事)를 처리하게 하였다.

37   6월 계사일(7일)에 추밀사 오정조(吳廷祚, 918~971)를 웅무(雄武)절도사로 삼고 지진주(知秦州, 진주는 甘肅省 甘谷縣)로 하였다.

진주의 서북쪽에 있는 석양진(夕陽鎭)은 옛날 복강현(伏羌縣, 甘肅 甘谷)의 땅으로 서북쪽으로는 대수(大藪, 큰 숲)에 이어져 있어서 재목이 나오는 곳인데 융인(戎人)들이 오래 동안 그 이로움을 오로지 하였다. 상서좌승인 수양 사람 고방(高防)이 지진주(知秦州)가 되어 채조무

水相沃)으로 되어 있다.

71 중국 동남부지구의 중요한 산맥으로 지리 분계선이 되는데 북경시(北京市)·하북성(河北省)·산서성(山西省)·하남성(河南省)을 타고 앉아 있다.

72 내용으로 보아서 황제의 식사를 담당하는 어선방(御膳房)의 대관이다.

(采造務)를 설치하여[73] 그 재목을 가져다가 경사에 공급하자고 건의하였다. 번부(蕃部) 사람 상파약(尙巴約, 尙波子)이 무리를 거느리고 와서 싸우자 황제는 변경에서 일이 벌어지기를 바라지 아니하여 마침내 오정조를 파견하여 그를 대신하게 하였다.

이보다 하루 앞서서 그에게 말하였다

"경은 나이가 많고 오래도록 중추적인 일을 장악하였는데 지금 경에게 지주를 주니 모두가 수고롭고 편안한 것을 고르게 하시오. 내일 제서가 나가는데 아마도 경이 짐의 좌우를 떠나게 되어 걱정거리가 없을 수는 없을 것이라 걱정되니, 그런고로 먼저 경에게 알리는 것이요."

38 갑오일(8일)에 요주(遼主)가 목엽산(木葉山)[74]에서 제사를 지내고 황하(黃河)에 갔다.

39 이보다 먼저 후주의 세종 2년에 처음으로 국자감(國子監)을 세우고 학사(學舍)를 두었다. 황제는 이미 즉위하고 나자 바로 사우(祠宇)의 지붕을 수리하라고 명령하였고, 선성(先聖)과 선사(先師)[75]의 상

---

73 북송의 서북의 토번 거주지에 대한 개발과 개척은 세 단계로 진행되는데, 이는 1단계(960~ 1037)로 삼림자원을 채벌하는 것을 위주로 하는 것이 추진하던 시기의 일이며, 이 업무를 담당한 일이 채조무이다.

74 지금의 내몽고 시라무룬강과 라오허강이 합류하는 곳에 위치하는데, 하이라 소타라 서쪽 끝에 있다.

75 원래의 뜻은 돌아가신 성현과 본받을 만한 스승을 가리키는 말이었으나, 한(漢) 이후로는 유가사상이 통치사상이 되자 역대 왕조에서는 공자를 사당에 모시고 제사를 지냈는데, 위(魏)에서 수(隋)에 이르는 사이에 공자를 선성으로 하고 안회를 선사로 하였다. 그런데 당(唐) 초기에 주공을 선성으로 하고

(像)을 그려 조성하게 하였다.

황제는 스스로 공자와 안회를 찬양하며 재신(宰臣)과 양제(兩制)[76] 이하의 사람들에게 명령하여 나누어 나머지 찬양하는 글을 짓게 하고 거기는 누차 행차하여 임석하였다.

이에 좌간의대부 하남 사람 최송(崔頌, 919~968)이 판감사(判監事) 가 되자 비로소 생도를 모아서 책을 강론하니 황제는 이를 칭찬하였다. 을미일(9일)에 중사(中使)를 파견하여 두루 술과 과일을 하사하였다. 얼마 안 있다가 또 조서를 내려서 1품례(品禮)를 적용하여 문선왕(文宣 王, 공자)의 사당 문에 66명의 극(戟)을 세웠다.

40 정유일(11일)에 우보궐(右補闕)인 원봉(袁鳳)이 전지(田地)를 검 사한 것이 실제와 맞지 않은 것에 걸려서 책임지우고 곡부현령(曲阜縣 令)으로 임명하였다.

41 기해일(13일)에 가뭄이 든 연고로 경기(京畿)와 하북(河北)의 여 러 주(州)에서 사형 이하의 죄를 받은 사람에게 감해 주었다.

공자를 선사로 하였다가 얼마 안 있어서 복구하였다.

76 송 시기에는 한림학사가 황제의 명령을 받아 조령(詔令)을 기초하는데 이를 내제(內制)라고 하고, 중서사인과 다른 관직을 가진 사람에게 지제고의 직 함을 가진 사람은 중서문하라고 하여 조령을 모방해서 짓는데, 이를 외제(外 制)라고 하였다. 따라서 한림학사와 중서사인을 합하여 양제라고 호칭하였 다. 송 이후에도 양제라는 말을 사용하였으나 조령은 모두 한림원에서 기초 하여 당·송시대와는 달랐다.

42   임인일(16일)에 경사에 비가 내렸다.

43   정미일(21일)에 오정조에게 명령을 내려서 조서를 싸가지고 진주(秦州)에 가서 상파약 등의 죄를 사면해 주고 포로로 잡혀 갇혀 있는 사람들을 나란히 풀어주어 보냈는데, 드디어 채조무를 철폐했다.

44   가을 7월 기미일(4일) 여러 주에 중원절(中元節)[77]에 등을 매다는 것을 금하였다.

45   임술일(7일)에 남당 출신의 항복한 병졸 가운데 약한 사람 수천 명을 풀어주어 귀국하게 하였다.

46   을축일(10일)에 지서주(知舒州)·좌간의대부인 역성(歷城, 山東省 濟南市) 사람 풍찬(馬瓚, 914~980)이 말하였다.
    "주의 경계 지역에는 고포어별(菰蒲魚鼈)[78]의 이익을 갖고 있으니 거주하는 사람들은 예전에는 자급하였습니다. 전에 방어사인 사초(司超)가 수입을 늘리려고 시정(市征, 시장에서의 세금징수)을 하여 낚시질하여 빼앗는 것이 가혹하고 자잘해서 풍속을 피곤하게 하고 병이 들었다고 알려오니 의당 그 세를 면제해 주어야 합니다."

---

77 중원절이란 7월 15일을 경축일로 하는 것인데, 이는 귀신절, 시고(施孤)라고 하고 불교에서는 이를 우란분절이라고도 한다. 이날 하등을 켜거나 종이를 태우는 풍속이 있었다.

78 부추, 창포, 물고기 등을 말하는 것으로 물가에서 얻을 수 있는 산물이다.

이를 좇았다.

47   문사사(文思使)⁷⁹인 상잠(常岑)의 아들 상훈(常勳)이 공봉관(供奉官)을 사칭하다가 사주(泗州, 江蘇省 盱眙縣)의 장리에게 발각되어 잡혀서 궐 아래로 호송되었다. 을해일(20일)에 상훈을 동시(東市)에서 목을 베었다.

이보다 먼저 운첩군사(雲捷軍士) 가운데 거짓으로 시위사의 인신(印信)을 판 사람이 있었는데, 붙잡혀서 그를 목 베었다. 황제가 말하였다.

"여러 군대에서 점점 더 가려 뽑고 있는데도 오히려 이와 같이 불령(不逞, 좋지 않은 일)하단 말인가."

수색하도록 명령하여 모두 사문도(沙門島)로 유배 보내었더니 이에 간사하고 교활한 일이 흔적을 거두어졌다.

48   기묘일(24일)에 북한의 착생(捉生)지휘사인 노귀(路貴)가 와서 항복하였다.

49   신사일(26일)에 급사중 유월(劉鉞) 등을 파견하여 하북의 한전(旱田, 밭)을 조사하게 하였다.

---

79 문사원은 관부의 이름인데 역대에 이름이 조금씩 바뀌었으며, 송대에는 태종 태평흥국 3년(978년)에 다시 두었다는 기록이 있다. 이 관부에서는 금(金), 은(銀), 서(犀), 옥(玉)의 정교한 물건과 그림 그려진 기물들을 만들며, 감관 4명을 두었고, 경조관(京朝官), 제사사부(諸司使副), 내시(內侍), 삼반사신(三班使臣)으로 충임하였다.

50   조서를 내렸다.

"조정의 신하가 사자로 나가는데 돌아오는 날에는 보았던 민생의 이로움과 병통을 갖추어 보고하라."

51   우위솔(右衛率)의 부솔(府率)인 설훈(薛勳)이 상영창(常盈倉)을 관장하면서 백성들의 조(租)를 받는데, 수량을 저울질하며 무겁게 하자 설훈의 관직을 면직시키고 기주에 배치하여 예속시켰고, 창고의 관리는 기시(棄市)하였다.

52   8월 초하루 병술일에 대리경(大理卿)인 범양(范陽, 河北 薊縣) 사람 극가구(劇可久, 887~963)에게 칙령을 내려서 광록경으로 삼아서 벼슬을 그만 두게 하였다. 극가구는 나이가 70이 넘었지만 늙어서 사직하겠다는 요청을 하는 일이 없자 황제가 특히 이를 명령한 것이다.

53   경인일(5일)에 진해(鎭海)·진동(鎭東)절도부사인 전유준(錢惟濬, 955~991)을 건무(建武)절도사로 삼았다. 전유준은 오월왕(吳越王) 전숙(錢俶, 929~988)의 아들이다.[80] 전숙이 영남의 모월(旄鉞, 白旄와 黃鉞)을 수여하기를 청하자 황제는 이를 좇았다.

─────────

80 오월국(吳越國, 907~978)은 오대십국시기에 10국 가운데 하나이며 전류(錢鏐)가 907년에 전당(錢塘, 杭州)에서 세웠는데 강성할 적에는 13개 주를 가지고 있어서 지금의 절강성 전부와 강소성 남부, 복건성 북부를 강역으로 하였다. 이때의 오월왕 전홍숙(錢弘俶)은 948년에 즉위하였으며 978년에 송에 영토를 바쳤다. 여기서는 전숙으로 표기하고 있는데 이는 송 태조의 아버지 조홍은(趙弘殷)의 이름을 피하여 홍(弘)자를 빼고 이름을 바꾸었기 때문이다.

54   계사일(8일)에 채하무(蔡河務) 강관(綱官)인 왕훈(王訓) 등 4명이 강토(糠土, 겨와 흙)를 군량에 섞은 일에 걸려들어서 저자에서 찢어 죽였다.

55   이날 인진사(引進使) 곽영천(郭永遷)을 파견하여 진주(秦州)의 오정조(吳廷祚)와 만나서 병사를 인솔하고 상서채(尚書寨)에 가서 번족(蕃族)을 몰아서 본부로 돌아가게 하였다.

56   을미일(10일)에 좌습유·지제고(知制誥)인 하중(河中) 사람 고석(高錫, 936~985)이 말씀을 올렸다.

"궁정에 가까이 있는 신하가 조서를 이어서 받아서 각기 아는 바를 천거하는데, 혹 뇌물을 바쳐가지고 추천을 얻는 자가 있습니다. 청컨대 지금부터는 근친·노비·이웃마을에서 고소하는 것을 허락해 주시고 덧붙여 무거운 상을 주십시오."

또 법관과 직사관을 수여하면서 각기 서법(書法) 열 문제를 물어서 시험적으로 판결하게 하기를 청하니 모두 이를 시행하였다.

57   9월 초하루 병진일에 소헌(昭憲)태후[81]의 오빠인 두심경(杜審瓊, 897~966)은 좌룡무(左龍武)대장군이고 그 동생 두심벽(杜審璧[肇], 903~974)은 좌신무(左神武)대장군이며 두심진(杜審進, 910~988)을 좌

---

81 태사로 증직된 두상(杜爽)의 장녀이며 두완(杜琬)의 손녀이고 두온(杜蘊)의 증손녀로 송 선조(宣祖) 조홍은(趙弘殷)의 정실인데, 송 태조 조광윤의 생모이다.

무위(左武衛)대장군이었는데 나란히 벼슬에서 물러나자 경사에 집을
하사하였다.

58 조서를 내렸다.

"급제한 거인(擧人)은 지거관(知擧官)을 은문(恩門)·사문(師門) 그
리고 자칭 문생(門生)이라고 부를 수가 없다."[82]

59 무오일(3일)에 천평(天平)절도사·시위마보군도지휘사·동평장사
인 석수신(石守信, 928~984)이 표문을 올려서 군직에서 풀어달라고 하
니 이를 허락하고 특히 작읍(爵邑)을 덧붙여 주었다.

60 경오일(15일)에 토번(吐蕃, 투루판)의 상파약이 복강현 땅을 바쳤다.

61 임신일(17일)에 무성왕묘(武成王廟)[83]를 수리하였다.

62 계유일(18일)에 백관들이 차대(次對, 돌아가면서 대답한 것)한 장주
문(章奏文)을 상서성에 내려 보내고 승(丞)·랑(郎) 이상과 어사중승(御
史中丞)·양성의 5품 이상은 참석하여 자세히 살피고 그 가운데 정치에
도움이 되는 것이 있으면 보고하게 하였다.

---

82 지거관은 사람을 천거하는 업무를 맡는 관직인데, 은문이란 은혜를 입은 집
  안이라는 뜻이고 사문이란 스승의 집안이라는 말이다.

83 무성왕은 주나라의 개국공신인 강상(姜尚)을 말하는데 당나라시대부터 무성
  왕으로 올린 것이며 공자를 문선왕으로 부르는 것에 대한 대칭이며 이 두 사
  람이 문무2성이다. 보통 강태공이라 부르는 사람의 사당이다.

63 병자일(21일)에 백성들이 뽕나무와 대추나무를 베어 땔감으로 삼는 것을 금지하였다. 또 황하와 변하 양쪽 하안(河岸)에 조서를 내려서 매해에 그곳에 있는 장리(長吏)들은 백성들에게 느릅나무와 버드나무를 많이 심도록 부과하여서 하천이 터지는 것을 방지하는 일을 위탁하게 하였다.

64 계미일(28일)에 다시 서판발췌과(書判拔萃科)[84]를 설치하였다.

---

84 서판이란 글씨와 판단능력을 말하는 것인데, 이때에 모필 글씨는 중요한 기능의 하나였으며 글씨와 판단력은 관리선발의 중요한 조건이었다. 이에 덧붙여 신언(身言)이라 하여 행동거지와 말솜씨를 보기 때문에 신언서판이라고 하여 이를 기준으로 인재를 선발하였다.

정병주의로 가는 조치들

65　갑신일(29일)에 무평(武平, 치소는 澧陽, 湖南省 澧陽縣)절도사 겸 중서령인 주행봉(周行逢, ?~962)이 질병에 걸리자 장리들과 그 아들 주보권(周保權, 952~985)을 불러서 말하였다.

"형주(衡州, 湖南省 衡陽市)자사 장문표(張文表)는 나와는 함께 농무(隴畝, 시골 농촌)에서 시작하였는데, 행군사마가 될 수 없어서 속으로 항상 원망하고 있을 것이니 내가 죽으면 반드시 어지럽힐 것이다. 마땅히 양사번(楊師璠)으로 하여금 그를 토벌하게 하라."

주행봉이 죽으니 주보권이 군무를 관장하였지만 나이는 11세였다.

66　이달에 요주(遼主)가 흑산(黑山)·적산(赤山, 山東 威海 石島)에서 사슴사냥을 하였다.

67　겨울, 10월 병술일(2일)에 조선무(造船務)[85]에 행차하여 수전(水

85　조선무(造船務)는 전문적으로 배를 만드는 기구로 이는 송·원시기에 전 시대를 이어받아서 조선업이 발전한 것을 반영하는 것이다. 조선무는 변경(汴京)

戰) 연습하는 것을 보았다.

68 무자일(4일)에 체주(棣州)단련사인 하계균(何繼筠, 921~971)을 관
남(關南)병마도감으로 하였다.

69 계사일(9일)에 순자격(循資格)과 장정격(長定格)·편칙격(編敕格)
을 각기 한 권씩을 반포하였다.[86]

70 기해일(15일)에 악대(岳臺)에 행차하여 제군(諸軍)에게 말을 달리
며 활쏘기를 연습하라고 명령하였다.

71 광제현(廣濟縣, 湖北省 武穴市)현령인 이수중(李守中)이 뇌물죄에
걸려서 장형(杖刑)을 받은 다음에 사문도로 유배시키도록 결정하였다.

72 신축일(17일)에 추밀부사·병부시랑인 조보(趙普)를 검교태보(檢
校太保)[87]로 삼고 추밀사에 충임하였다. 추밀사(樞密使)가 정관(正官)
을 갖지 않은 것은 조보로부터 시작한다.

에 있었으며, 그 외에 남조선무(南造船務)가 또 있었다.

86 순자격은 한 개인의 이력을 근거로 하여 인재를 선발하는 규칙을 말하며 편
칙격이란 칙령을 편찬하는 규칙이다.

87 송초에 검교관은 19계(階)였는데, 검교관은 산관(散官) 혹은 가관(加官)으로
직사(職事)의 권한이 없다.

73 장문표가 주보군이 섰다는 소식을[88] 듣고 화를 내며 말하였다.

"나와 주행봉은 함께 미천한 지위에서 일어나서 공명을 세웠는데, 어찌 어린아이에게 북면할 수 있겠는가?"

마침 주보권이 군사를 파견하여 영주(永州, 湖南省 南쪽)를 지키려 하자 길이 형양(衡陽)으로 나오게 되니 장문표는 드디어 말을 몰아 반란하면서 거짓으로 마치 분상하러 무릉(武陵)에 가는 것처럼 하였다.

담주(潭州, 湖南 潭州; 長沙地區)를 지날 때에 행군사마인 요간(廖簡)을 지유후(知留後)로 하였는데, 평소에 장문표를 가벼이 생각하였고 그 때문에 방비하지 않았다. 바야흐로 연회를 열고 술을 마시는데, 밖에서 장문표의 군대가 도착하였다고 말하자 요간은 특별히 마음 쓰지 않고 사좌(四座, 주위에 있는 사람)에 말하였다.

"장문표가 도착하였다면 잡힐 것인데 어찌 걱정할 만 하겠는가?"

술 마시고 웃기를 여전히 하였다. 잠시 후에 장문표가 무리를 인솔하고 지름길로 부중(府中)으로 들어가니 요간은 활을 잡을 수가 없어서 다만 기거(箕踞)하고 크게 욕을 하다가 드디어 해를 당했다. 장문표는 그 인수(印綬)를 빼앗아서 스스로 권유후(權留後)[89]라고 하고 표문을 갖추어 보고하였다.

주보권은 즉각 양사번에게 명령하여 무리를 다 모아 장문표를 치게 하고 돌아가신 아버지의 말씀을 알려주니 감격하여 눈물을 떨어뜨렸

---

88 주행봉이 죽은 일은 지난 달 29일이었다.

89 유후란 책임자가 어떤 일로 업무를 수행할 수 없을 때에 뒤에 남아서 일을 처리하는 책임자를 말하는데, 지유후는 지직(知職)이고 권유후는 권직(權職)이며 권직은 임시의 의미를 가진다.

다. 양사번 역시 눈물을 흘리며 그 무리를 돌아보면서 말하였다.

"너희들은 낭군(郎君, 주인의 아들)을 보았듯이 아직 성인(成人)이 아닌데도 똑똑하기가 이와 같다!"

군사들이 모두 떨쳤다.

주보권은 또 형남(荊南, 湖北省 中部)에 군사를 빌어 달라고 하고 요청하고 또 와서 구원해 달라고 하였다. 장문표 역시 상소문을 올려서 스스로 이유를 설명하였다.

74   11월 계해일(9일)에 조서를 내렸다.

"현령들의 고과(考課)는 호구(戶口)의 증감을 가지고 출척(黜陟)하라."

75   갑자일(10일)에 서교(西郊)에서 크게 열병(閱兵)하였다. 황제가 근신들에게 말하였다.

"진(晉)·한(漢) 이래로 위사(衛士)는 수십만 명을 밑돌지 않았는데, 그러나 쓸 수 있는 사람은 아주 적었다. 짐은 얼마 전에 병적(兵籍)에 따라서 이를 열람하고 그 가운데 쓸데없거나 약한 사람들을 내보내고 친히 그들이 공격하고 찌르며 말 타고 활 쏘는 기능을 비교하였으니 지금은 모두가 정예이다."

76   남당에서 수부(水部)랑중인 고이(高霬)를 파견하여 와서 공헌하게 하였다.

77   형부상서 계(薊) 출신인 변귀당(邊歸讜, 907~964)이 늙어서 벼슬

을 그만두게 해달라고 청하니 호부상서를 주어 치사(致仕, 벼슬을 그만 둠)하였다.

78 형남(荊南)절도사 고보욱(高保勖, 924~962)이 병들어서 눕게 되자 아내(牙內)도지휘사인 경조(京兆) 사람 양연사(梁延嗣, 896~976)를 불러서 말하였다.

"내가 병들어서 장차 일어나지 못할 것인데, 누가 뒷일을 맡을만한 사람인가?"

양연사가 말하였다.

"먼저 주군⁹⁰께서 그 아들인 고계충(高繼沖, 943~973)을 버리고 군부(軍府)를 공에게 부탁하였는데, 지금 고계충이 자랐습니다."

고보욱이 말하였다.

"그대의 말이 옳도다."

즉시 고계충을 권판내외(權判內外)군사마로 하였다. 갑술일(20일)에 고보훈이 죽었다.

79 임오일(28일)에 처음으로 남당에 역서(曆書)를 반포하였다.

80 12월 병술일(2일)에 좌찬선(左贊善)대부인 단소예(段昭裔)가 백성들의 전지(田地)를 조사하고 시찰하는 것이 부실(不實)하다는 데 걸

---

90 고보융(高保融)을 말한다. 고보융이 죽고 나서 그 동생 고보욱(高保勖)이 뒤를 이었는데, 고보욱이 죽자 고보융의 아들이며 고보욱의 조카인 고계충에게 절도사의 자리를 넘겨주었다.

러서 책임을 지워 해주(海州, 江蘇省 連雲港市) 사법참군(司法參軍)을 주었다.

81　정해일(3일)에 무평(武平)절도사 부사(副使)·권지낭주(權知郎州)[91]인 주보권을 무평절도사로 삼았다.

82　구제(舊制)에는 강도한 장물이 10필이 넘는 사람은 교살(絞殺) 하도록 되어 있는데, 경인일(6일)에 조서를 내려서 이를 고쳐서 전(錢) 3천으로 하되 족맥(足陌)[92]인 경우에는 사형에 처하게 하였다.

83　계사일(9일)에 조서를 내렸다.

　"현(縣)에 다시 위(尉) 한 사람을 두는데, 주부(主簿) 아래에 있게 하면서 무릇 도적(盜賊)·투송(鬪訟)의 경우에 먼저 진장(鎭將)인 사람에게 위탁하고 현령과 현위에게 명령하여 그 일을 관장하게 하고, 만 호에서 천 호에 이르기까지 각기 궁수(弓手)를 차등 있게 두라."

　오대 이래로 절도사는 친하게 따르는 사람을 진장(鎭將)으로 보임하여 현령(縣令)과 항례(抗禮)하였지만, 무릇 공사(公事)는 오로지 주(州)에만 보내지니 현의 관리는 직책을 잃었다. 이에 이르러 다시 현으로 통할하니 진장이 주관하는 곳은 향촌(鄕邨)에는 미치지 못하고 다만

91　무평절도사는 무평군(軍)인데 그 치소는 낭주(朗州)이고 낭주의 치소는 무릉현(武陵縣)인데, 지금의 호남성 상덕시(常德市)이다.

92　고대의 전(錢)은 10꾸러미를 100매로 하는데 전폐(錢幣)를 교역하는 가운데 조전(弔錢)이 10을 채우게 되면 1천 문이며, 100문 가운데 1매도 부족하지 않으면 족백(足佰)이라고 한다.

곽내(郭內)에서일 뿐이었다. 추밀사 조보의 말을 따른 것이다.

8₄　무술일(14일)에 포(蒲, 山西省 運城市)·진(晉, 河北省 中南部)·자(慈, 河北省 경계 지역)·습(隰, 山西省 隰縣)·상(相, 河南省 安陽市 南郊)·위(衛, 河南省 衛輝市) 6주에 기근이 들어서 조서를 내려서 있는 곳에서 창고를 열어서 이를 구제하게 하였다.

8₅　경자일(16일)에 포도령(捕盜令)을 반포하였다.

"세 개의 기한을 주는데, 매 기한은 각기 20일이다. 첫 번째 기한 안에 잡는 사람은 현령과 현위가 각기 1선(選)을 감해주고 반이 넘어서 잡는 사람은 2선(選)을 감해 준다. 두 번째 기한 안에 잡는 사람은 각기 1자(資)를 뛰어 넘게 하고, 반의 기한을 넘어서면 2자(資)를 뛰어 넘게 한다. 세 번째 기한 안에 잡는 사람은 현령과 현위에게 각기 1계(階)를 덧붙여 주고, 반을 넘으면 2계(階)를 덧붙여 준다.

세 번째 기한이 지나도 잡지 못하면 현위는 1개월의 녹봉을 깎이는 벌을 받고 현령은 이를 반으로 한다. 현위는 세 번 벌(罰)을 받고 현령은 4번 벌을 받으면 모두 1선을 전(殿)으로 하며 3전(殿)이면 관직을 정지한다. 현령과 현위가 도적과 싸워서 모두 잡은 사람은 나란히 비(緋)를 하사하고 현위에게는 현령을 제수하고 이어서 양자(兩資)를 뛰어 넘게 하고, 현령은 별도로 발탁하여 올린다.[93]

---

93 송대에 관(官)·직(職)·차견(差遣)은 나누어 제수하는 제도를 사용하였다. 그러므로 관원이 추관되거나 혹은 낙직되거나 혹은 관직이 예전보다 낮은 차견급별되거나 혹은 추관낙직되어 예전 것에 의거하여 차견되는 등등 모두 강등시키는 처리 방법에 속하였다. 이러한 경우에 자료로 삼는 것은 선발기회와

86 갑진일(20일)에 중사인 조수 등을 파견하여 조서를 싸가지고 가서 담(譚)·랑(朗)에 선유하여 장문표에게 궐(闕)로 돌아오겠다는 것을 들어 주고, 또 형남에 명령을 내려서 군사를 발동하여 주보권을 돕게 하였다.

87 황제는 서쪽 시골의 강융족(羌戎族)[94]이 누차 침구하여서 괵주(虢州, 河南省 盧氏縣)자사 노룡(盧龍, 河北省 秦皇島市) 사람 요내빈(姚內斌, 911~974)을 고쳐서 경주(慶州)자사로 하였다.

88 이 해에 후주의 정왕(鄭王)[95]을 방주(房州, 湖北 房縣)로 옮겼다.

89 하북(河北)·섬서(陝西)·경동(京東)의 여러 주에 가뭄이 들고 황충이 생기니 그 조(租)를 모두 없애 주었다.

90 요(遼)의 국구(國舅)인 장랑군(帳郎君) 소연지(蕭延之)의 노복인 해리(海哩)가 강제로 소랍(蘇拉)[96]인 도리(圖里, 禿里)를 능욕하였는데,

---

그 이력인 자력(資歷)이 중요하다. 이러한 제도를 가지고 현령과 현위가 열심히 맡은 일을 하도록 한 것이다.

94 고대의 강인(羌人)은 강융(羌戎)과 서강(西羌)으로 불렸으며 강족(羌族)의 선조이다. 예전의 강인은 염제 신농씨의 후예라고 하며 강(姜)씨의 조상이라고 한다.

95 후주의 공제인 시종훈(柴宗訓, 953~973)이다. 그는 후주 세종 시영의 넷째 아들로 후주 현덕 6년(959년)에 즉위하였다가 다음 해에 조광윤에게 선위하였고, 그 후 조광윤이 정왕으로 책봉하였다.

아직 나이가 성년에 이르지 못한 여자여서 법으로는 처벌할 조문이 없자 그에게 궁형(宮刑)에 처하고 이어서 도리에게 붙여서 노복으로 삼았다. 드러내서 법령으로 하였다.

91   촉주(蜀主)가 관리들에게 명령하여 4진(鎭)·16주(州)의 포세(逋稅, 체납세금)를 추가로 독촉하게 하니 용유(龍游, 浙江省 衢州市)현령인 전순(田淳)이 상소문을 올려서 간하였다.

"지금의 갑자(甲子, 금년)가 바뀌려고 하여 음양이 변동하여 하늘의 운수와 사람의 일이 합하여 바뀌고 있습니다. 만약에 두텁게 거두어들이는 지말(支末)적인 논의를 채택하신다면 반드시 나라를 경륜하는 커다란 질서를 어지럽힐 것입니다."

또 말하였다.

"사해(四海)의 재화(財貨)는 모두 지극히 높으신 분에게 속해 있으며 백성이 풍족하면 임금은 부족할 것이 없습니다. 지금 힘써 백성들에게서 빼앗아서 전적으로 육군(六軍)을 도우려고 하는 것은 근본적인 계책이 아닙니다."

촉주는 채용할 수가 없었다.

전순이 친한 사람들에게 말하였다.

"내가 보건대 참람하게 거짓으로 분분(紛紛)하게 제도를 고치어서 처(妻)와 첩(妾)을 비(妃)나 후(后)로 하고 요좌(僚佐)하는 사람을 경

---

96 소랍은 예전에는 예랄(拽剌 또는 曳剌)이라고 하였는데, 이는 거란말로 황제의 의장(儀仗)과 기고(旗鼓)를 호위하며 군중에서 변방의 정찰과 군사 상황을 전달하는 기능을 한다.

(卿)이나 상(相)으로 하면서 어떻게 늘 성도윤(成都尹)을 호칭할 것이
며 멸족의 화(禍)를 없게 할 것인가!"⁹⁷

어떤 사람이 전순에게 말씨를 겸손하게 하고 절개를 억눌러서 귀한
벼슬을 가지라고 하니 전순이 말하였다.

"내가 어찌 개나 쥐새끼에게 붙어서 나아가기를 구하겠는가?"

대개 추밀사인 왕소원(王昭遠, 944~999)의 무리를 가리킨 것이다.

92   남한(南漢)의 허언진(許彦眞)이 이미 종윤장(鍾允章, ?~959)을 죽
이고 더욱 방자하고 횡포하여 공징추(龔澄樞, ?~971, 환관) 등이 자기
위에 있는 것을 싫어하여 자못 그 권한을 침범하니 공징추가 노하였다.
마침 허언진과 선주(先主)의 이려비(李麗妃)가 사사로이 통정했다고
고발하는 사람이 있자 공징추는 그 일을 까발렸다.⁹⁸ 허언진이 두려워
하여 그 아들과 더불어 공징추를 죽이기로 모의하였다. 공징추는 사람
을 시켜서 허언진이 모반한다고 고발하게 하고 하옥시켜서 족주(族誅)
하였다.

93   남한주(南漢主, 劉鋹, 942~980)가 이탁(李託)의 두 딸⁹⁹을 받아들

---

97 이때의 촉주는 맹창(孟昶, 919~965)이었는데, 이는 촉을 세운 맹지상(孟知祥)
의 셋째 아들이다. 맹지상이 죽자 맹창은 비밀에 붙이고 아버지 뒤를 이어 황
제에 올랐다. 그리고 황제로서의 제도를 적용하려고 하였다.

98 선주란 남한의 중종황제 유성(劉晟)으로 이려비는 그가 아끼는 비첩이었다.
내시감인 허언진이 권력을 오로지하고 일을 처리하였는데 유성을 이은 유창
시기에 오자 공징추와 허언진이 다투게 되어 이려비와 허언진이 내통하였다
고 고발하니 허언진이 공징추를 암살하려 하였지만 일이 발각되어 허언진이
처형된다.

여 언니는 귀비로 하고 동생을 미인으로 삼았는데 모두 총애를 받았다. 이탁에게 내태사(內太師)[100] 벼슬을 주고 정치적인 일은 반드시 먼저 이탁에서 품신하고 그 다음에 시행하게 하였다.＊

---

99 양녀이다.

100 오대 남한의 환관인 공징추(龔澄樞)가 군국의 중요한 업무를 관장하게 되자 그에게 내태사의 직함을 덧붙여 주면서부터 생겼다.

태조 건덕 원년(계해 963년)[1]

1 봄 정월 초하루 갑인일에 전각(殿閣)에 나아가지 아니하였다.[2]

2 정사일(4일)에 근전(近甸, 경기지역 근처)에 있는 정부(丁夫) 수만 명을 발동하여 기내(畿內)에 있는 하천의 제방을 수축하였다.

3 무오일(5일)에 주방부사(酒坊副使)인 하간(河間, 河北省 滄州市) 사람 노회충(盧懷忠, 919~967) · 전담사(氈毯使)[3]인 낙양 사람 장훈(張勳) · 염원부사(染院副使) 강연택(康延澤) 등을 파견하여 보병과 기병 수천 명을 인솔하고 양주(襄州, 湖北省 襄陽市)에 가게 하였다. 강연택

---

1 요 응력 13년이다.
2 황제 조광윤이 정월 초하루의 조하(朝賀)를 받지 않은 것이다.
3 고대에는 관청에 술제조 방(坊, 저자)을 설치하였고, 전담사(氈毯使)는 담요를 만드는 책임자이며 고대 궁궐 안에 있던 염색 업무를 맡았던 관부의 책임자 이다.

은 강복(康福, 885~942)의 아들이다.

4　경신일(7일)에 산남동도(山南東道, 치소는 襄州, 湖北省 襄陽市)절도사 겸시중인 모용연쇠(慕容延釗, 913~963)를 호남도(湖南道, 치소는 湖南省 衡陽市)행영도부서로 삼고, 추밀사 이처운(李處耘)을 도감(都監)으로 하여 군사를 발동하여 양양(襄陽, 호북성)에서 모여서 장문표를 치게 하였다.

이보다 먼저 노회충(盧懷忠, 919~967)이 형남(荊南, 924~963, 南平 혹은 北楚로 불리며 五代에 十國 중의 하나)에 사자로 나갔는데, 황제가 말하였다.

"강릉(江陵, 湖北省 中南部, 형남지역) 사람들의 마음이 어디로 가고 오는지, 산과 내의 향배(向背)를 내가 모두 이를 알고자 하오."

노회충이 사자로 갔다가 돌아와서 보고하였다.

"고계충이 갖고 있는 활을 당길 수 있는 병사는 3만 명에 지나지 않으며, 해마다 비록 풍년이 들었다고 하여도 백성들은 포악한 수렴(收斂) 속에서 곤궁하여 그 형세는 날로 틈을 줄 겨를이 없으니 그곳을 빼앗는 것은 쉬울 뿐입니다."

이에 황제는 재상 범질(范質, 911~964) 등을 불러서 말하였다.

"강릉은 사분오열된 나라이니 지금 길을 빌려 군사를 내보내고 이를 이용하여 그곳을 떨어뜨린다면 이룩하지 못할 것이 없소."

드디어 이룩해 놓은 계획을 이처운 등에게 주었다.

5　계해일(10일)에 태상경(太常卿)인 양곡(陽曲, 山西省 太原市) 사람 변광범(邊光範, 901~973)을 권지양주(權知襄州, 양주는 湖北省 襄梁市)

로 하고 호부판관 등백(藤白)을 남면군전수륙전운사(南面軍前水陸轉運使)로 삼았다.

6　을축일(12일)에 조선무(造船務)에 행차하여 전선(戰船) 만드는 것을 관람하였다.

7　병인일(13일)에 장훈을 남면행영(南面行營)군마도감으로 삼고 노회충을 보군(步軍)도감으로 삼았다.

8　당시에 익진관(益津關, 河北省 霸州市)에 성(城)을 쌓는 문제를 논의하였는데, 요(遼)나라 사람들이 이를 알았다. 남경(南京, 南京 析津府)유수인 고훈(高勳)이 편지를 올려서 변경을 순시한다는 명목을 빌어서 그 경계 지역을 시끄럽게 하게 해달라고 청하니 요주(遼主, 야율경)는 그 주문(奏文)대로 그럴 것이라고 생각하고 고훈과 통군사인 최정훈(崔廷勳)에게 명령하여 군사를 가지고 그곳을 시끄럽게 하게 하니 마침내 성을 쌓을 수가 없었다.

9　병자일(23일)에 형남에 조서를 내려서 수병(水兵) 3천 명을 징발하여 담주(潭州, 湖南 長沙)로 가게 하였다.

10　경진일(27일)에 형남절도부사·권지(權知)군부사인 고계충을 형남절도사로 삼았다.

11　양사번(楊師璠)이 장문표를 토벌하면서 전투는 조금 이로움을 잃

었다.[4] 서로 버티고 있은 지가 오래되자 장문표는 나가서 싸웠는데, 양사번이 이를 크게 패배시키고 드디어 담주를 빼앗았으며 장문표를 붙잡았다.

애초에 장문표는 송(宋)의 군사가 와서 친다는 소식을 듣고 몰래 조수(趙璲)에게 정성을 보내면서 말씀을 갖추어 가지고 낭주(郞州, 湖南省 常德市)로 분상(奔喪)하러 갔는데, 요간(廖簡)에게 박대를 당하여 이 때문에 사사로이 싸웠고, 실제로는 반란할 마음을 갖지 않았다.

조수는 스스로 조서를 받들고 장문표에게 타이르니 그가 귀순하겠다는 뜻을 얻고서 아주 기뻐하며 바로 사자를 파견하여 그를 위무하였다. 양사번의 군사가 이미 성에 들어가서 멋대로 불을 지르고 크게 노략질하였고, 조수도 역시 뒤를 이어서 도착하였다.

다음날 뜰에서 장리(將吏)들에게 향응을 베풀면서 지휘사인 고초(高超)가 그 무리들에게 말하였다.

"중사(中使, 황실에서 보낸 사자)의 뜻을 보니 반드시 장문표를 살릴 것이다. 만약에 장문표가 대궐에 도착하면 낭주를 해치는 도모를 할 것이니, 우리들은 씨도 안 남을 것이다."

마침내 저자에서 장문표를 목 베고 그 살을 저며 먹었다. 연회가 끝나기에 이르자 조수가 드디어 장문표를 불렀는데, 고초가 말하였다.

"장문표가 반란하기로 모의하여 이미 그를 목 베었습니다."

조수는 탄식하기를 아주 오래 하였다.

---

4 주행봉이 죽고, 그 아들 주보권이 뒤를 잇자 이에 장문표가 반발하였고, 조정에서는 양사번으로 하여금 이를 토벌하게 하였는데, 이 일은 권2에 실려 있다.

12   처음으로 문신에게 명하여 주(州)의 업무를 처리하게 하였다.

황제는 오대에 번진이 강성하였던 폐단을 거울삼았다. 이때에 성에는 다른 사람이 왕 노릇하거나 재상의 인수를 지니고 있는 사람이 수십 명을 밑돌지 않았다. 이에 이르러 조보의 꾀를 이용하여 그 권한을 점점 깎았다. 혹은 그가 죽은 것을 이용하고, 혹은 천사(遷徙)·치사(致仕)를 이용하기도 하며 혹은 다른 직책을 멀리서 관장하게 하였는데, 모두 문신으로 이를 대신하게 하였다.[5]

13   2월 초하루 갑신일에 한림학사·중서사인인 왕저(王著, 928?~969)는 책임을 지게 되어 비부(比部)원외랑[6]을 제수하였다.

왕저는 조그만 일에는 구애를 받지 않았는데, 일찍이 술에 취하여 창기(娼妓)의 집에서 자다가 순찰 도는 관리에게 붙잡혔고, 이미 그리되었다가 신분을 알고 나서 이를 석방하였지만 비밀리에 사건을 보고하였으며 황제도 내버려 두고는 묻지 않았다.

이에 금중에서 숙직을 하다가 밤중에 자덕전을 두드리고 알현하기를 요구하였는데, 황제가 중사로 하여금 이끌어 전각에 오르게 하고는 촛불을 가까이 하여 왕저를 보니, 왕저가 술에 크게 취하여 머리카락을

---

5   천사는 직책을 다른 곳으로 바꾸는 것이며, 치사는 벼슬을 그만 두는 것이다. 그렇게 될 때에 무관이 차지하고 있던 그 관직을 문관으로 바꾸었다는 것이다.

6   비부는 관서의 명칭이다. 위진시대에 설치되기 시작하였는데 상서에 있는 여러 조(曹) 가운데 하나이며 부적(簿籍)을 조사하고 관리하였다. 후대에 이를 이어받아서 당대에는 형부에 소속하는 4개의 사(司) 가운데 하나였지만 랑중과 원외랑, 주사를 두었다. 송대에는 형부에 속한 3사(司) 가운데 하나이다.

늘어뜨려 얼굴이 덮여 있자 황제는 화가 나서 전의 일을 끄집어내어 그를 축출하였다. 어사중승인 낙양 사람 유온수(劉溫叟, 909~971) 등이 나란히 탄핵하는 일에 좌실(坐失)[7]되어서 두 달 치의 녹봉을 빼앗겼다.

14　병술일(3일)에 천웅(天雄)절도사[8] 부언경(符彥卿, 898~975)이 와서 조현하였다. 황제는 군대를 관리하게 하려고 하였는데, 조보는 부언경의 명성과 지위가 이미 세상에 꽉 차 있어서 다시 군사지휘권을 맡겨서는 안 된다고 생각하고 누차 간언하였으나 듣지 않았다.

선포하는 글이 이미 밖으로 나왔지만 조보는 이를 가슴에 품고 알현하기를 청하고 말하였다.

"오직 폐하께서는 깊이 이해관계를 생각해 주시어서 다시는 후회하시지 마십시오."

황제가 말하였다.

"경이 애써 부언경을 의심하는 것은 무엇 때문이요? 짐은 부언경을 아주 두텁게 대우하였는데, 부언경이 어찌 짐에게 짐을 지울 수 있겠소?"

조보가 말하였다.

"폐하께서는 어찌 후주의 세종에게 짐을 지울 수 있었습니까?"

7　주동적으로 때에 맞추어 필요한 조치를 취하지 아니하여 시기를 잃어버린 것을 말한다. 이 경우에는 미리 왕저를 탄핵하지 않았던 것이 문제된 것이다.

8　위박(魏博)절도사라고도 하는데, 당대에 설치하였으며 관할 지역은 위주(魏州)·박주(博州)·상주(相州)·패주(貝州)·위주(衛州)·전주(澶州) 등 여섯 주로 하북지역의 중요한 지역을 관장하고 있었다.

황제가 잠자코 있더니 일은 중지되었다.

15   고계충(高繼沖, 943~973)[9]은 스스로 나이가 어려 민사(民事)를 아직 처리할 수 없자 형정(刑政)·부역(賦役)을 절도판관인 손광헌(孫光憲, 900~968)에게 위임하고 군려(軍旅)·조도(調度)는 아내(衙內)지휘사 양정사(梁廷嗣)에게 위임하며 말하였다.

"모든 일은 알맞도록 처리하여 사람들 사이에서 잡소리가 없게 한다면 내가 무엇을 근심하겠소?"

이처운이 양주(襄州, 湖北省 襄陽市)에 도착하여 먼저 합문사(閤門使)인 임명(臨洺, 河北省 邯鄲市 永年縣) 사람 정덕유(丁德裕)를 파견하여 고계충에게 길을 빌리겠다는 뜻을 가지고 유시(諭示)하며 땔감과 물을 군대에 공급해 주기를 청하였다. 고계충은 그의 요좌(僚佐)들과 모의하고 백성들이 두려워 한다는 말을 가지고 사료와 먹을 것을 1백 리 밖에서 공급하기를 원하였다. 이처운은 또 정덕유를 파견하여 가게 하니 손광헌과 양연사가 이를 허락하여 주기를 청하였다.

병마부사인 이경위(李景威, ?~963)가 고계충에게 유세하여 말하였다.

"왕의 군대[10]가 비록 길을 빌려서 호(湖)·상(湘, 호남성)을 거둔다고 하지만 아마도 이를 이용하여 우리를 습격할까 두렵습니다. 원컨대 군

---

9   고계충은 오대십국 말기에 남평국(南平國, 형남국, 북초)의 군주이다. 그는 고보융(高保融)의 장자이고 고보욱(高保勗)의 조카인데 그의 숙부인 고보욱이 962년에 병사하자 그 뒤를 이었으니, 겨우 20세에 남평국의 군주가 된 것이다.

10   송의 군대를 말한다.

사 3천 명을 빌려 주시어서 형문(荊門)[11]의 험하고 좁은 곳에 매복시켰다가 그들이 밤에 가는 것을 엿보아 복병을 발동하여 그들의 상장(上將)을 공격하면 왕의 군대는 반드시 스스로 물러갈 것이며, 국사를 돌려 장문표를 붙잡아 조정에 헌상한다면 공의 공로와 업적은 크게 될 것입니다. 그렇지 아니하면 또한 꼬리를 흔들며 밥을 빌어먹는 화(禍)를 만나게 될 것입니다."

고계충은 듣지 않고 말하였다.

"우리 집안은 여러 해에 걸쳐서 조정을 받들었으니 이러한 일은 없을 것이오."

손광헌이 말하였다.

"이경위는 협강(峽江, 江西省 吉安市)의 한 백성일 뿐인데 어찌 승리하고 패배하는 것을 알겠습니까! 또 중국은 후주 세종시기부터 이미 천하를 하나로 섞어 만들 뜻을 가지고 있는데, 송(宋)이 일어나고서 무릇 조치하는 것은 규모가 크고 원대한데 지금 장문표를 치는 것은 마치 산으로 계란을 누르는 것과 같습니다. 호(湖)·상(湘)이 평정되면 어찌 다시 길을 빌려 가지고 가겠습니까? 일찍이 강토(疆土)를 가지고 조정에 귀부하여 형초(荊楚)와 같은 화를 면하는 것만 못하며 공께서는 역시 부귀를 잃지는 않을 것입니다."

고계충도 그렇다고 생각하였다. 이경위는 계책이 시행되지 않을 것을 알고 탄식하여 말했다.

---

11 형문은 호북성의 한 지방도시이며 강한(江漢) 평원 이북에 위치한다. 동쪽으로는 무한(武漢)을 바라보고, 서쪽으로는 삼협에 닿아 있고, 남쪽으로는 소상(瀟湘)을 바라보고 북쪽으로는 천협(川峽)과 연결되어 있어서 형초지역의 관문이라고 불려왔다.

"큰일은 멀리 가버렸구나! 무엇을 하며 살아갈까?"

이어서 목을 움켜쥐고 죽었다. 이경위는 귀주(歸州, 湖北省 宜昌市) 사람이다. 고계충은 양연사를 파견하여 그의 숙부 고보인(高保寅)과 더불어 소와 술을 받들어 가지고 와서 호사(犒師, 출동한 군사들을 위로 하며 상을 주는 것)하면서 또한 군사들이 하는 것을 엿보았다.

임진일(9일)에 군사가 형문에 이르러 이처운이 양연사를 보고서 그를 대우하는 데 예우를 덧붙여 주었다. 양연사는 기뻐하며 사자를 달리게 하여 고계충에게 걱정할 것이 없다고 보고하였다. 형문에서 강릉(江陵)까지의 거리는 1백여 리인데, 이날 저녁에 모용연쇠(慕容延釗)가 양연사 등을 불러서 연회를 열고 그의 장막에서 술을 마셨으며, 이처운은 비밀리에 경무장한 기병 수천 명을 배나 빠르게 전진하게 하였다. 고계충은 다만 고보인·양연사가 돌아오기를 기다리는데 갑자기 송의 군사가 이르렀다는 소식을 듣고 바로 황공해 하면서 나아가 맞이하고 이처운을 강릉의 북쪽 15리 지점에서 만났다.

이처운은 고계충에게 읍(揖, 가벼운 인사의 예법)하며 모용연쇠를 기다리게 하고 친병을 거느리고 먼저 들어가서 북문에 올라갔다. 고계충이 모용연쇠와 함께 모두 돌아왔을 즈음에는 송나라의 군사가 이미 나누어 요충지를 점거하고 거리와 골목을 늘어서 있었다. 고계충은 크게 두려워서 드디어 그에게 속한 3개의 주와 17개 현, 14만 2,300호를 다 기록하여 표문을 받들어서 와서 귀부하였다. 〔지도참고〕

16   계사일(10일)에 이처운 등이 더욱 군사를 많이 발동하여 밤낮으로 낭주(郞州)로 달려갔다.[12] 주보권(周保權, 952~985)은 두려워서 관찰 판관인 임계 사람 이관상(李觀象)을 불러 이 문제를 모의하니, 이관상

❖ 송의 형남국(형·호지역) 평정도

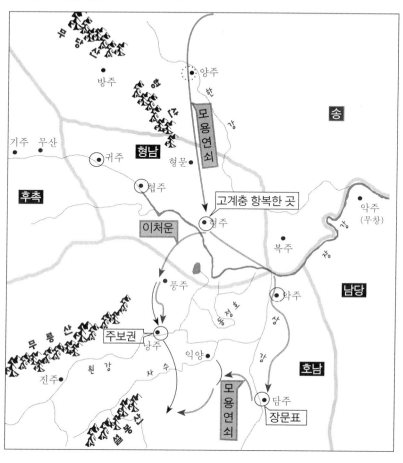

산 · 강 · 국경 · 송 · 형남국

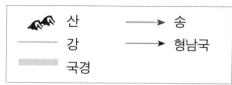

이 말하였다.

"장문표는 이미 주살되었지만 왕의 군대가 돌아가지 않고 있으니 반드시 장차 호·상(湘)의 땅을 다 빼앗을 것입니다. 지금 고씨는 손을 묶고 명령만 듣고 있으니 입술과 이가 다 없어질 것인데, 낭주의 형세는 홀로 온전하지 못합니다. 폭건(幅巾)[13]하고 조정에 귀부하여 다행하게도 부귀를 잃지 않는 것만 같지 못합니다."

주보권이 곧 이를 좇으려하였는데, 지휘사인 장숭부(張崇富) 등이 안 된다고 하여 마침내 서로 함께 막고 지키는 계책을 만들었다.

17 경자일(17일)에 형남(荊南)에서 보낸 표문(表文)이 도착하였는데, 황제는 다시 고계충(高繼沖)에게 명령하여 형남절도사로 삼고[14] 추밀

---

12 낭주는 무평절도사의 치소가 있는 곳이다. 무평군은 오대십국시기에 주행봉이 절도사가 되면서 그 아들 주보권을 부사로 삼았다. 주행봉이 병사하고 11살의 주보권이 그 뒤를 잇자 형주자사 장문표가 반기를 들었는데, 송 왕조에서는 양사번을 파견하여 이를 토벌하였다. 양사번이 장문표를 죽였지만 송 태조 조광윤은 이미 모용연쇠와 이처운을 파견하여 난을 평정한다는 명목으로 형남과 주보권이 점거하고 있는 호남 땅을 빼앗으려 하였으며, 결과적으로 주보권은 조금 저항하다가 항복하여 포로가 되었다.

13 폭건은 일종의 비단 수건으로 머리를 묶는 것인데, 이는 유자로서의 복장을 의미하는 것이다. 이러한 풍속은 후한대부터 있어온 것으로 당·송시대 머리에 쓰는 모양에 큰 영향을 주었다. 여기서는 무신이 아닌 문신임을 의미하는 것이며, 따라서 무력으로 송의 조정에 저항할 의사가 없다는 의미로 사용한 것이다.

14 고계충은 남평(南平)의 국왕이었는데, 남평이 멸망하자 송에서는 그를 형남절도사로 임명한다. 그 후 얼마 안 있다가 고계충이 그의 종족을 다 데리고 귀부하자 다시 무령(武寧, 강소·안휘 일대)절도사로 임명한다.

승지인 왕인섬(王仁贍, 917~982)을 파견하여 형남으로 가서 순회하며 단속하게 하였다. 황제는 이경위가 모의했던 것을 듣고 말하였다.

"충신이다."

왕인섬에게 명령하여 그 집안을 가엽게 여기게[15] 하였다.

---

15 잘 대우한다는 뜻이다. 이경위는 고계충에게 송의 군사에 대항하자고 하다가 이 계책이 거절되자 자살하였는데, 송나라 입장에서는 송을 반대한 것이지만 주군에 대한 충성심은 기려야 할 것으로 인정한 것이다.

18 황제는 사자를 파견하여 주보권과 장교(將校)들에게 유시하여 말하였다.

"많은 군대가 이미 그대들의 어려움을 증구(拯救)하였는데, 어찌하여 도리어 왕사(王師)를 막으면서 스스로 도탄(塗炭)에 빠지는 일을 취하는가?[16]"

주보권이 대답하지 아니하니 드디어 나아가서 그를 쳤다. 모용연쇠가 그 군대를 삼강구(三江口)[17]에서 크게 격파하고 드디어 악주(岳州, 湖南 岳陽市)를 빼앗았다.

19 이달에 권지공거(權知貢擧)인 준의(浚儀, 安徽省 亳州市) 사람 설거정(薛居正, 912~981)이 진사 소덕상(蘇德祥) 등 합격자 8명을 주문으

---

16 많은 군대와 왕사라는 말은 송 조정에서 파견한 군대를 말하는 것이다.

17 여기서 말하는 삼강구란 강도(江都)를 말하는 것으로 강소성 강도(江都)시인데 회하(淮河)가 강수(江水)로 들어가는 길과 양자강이 합쳐지는 곳으로 지금에는 삼강영(三江營)이라고 한다.

로 올렸다.

20   요주(遼主, 목종)가 황하(潢河, 內蒙古 이라무륜하)에 가서 군신들이
활 쏘는 것을 관람하고 물건을 하사하였는데 차별을 두었다.

21   3월에 장숭부(張崇富) 등이 군사를 내어 풍주(灃州, 荊湖北路)의
남쪽을 나가서 송의 군사와 만났지만, 아직 전투에 이르지 아니하였는
데, 풍문을 듣고 바라보다가 먼저 무너졌다. 이처운이 북으로 쫓아가
서 오산채(敖山寨, 臨灃東南, 湖南省 常德市)에 이르렀는데, 적(賊)이 채
(寨)를 버리고 달아나니 포로로 잡은 것이 아주 많았다.

이처운이 포로 가운데 살찐 사람 10여 명을 골라서 좌우에 있는 사
람으로 하여금 그들을 뜯어 먹게 하고 그 가운데 젊고 건장한 사람에
게는 묵을 뜨게 하여 풀어 놓아주어 무릉(武陵)으로 돌아가게 하였다.
무릉 사람들은 포로로 잡힌 사람들이 송(宋)나라 군사들에게 저며 먹
혔다는 소식을 듣고 모두 크게 두려워하여 주성(州城)에 불을 멋대로
질러 놓고 도망하여 산골짜기로 숨었다.

임술일(10일)에 모용연쇠 등이 낭주에 들어가서 장숭부를 서산 아래
에서 잡아 그 머리를 효수하였다. 대장인 왕단(汪端)은 주보권을 위협
하여 장강 남쪽 강안에 있는 승려의 집에 숨겨두었는데 이처운이 휘하
의 장수인 전수기(田守奇)를 파견하여 그를 포로로 잡게 하니, 왕단은
주보권을 버려두고 도망하였으며, 전수기는 주보권을 붙잡아 가지고
돌아왔다. 호남(湖南)이 평정되었는데, 무릇 주(州) 14개, 감(監) 1개,
현(縣) 66개, 호구 9만7천288호를 얻었다.

경우일(18일)에 호부시랑 여여경(呂餘慶, 927~976)에게 명령하여 권

지담주(權知潭州)로 하였다.

22 계유일(21일)에 이부상서 장소 등이 오형(五刑)의 제도를 자세히
정하였는데, 무릇 유형(流刑)에는 4등급이 있고 도(徒)·장(杖)·태형(笞
刑)에는 각기 5등급이 있었다.[18]

23 주현으로 하여금 다시 의창(義倉)을 설치하게 하고 관청에서 거
두는 2세(稅, 夏,秋)에서 석(石)마다 별도로 1두(斗)를 내어 이를 저축
하여 흉년에 대비하게 한 것이다.

24 여름, 4월 갑신일(3일)에 형남의 담(潭)·낭주(朗州)에서 사죄(死
罪)를 지은 죄수를 감형하고 유(流) 이하의 죄를 지은 사람은 이를 석
방하고 배속되어 복역한 사람은 풀어주어 돌아가게 하며 3년 이전의
포세(逋稅, 안낸 세금)와 장원과리(場院課利)[19]는 면제해 주었다.

25 을유일(4일)에 여러 주(州)에 통판(通判)을 두고 무릇 군민(軍民)
의 정치는 모두 이를 통합하여 다스리며 업무는 전적으로 전달할 수

---

18 오형은 태(笞)·장(杖)·도(徒)·유(流)·사(死)의 다섯 종류인데, 각각 죄에 따
라 여러 등급으로 나뉜다. 태는 10대에서 50대까지 다섯 등급이 있고, 장은
60대에서 100대까지 다섯 등급이 있고, 또는 노역형으로 1년·1년 반·2년·
2년 반·3년으로 다섯 등급이 있었으며, 유는 변방 지역으로 추방하여 고향
에 올 수 없게 하는 것으로 2천 리·2천5백 리·3천 리로 구분된다. 이 외에 사
형에도 교(絞)·능지(凌遲)·참수(斬首)가 있다.

19 곡식을 탈곡하거나 식량을 말리는 평평한 장소를 장원이라고 하는데, 이러한
작업을 통하여 얻어지는 수익을 말하는 것이다.

있었으며, 장리(長吏)와 같은 예우를 하였다. 큰 주에는 혹 두 명을 두었다. 또 절진(節鎭, 절도사가 진수하는 지역)이 거느리는 지군(支郡)은 모두 경사(京師)에 직접 예속시켰는데, 스스로 일을 상주할 수가 있었으니 이에 절도사의 권한은 더욱 가벼워졌다. 조보의 말을 채용한 것이다.

26 급사중인 요양(饒陽, 河北省 衡水市) 사람 이방(李昉, 925~996)을 파견하여 남악(南岳, 衡陽市 南岳)에 제사를 지내게 하고 곧 권지형주(權知衡州, 형주; 湖南省 衡陽市)로 삼았다.

27 정해일(6일)에 국자감에 행차하였다가 드디어 무성왕묘(武成王廟)[20]에 행차하였으며 옥진원(玉津園)[21]에서 연사(宴射)하였다.

28 경인일(9일)에 내부전(內府錢)[22]을 내어서 제군(諸軍)의 자제 수

---

20 당 숙종 상원 원년에 서주의 개국 명신인 강상을 추봉하여 무성왕으로 하고, 경성과 각주에 태공묘를 세우도록 조서를 내리고 장량, 백기, 한신 등 72명의 역대 명신·명장을 강상의 양쪽에 배향하게 하였는데, 그 후로 역대 군왕들이 이를 늘리거나 줄여서 64위로 하였다.

21 북송 도읍인 개봉에 있는 옥진원은 송 황실의 놀이동산이다. 조정에서 활쏘기를 하는 곳으로 북송시기에는 거란 사신이 오면 여기에서 우호적으로 사격 시합을 하는데 이를 연사라고 하였다. 이는 상대방에 대한 무력을 과시하는 의미를 지닌다.

22 내부란 당대의 5부3위를 지칭하는 말로 외부(外府)의 절충부(折衝府)와 구별한다. 5부는 친부(親府)·훈일부(勳一府)·훈이부(勳二府)·익일부(翊一府)·익이부(翊二府)이고 3위란 친위(親衛)·훈위(勳衛)·익위(翊衛)이다.

천 명을 모집하여 주명문(朱明門) 밖에 연못을 파고 채수(蔡水)를 끌어다가 이를 대고 누선(樓船)[23] 수백 척을 만들고 병졸을 선발하여 이를 수호첩(水虎捷)이라고 부르며 연못에서 전투를 연습하였다.

29 신묘일(10일)에 왕처눌(王處訥, 915~982)이 《신정건륭응천력(新定建隆應天曆)》을 올리니 황제가 서문을 짓고 이를 반포하여 시행하게 하였다.

30 병신일(15일)에 병부랑중·감태주세(監泰州稅)인 조비궁(曹匪躬)이 기시되었고 해릉(海陵)·염성(鹽城, 江蘇 沿海) 양감(兩監)의 둔전부사(屯田副使) 장애(張藹)는 제명(除名, 관적에서 삭제됨)되었으며, 나란히 사람들로 하여금 경화(輕貨)를 싸 가지고 강남(江南)·양절(兩浙)에 가서 판매하고 무역하게 한 연고였다.

31 무술일(17일)에 부언경(符彦卿, 898~975)이 작별인사를 하고 자기의 진수(鎭守) 지역으로 돌아갔다.[24]

---

23 누선은 배가 높고 머리가 넓어서 외관상 건물 같이 보여서 누선이라고 하였다. 이 배는 크고 커서 원공이나 근전(近戰)에 적합하기 때문에 고대 수전(水戰)의 주령이었다. 그러나 배가 다만 지나치게 높기 때문에 중심(重心)이 온정(穩定)되지 않아서 원거리 항해에 부적합하고 단지 내하(內河)와 연해(沿海)의 수중전을 담당하였다.

24 지난 2월 3일에 천웅(天雄)절도사 부언경이 경사에 와서 조현하였는데 이제 돌아간 것이다.

32   경자일(19일)에 화주(華州, 陝西省 渭南市)단련사 대성(大城) 사람 장휘(張暉)를 봉주(鳳州, 陝西省 鳳縣)단련사 겸서면행영순검호채사(兼西面行營巡檢壕寨使)로 삼았다.

장휘는 전에 화주(華州, 陝西省 渭南市)에 있었는데, 치적(治績)에서 좋은 상황이었다. 황제는 이미 이균을 주살하고 나서 장차 하동(河東)에서 일[25]이 있을 것이어서 장휘를 불러서 들어와서 조근(朝覲)하게 하고 계책을 물었다.

장휘가 말하였다.

"택·로(澤·潞)는 상처투성이여서 아직 일어나지 못하는데, 군대가 거듭하여 일어나면 백성들은 명령을 감당하지 못할 것이니 마땅히 부유해지고 많아지기를 기다린 다음에 이를 도모하십시오."

황제는 위로하고 돌려보냈다. 이에 비로소 촉(蜀)을 정벌하려고 모의하였으니, 마침내 장휘를 봉주(鳳州, 陝西 鳳縣)로 옮겼다. 장휘는 그곳의 산과 하천의 험한 곳과 평탄한 곳을 다 알아내어 비밀리에 나아가 빼앗을 계책을 상소문으로 올렸는데, 황제는 이를 보고 아주 기뻐하였다.

33   청원(淸源, 山西省 太原)유후 장한사(張漢思)는 나이가 많아 군무를 처리할 수 없어서 일은 모두 부사인 진홍진(陳洪進, 914~985)에게서 결정되자 장한사는 그가 오로지하는 것을 걱정하여 마침내 연회를 진설하고 갑병을 매복시켰다가 그를 죽이려 하였다.

술이 몇 순배 돌아가는데 땅이 홀연히 크게 흔들리자 같이 모의하였

---

25 정벌전쟁을 말하는 것이다.

던 사람이 두려워하여 진홍진에게 알렸다. 진홍진이 급히 나오니 갑사들은 모두 흩어지고 장한사는 군사를 엄히 하여 진홍진을 대비하였다.

계묘일(22일)에 진홍진이 소매 속에 큰 자물쇠를 넣어가지고 평상적인 복장으로 편한 걸음으로 부중으로 들어오면서 당직병을 꾸짖어 보냈는데, 장한사는 바야흐로 내합(內閤)에 있었으며, 진홍진은 그 문을 잠그고 그에게 말하였다.

"군리(軍吏)들은 공이 늙고 거칠어서 나 진홍진에게 유후(留後)의 업무를 처리하기를 청하였으며 무리들의 마음을 어길 수 없으니 마땅히 인장을 꺼내 주시오."

장한사는 착잡하고 놀라서 어찌할 줄을 모르다가 마침내 문의 선간(扇間)에서 인장을 던져서 그에게 주었다. 진홍진은 급히 장리(將吏)들을 불러서 이를 알려서 말하였다.

"장한사가 다스릴 수 없다 하고서 나에게 인장을 주었다."

장리(將吏)들이 모두 축하하였다.

그날로 장한사를 외사(外舍)로 내보내고 병사로 그를 지키게 하였으며 사자를 파견하여 남당(南唐)에 명령해 주기를 청하자 남당에서는 바로 절월(節鉞)을 주었다. 진홍진은 또 아장인 위인제(魏仁濟)를 파견하여 샛길로 표문을 받들고 와서 고하며 또한 제명(制命)을 달라고 청하였다. 장한사는 물러나서 몇 년 살다가 수명을 끝냈다.

34   모용연쇠(慕容延釗, 913~963)가 진(辰, 湖南省 서쪽)·금(錦, 遼寧省 西南)·계(谿)·서(敍, 四川省 宜賓市) 등 주(州)에 말하여 각기 패인(牌印, 관리의 令牌와 印信)을 받들어 명령 내려 주기를 청하게 하였다.

35　갑진일(23일)에 조서를 내려서 다시금 지주삼문(砥柱三門)[26]을 개착하게 하였다.

36　경(涇, 甘肅省 涇川縣)·원(原, 寧夏)·빈(邠, 甘肅 寧縣)·경주(慶州, 甘肅省 慶陽市)에 금령을 내려서 번인(蕃人)을 보임하여 연변의 진장(鎭將)이 될 수 없게 하였다.

37　을사일(24일)에 옥진원에 행차하여 제군(諸軍)의 말 타기와 활쏘기를 관람하였다.

38　병오일(25일)에 추밀직학사·호부시랑인 설거정(薛居正, 912~981)을 권지낭주(權知郞州, 낭주는 湖南省 常德市)로 하였다.

39　신해일(30일)에 여러 주(州)에 명령을 내려서 경거(輕車)를 만들어 궤운(餽運)하는데 공급하게 하였다.

40　5월 초하루 임자일에 모용연쇠는 남당주(南唐主, 李煜)가 사자를 파견하여 소와 술을 가지고 와서 호사(犒師)하였다고 말하였다.

41　기미일(8일)에 봉상(鳳翔)절도사 왕경(王景, 889~963)이 죽으니 태부를 증직하고 시호를 원정(元靖)으로 하였다.

---

26 지주산은 하남성 삼문협 동쪽에 위치하며 황하의 급류 가운데 우뚝 서 있다.

42   신유일(10일)에 추밀직학사(樞密直學士)·상서좌승(尙書左丞) 고방(高防, 904~963)에게 권지봉상부(權知鳳翔府)를 맡도록 명령하였다.

43   갑자일(13일)에 고계충(高繼沖, 943~973, 南平國 君主)이 영관(伶官)[27] 143명을 장부에 적어가지고 와서 바쳤는데, 조서를 내려서 여러 대신들에게 나누어 하사하였다.

44   을축일(14일)에 철기도장(鐵騎都將) 이회의(李懷義)·내반도지(內班都知) 조인수(趙仁璲)에게 명령하여 궁궐을 증수하게 하였는데, 이미 완성하고 나니 황제는 침전에 앉아서 여러 문을 활짝 열도록 명령하여 모두 단정하게 관통하며 넓게 하고 좌우에 있는 사람들에게 말하였다.

　"이것은 나의 마음과 같으니 조금이라도 삐뚤어지고 굽은 것이 있다면 사람들이 모두 이를 볼 것이다."

45   무진일(17일)에 공부시랑 수성(須城, 山東省 東平縣) 사람 애영(艾穎)을 호부시랑으로 삼으니 치사(致仕)[28]하였다.

　황제는 집정(執政)에게 명령하여 정신(廷臣)을 선택하여 경사(京師)에 있는 여러 창고를 감독하게 하였는데, 애영에게 주어졌다. 애영은

---

27 영관에서 영(伶)이란 고대에 연희(演戲)에 종사하는 사람을 지칭하는 말인데, 궁중에서 관직을 준 영인(伶人)을 영관이라고 한다.

28 관리가 그 자리에서 사직하고 물러나는 것을 말하는데, 일반적으로 70세에 이르면 치사하였지만 몸에 병이 들거나 하면 그에 앞서 사직할 수 있다.

스스로 청망관(淸望官)[29]으로서 마땅히 혼탁한 업무를 가까이 해서 안 된다고 하며 사양하고 하려고 하지 않으니 황제가 말하였다.

"오직 치사하여야만 면할 수 있다."

애영은 늙었다고 하며 사임하게 해달라고 청하였다.

---

29 깨끗하고 높으며 명망을 가진 관직을 말하는데 보통은 중서성·상서성·문하성의 관리와 그 간관을 가리킨다.

위기의 촉과 무성왕묘의 정리

46   촉(蜀)의 재상 이호가 촉주(蜀主)에게 말하였다.

"신이 송씨(宋氏, 송 왕조)의 펼쳐지는 운을 보건대 후한·후주와는 다릅니다. 하늘은 혼란이 오래 지속되는 것을 싫어하고 해내를 하나로 통합하는데 그것은 여기에 있습니다. 만약에 직공(職貢)을 통하게 할 것 같으면[30] 역시 삼촉(三蜀)[31]을 보존하고 편안하게 하는 좋은 계책입니다."

촉주가 장차 사자를 보내려고 하는데 지추밀원사 왕소원(王昭遠, 944~999)이 굳게 이를 중지시키니 마침내 문사사(文思使)인 경처당(景處瑭) 등이 군사를 인솔하고 협로에 주둔하고 또 부(涪, 重慶市)·로(瀘, 四川省 東南部)·융(戎, 四川 宜賓市) 등 주(州)에 사자를 파견하여 도수

---

30 직공은 직책에 따라서 상납하는 공물(貢物)이라는 말이니 촉이 송에 직공을 보낸다는 말은 송의 관직을 받았다고 스스로 인정하는 것이며, 다른 말로 송에 귀부한다는 말이다.

31 넓은 의미의 촉(蜀)지역을 말한다. 한나라 초기에 촉군에 광한군(廣漢郡)을 두었고, 무제 때에 다시 건위군(犍爲郡)을 두었으니 이 셋을 합쳐서 삼촉이라고 부른다. 여기서는 촉국 전체를 말하는 것이다.

(櫂手, 뱃사공)를 고르고 수군(水軍)을 늘려 두었다.

47 6월 을유일(5일)에 조서를 내려서 담주(潭州, 湖南 長沙)에 속한 여러 현(縣)에서 명목 없이 배당하여 걷어 들이는 것을 면제하게 하였다.

48 임진일(12일)에 크게 더워서 경성(京城)에서의 영조(營造)를 중지하고 공장(工匠)에게 적삼과 신발을 지급하였다.

49 요주(遼主)가 조서를 내려서 제로(諸路)에 죄수를 기록하라고 하였다.

50 애초에 황제가 무성왕묘(武成王廟)에 행차하여 양쪽 회랑에 그려진 명장들을 지나가면서 보고 지팡이로 백기(白起, ? ~기원전 257)를 가리키며 말하였다.

"백기가 이미 항복한 사람들을 죽인 것은 무인답지 않음이 심한데 어찌하여 여기에서 제향(祭享)을 받는 것인가?"

이를 철거하라고 명령하였다. 좌습유(左拾遺)·지제고(知制誥)인 고석(高錫, 936~985)이 이로 인하여 상소문을 올려서 왕승변(王僧辯, ? ~555)이 잘 끝낼 수 없었음을 논평하고 마땅히 배향(配享)의 열(列)에 두어서는 안 된다고 하였다. 마침내 이부상서 장소(張昭)·공부상서 두의(竇儀, 914~966)에게 조서를 내려서 고석과 더불어 별도로 재정(裁定)하게 하고 공업(功業)이 처음부터 끝까지 흠이 없는 사람을 뽑게 하였다.

계사일(13일)에 장소 등이 한(漢)의 관영(灌嬰, ? ~기원전 176)·후한(後漢)의 경순(耿純, ? ~37)·왕패(王霸, ? ~59)·채준(祭遵, ? ~33)·반초(班超, 32~102)·진(晉)의 왕혼(王渾, 223~297)·주방(周訪, 260~320)·송(宋)의 심경지(沈慶之, 386~465)·후위(後魏)의 이수(李崇, 536~583)·부영(傅永, 434~516)·북제(北齊)의 단소(段韶, ? ~571)·후주(後周)의 이필(李弼, 494~557)·당(唐)의 진숙보(秦叔寶, ? ~638)·장공근(張公謹, 59~632)·당휴경(唐休璟, 627~712)·혼감(渾瑊, 736~799)·배도(裴度, 765~839)·이광안(李光顏, 762~826)·이소(李愬, 773~820)·정전(鄭畋, 825~883)·양(梁)의 갈종주(葛從周, ? ~ ?)·후당(後唐)의 주덕위(周德威, ? ~918)·부존심(符存審, 862~924) 등 23명을 올리도록 논의하고, 위(魏)의 오기(吳起, 기원전 440~기원전 381)·제(齊)의 손빈(孫臏, ? ~ ?)·조(趙)의 염파(廉頗, 기원전 327~기원전 243)·한(漢)의 한신(韓信, 기원전 230~기원전 196)·팽월(彭越, ? ~기원전 196)·주아부(周亞夫, ? ~기원전 143)·후한의 단기명(段紀明, ? ~179)·위(魏)의 등애(鄧艾, 195~264)·진(晉)의 도간(陶侃, 259~334)·촉(蜀)의 관우(關羽, ? ~220)·장비(張飛, ? ~221)·진(晉)의 두원개(杜元凱, 222~285)·북제(北齊)의 모용소종(慕容紹宗, 501~549)·진(陳)의 오명철(吳明徹, 512~578)·수(隋)의 양소(楊素, 544~606)·하약필(賀若弼, 544~607)·사만세(史萬歲, 549~600)·당의 이광필(李光弼, 708~764)·왕효걸(王孝傑, ? ~697)·장제구(張齊丘, ? ~ ?)·곽원진(郭元振, 656~713) 등 22인을 물리쳤다. 조서를 내려서 제(齊)의 재상 관중의 모습을 당(堂)에 조각하여 두게 하고 위(魏)의 하서태수 오기(吳起)를 처마 밑에 그리게 하였으며 나머지는 장소 등이 논의한 대로 하게 하였다.

을미일(15일)에 비서랑(秘書郎)·직사관(直史館)[32]인 관성(管城, 河南

省 鄭州市) 사람 주한(周翰)이 말씀을 올렸다.

"무릇 명장은 모두 사람 가운데 영웅인데 만약에 흠집을 지적하려고 한다면 누가 누(累)가 없겠습니까? 어느 날 신위(神位)를 제거하고 터럭을 불듯 다른 시대의 잘못을 찾아내서 옛 사람들의 악함을 소매를 떨치며 분노한 다는 것은 온당하지 않은 것 같습니다. 신은 마음으로 의혹합니다."

회보하지 않았다.

51 조서를 내렸다.

"형남의 병사로 돌아가서 농사를 짓기를 원하는 사람은 들어 주고 관부에서 그들의 집을 보수하여 주고 농사짓는 소와 씨앗과 먹을 것을 공급하여 하사하라."

52 병신일(16일)에 유사로 하여금 2년에 한 번 선대 제왕들의 사전(祀典, 제사 의전)을 거행하고 각기 공신들을 배향하게 하였다. 고신(高辛)·요(堯)·순(舜)·우(禹)·탕(湯)·문왕(文王)·무왕(武王)·한 고조(漢高祖)는 모두 그들의 옛날 사당을 이용하게 하였다. 또 별도로 남양(南陽, 河南省 西南)에 한(漢) 세조(世祖, 유수)의 사당을, 예천(醴泉, 陝西 麟游)에 당(唐) 태종의 사당을 건설하는데, 세조에게는 등우(鄧禹, 2~58)·오한(吳漢, ?~44)·가복(賈復, 9~55)·경엄(耿弇, 3~58)을 배향하고, 태

---

32 직사관은 관직명으로 북송대에 사관(史館)을 두고 국사(國史)를 수찬(修撰)하는 일과 일력(日曆)을 편찬하는 일을 관장하게 하였는데 사관 안에 직사관(直史館)을 두었으며, 이를 직사(直史)라고도 하였다. 경관으로 충임하였으며 지위는 감수국사(監修國史)와 수찬(修撰)의 아래이다.

종에게는 장손무기(長孫無忌, 594~659)·방현령(房玄齡, 579~648)·두여회(杜如晦, 585~630)·위징(魏徵, 580~643)·이정(李靖, 571~649)을 배향하고 나란히 사당의 벽에 모습을 그리게 하였다.

53   정유일(17일)에 왕인섬(王仁瞻, 917~982)에게 명령하여 권지형남군부사(權知荊南軍府事)[33]로 하였다.

54   이에 앞서 황제는 전군열교(典軍列校)[34]에게 명령하여 상남(湘南)에 속한 여러 군(郡)을 요령(遙領)하게 하였는데,[35] 1년이 넘지 않아서 과연 그 지역을 얻었다.[36] 신축일(21일)에 다시 용첩좌상도지휘

---

33 관직 가운데 권지(權知)가 붙은 것은 잠정적으로 어떤 관직을 대신한다는 뜻을 갖는다. 송(宋)초에 관원들은 조정에서 임시로 어느 지역 명의로 업무를 처리하도록 파견하는 경우에 관함(官銜) 앞에 항상 지(知)를 붙인다. 지란 주관한다는 의미이고 잠시 대신하는 것을 권지라고 하였는데, 후대에 이러한 것이 연용(沿用)되어서 예컨대 권지추밀원사(權知樞密院事), 권지공거(權知貢擧), 권지모주사(權知某州事) 등이 있다. 또한 경력이 부족한 사람으로 높은 품급의 직무를 맡아 나가는 경우에 권(權)자를 붙인다. 이 경우에는 형남지역 군부에 관한 업무를 잠정적으로 주관하는 직책인 것이다.

34 전군은 군사를 지휘한다는 말이고 열교는 여러 교위를 통칭하는 단어이다. 예컨대 후한시기에 경사를 수위하기 위하여 둔위병을 두고 5영(營)으로 나누었고 이를 북군 5교(校)라고 하였고, 매 교(校)에 수장을 교위라고 하며 이를 열교라고 통칭하였다.

35 어떤 관직을 담임하였지만 친히 그 관직을 수행해야 하는 곳에 가지 않고 멀리서 그 업무를 관장하는 것이다. 예컨대 당대에 수도 장안과 배도(陪都)인 낙양에 관부를 세우고 그 장관은 목(牧)인데, 일반적으로는 친왕(親王)이 요령하며 실제로는 정무를 주관하는 사람은 윤(尹)이었다.

36 조광윤이 송을 건국한 초기에 아직 송의 판도에 들어오지 않은 지역에 군사

사(龍捷左廂都指揮使)·악주(岳州, 악주는 湖南 岳陽市)방어사인 하진(夏津, 山東省 德州市) 사람 마인우(馬仁瑀, 오대말 송초 인물) 등으로 한·팽등주(漢·彭等州, 한주는 四川省 廣漢, 팽주는 成都)방어사로 삼았다.

55　기유일(29일)에 진국(鎮國)절도사 송연악(宋延渥, 926~989)에게 명령하여 금여(禁旅, 금군) 수천 명을 인솔하여 새로 만든 연못에서 수전을 익히게 하였는데, 황제가 자주 그곳에 가서 관람하였다.

56　경술일(30일)에 명령을 내려서 대리정(大理正)인 해서(奚嶼)를 지관도현(知館陶縣, 관도는 河北館陶)으로 하고 감찰어사 왕우(王祐)를 지위현(知魏縣, 魏縣은 河北省 邯鄲市)으로 하며, 양응몽(楊應夢)을 지영제현(知永濟縣, 영제현은 山西省 運城)으로 하고, 둔전원외랑 우계휘(于繼輝)를 지임제현(知臨濟縣, 임제현은 山東 高青東南)으로 하였다.

　상참관(常參官)이 지현이 되는 것은 해서 등으로부터 시작되었다. 왕우는 대명(大名, 河北省 邯鄲市) 사람이다. 당시에 부언경이 오랫동안 대명에서 진수하였는데, 오로지 방자하며 불법을 저지르기만 하니 속읍(屬邑)은 자못 다스려지지가 않았으니 그런고로 특별히 강하고 건장한 사람을 선발하여 이에 다가가도록 하였다.

　그 후에 우찬성대부인 주위(周渭, 922~999) 역시 지영제(知永濟)가 되었는데 부언경이 교외에서 영접하자 주위는 말 위에서 읍하고는 바로 관사(館舍)로 들어가서 처음으로 부언경과 서로 만나보고 대체적으

────────

를 지휘하는 열교들에게 그 지역에 대한 직함을 주었고, 이 직함을 받은 사람은 자기가 군사를 지휘하여 그 지역을 실제로 장악하게 하였다는 말이다.

로 내리거나 굴하지 않았다.

현에 도적질하여 사람을 다치게 한 사람이 있었는데 풀어주자, 주위가 이를 붙잡아 그 죄를 드러내고 그를 참수하여 부(府)로 보냈다. 주위는 먼저 백마(白馬, 山東 白馬縣) 주부(主簿)가 되었는데 현의 대리(大吏)가 범법을 하자 주위는 즉시 그를 목 베었다. 황제는 그 재주를 기이하게 여겼으니 그러므로 우찬선대부로 발탁하였다.

57　가을, 7월 갑인일(4일)에 호남(湖南)에서의 전역(戰役)[37]에서 죽은 사람인 근언랑(靳彦朗)의 아들인 근승훈(靳承勳) 등 30명을 전직(殿直)[38]으로 삼았다.

58　감수국사 왕부(王溥, 922~982)가 새로 편수한 양(梁)·후당(後唐)·진(晉)·한(漢)·주(周)의《오대회요(五代會要)》[39] 30권을 올렸다.

59　안국(安國)절도사 왕전빈(王全斌, 908~976)과 명주(洺州, 河北省 永年縣)방어사 곽진(郭進, 922~979)·조주(趙州, 河北省 趙縣)자사 진만

37　조광윤은 3월에 호남을 평정하였다. 그로 인하여 4월에는 장사들에게 상을 주었고, 또 다세(茶稅)를 면제해 주는 등 새로 호남으로 영역을 확대하면서 일어난 전쟁을 말한다.

38　송대 무산관(武散官)의 관직명이다. 전직에는 좌반(左班)전직과 우반(右班)전직이 있다.

39　《오대회요》는《신오대사》와《구오대사》가 완성되기 전에 완성되었는데, 오대시기 각 왕조의 실록과 조령 그리고 주의(奏議)를 분류하여 편찬한 것으로 오대의 전장제도를 연구하는데 반드시 필요한 사료이고,《통전(通典)》의 속편이라 할 것이다.

통(陳萬通)·등주(登州, 山東 煙臺市)자사 고행본(高行本)·객성사(客省使) 조빈(曹彬, 931~999) 등이 군사를 인솔하고 북한(北漢)을 공격하였는데 정사일(7일)에 포로를 잡아와서 바치었더니 조서를 내려서 그를 풀어주었다.

조빈은 영수(靈壽, 河北省 西部) 사람으로 종모(從母, 이모)가 후주 태조의 귀비였는데 황제가 숙위를 지휘하게 되면서 더욱 조빈을 중한 그릇으로 생각하였다. 조빈은 공적인 일이 아니면 일찍이 문에 들어오는 일이 없었고, 보통 연회가 있어서 참석하여도 역시 더불어 하는 일이 적었다.

황제가 즉위하고 진주(晉州)도감에서 불려 들어와서 알현하게 되자 말하였다.

"옛적에 나는 너를 가까이 하였는데 어떤 연고로 나를 멀리 하는가?"

조빈이 머리를 조아리며 사과하면 말하였다.

"신은 주실(周室, 후주의 황실)의 근친이어서 금정(禁庭)에서 직책을 맡았지만 감히 존귀한 분에게 관계를 맺겠습니까!"

황제는 더욱 가상하게 칭찬하였다.

60   무오일(8일)에 풍(灃, 湖南 灃州)·낭(郎, 湖南省 常德市) 등 여러 주(州)에 양기(量器, 들이)와 형기(衡器, 저울)를 반포하여 할거(割據)할 적에 두텁게 거두는 폐단을 징치(懲治)하였다.

61   당(唐, 河南省 泌陽縣)·등(鄧, 河南省)의 풍속에는 집안에 병자가 있으면 비록 부모라고 하더라도 역시 내버리었으니 그러므로 병든 사

람은 번번이 죽었다. 무승군(武勝軍)절도사 장영덕(張永德, 931~1000)
이 말을 하니 기미일(9일)에 조서를 내려서 이를 금지시켰다.

62   정묘일(17일)에 무성왕묘에 행차하였다가 끝내 신지(新池)에까지
행차하여 수전 연습하는 것을 관람하였다.

63   기사일(19일)에 권지낭주(權知郎州)인 설거정(薛居正, 912~981)은
'왕단(汪端)이 수만 명을 가지고 주성(州城)을 노략질하였는데, 도감
(都監)인 윤중예(尹重睿)가 쳐서 그를 도망치게 하였다.'라고 말하였다.

64   형남(荊南) 관내의 백성들에게 금년 하조(夏租)의 반을 하사하였
다.

65   갑술일(24일)에 주보권(周保權, 952~985)이 대궐(大闕)에 이르러
서 대죄(待罪)하니[40] 조서를 내려서 그를 풀어주고 우천우위(右千牛
衛)상장군으로 삼았다.

66   을해일(25일)에 낭주성을 증축하고 그 호(壕, 해자)를 준설하도록
명령하고 관내의 백성들에게 금년의 하조(夏租)를 하사하였다.

---

40 주보권은 그의 아버지 무평절도사 주행봉이 죽자 11살의 나이로 아버지의 직
   책을 이어받았는데, 이에 불만을 품은 장문표가 기병을 하자 이를 기회로 송
   조정에서는 군사를 내어 형남지역과 주보권이 할거하고 있는 호남을 취하려
   고 하였다. 호남의 주보권이 조금 저항하다가 포로가 되어 항복하였었다.

67   기묘일(29일)에 판대리시사인 두의(竇儀, 914~966) 등이 《중정형통(重定刑統)》[41] 등의 책을 올리니 조서를 내려서 판간(板刊)하고 모인(摹印)하여 천하에 반포하게 하였다. 두의 등은 경중을 참작하여서 당시에 자세하고 윤당(允當)하다고 하였다.

---

41 《송형통(宋刑統)》이라고도 하며 정식 명칭으로는 《송건륭중상정형통(宋建隆重詳定刑統)》으로 송대 주요한 법전이다. 이 책은 송 태조 건륭 3년(962년)에 시작하여 다음 해에 완성되었고, 같은 해 8월에 인쇄하여 반포되었다. 중국에서 최초로 간행된 법전이다.

북한·요·여진·고려의 대응

68 북한(北漢)에서 숙위전직행수(宿衛殿直行首)인 왕은(王隱)·유소
(劉昭)·조만(趙巒) 등이 반란을 모의하였다가 일이 발각되어 주살되었
는데, 말이 추밀사 단항(段恒)에게까지 이어졌다.

애초에 북한의 주군이 아끼는 곽희(郭姬)는 장차 세워져서 비(妃)로
되려 하였는데, 단항이 그녀의 출신이 한미(寒微)하다는 것으로 간언
하여 이를 중지시켰고, 또 그의 형제와 친척을 억눌러 채용하지 아니하
였다.

곽희는 단항이 자기를 돕지 않은 것에 원망하여 참소하여 죄를 만들
어내어 내보내어 분주(汾州, 山西省)자사로 삼고 얼마 후에 그를 목매
어 죽였다. 단항은 재간이 있었고 그 직책을 수행하는데 부지런하였으
며 죽는 것도 죄 때문이 아니어서 요주(遼主)가 이 소식을 듣고 이를 공
평하지 않다고 하였다.[42]

북한에서 조홍(趙弘)을 추밀사로 삼고 곽무위(郭無爲)를 좌복야 겸

---

42 요나라는 이때에 북한(北漢)을 도우며 송과 대결하는 상황이기 때문에 요는
   북한의 후견자라고 할 수 있다.

중서시랑·평장사로 삼았다. 곽무위와 조홍이 협조하지 않으니 조홍을
돌려 내보내어 분주자사로 삼고 곽무위가 추밀사를 겸하니 군국(軍國)
의 업무는 한가지로 그에게 위임되었다. 곽무위는 또 조홍을 참소하여
분주가 잘 다스려지지 않는다고 하여 남주(嵐州, 山西省 嵐縣)로 옮겼
다.

69   8월 초하루 경진일에 조서를 내려서 동지에 남교에서 제례를 지
내게 하였다. 이미 그렇게 하고 났는데, 유사가 '동지는 바로 11월 그믐
의 하루 전날인데 황제는 처음으로 교사(郊祀, 교외에서의 제사)하면서
그믐에 가까워서는 안 된다'고 말하며 16일 갑자일로 고치자고 청하자
조서를 내려서 좋다고 하였다.

70   임오일(3일)에 전전(殿前)도우후·가주(嘉州, 四川省 樂山市)방어
사인 관도(館陶) 사람 장경(張瓊)이 자살하였다.
    이때에 군교(軍校)인 사규(史珪)·석한경(石漢卿) 등이 바야흐로 총
애를 받자 장경이 자주 그들을 가벼이 하고 모욕하니 석한경이 장경은
부곡 100여 명을 길러서 스스로 위복(威福)을 만들어 내며, 또 황제의
동생 조광의(趙光義)가 전전도우후 시절에 한 일을 헐뜯었다고 참소하
였다.
    황제는 장경을 불러서 대면하여 이를 신문하자 장경은 복종하지 않
았다. 황제는 화가 나서 그를 치게 하자, 석한경이 바로 철퇴를 떨쳐서
그 머리를 치니 바로 기절하였고 마침내 질질 끌어내서 어사부에 내려
보내어 사건을 국문하게 하였더니 장경은 자살하였다. 황제는 곧 그 집
에는 남은 재산이 없고 겨우 노복 3인뿐이라는 소식을 듣고 이를 심히

후회하면서 석한경을 책망하여 말하였다.

"네가 장경의 부곡이 100명이라고 말하였는데, 지금 어디에 있는가?"

석한경이 말하였다.

"장경이 기르는 사람은 한 명이 100명을 대적할 뿐입니다."

황제는 빠르게 장경의 집에 우대하고 가엽게 여기도록 명령하였지만 그러나 역시 석한경에게는 죄를 주지 아니하였다.

71   이보다 먼저 용첩좌상(龍捷左廂)도지휘사인 마인우(馬仁瑀)가 항상 사사로이 병사를 지공거(知貢擧)인 설거정에게 부탁하였는데, 설거정은 실제로 허락하지 않으면서도 겉으로는 이를 승낙하였지만 발표가 나오면 그 사람은 없었다.

희연일(喜宴日)이 있다는 소식을 듣게 되자, 마인우가 술에 취한 것을 이용하여 소속하는 병사를 데리고 설거정을 모욕하였는데, 어사중승 유온수가 마인우를 탄핵하는 주문을 올렸지만 황제는 굽혀서 받아주며 참았다.

용첩좌상도지휘사인 왕계훈은 황후 어머니의 동생인데 세력을 끼고 교만하여 장수들을 능멸하는 일이 많았다. 마인우가 홀로 더불어 맞섰는데, 서로 분을 내어 싸우면 번번이 팔을 밀치고 왕계훈에게 주먹질을 하려고 하였다. 왕계훈은 그가 용감한 것을 꺼려서 자못 굽혔지만 그러나 원망하였으니 틈은 더욱 깊어졌다.

이에 조서를 받아서 교외에서 도시(都試)[43]를 치렀는데, 두 사람은

---

43 한대(漢代)에 거행된 대규모의 시험이다. 한대에는 각 군에서 매년 한 번씩 군

이를 이용하여 서로 도모하려고 몰래 거느리는 병사를 챙겨서 사사롭게 흰 몽둥이를 샀다. 황제는 그 일에 대하여 조금 듣고 바로 조서를 내려서 강무(講武)를 그만두게 하였다. 갑신일(5일)에 마인우를 내보내어 밀주(密州, 山東省 諸城)방어사로 삼고 왕계훈을 불문에 붙였다.

72   진주(秦州, 甘肅省 甘谷縣)단련사 반미(潘美)를 담주(潭州, 湖南 潭州)방어사로 삼았다. 남한(南漢) 사람들이 자주 계양(桂陽, 湖南省 郴州市)과 강화(江華)를 노략질하니 반미가 이를 쳐서 도망가게 하였다. 계동(谿洞)의 만요(蠻獠)[44]들은 당말(唐末) 이래에 혼란이 있은 뒤로부터 왕부(王賦)를 공여하지 않고 자못 침략을 자행하여 거주하는 백성들의 걱정거리가 되었다.

반미는 군사를 인솔하고 깊이 들어가서 그들의 소혈(巢穴)에 끝까지 다가가서 목을 벤 것이 100여 급이 되자 나머지 무리들은 흩어지고 무너졌다. 반미는 불러들이도록 유도하여 그들의 죄를 용서하고 자기의 녹봉으로 소고기와 술을 사서 연회를 열고 위로하며 금백(金帛)을 하사하여 그들을 위무하니 이락(夷落)[45]이 드디어 평정되었다.

사연습을 하였다. 이때에 부월과 기고를 진설하고 융중하게 거행하였으며 만약에 이 시험에 나오지 않으면 제명되었으며 이것은 경성에서도 거행되었다. 이러한 전통이 그대로 송대에 거행된 것이다.

44 고대 중국 남방에 살던 소수민족으로 남방동부의 장족(壯族)·요족(瑤族)·여족(黎族)·여족(畬族)과 객가인을 말하며, 서남방의 묘족(苗族)·토가족(土家族)·이족(彝族)·포의족(布依族) 등 각 소수민족을 멸시해서 부르는 명칭이다.

45 소수민족이 거주하던 취락을 말한다.

73 갑신일(5일)은 요주(遼主)의 생일이어서 오방(五坊)[46]의 응골(鷹鶻, 사냥용 매)을 풀어 놓았다.

74 이보다 먼저 북한(北漢)에서 사신을 파견하여 요(遼)에 알리고 변방을 순수하겠다고 하면서 성원해 주기를 빌었다. 정해일(8일)에 왕전빈(王全斌, 908~976)이 다시 곽진(郭進, 922~979)·조빈(曹彬, 931~999) 등과 군사를 인솔하고 북한의 낙평(樂平)을 공격하고 그의 공위(拱衛) 지휘사 왕초(王超) 등을 항복시켰다.

북한의 장수 울진(蔚進)·학귀초(郝貴超)가 번(蕃)·한(漢) 병사를 다 모아서 와서 구원하자 세 번 싸워서 모두 그들을 패배시키고 드디어 낙평을 떨어트렸고 바로 세워서 평진군(平晉軍)을 만들었다.

75 임진일(13일)에 조서를 내렸다.

"구경(九經) 거인(擧人)으로 낙제한 사람은 의당 제과(諸科) 거인(擧人)[47]의 예(例)에 의거하여 재시험을 허락하라."

---

46 오방은 최고 통치자가 사냥매와 사냥개를 길러서 수렵에 저공하기 위하여 이러한 것들을 기르는 동네를 말한다. 오방에는 조(雕, 독수리), 요(鷂, 암컷 새매), 골(鶻, 송골매), 응(鷹, 해동청), 구(狗, 사냥개) 등을 전문적으로 기르는 다섯 개의 방(坊, 동네)이 있다.

47 제과란 송대에 과거에서 설치하였던 여러 과목을 전체적으로 이르는 말이다. 송나라 초기에 당대의 것을 계승하여 예부에서 공거(貢擧)하였는데, 진사(進士)·구경(九經)·오경(五經)·개원례(開元禮)·삼사(三史)·삼전(三傳)·학구(學究)·명경(明經)·명법(明法) 등의 과(科)가 있었는데 진사과를 제외하고 나머지를 통틀어 제과라고 하였다.

76   계사일(14일)에 여진(女眞)에서 사자를 파견하여 명마를 바쳤다.

77   병신일(17일)에 북한의 정양(靜陽) 등 18채(寨, 군영)의 수령들이 서로 인솔하면서 와서 항복하였다.

78   천주(泉州, 福建省 東南沿海)의 진홍진(陳洪進, 914~985)이 사자를 파견하여 와서 공물을 바쳤다.[48]

79   제주(齊州, 山東省 濟南)에서 황하가 터졌다.

80   무술일(19일)에 요주가 가까운 곳에 있는 산에 가서 사슴을 불러서 이를 사냥하였는데 17일이 지난 뒤에 돌아갔다.

81   기해일(20일)에 요(遼)의 유주(幽州, 北京)기구관사(岐溝關使)[49]인 시정한(柴庭翰) 등이 와서 항복하였다.

82   정미일(28일)에 호부시랑 여여경(呂餘慶, 927~976)이 정모우(丁母憂)를 당했다.[50] 당시에 여여경은 권지양주(權知襄州)였는데, 조서를

---

48 진홍진에 관한 일은 지난 4월 19일 기사에 실려 있다.

49 기구관은 지금의 하북 탁현(涿縣) 서남쪽에 있는 관문으로 향후 요와 송이 이곳에서 큰 전투를 벌이게 되는 유명한 지점이다. 기구관사는 기구관을 관장하는 지휘관이다.

50 관리의 신분으로 부모의 상을 당하면 어떤 관직을 가지고 있던지 상을 당한 그날부터 반드시 사직하고 고향으로 돌아가서 장례를 치르고 27개월간은 이

내려서 중사를 파견하여 호상(護喪)하게 하고 관부에서 장례도구를 공급하고서 얼마 안 있다가 기복(起復)[51]하게 하였다.

83 조서를 내려서 등주(登州, 山東 煙臺市) 사문도(沙門島)에 사는 백성들의 조부를 면제해 주고 오로지 배를 만들어 여진에서 공헌하는 말을 건네 주게 하도록 하였다.

84 이달에 남당(南唐, 937~943)에서는 이부상서인 건안(建安) 사람 유간언(游簡言, 914~969)을 지상서성사(知尙書省事)[52]로 하였는데, 얼마 안 있다가 우복야로 옮겼다.〔지도참고〕

85 9월 초하루 경술일에 호부판관·수륙(水陸)전운사인 등백(藤白)의 관직을 면직시켰는데, 군사의 저축물을 손해 보게 하고 망그르트린 때문이었다.

제도를 지켜야 하는데 이를 정우(丁憂)라고 하며 우란 상(喪)을 당하는 것을 말하며 이 경우에는 모친의 상사를 당하여 정우하게 되었다는 말이다.

51 관리가 부모의 상을 당하고서 그 복상기간을 채우지 않은 상태에서 다시 기용하는 것을 말한다. 특히 국가적으로 중요한 전쟁을 하는 경우에 이러한 경우가 있으며 이를 탈정기복(奪情起復)이라고 한다.

52 지직(知職)이다. 지직이란 관원을 임용하는 방법 가운데 하나인데, 칙지(勅旨)에서 규정하는 것을 이용하여 임용하는 관직이다. 한대 이래로 칙지를 가지고 특별히 어떤 직책을 덧붙여 주는 것이다. 송대에는 경관(京官)으로 파견되어 나가서 부·주·현 등 지방의 정무를 관장하는데, 지부·지주·지현이 그것이다. 그러므로 여기서 지상서성사란 상서성의 업무를 관장하는 직책인 것이다.

❖ 남당의 강역도

86   요주(遼主)는 푸른 소와 흰말을 가지고 천지에 제사를 지내고 들에서 술을 마셨는데, 끝내 저녁이 되어서야 그만 두었다. 다음 날 술과 포(脯, 말린 고기)를 가지고 천지에 제사를 지내고 다시 끝내 밤이 되어서도 술에 취하였다.

87   갑인일(5일)에 여러 신하들이 세 번 표문을 올려서 존호(尊號)를 덧붙이기를 응천광운성문신무(應天廣運聖文神武)[53]라고 하였더니 이를 좇았다.

88   고려국왕(高麗國王) 왕소(王昭, 925~975)[54]가 사자 시찬(時贊) 등 파견하여 들어와서 공물을 바치는데, 바다를 건너면서 큰 바람을 만나서 물에 빠져 죽은 사람이 90여 명이었으며 시찬은 겨우 죽음을 면하니, 조서를 내려서 그들을 위로하고 가엾게 여겼다.[55]

---

53 황제 조광윤에 대한 존칭이다. 이 존칭은 하늘, 운수, 문, 무라는 네 가지 조건에서 조광윤은 어떤 업적을 쌓거나 쌓을 사람인가를 높인 말이다. 즉, 하늘의 뜻에 감응하고, 운수를 넓혔으며, 성스러운 문치 능력을 가졌고, 신 같은 무력을 가진 사람이라는 말이다. 이렇게 최고의 높이는 존칭을 붙이는 것은 일반적으로 나타나는 현상이다.

54 고려 4대 임금인 광종이다. 고려 태조 왕건의 넷째 아들로 혜종(惠宗) 왕무(王武)와 정종(定宗) 왕요(王堯)의 동생이다. 그의 어머니는 신명순성왕후(神明順成王后) 유씨(劉氏)인데, 충주지방의 호족인 유극달(劉兢達)의 딸이며, 그녀는 왕건의 후궁 29명 가운데 세 번째 왕후이다. 이러한 왕소는 건우 2년(949년)에 선양을 받았고, 광순 3년(953년)에 후주의 책봉을 받아 고려왕이 되었다.

55 《송사》권487 〈열전〉 246 〈외국열전〉에는 '그 해 9월에 사자 시찬 등을 파견하여 와서 공물을 바쳤는데, 바다를 건너면서 큰 바람을 만나서 배가 부서지

89　조서를 내렸다.

"개봉부(開封府)에서 악공 830명을 뽑아서 임시로 태상시(太常寺)에 예속시켜서 음악을 익히게 하라."

곧 교사례(郊祀禮)[56]를 시행하려 했다.

90　조서를 내렸다.

"여러 주부(州府)의 장리들은 노복으로 좇는 사람을 가지고 정사에 간여하게 하는 것을 금지한다."

91　병인일(17일)에 광정전(廣政殿)에서 대연회를 열었는데 처음으로

고 물에 빠져 죽은 사람이 70여 명이었는데, 시찬은 겨우 죽음을 면하니 조서를 내려서 위로하고 가엽게 여겼다.'라고 되어 있어서 《속자치통감》의 90여 명과 20여 명의 차이가 난다. 《고려사》 〈세가〉 권2에는 '겨울 12월에 송의 연호를 시행하였고, 송에서는 책명사인 시찬을 파견하였는데, 바다에서 바람을 만나서 익사자가 90인이었으며 시찬만 홀로 죽음을 면하니 왕[광종]이 특히 그를 두텁게 위로하였다.[冬十二月 行宋年號 宋遣冊命使時贊來 在海遇風溺死者九十人 贊獨免 王特厚勞之.]'라고 되어 있다. 여기에도 물에 빠져 죽은 사람을 90명으로 기록하였으니 《송사》의 기록이 맞지 않는 것 같다. 다만 '시찬'이라는 인물이 '고려에서 송으로 보낸 사신인가' 아니면 '송에서 고려에 보낸 사신인가'에 대해 《속자치통감》과 《송사》에서는 고려의 사신으로 기록하고, 《고려사》에서는 송의 사신으로 기록하였다. 그리고 시찬의 사건을 《송사》에는 9월에 벌어진 것으로 기록하고, 《고려사》에는 12월에 벌어진 일로 기록하였다. 따라서 고려에서 시찬이란 사신이 고려의 사자로 송에 파견되었다가 다시 돌아오는 길에 송 황제의 책명을 들려 보낸 것은 아닌가 하는 생각이 든다.

56　제왕이 거행하는 제례 가운데 중요한 것 중의 하나인데, 임금이 3공9경 등 대신들을 거느리고 교외에서 하늘에 제사를 드리는 의식이며, 여기서 하늘에 감사하고 백성과 국가에 복을 내려 줄 것을 기원한다.

음악을 사용하였다.

92　정묘일(18일)에 선휘남원사(宣徽南院使) 겸 추밀부사인 이처운 (李處耘, 920~966)이 책임을 지고 치주(淄州, 山東 淄博市)자사가 되었 다. 이처운은 가까운 신하이고 호군(護軍)이어서 일을 처리하는데 오 로지 결단을 내리니 모용연쇠와 불협하여 바꾸어가며 서로 논하는 주 문을 올렸다. 황제는 모용연쇠가 숙장이어서 그의 허물을 용서하고 다 만 이처운에게 죄를 주었으니 이처운 역시 두려워하여 감히 스스로 밝 히지를 아니하였다.

93　무진일(19일)에 여진이 다시 명마(名馬)를 공헌(貢獻)하였다.

94   병자일(27일)에 조서를 내렸다.

"조정의 신하는 공거인(貢擧人)을 공천(公薦)할 수 없다."

옛일에 의하면 매해에 지공거관(知貢擧官)이 곧 공원(貢院)[57]에 가면 대각(臺閣)에 있는 근신(近臣)들이 재예(才藝)를 가지고 있는 사람을 천거하였는데 이를 공천이라고 하였다. 그러나 가고 오는데, 사사로움이 없을 수 없어서 이에 이르러 이를 금지한 것이다.

95   모용연쇠가 왕단(汪端)을 붙잡아 낭주(郎州, 湖南省 常德市)의 저자에서 찢어 죽였다.[58]

왕단은 처음에 주성(州城)을 공격하다가 이기지 못하자 그의 무리들과 더불어 산택(山澤)에서 모여서 도적이 되었다. 감군사가 성 안에 있

---

57 공원은 향시를 보는 시험장이니 바로 과목을 정하여 시험을 보는 장소이다. '공(貢)'이라는 말은 각지의 수재들이 여기에 이르러 시험을 보는 것인데, 마치 황제에게 명산물을 바친다는 의미를 내포한 것 같다.

58 왕단에 관한 사건은 앞의 7월 19일자에 실려 있다.

는 승려 1천여 명이 왕단에게 호응할 것을 모의한다고 의심하고 모두 체포하여 가두고 이들을 죽이려고 하였더니 설거정이 계책을 써서 그 일을 완화하였는데, 왕단이 잡히어 그를 힐문해 보니 승려들은 더불어 모의한 사람이 없어서 모두가 전부 살 수 있었다.

96 이달에 북한(北漢)의 주군이 요(遼)의 군사를 유혹하여 평진군(平晉軍)[59]을 공격하게 하니 곽진(郭進)·장언진(張彦進)·조빈(曹彬)·진만통(陳萬通)이 보병과 기병을 거느리고 가서 이를 구원하면서 1사(一舍)[60]에 이르지 아니하였는데, 북한은 병사를 이끌고 떠났다.

97 겨울, 10월 계미일(5일)에 양주(襄州, 湖北省 西北部)에 명령을 내려서 호남행영(湖南行營)의 제군(諸軍)에서 약취(掠取)한 산 사람을 다 찾게 하고, 관리를 파견하여 나누어 그 집으로 보내게 하였으며, 담(潭, 湖南 長沙)·소주(邵州, 湖南省 邵陽市)의 향병 수천 명을 풀어주어 농사 지으러 가게하고, 강릉(江陵)부 백성들의 옛날 조(租)를 반으로 감하게 하였다.

---

59 지난 8월 정해일(8일)에 왕전빈(王全斌)이 곽진(郭進)·조빈(曹彬) 등과 군사를 인솔하고 북한의 낙평(樂平)을 공격하여 떨어뜨리고 나서 바로 평진군(平晉軍)을 만들었는데, 북한은 옛날 진(晉)지역에 있기 때문에 평진이라는 말을 쓴 것이다.

60 고대에 군대가 행군하다가 하루 묵는 것 혹은 30리를 1사(一舍)라고 한다. 즉 군대가 하루를 행군하고 한 번 자는 거리는 30리로 볼 수 있다. 그러므로 평진군으로 30리를 가지 않았는데, 북한에서는 철군한 것이다.

98 정미일(29일)에 오월왕(吳越王, 錢俶, 929~988)이 그의 아들인 전유준(錢惟濬, 955~991)을 파견하여 들어와서 공물을 바치고 남교(南郊)하는 것을 도왔다.

99 한림학사·중서사인인 호몽(扈蒙, 915~986)이 복부(僕夫, 수레 끄는 사람)인 호계원(扈繼遠)을 종자(從子, 조카)로 삼아 그를 동년생인 회남(淮南)전운사 구화(仇華)에게 부탁하여 업무를 처리하게 하였다. 호계원이 관부의 소금을 도둑질하였다가 일이 발각되었는데, 무신일(30일)에 호몽이 연좌되어 금자(金紫)를 빼앗기고 쫓겨나서 좌찬성대부가 되었다.

100 위인제(魏仁濟)가 진홍진(陳洪進, 914~985)의 표문을 가지고 도착하였다. 진홍진은 스스로 이르기를 청원(淸源)절도부사 권지천·남등주(權知泉·南等州)라고 하자 조정에서 명령을 들어주었다.[61] 황제는 통사사인(通事舍人) 왕반(王班)을 파견하여 조서를 싸가지고 가서 그를 어루만지고 위무하였다.

101 11월 정사일(9일)에 남당주에게 조서를 내려서 진홍진의 뜻을 받아들인 이유를 갖추어 말하면서 또한 장차 모월(旄鉞, 깃발과 부월, 절도

---

61 945년 남당이 민(閩)을 멸망시키고 나서 민지역은 셋으로 나뉘었는데 남당은 건주(建州)와 정주(汀州)를 가지고, 오월(吳越)에서는 복주(福州)를 가졌으며, 천주(泉州)와 장주(漳州)은 당지 사람인 유종효(留從效)와 진홍진(陳洪進)이 점거하고 청원군(淸源軍)·평해군(平海軍)이라고 스스로 부르다가 태평흥국 3년(978년)에 송에게 멸망되었다.

사가 가지는 장식)을 줄 것이라고 하였다.

102　계해일(15일)에 태묘(太廟)에 제사를 지냈다. 이날 저녁에 구름이 끼고 어두웠는데 밤중에 이르자 맑게 개였다. 황제는 처음으로 태묘에 가면서 옥로(玉輅, 황제의 수레)를 탔다. 좌간의대부 최송(崔頌, 919~968)이 섭태복(攝太僕)[62]이어서 의장문물이 아주 다 갖추었는지를 묻자 최송이 아주 자세하고 민첩하게 응대하니 황제는 크게 기뻐하였다.

갑자일(16일)에 남교에서 천지에 합제(合祭)하며 선조(宣祖)[63]를 배향하였다. 돌아와서 명덕문(明德門)에 나가서 크게 사면하고 기원을 건덕(乾德)으로 고쳤다. 여러 신하들이 책서(冊書)를 받들어 숭정전(崇政殿)에서 존호를 올렸다.

이보다 먼저 황제는 대례사인 범질에게 말하였다.

"중원에는 많은 연고가 있어서 백여 년 동안에 예악과 의제(儀制)가 끊이지 않은 것이 실 같았지만 지금 다행스럽게 시절이 고르고 해마다 풍년이 들어서 연사(禋祀, 제천의례)를 거행할 수 있다. 신에게 물자를 갖추어 주신 것을 밑천으로 삼게 한 것에 보답하는데, 경은 오사(五使)와 더불어 의당 남겨지고 없어진 것을 강구하고 전고(典故)를 준행하는데, 혹 없애거나 떨어진 것이 없게 하여 짐(朕)이 인공(寅恭, 공경)하

62　태복은 황제의 어마와 수레, 그리고 마정(馬政)을 관장하는 관직인데, 섭(攝)은 섭직의 표시이다. 관리를 임용하면서 섭직이란 잠시 대리하는 경우에 섭직으로 임명한다.

63　북송의 개국황제인 조광윤과 태종인 조광의의 아버지 조홍은(趙弘殷, 899~956)으로 탁군(涿郡, 河北省 涿縣) 사람인데 후에 낙양으로 이사하였다.

는 뜻에 부응하게 하시오.”

이에 범질은 도곡(陶穀, 903~970)·장소(張昭) 등과 더불어 고사를 토의하고 찾아서 새로운 제도를 자세히 정하여 '남교행례도(南郊行禮圖)'라고 하고, 또 사천감에게 명령하여 '종사성신도(從祀星辰圖)'를 정하여 이를 올렸다.

또 말하였다.

“사당에 제사를 드리고 교천(郊天)하는데, 제사에 따르는 여러 신하들은 7일 전에 합하여 상서성에서 서계(誓戒)를 받았지만, 지금에는 나란히 하루에 이를 받으니 정성에 이지러짐이 있다면 날짜를 나누어서 각기 백관들에게 서계를 받기 바란다.”

나란히 이를 좇았다.

곧 단(壇)에 오르려는데, 유사가 황욕(黃褥, 노란 요)을 갖추어 길을 만드니 황제가 말하였다.

“짐은 깨끗하고 정성스럽게 하늘을 섬길 것이니 이와 같은 것은 필요하지 않다.”

명령을 내려서 이를 치웠다. 궁궐로 돌아 오는데, 곧 금로(金輅, 금 수레)를 타려고 하며 좌우를 돌아보며 말하였다.

“전고에서는 연(輦, 손수레)을 탈 수도 있다고 했다.”

애초에 유사가 배향(配享)을 논의하면서 희조(僖祖, 태조 조광윤의 고조)를 올려 배향하기를 청하자 장소가 논의를 바쳐서 말하였다.

“수·당 이전에는 비록 추가로 네 사당을 세우거나 혹은 일곱 사당을 세웠지만 두루 제왕을 호칭하는 글을 두루 덧붙이지 않았습니다. 양(梁)·진(陳)이 남교에서 하늘에 제사를 지내면서 모두 황고(皇考, 황제의 아버지)를 배향하였습니다. 북제(北齊)는 원구(圜丘)에서 호천(昊天)

에 제사를 지내면서 신무(神武, 高歡, 496~547)를 올려서 배향하였습니다. 수(隋)에서는 원구에서 호천에 제사하면서 황고를 배향하였습니다. 당에서는 정관(貞觀) 초기에 고조를 원구에 배향하였습니다. 양(梁) 태조가 교천(郊天)하면서 황고인 열조(烈祖, 후량 주전충의 아버지 朱誠)를 배향하였습니다. 선조(宣祖)께서는 공훈과 공벌을 누적하시어서 처음으로 왕업의 터를 닦으셨음을 존경하며 생각하여 엎드려 받들어 배향(配饗)하기를 청합니다."

이를 좇았다.

103 병일일(18일)에 남당의 주군이 사신을 파견하여 와서 남교하는 것을 돕고, 아울러 존호(尊號)를 책상(冊上)한 것을 축하하였다.

104 정묘일(19일)에 조서를 내렸다.

"방어사(防禦使)·단련사(團練使)·자사(刺史)들이 관장하는 주(州)에 옛날부터 도독부(都督府)라는 칭호를 쓰는 것을 가지고 있던 것은 나란히 정지하며 이어서 상주(上州)⁶⁴로 삼는다."

105 경오일(22일)에 요주(遼主)가 나가서 사냥을 하다가 우인(虞人, 사냥꾼)의 집에서 술을 마셨는데 무릇 4일 동안이었다.

106 임신일(24일)에 남교(南郊)에서의 제례(祭禮)가 완성되자 광덕전

---

64 주는 세력이나 크기에 따라 상·중·하로 나누는데, 상주란 1급 주(州)를 말하는 것이다.

(廣德殿)에서 큰 연회를 베풀었는데, 이를 '음복연(飮福宴)'[65]이라고 불렀으며, 이로부터 예(例)가 되었다.

107 황제가 재상에게 말하였다.

"북문(北門)[66]은 깊고 엄하니 마땅히 잘 알고 중후한 인사를 택하여 그곳에 두어야 할 것이요."

범질이 말하였다.

"두의(竇儀, 914~966)는 깨끗하고 굳세며 삼가고 후덕한 사람이지만 그러나 전 왕조에서 이미 한림(翰林)에서 단명전(端明殿)학사로 승차하였고, 지금은 병부상서이니 다시 부르기가 어렵습니다."

황제가 말하였다.

"금중에는 이 사람이 아니면 안 되니 경이 마땅히 짐의 뜻을 유시(諭示)하여 다시 그 직책에 나오도록 면려하시오"

계유일(25일)에 다시 두의를 한림학사로 삼도록 명령하였다.

황제는 일찍이 두의를 불러서 제서(制書)에 초를 잡게 하여, 원문(苑門)에 도착하였는데 두의는 황제가 안책(岸幘)[67]하고 발을 벗고 맨발

---

65 음복이란 제사를 완전히 마친 다음에 신에게 제공하였던 제물인 술과 고기를 마시고 먹으면서 신에게 복을 내려주기를 구하는 것을 말하는데, 이러한 연회를 음복연이라고 한다.

66 북문은 궁궐의 북쪽 문을 가리키는 말이기는 하지만 여기서는 이곳에 있는 한림원(翰林院)을 가리키는 말이며 구체적으로는 한림원에 근무하는 한림학사에 관한 것이다.

67 머리에 쓰는 두건을 밀어 올려서 앞의 이마가 드러나게 한 것을 말하는데, 태도가 예법에 어긋나고 아무데도 구속받지 않는 모습을 말한다.

로 앉아 있는 것을 보고 물러서서 나아가지 않으니 황제가 이 때문에 관대(冠帶)를 갖춘 다음에 불러 들어오게 하였다. 두의가 말하였다.

"폐하께서 창업하시어 전통을 내려 주시는데 의당 예로써 천하를 다스려야 합니다."

황제가 얼굴을 고치고 그에게 사죄하였다. 이로부터 가까이 있는 신하를 대하면서 일찍이 관대를 하지 않은 일이 없었다.

108　12월 경진일(2일)에 전전산기후(殿前散祇候)[68]인 이린(李璘)이 아버지의 원수인 요원(寮員, 동료관원) 진우(陳友)를 저자에서 죽였다. 이린이 자수하였는데, 황제는 장하다 하여 그를 석방하였다.

109　신사일(3일)에 여러 신하들의 관계(官階)·훈등(勳等)·작위(爵位)·식읍(食邑)을 차등 있게 올려 주었다. 사도 겸시중인 소국공(蕭國公) 범질을 노국공(魯國公)으로 고쳐 책봉하였다.

110　형남(荊南)절도사 고계충(高繼沖, 943~973)이 표문을 올려서 배사(陪祀, 배향제사)하게 해달라고 빌었더니 이를 허락하였는데, 이어서 조정으로 귀부하였다. 계미일(5일)에 고계충을 무령(武寧)절도사로 고쳐서 명령하였다.

---

68 기후(祇候)란 송대에 궁정에 있는 화원(畫院)에 들어가서 작업하는 화가(畫家)로 그 수준에 따라서 여러 직급이 있는데 기후는 비교적 수준 높은 화원이다. 전전이란 궁정에 근무한다는 의미이고 산(散)은 산직(散職) 혹은 산관(散官)임을 말한다.

111 갑신일(6일)에 황후 왕씨가 붕어하였다. 한림의관(翰林醫官)인 왕수우(王守愚)는 약을 올리는 데 면밀하게 살피지 않았다는 것에 걸려들었는데, 사형에서 감형되어 바다에 있는 섬으로 유배되었다.

112 무자일(10일)에 요주(遼主)가 들사슴을 활로 사냥하고 우인(虞人)에게 물품을 차등 있게 하사하였다.

113 기해일(21일)에 전전(殿前)시어사[69]인 정기(鄭起, ?~965?)를 서하령(西夏令)으로 삼았다. 현덕(顯德, 954~960, 後周 太祖 郭威의 연호) 말년에 정기는 전중(殿中)시어사여서 황제[70]가 금병을 장악하고 인망(人望)이 있는 것을 보자 이내 범질에게 편지를 보내어 그 일을 극언하였는데 범질이 듣지 않았다. 일찍이 길에서 황제를 만났는데, 전도(前導)를 가로 질러 끊고 지나갔지만 황제는 처음에 묻지 않았다.

이에 내보내어 사주(泗州, 강소성 盱眙縣)의 시정(市征, 시장의 세금 징수)을 관장하게 하였는데, 그때에 자사인 장연범(張延範)의 관위(官位)가 검교사도(檢校司徒)[71]여서 정기는 번번이 태보라고 불렀다. 정기는 가난하여 항상 노새를 탔는데, 하루는 장연범을 좇아서 가까운

---

69 여기서 보이는 전전시어사는 바로 다음에 전중시어사로 되어 있는 바, 이 전전은 전중의 잘못으로 보인다.

70 여기서 황제란 송 태조 조광윤을 말한다. 이는 조광윤이 아직 송을 건국하기 이전 후주 전전지휘사였을 시절의 이야기다.

71 검교란 지방관의 직급을 의미하는 것으로 이 경우에 사주자사인 잔연범의 직급은 중앙 관직으로 치면 사도직급에 해당한다는 말이다. 실제로는 자사의 업무를 수행하고 있지만 직급은 사도에 해당하는 자사라는 것이다.

교외에 나가자 장연범이 정기에게 읍하고 말을 타게 하니 정기가 말하였다.

"이것은 노새인데 어찌 과하게 부르십니까?"

장연범은 이에 깊이 앙심을 품고 비밀리에 정기가 술을 좋아하고 직분을 내버려 두었다고 주문을 올리어 드디어 좌천되었다.

좌습유인 포성(浦城, 福建省 南平市) 사람 양휘지(楊徽之, 921~1000)도 역시 일찍이 세종(世宗, 후주)에게 말하기를 '황제는 인망을 갖고 있으니 금병을 관장하게 해서는 안 된다'고 하였다. 황제가 즉위하자 곧 사건을 이용하여 그를 곧 주살하려하니 조광의가 말하였다.

"이 사람은 주 나라의 충신이니 마땅히 죄를 깊게 다루어서는 안 됩니다."

이에 또한 내보내어 천흥령(天興令, 복건)으로 삼았다.

114　경자일(22일)에 상서좌승인 고방(高防)이 봉상(鳳翔)에서 죽었는데 황제가 심히 애도하여 공봉관인 진언순(陳彦珣)을 파견하여 안배하여 서락(西洛)으로 돌려보내 장사지내게 하였는데 무릇 들어가는 비용은 아울러 관부에서 지급하게 하였다. 고방은 성품이 순박하고 후덕하여 예법을 지키고 지내온 경력이 모두 이름을 날릴 수 있었다.

115　을사일(27일)에 남당주가 표문을 올려서 호명(呼名)하기를 빌었으나 조서를 내려서 윤허하지 않았다.

116　도주(道州, 湖南省 도현)에서 백성들을 조절하여 주사(朱砂)를 채취하는 것을 금하고 형(衡, 湖南省 衡陽市)·악주(岳州, 호남 岳陽市)의 추

하(秋夏) 두 세금 밖에 부과하는 쌀을 면제하고는 나란히 백성들을 징발하여 동광(銅鑛)을 녹이려고 탄(炭)을 만드는 일을 할 수 없게 하였다.

승려 계용의 야은과 남당의 철전

117 　내객성사인 조빈(曹彬, 931~999)·통사사인 왕계균(王繼筠)을 파견하여 나누어 진(晉)·노주(潞州)에 가서 절도사 조언휘(趙彦徽, ?~968)·이계훈(李繼勳, 916~977)과 군사를 모아서 북한의 경계 지역으로 들어가서 그곳에 있는 읍과 요주(遼州, 山西省 左權縣)·석주(石州, 山西省 呂梁市)를 거두어들이게 하였다.

118 　윤달(윤12월) 을묘일(5일)에 산남동도(山南東道, 湖北省 襄陽)절도사인 모용연쇠가 죽었는데 중서령을 증직(贈職)하고 하남군왕을 추가 책봉하였다.

　황제가 모용연쇠와 평소에 잘 지냈는데, 늘 형으로 그를 섬겼으며, 즉위하기에 이르러서도 오히려 부르기를 형으로 하였다. 모용연쇠가 누워 병들자 황제는 스스로 약을 봉하여 하사하였으며, 그가 죽었다는 소식을 듣자 통곡하였다. 예관(禮官)이 근신(近臣)을 위하여 애도(哀悼)하는 의식을 치르자고 말하자 곡성이 마땅히 일상적이었는데, 황제는 말하였다.

　"나는 애도하는 것이 나오는 곳을 모르겠다."

119   용첩군교(龍捷軍校)인 왕명(王明)이 대궐에 가서 진도(陣圖)를 바치고 유주 토벌을 청하였는데, 황제가 이를 가상히 여겨서 금포(錦袍)·은대(銀帶)·전(錢) 10만을 내려주었다.

어떤 사람이 황제가 장차 북정(北征)을 하려고 크게 백성들을 징발하여 궤운(饋運, 군량운송)할 것이라고 말하자 하남(河南)의 백성들은 서로 놀라서 도망하는 사람이 4만여 가구가 되어 황제가 이를 걱정하였다. 병인일(18일)에 추밀직학사인 설거정이 말을 달려서 불러 모았는데 10일이 넘자 마침내 예전대로 회복되었다.

120   애초에 선조(宣祖)는 안릉(安陵)에 안장 되었는데 경성의 동남쪽 귀퉁이에 있었다. 신미일(23일)에 사천감(司天監)인 준의(浚儀, 安徽省 亳州市) 사람 조수기(趙修己)·내사성사 왕인섬(王仁贍, 917~982) 등에게 명령하여 안릉을 서경(西京)의 공현(鞏縣)에 있는 등봉향(鄧封鄕, 鞏儀市 西村鎭 常封村)으로 선택하게 하였다.[72]

121   을해일(27일)에 조서를 내려서 승여(乘輿)와 입는 관면(冠冕)에서 주옥으로 장식한 것을 제거하라고 하였다.

---

72 북송시대(960~1127)까지 황제의 능묘는 현재 공의시(鞏儀市) 경내에 있으며 황제와 황후, 대신 등 300여 개가 있는데, 중국 중부지역에 있는 황릉군(皇陵群)이다. 현재 700여 건의 석각과 중요한 문물가치가 있는 것이 남아 있는데 조광윤이 그의 아버지 능묘를 이곳으로 옮기면서 시작되었다. 이 송릉은 정주(鄭州)와 낙양 사이에 있는 공의시에 있는데 남쪽에는 숭산(嵩山)이 있고, 북쪽에는 황하가 있어서 산에 의지하고 옆으로 물이 있는 풍경이 아름답다.

122 영안(永安)절도사 절덕의(折德扆, 917~964)가 북한군 수천 명을 부주성(府州城, 陝西省 府谷縣 府谷鎭 東部) 아래에서 패배시키고 그 위주(衛州, 河南省 衛輝市)자사 양린(楊璘)을 붙잡았다.

123 국자박사 섭숭의(聶崇義)가 말씀을 올렸다.

"황가(皇家)에서는 화덕(火德)이 위로는 정통(正統)을 이었다고 하였으니 청컨대 적제(赤帝)를 받들어서 감생제(感生帝)[73]로 하시고 매년 정월에 별도로 높여 이를 제사지내되 남교에 단을 만들고 선제(宣帝)를 받들어 올려서 배향(配享)하고 항상 정월 상신(上辛)[74]에 제사를 봉해하십시오."

124 애초에 북한의 주군(主君, 睿宗 劉鈞, 926~968)이 사위(嗣位)하고서 요(遼)를 섬기는 것이 대부분 소략하였고, 옛날 시절과 같지 않았다. 이에 요주(遼主, 穆宗 耶律璟, 931~969)가 사자를 파견하여 그를 책망하여 말하였다.

---

73 하늘에 있는 제왕의 아버지를 말한다. 이는 신화 속에 나타나는 것인데 예컨대 은의 시조 설(契)은 그 어머니 간적(簡狄)이 신조의 알을 삼켜서 탄생하였다고 하며, 주(周)의 시조인 후직(后稷)은 그 어머니 강원(姜嫄)이 거인의 발자국을 밟고 나서 태어났다고 하는 것 등이다. 이러한 감생신화는 후대에 오제의 관념과 합쳐져서 감응을 준 황제가 바로 감생제인 것이다. 그 근거는 오행의 논리에 의거하는데, 하늘에는 청(靑)·적(赤)·황(黃)·백(白)·흑(黑)의 다섯 제가 있으며, 제왕의 선조 혹은 개국의 제왕은 바로 그 어머니가 오제의 정령과 감응하여 낳았다고 하는 것이다. 그러므로 개국을 한 황제는 모두 두 명의 아버지를 갖는데, 하나는 인간인 아버지이고, 또 다른 아버지는 하늘에 있는 아버지인 것이며 하늘에 있는 아버지가 바로 감생제이다.

74 매월 첫 번째로 맞는 신(辛)일을 말한다.

"그대가 나의 명령을 품수(稟受)하지 않았으니 그 죄는 셋이다. 멋대로 연호를 고쳤으니 첫 번째요. 이균(李筠, ?~960)을 도와서 넘겨다보았으니 두 번째이며, 단항(段恒)을 죽인 것이 세 번째이다."

북한의 주군은 두려워서 조카인 유계문(劉繼文)을 파견하여 가서 사과하고 말하였다.

"아버지는 자식을 위하여 감춰주는 것이니 원컨대 그를 용서하여 주십시오."

요주는 그 사자를 잡아두고 회보하지 않았다.

북한은 땅이 좁고 산물이 적으며 또 해마다 요(遼)로 물건을 날라야 했으니 그런고로 나라의 쓸 것이 날로 깎이었는데, 마침내 오대산(五臺山)의 승려인 계용(繼容)에게 벼슬을 주어 홍려경(鴻臚卿)으로 삼았다. 계용은 옛날 연왕인 유수광(劉守光, ?~914)의 서자로 승려가 되어 오대산에 살았는데,《화엄경》강론을 잘 하여 사방에서 공양하고 보시하니 많은 것을 축적하여 나라의 쓸 것을 보탰다. 오대산은 요나라의 경계에 가까워서 항상 그들의 말을 얻어서 헌상하여 도마(都馬)라고 불렀는데, 한 해에 평균 100필이었다. 또 백곡(栢谷)에서 은(銀)을 야광(冶鑛)하여 백성을 모집하여 산을 뚫고 광물을 가져다가 은을 녹였으니 북한에서는 그 은을 가져다가 요에 보냈는데, 해마다 1천 근이었으며 바로 야은(冶銀)하는 것으로 인하여 보흥군(寶興軍, 山西 繁峙縣 東南)을 세웠다.

태조 건덕 2년(갑자, 964년)[75]

1   봄 정월 신사일(4일)에 큰 눈비가 왔으며 번개가 쳤다.

2   여러 주의 장리들에게 조서를 내려서 농경과 전작(田作)을 권고하며 부과하게 하였다.

3   갑신일(7일)에 황제는 사람을 선발하는데 먹을 것이 궁핍한 사람이 많아서 이부(吏部)의 유내전(流內銓)[76]에 조서를 내려서 4시(時)로 전선(銓選)에 참여하는 것을 들어주고 여전히 한림학사 승지인 도곡(陶穀, 903~970)에게 명령하여 본사(本司)의 관원과 더불어 다시금 순자격(循資格)[77]과 사시참선조(四時參選條)를 자세히 정하게 하였다.

4   재상 범질·왕부·위인보 등이 다시 표문을 올려서 물러나기를 요구하였다. 무자일(11일)에 범질은 태자태부가 되고, 왕부를 태자태보로 삼으며 위인포를 좌복야로 삼고서 모두에게 정사(政事)를 그만 두게 하였다.

---

75 이 해는 요(遼) 목종 응력 14년이다.

76 유내전(流內銓)은 송대의 관서이며 이부에 속하여 막직(幕職)과 주현관 이하의 주의(注擬)하고 마감(磨勘)하는 일을 관장하였다. 북송 초기에는 경관 가운데 7품 이하 유내관의 임명과 고과 같은 일은 여전히 이부에 속하였다.

77 이 제도는 당 개원 연간에 관리를 뽑는 제도로 근무연한을 관리로 탁용하는 조건으로 삼은 것이다. 개원 18년에 만들어졌는데, 능력을 보기보다는 기한이 찼는지를 보는데 이를 순자격이라고 하며 인재의 중요성을 홀략한 것이다.

범질은 재상의 자리에 있으면서 제칙(制勅)을 내리는데 아직 규율을 깬 적이 없었고, 자사·현령을 임명하면서는 반드시 호구(戶口)와 판적(版籍)을 급한 것으로 여기고 사자(使者)가 민전(民田)과 옥송을 조사하게 되면 모두 불러서 만나보았는데 천자가 걱정하고 부지런하려는 뜻을 설명하고 나서야 마침내 그를 파견하였다. 당시에 현명한 재상이라고 호칭하였다.

5   경인일(13일)에 추밀사인 조보(趙普, 922~992)를 문하시랑·평장사·선휘북원사로 삼고 판삼사(判三司)인 상당(上黨) 사람 이숭구(李崇矩, 924~988)를 검교(檢校)[78]태위로 삼아 추밀사에 충임[79]하였다.

황제는 이미 조보와 이숭구에게 제수하고 나니 마침내 재상으로 칙명에 서명하는 일이 없었는데,[80] 황제는 때로 자복전(資福殿)에 있었기에 조보가 이어서 들어와서 그 일을 상주하였더니 황제가 말하였다.

---

78 검교직이다. 검교직은 당 전기·중기에 관직에 검교를 붙여주는 경우가 있었는데, 이는 비록 정식으로 관직을 제수 받는 것은 아니지만 해당 관직의 업무를 행사할 수 있었으니, 대리직에 해당한다.

79 충직(充職)이다. 관리를 임용하면서 어떤 관직에 충당하는 것인데, 일종의 특파 형식으로 임용하는 것이다. 그러므로 본직을 가지고 있으면서 다른 관직의 업무를 하도록 하는 것이다. 여기에 나타난 이숭구의 경우는 태위라는 관계(官階)를 가지면서 하는 업무는 추밀사라는 뜻이 된다.

80 당나라 시대에 황제의 명령에 속하는 것은 칙(勅)자 아래에 반드시 중서문하지인(中書門下之印)을 덧붙여야 하였으니, 바로 정사당(政事堂) 회의에서 정식으로 통과된 다음에 상서성으로 보내어 집행하였다. 만약에 중서문하의 도장이 없이 황제가 직접 낸 명령이라면 이는 위법한 것으로 생각하여 각급 하급 기관의 승인을 받을 수 없다. 이는 황제의 조명(詔命)이라도 반드시 중서문하성의 거쳐야 된다는 것을 말한다.

"경이 다만 칙서만 올리면 경을 위하여 글자만 서명한다면 될 수 있소?"

조보가 말하였다.

"이는 유사가 시행하는 것이지 제왕이 할 일은 아닙니다."

마침내 한림학사에게 옛날의 실례를 찾아보게 하였다. 도곡이 건의하였다.

"예부터 보필하는 재상은 아직 허위(虛位, 자리를 비워 놓는 것)를 한 적이 없었는데, 오직 당 대화(大和)[81] 연간에 감로의 사건이 있은 다음에 며칠 동안 재상이 없었으며, 이때에 좌복야인 영호초(令狐楚, 766~837) 등이 제서를 받들어 시행하였습니다. 지금 상서 역시 남성장관(南省長官)[82]이니 칙령에 서명할 수 있습니다."

두의가 말하였다.

"도곡이 진술한 것은 승평(承平)시대의 훌륭한 전거(典據)가 아니니 끌어다 쓸 수 있는 근거가 되기에는 부족합니다. 지금 황제의 동생이 개봉윤·동평장사이니 바로 재상의 직임입니다."

황제는 두의의 말을 좇았다.

---

81 태화(太和)의 잘못이다. 당대에 대화라는 연호를 쓴 일이 없고, 태화는 문종 시기에 9년간(827~835) 사용하였으며 문종시기에 감로의 변이라는 사건이 발생하였다.

82 남성(南省)이란 고대의 관서 명칭이다. 일반적으로 당대에는 상서성을 습관적으로 남성이라고 불렀는데, 당대의 상서성은 황성의 정 중앙에 있어서 궁성의 남쪽에 위치하여 이를 남아(南衙)라고도 하였다. 중서·문하·상서 세 성 가운데 상서성은 중서·문하성의 남쪽에 있기 때문에 남성으로 부른 것이다.

6   임진일(15일)에 조서를 내렸다.

"먼저 설치하였던 현량·방정(賢良·方正)하고 직언(直言)하거나 극간(極諫)할 수 있는 사람·경학이 우수하고 깊어서 사법(師法)으로 삼을 수 있는 사람·자세하고 우아한 관리의 이치가 교화에 통달한 사람 등 세 과(科)는 나란히 주부(州府)에 위탁하여 이부(吏部)로 선발하여 보내어 논(論) 세 가지의 방도(方道)를 쓰게 하여서 시험하는데, 3천 자 이상으로 한정하라.

이전부터 지금까지 아직 응시하지 않은 사람이 있는데 뛰어나게 빼어난 재주를 가지고 있기에 일반적인 관리 선발에 어깨를 나란히 하는 것을 수치스럽게 여기거나 곧은 생각을 품고 있으면서 유사(有司)에게 말하기 어려운 사람은 반드시 짐의 몸을 일으키는 데서부터 시작하려고 하는 것이 아닌가?

이어서 지금까지 안팎의 직관(職官)·전의 경력을 가지거나 현재 임용되고 있는 사람·포의(布衣)·황의(黃衣)[83]를 입고 있는 사람은 나란히 합문(閤門)에 와서 상황을 올려 보내는 것을 허락하며 짐이 친히 시험할 것이다."

7   기해일(22일)에 추밀승지인 왕인섬을 좌위(左衛)대장군으로 삼아서 추밀부사에 충임하였다.

---

83 포의(布衣)와 황의(黃衣)는 각기 입은 옷의 색깔을 말하는 것인데, 포의란 면포(綿布)로 만든 옷을 입은 사람을 가리키는 것으로 가난하거나 벼슬을 하지 않은 사람을 말하고, 황의는 옷의 물색(物色)을 말하는 것인데, 이는 부유하거나 귀족을 가리키는 말이다.

8   경자일(23일)에 청원군(淸源軍)을 고쳐서 평해군(平海軍)으로 하고 진홍진(陳洪進, 914~985)을 절도사로 삼도록 명령하였다.[84] 진홍진은 해마다 공봉(貢奉)을 하였는데, 대부분 백성들에게서 많이 거두었고, 또 백성들로 자산 100만 이상으로 등록한 사람은 전(錢)을 들이게 하여 협률랑(協律郎)·봉예랑(奉禮郎)[85]에 보임하여 그들의 정역(丁役)을 면제하여 주었다. 자제와 친척들은 왕래하며 뇌물을 받았는데, 두 주[86]의 백성들은 이를 아주 괴로워하였다.

9   임인일(25일)에 조보에게 칙령을 내려서 감수국사(監修國史)로 하였다.

10   정미일(30일)에 조서를 내렸다.
 "현령(縣令)·부(簿)·위(尉)는 공적인 일이 아니면 촌락(邨落)에 가지 말라."

---

84 청원군(淸源軍, 945~978)은 오대십국시기에 있었던 번진으로 그 강역은 민남(閩南)에 있었고, 정치의 중심은 천주(泉州)이다. 전체적으로 네 명의 절도사 혹은 유후가 통치하였다. 민왕(閩王)의 장군 유종효(留從效)가 남당이 민을 멸망시킨 다음에 이 지역은 셋으로 나뉘어 남당과 오월이 갖게 되고, 또 다른 지역은 진홍진이 점거하고 있었다가 태평홍국 3년(978년)에 이르러서 송에게 멸망한다. 이 시기는 송 태조가 실제적으로 이 지역의 지배자인 진홍진과 타협적으로 일을 하고 있었던 것으로 보인다.

85 협률랑(協律郎)은 통상 조정의 제사를 보좌하는 관원이고, 봉례랑은 원래 치례랑(治禮郎)인데, 당대 이후로 봉례랑으로 고쳤으며 예의에 관한 일을 담당하였다.

86 진홍진이 지배하는 천주(泉州)와 장주(漳州)를 말한다.

11   이계훈 등이 북한(北漢)의 요주(遼州, 山西 左權縣)를 공격하자 북한(北漢)은 급한 상황을 요(遼)에 알렸다. 2월 초하루 무신일에 요주자사 두연도(杜延韜)가 성을 들어서 항복하였다. 임자일(5일)에 요주(遼主)가 서남면(西南面)초토사 야율달리(耶律達里)를 파견하여 6만의 기병을 인솔하고 북한을 도와서 이계훈의 군사를 석주(石州, 山西省 呂梁市)에서 패배시켰다. 야율달리는 군사를 사용하는데 상을 주고 벌을 주는 것이 믿을만하고 밝아서 병졸들의 마음을 얻었다.

이보다 먼저 요주(遼主)는 야율달리가 침착하고 후덕하며 지혜가 많으며 책임있고 많은 재주가 있다는 것을 알았는데, 즉위하던 초기에 바로 남원(南院)대왕[87]으로 발탁하였다. 야율달리는 치소에 있으면서 변폭(邊幅)을 닦지 않고[88] 부역을 고르게 하고 농사를 권고하여 호구가 많이 늘어났다. 그때에 야율오진(耶律烏珍)[89]이 북원대왕이었는데, 야율달리와 함께 좋은 정치적 업적을 갖고 있어서 조정에서 논의하여 '부민(富民)대왕'으로 하였다. 그러므로 요주는 비록 포학하였지만 경

---

87 요나라의 관직 이름이다. 이는 북면관계(北面官系)에 속하는데 거란의 육원부(六院部)의 병마를 관장하였다. 요 태조가 거란의 질자부(迭剌部)를 오원부(五院部)와 육원부(六院部)로 만들었는데 태종이 북대왕원과 남대왕원으로 하고 그 장관을 각기 남원대왕 북원대왕으로 하였다.

88 변폭이라는 말은 포백(布帛)의 가장자리를 말하는데, 이는 사람의 의표(儀表)나 의복을 비유하는 말이다. 보통으로는 변폭을 닦지 않는다는 말을 쓰는데, 이는 변폭을 수식하는 것과 반대로 옷을 되는 대로 입으며 심지어는 깨끗하지 않거나 봉두난발(蓬頭亂髮)하거나 혹은 얼굴을 닦지 않는 사람을 가리키는 말이다.

89 야율달리(耶律達里)는 야율달열(耶律撻烈)이라고도 썼으며, 야율오진(耶律烏珍)은 야율옥질(耶律屋質)이라고도 썼다.

내에는 거칠게나마 편안하였다.

12   계축일(6일) 사자를 파견하여 섬주(陝州, 河南省 三門峽市 陝州)의
기근을 진휼하였다.

13   우무통군(右武統軍)⁹⁰ 진승소(陳承昭, 896~969)에게 명령하여 정
부(丁夫) 수천 명을 인솔하고 운하를 개착하게 하였는데, 장사(長社, 河
南 長葛 東北)에서부터 이수(洟水)의 물을 끌어들여 경사에 이르게 하
고 민하(閔河, 蔡河)와 합쳤다. 운하가 완성되자 백성들은 수해의 걱정
이 없게 되었고, 민하의 조운(漕運)은 더욱 잘 유통하였다. 〔지도참고〕

14   이부상서 장소(張昭)와 한림학사 도곡(陶穀, 903~970)이 같이 선
발업무를 관장하였는데, 도곡은 급사중 이방(李昉, 925~996)과 틈이 있
어서 마침내 좌간의대부 최송(崔頌, 919~968)이 친한 사람을 이방에게
위탁하여 동기령(東畿令, 경기의 동부지역 책임자)이 되었다고 무고하여
주문을 올리고 장소를 끌어들여 증명하였다. 황제가 장소를 불러들여
이를 질문하니 도곡이 한 것이 바르지 않다고 하면서 갑자기 관(冠)을
벗고 도곡이 황상을 기망(欺罔)하였다고 큰소리로 말하였다. 황제는
기뻐하지 않았다.

  3월 초하루 정축일에 이방은 책임을 지고 창무(彰武)행군사마에 제
수되었고, 최송은 보대(保大)행군사마가 되었다. 장소는 끝내 3번 표장
(表章)을 올려서 청로(請老, 나이가 많아 사직하게 해달라는 청)하였는데,

---

90 우무통군(右武統軍)은 우신무통군(右神武統軍)의 잘못으로 보인다.

을유일(9일)에 그가 치사(致仕)하는 것을 허락하였다.

15   권지공거(權知貢擧)인 도곡이 진사 이경양(李景陽) 등 합격자 8명을 상주하였다.

16   을미일(19일)에 북한의 요주(耀州, 陝西省 銅川市)단련사 주심옥(周審玉, 924~997) 등이 와서 항복하였다. 주심옥에게 이름을 하사하여 주승진(周承瑨)으로 하고 좌천우위(左千牛衛)대장군으로 삼아 영분주(領汾州)단련사[91]로 하였다.

17   신축일(25일)에 명헌(明憲)황태후의 시호를 고쳐 올려 소헌(昭憲)이라 하고, 황후 하씨(賀氏)에게 시호를 주어 효혜(孝惠)라 하고, 왕씨(王氏)를 효명(孝明)이라고 하였다.[92]

---

91 영직(領職)이다. 관리를 임용하는 종류 가운데 하나인데, 겸직과 비슷하여 맡고 있는 여러 직책 가운데 어느 하나는 주요관직이고, 그 외의 다른 것은 별도로 관장하는 직무인 경우를 말한다. 예컨대 전한시대에 상홍양이 치속도위(治粟都尉)이면서 대농(大農)의 직무를 관장한 경우이다.

92 조광윤의 아버지 선조 조홍은(宣祖趙弘殷)의 두부인(杜夫人, ? ~961)은 조광윤이 황제가 되어 처음에 명헌황후로 추시(追謚)하였다가 소헌태후(昭憲太后)로 고쳤으며, 조광윤의 하부인(賀夫人)은 조광윤이 황제가 되기 전에 죽어서 효혜황후(孝惠皇后)로 추시되었고, 그 후에 왕황후(王皇后)는 황후가 된 뒤 963년에 죽었다. 그 뒤로는 송(宋)황후가 있는데 968년에 황후가 되었다가 조광윤이 죽은 뒤에 개보(開寶)황후로 하였다가 다시 995년에 죽었으며 효장(孝章)황후로 추시하였다.

❖ 북송시기 운하도(이수와 민하, 채하의 연결도)

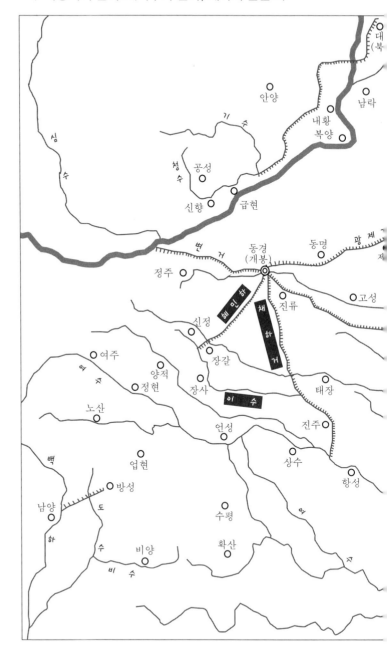

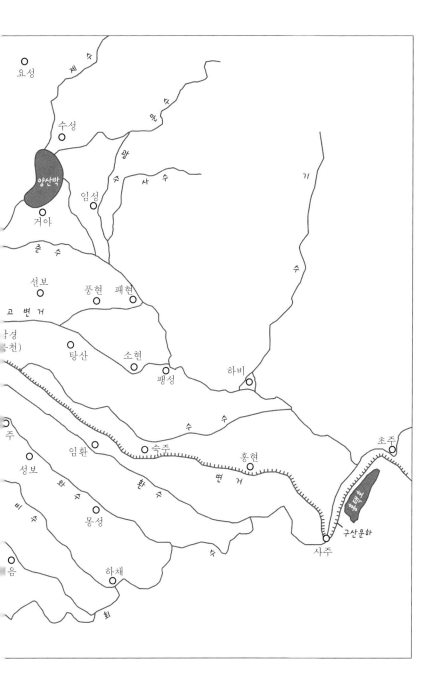

18   애초에 남당에서는 영통대전(永通大錢)[93]을 철폐하고 다시 한희재(韓熙載, 902~970)의 건의를 채용하여 당이철전(當二鐵錢)을 주조하였다. 한희재는 중서사인에서 호부시랑으로 승진하여 주전사(鑄錢使)에 충임되었다. 재상 엄속(嚴續)이 자주 철전이 불편하다고 말하여 한희재와 조당(朝堂)에서 싸웠는데 목소리와 낯빛이 함께 심하여서 비서감(秘書監)으로 좌천되었지만 한 해를 넘기지 않고 다시 이부시랑에 배수(拜授)되었다.

이달에 비로소 철전을 사용하고 한희재를 발탁하여 병부상서·근정전(勤政殿)학사로 하였다. 백성들 사이에서는 대부분 옛날 돈을 감추어 숨겨놓으니 옛날 돈은 더욱 적어지자 상고(商賈)들은 경계 밖으로 나가면서 번번이 철전 10개를 가지고 동전 하나로 바꾸었지만 관부에서는 금지 시킬 수가 없었으니 이로 인하여 그 편리함을 좇았다. 관리들은 녹봉을 늘렸으나 철전으로 이를 겸하게 하니 이로부터 물가가 더욱 비싸졌다. 한희재도 자못 역시 스스로 후회하였다.＊

---

93 영통대전이라 부르는 전폐는 그 영통천화(永通泉貨)로 쓰여 있는데, 남당의 중종(中宗) 이경(李璟)시기에 주조되었다.

송기4

송의 촉국 정벌

중서령이 되는 조광의

태조 건덕 2년(계해, 964년)[1]

1 여름, 4월 초하루 정미일에 전의 박주(博州, 山東省 聊城市)군사판 관인 영지(穎贄)를 저작좌랑으로 삼았다. 영지는 현량방정능직언극간 과(賢良方正能直言極諫科)[2]에 응(應)하였는데, 책시(策試)에서 황제의 지의에 맞았던 연고이다.

2 무신일(2일)에 하중(河中)지방의 기근을 진휼하였다.

---

1 요 목종 응력 14년이다.

2 당대의 과거에는 항상 인재를 뽑는 외에 제과(制科)가 있었는데, 제과는 부정 기적으로 거행되며 천자가 친책(親策)으로 특수한 인재를 선발하는데 전적 으로 사용되었으며 마치 한대에 현량문학효렴방정을 뽑았던 것과 유사하다. 그 가운데 현량방정직언극간과(賢良方正直言極諫科)와 재식겸무명어체용과 (才識兼茂明於體用科)가 가장 많이 보이는데, 송에서도 이를 이어받아서 인재 를 선발하는데 이용하였다.

3 　기유일(3일)에 제도(諸道)의 금년도 하세(夏稅)를 낼 곳 중에서 싹이 나지 않은 곳을 면제하게 하였다.

4 　을묘일(9일)에 선조(宣祖) 소무(昭武)황제·소헌(昭憲)황후[3]를 안릉(安陵, 河北省 景縣)에 고쳐 장사지냈는데, 효혜(孝惠)황후 하씨(賀氏)·효명황후(孝明皇后) 왕씨(王氏, 929~958)[4]를 합사(合祀)하였다.

5 　황제는 조보(趙普, 922~992)를 위하여 부직(副職, 정직보다 하나 아래인 직위)을 설치하고자 하였으나 그 명칭을 만들기가 어려워서 한림학사 승지인 도곡(陶穀, 903~970)을 불러서 물었다.

"승상보다 하나 아래인 등급은 어떤 관직인가?"

대답하였다.

---

3 소무황제는 송 태조 조광윤의 아버지 조홍은(趙弘殷, 899~956)으로 탁군(涿郡, 河北省 保定) 사람이었으나 후에 낙양으로 옮겨 살았다. 그는 그의 아들 조광윤이 송을 건국하기 전에 죽었는데, 그의 두 아들 조광윤과 조광의가 북송의 황제이다. 조경(趙敬)의 아들로 송 왕조가 건립된 후에 소무황제로 추존되었고 묘호는 선조였으며 그의 처는 소헌태후 두씨(杜氏)와 진국(陳國)부인 경씨(耿氏)가 있다.

4 효혜황후(孝惠皇后) 하씨(賀氏, 929~958)는 개봉(開封) 사람으로 송 태조 조광윤의 첫 번째 부인으로 우천우위솔부솔(右千牛衛率府率)인 하경사(賀景思)의 장녀이다. 후주시절에 회계부인으로 불리었다가 후주 현덕 5년(958년)에 죽었는데, 조광윤이 송을 건국한 뒤에 효혜황후로 추시(追諡)하였다. 효명황후(孝明皇后) 왕씨(王氏, 942~963)는 분주 신평(邠州 新平, 今陝西彬縣) 사람으로 송 태조 조광윤의 계비이며 창덕군절도사 왕요(王饒)의 셋째 딸인데 그의 친동생이 왕계훈이다. 조광윤이 송을 건국하고 황후로 책봉하였으며 건덕 원년(963년)에 죽었는데, 살아서는 그 시어머니 두태후를 지극히 효성스럽게 모셨으며 죽은 다음에는 태묘에 합사되었다.

"당(唐) 시절에는 참지기무(參知機務)·참지정사(參知政事)가 있었습니다."

을축일(19일)에 병부시랑 설거정(薛居正, 912~981)·여여경(呂餘慶, 927~976)을 나란히 본래의 관직을 가지고 참지정사로 하되 선제(宣制)는 하지 않고, 압반(押班)하지 않으며 지인(知印)하지 않고[5] 정사당(政事堂)에 오르지 않으며 단지 선휘사청(宣徽使廳)에 나아가서 일을 올리게 하였다. 전정(殿庭)에 재상의 뒤에 전위(磚位, 관원이 서는 위치를 벽돌로 표시한 것)를 별도로 세우고 칙서(勅書)의 말미에 직함을 서명하는데 재상보다 몇 자 내려 하게 하였으며, 월봉과 잡급은 모두 이를 반으로 하였다. 대개 황제의 뜻은 아직은 설거정 등으로 하여금 조보와 같게 하지 않으려는 것이었다.

6   임신일(26일)에 영주(永州, 湖南省 西南部)에 속한 여러 현의 백성들 가운데 축고(畜蠱, 독충을 기르는 것)한 사람 326명의 집을 현의 편벽한 곳으로 이사시켰는데, 다시 향(鄉)에 병렬할 수 없었다.

7   진재웅(秦再雄)을 진주(辰州)자사로 삼았다. 진재웅은 진주의 요인(傜人)으로 힘 있고 건장하며 기이한 계략도 갖고 있어서 평소에 만족 무리들이 두려워 복종하였다. 황제가 불러서 변(汴)에 이르게 하고 그를 임명할 수 있는지를 살피고 발탁하여 자사로 삼았는데, 스스로 관

---

5 선제(宣制)는 제왕의 조명(詔命)을 선포하는 것이며 압반은 백관들이 조회 때에 참석자를 이끌거나 백관들이 조회에 서는 위치를 관리하는 것을 말하며, 지인은 도장 사용을 주관하는 것을 말한다.

리를 벽소하게 하고 조부(租賦)를 주었다.

진재웅이 주(州)에 도착하여 날로 토병(土兵)을 훈련시키어 3천 명을 얻었는데 능히 갑옷을 입고 물을 건널 수가 있었고, 물을 지나서 참호(塹壕)를 뛰어 넘었다. 또 사람을 파견하여 제만(諸蠻)들에게 나누어 주면서 조정에서 품어주고 위로 하려는 뜻을 전하니 항복하고 귀부하는 사람이 날로 많았다. 이로부터 형(荊)·양(楊)에는 다시 변경 지역의 걱정거리가 없었다.

8   5월 기묘일(4일)에 지제고(知制誥)인 고석(高錫)이 번진들의 뇌물을 받은 것에 연좌되어 내주(萊州, 山東 東北部)사마로 깎이었다.

9   신사일(6일)에 종정경인 조려(趙礪)가 뇌물죄에 걸려서 곤장을 맞고 제적(除籍)되었다.

10   요주(遼主)가 백응산(白鷹山)에서 지감록(舐鹹鹿)을 활로 사냥[6]하는 것이 협순(浹旬, 10일)에 이르렀다. 6월 초하루 병오일에 옥산(玉山)에서 사냥을 하고 경월(竟月, 달이 끝남)에도 돌아오는 것을 잊었다.

11   어사대(御史臺)·태상례원(太常禮院)에서 주문을 올렸다.

"동궁(東宮)의 삼사(三師)의 관품은 1품(品)이고·복야(僕射)는 2품인

---

6 거란족은 수렵생활을 위주로 살아가기 때문에 사냥은 대단히 중요하다. 사냥하는 방법은 사슴 떼가 밤중에 소금물을 먹으려고 오는 것을 이용하는 경우가 많다. 여기서 지감록이란 소금을 핥아먹는 사슴을 말한다.

데[7] 만약에 백관이 표문을 올린다면 먼저 처리해야 할 것을 아직 알지 못하겠습니다."

조서를 내려서 양제(兩制)[8]가 이를 논의하게 하였다.

무진일(22일)에 한림학사 두의(竇儀, 914~966) 등이 주문을 올렸다.

"복야는 백관들의 우두머리이고 동궁의 삼사는 신자(臣子, 태자)의 관(官)이니 마땅히 복야를 표문(表文)의 첫 번째로 해야 합니다."

이를 좇았다.

12   기유일(3일)에 조광의(趙光義, 939~997)를 중서령으로 삼고 조광미(趙光美, 947~984)는 동중서문하평장사(同中書門下平章事)로 하고 아들 조덕소(趙德昭, 951~979)를 귀주(貴州)방어사로 하였다. 고사(故事)를 보면 황제의 아들이 합문(閤門)을 나가게 되면 바로 왕으로 책봉하였는데, 황제는 조덕소가 아직 관례(冠禮)[9]를 치루지 않아서 특별히 그 예(禮)를 하지 않았다.

---

7 태자를 위하여 설치한 태자태사(太子太師)·태자태부(太子太傅)·태자태보(太子太保)를 동궁(東宮) 3사라고 하는데 그 관계는 북위시절에 정2품이던 것을 당대에 종1품으로 하다가 송대에 와서 정1품으로 하였다. 그러므로 관계를 가지고 보면 복야보다 3사의 관계가 높다.

8 양제(兩制)에서 제(制)란 황제의 명(命)인데, 당·송시기에 한림학사가 기초하여 이를 내제(內制)라고 부르고 중서문하의 중서사인이 조령을 찬의(撰擬)하였는데, 모두 황제의 조령과 제서를 기초하고 찬의하였기에 이를 외제(外制)라고 불렀으니 이를 합쳐서 양제라고 하며 모두 황제의 제명과 관계된 업무를 담당하는 것이다.

9 이때에 조광윤의 아들 조덕소의 나이가 13세여서 아직 관례를 치루지 않았던 것으로 보인다.

13 가을 7월에 조서를 내렸다.

"오직 저들이 전형(銓衡)하는 것은 단지 자격과 경력에 의거하는데 그치지만 뛰어난 인재들이 하급 관료에 침잠되는 지를 고려하라. 지금부터 항상 조절하여 선발될 사람을 모으는데 가게 하여 이부 남조(南曹)에 맡겨서 관직을 역임하는 가운데 성과와 업적이 있으며 빠지거나 잃은 일이 없는 자를 뽑아서 마땅히 재주를 헤아려서 견별(甄別)하여 서용하라."

14 신묘일(18일)에 도곡 등 43명에게 조서를 내려서 '각기 현임 막직관(幕職官)·경관(京官) 그리고 주현 가운데 번군(藩郡)의 통판(通判) 업무를 감당할 수 있는 사람 한 명씩을 천거하되 직책을 맡아서 바야흐로 일을 어그러지게 한 상황이 있으면 연좌한다.'고 하였다.

15 갑오일(21일)에 번진(藩鎭)에 처음으로 임용한 관리를 장서기로 삼지 말게 하였고, 반드시 두 번 직임을 거쳤거나 유학적 소양이 있는 사람이라면 이에 벽소하기로 주문을 올리는 것을 허락하였다.

16 8월 무신일(5일)에 요주(遼主)가 생일이 천사일(天赦日)[10]에 해당되어서 축하를 받지 않고 굽혀서 경사의 죄수들을 사면하였으며, 을

_____

10 천사일이란 천제(天帝)가 중생들의 죄과를 사면해 주는 길일이어서, 이를 지키면 재앙을 소멸시킨다는 것인데, 봄에는 무인(戊寅), 여름에는 갑오(甲午), 가을에는 무신(戊申), 겨울에는 갑자(甲子)일을 천사일로 하고 있다. 그러므로 한 계절에 한 번 혹은 두 번 정도의 천사일이 있는 셈인데, 요주의 생일이 8월 무신일이므로 여름 계절의 무신일이니 이 생일이 천사일과 겹친 것이다.

유일(12일)에 죄수들의 기록을 살펴보았다.

17   9월 초하루 갑술일에 주역(周易)박사인 해서(奚嶼)가 견책되어 건주(乾州, 섬서성)사호가 되고 고부(庫部)원외랑 왕이손(王貽孫)은 견책되어 좌찬선대부가 되었는데, 나란히 임자(任子)[11]를 시험하면서 공정하지 못했다는 죄에 걸려들어서이다.

18   신축일(28일)에 태자태부인 노국공 범질이 죽었다.
   범질이 병들어 눕게 되니 황제는 자주 그 집에 행차하여 다가가서 보았고, 또 내부인(內夫人)에게 소식을 묻게 하였다. 범질의 집에서는 맞이하고 받드는 기명(器皿)이 갖추어지지 않아서 내부인이 이를 상주하니 황제는 바로 한림사에 명령하여 과일상·술그릇을 하사하고 다시 그 집에 행차하여 말하였다.
   "경은 재상인데 어찌하여 스스로 고생하는 것이 이와 같소?"
   범질이 대답하였다.
   "신이 예전에 중서(中書)에 있었는데 문에는 사사롭게 아뢰는 일이 없었고, 더불어 술을 마시는 사람은 모두 가난하고 천했을 때의 친척이었으니 어찌 기명을 쓰겠습니까? 이에 따라서 마련해 두지 않았으며 힘이 미치지 않은 것이 아니었습니다."
   범질의 성품은 조급하고 청렴하며 단단한 태도로 스스로를 유지하였으니 면전에서 다른 사람의 허물을 꺾어주기를 좋아하였다. 일찍이 같은 반열에 있는 사람에게 말하였다.

---

11 고급관원의 자제가 부형의 관직에 의거하여 관직을 얻는 제도이다.

"사람이 능히 코로 세 말의 술을 마실 수 있어야 하니 이래야 재상이라 할 수 있소."

오대의 재상은 대부분이 방진에서 공급을 받았는데, 범질이 비로소 이를 끊었다. 얻은 봉록과 사여품은 고아와 남겨진 사람들에게 두루 미치었다.

병이 악화되자 그의 아들 범민(范旻, 936~981)에게 경계하여 시호를 청하지 말라고 하였고 묘비를 세우지 말게 하였다. 죽기에 이르자 황제는 심히 애통하고 아까워하며 중서령을 증직하고 부의(賻儀)로 하사한 것이 아주 두터웠다. 뒤에 보필할 사람을 강구하며 좌우에 있는 사람들에게 말하였다.

"짐이 듣건대 범질은 사는 집 외에는 자산을 늘리지 않았으니 진정한 재상이었다."

19 임인일(29일)에 반미(潘美, 925~991) 등이 침주(郴州, 湖南省 東南部)에서 승리하였다.

20 겨울 10월 병진일(14일)에 요주(遼主)는 장록(掌鹿)[12]인 신사(矧

---

12 관직명이다. 《흠정역대직관표(欽定歷代職官表)》 권17, 《요사(遼史)》 〈목종기(穆宗紀)〉에는 우인(虞人)·장록(掌鹿)·녹인(鹿人)·장인(獐人)·체인(彘人)·낭인(狼人)·응인(鷹人)·시인(豕人)·골인(鶻人)·환록인(喚鹿人) 같은 여러 관리가 있는데, 다른 기전(記傳)에는 일반적이지 않아서 의심스러워 보이지만 역시 각기 그들이 관장하고 있는 바에 따라서 명칭을 붙였을 것이며 고정된 관직은 아닐 것이다. 다만 위장(圍場, 귀족의 사냥장소)은 모두 태사(太師) 이하에게만 전적으로 설치하여 사냥하는 일에 제공하니 바로 오늘날의 위장총관(圍場總管)이 여기에서 말미암은 것일 것이다. 《요사(遼史)》 권6에 3월 초하루

思)를 갑살융(閘撒猴)¹³으로 삼고 금대(金帶)·금잔(金盞)과 은 200량을 하사하고 예속한 곳에서 죽을 죄를 지은 것 이하는 이를 오로지 결정하게 하였다.

계축일에 녹인(鹿人) 묵이길(黙爾吉)을 죽여 그 머리를 효수하여 장록자(掌鹿者)에게 보였다는 기록이 있고,《요사(遼史)》권7에 병진일 기사에 '장록인 서소(舒蘇)를 알리(斡里)를 대신하여 찰살극할(扎薩克轄, 扎薩克은 蒙古語로 jasay지역이며 이 지역의 집정관이다.)로 삼아 금대(金帶)·금잔(金盞)·은 200량을 하사하고 예속하는 곳에서의 사죄(死罪) 이하를 오로지 하게 하였다.'라고 기록된 바, 이 부분을 기록한 것인데, 여기서 신사(籾思)라고 한 것을 서소(舒蘇)라고 하였는데, 아마도 현 지역의 발음을 한자(漢字)로 기록하는 과정에서 서로 다르게 기록된 것으로 보인다.

13 《국어해(國語解)》에 갑살융은 말리사관(抹里司官)이라고 되어 있는데, 역시 궁위(宮衛)의 금(禁)을 관장하는 관직이라고 되어 있다.

촉지역 정벌의 준비

21　애초에 남한(南漢)의 내상시(內常侍)인 소정현(邵廷琄, ?~965)이 그 주군에게 말하였다.

"우리 한(漢)은 당(唐)이 혼란한 틈을 이어받아서 여기에서 50년 거주하였는데, 다행스럽게도 중원에 있는 나라에 많은 연고가 있어서 간과(干戈, 전쟁)가 미치지 아니하였으니 우리 역시 아무 일 없는 가운데 교만하였습니다. 지금의 병사들은 기고(旗鼓, 전쟁)를 알지 못하고 인주는 살아남을는지 망할는지를 모르니, 청컨대 군사적 대비태세를 정비하고 또한 송(宋)과 왕래하며 우호관계를 맺으십시오."

유창(劉鋹, 942~980)은 채용할 수 없었다. 이에 이르러 처음으로 두려워하여서 소정현을 초토사로 삼았다.

22　황제는 평소에 촉(蜀)을 치려고 도모하였다. 마침 촉의 산남(山南)절도판관인 장정위(張廷偉)가 지추밀원사인 왕소원(王昭遠)에게 유세하여 말하였다.

"공은 평소에 공훈을 세운 업적을 갖지 못하였는데, 어느 날 지위가 추밀에 이르렀으니, 스스로 큰 공로를 세우지 아니한다면 어떻게 이 시대의 논의거리가 되는 것을 막겠습니까?

병문(并門, 并州, 山西省 太原市, 北漢)과 우호적으로 왕래하는 것만 못하니 군사를 발동하여 남쪽으로 내려오게 하면 우리는 황화(黃花)·자오곡(子午谷)에서 군사를 내어 이에 호응할 것인데, 중원은 앞뒤로 적을 만나게 되는 것이니 관우(關右, 함곡관 서쪽)의 땅은 위무만하여도 가지게 될 것입니다."

왕소원이 그 말을 그렇다고 생각하여 촉의 주군에게 권고하여 손우(孫遇)·조언도(趙彦韜)·양견(楊蠲) 등을 파견하여 납환(蠟丸)[14]의 백서(帛書)로 샛길로 가서 북한(北漢)의 주군[15]에게 주고 이미 포(褒, 陝西省 勉縣 西老城)·한(漢, 四川省 廣漢市)이 군사를 늘렸다고 말하면서 북한(北漢)과 약속하여 황하를 건너 같이 거사하기로 하였다. 손우 등이 도하(都下)에 이르렀는데, 조언도가 그 편지를 숨어들어 가져다가 바쳤다. 조언도는 홍주(興州, 陝西省 略陽縣) 사람이다.

목소사(穆昭嗣)라는 사람이 있었는데, 애초에 방기(方伎)[16]를 가지고 고씨(高氏)를 섬기다가, 이에 한림의관(翰林醫官)[17]이 되자 황제는 자주 불러서 촉(蜀)의 지리를 물었더니 목소사가 말하였다.

"형남(荊南)은 바로 서천·강남·광남의 도회(都會)입니다. 지금 이곳

---

14 고대에 밀랍(蜜蠟)을 이용하여 만든 원형의 겉껍질로 안에는 서장(書狀)을 넣어서 흘리거나 습기 차는 것을 막으려고 하였다.

15 이때 북한의 주군은 예종(睿宗) 유균(劉鈞)이다.

16 의약과 양생(養生) 같은 것에 관한 기술을 말한다.

17 송대에 한림의관원(翰林醫官院)을 두고 이를 한림원(翰林院)에 소속 시켰다가 원풍 5년(1082년)에 한림의관국(翰林醫官局)으로 고치는데, 여기서는 의약을 가지고 황제를 시봉하고, 질병을 치료하였다.

에서 승리하였으니 수륙으로 모두 촉(蜀)으로 나아갈 수 있습니다."

황제가 크게 기뻐하였다. 그 뒤로 며칠이 지나서 조언도가 바친 편지를 보고 웃으며 말하였다.

"내가 서쪽을 토벌하는 것에 명분을 갖게 되었다."

나란히 손우·양견을 사면하고 산천의 형세·수수(戍守)하는 처소·거리의 멀고 가까움을 지적하여 진술하게 하였으며 그림을 그려서 바치게 하였다.

11월 갑술일(2일)에 명령하여 충무(忠武)절도사 왕전빈(王全斌, 908~976)을 서천행영(西川行營)봉주로도부서(鳳州路都部署)[18]로 삼고 무신(武信)절도사 대명(大名, 河北省 東南部) 사람 최언진(崔彦進, 922~988)은 그를 돕게 하고, 추밀부사 왕인섬(王仁贍, 917~982)을 도감(都監)으로 삼고, 영강(寧江)절도사 범양(范陽, 河北 薊縣) 사람 유광의(劉光義)를 귀주로(歸州路)부도부서로 삼고, 추밀승지 조빈(曹彬, 931~999)을 도감(都監)으로 삼아 합하여 보병과 기병 6만 명으로 길을 나누어 나아가 치게 하였다. 급사중 심의륜(沈義倫, 909~987)을 수군전운사(隨軍轉運使)[19]로 삼고, 균주(均州, 湖北省 丹江口市)자사 대명(大

---

18 도부서는 마보군도부서(馬步軍都部署)의 약칭이며, 더 간단히 말하면 부서(部署)·병마도부서(兵馬都部署)·보군도부서(步軍都部署)라고도 하는데 오대 후당시기에 처음으로 설치한 전시의 지휘관이다. 송대에는 요(遼)·하(夏) 인접지역에 두었던 지방의 군사장관으로 둔수(屯戍)·방수(防守)·훈련(訓練)·교열(教閱)·상벌(賞罰)사무를 관장하였다. 송초에 군사지휘관의 중요한 직책으로 전선의 각로부서를 총지휘하며 송 왕조의 통일전쟁기간 중에는 왕왕 최고지휘관을 지칭하는 것이다.

19 북송 전기 전운사는 1로(路)의 최고 행정장관으로 그 직책이 확대되었는데, 여기서는 전쟁을 위하여 전투부대에 필요한 물건을 운반하는 책임자이다. 노

名) 사람 조한(曹翰, 924~992)을 서남면(西南面)전운사로 삼았다.

황제가 행영(行營)에 유시하였다.

"이르는 곳에서는 여사(廬舍)를 불태우거나 이민(吏民)을 내몰아 노략하거나 분묘를 파헤치거나 상자(桑柘, 뽕나무)를 잘라 채벌해서는 안 되는데, 어기는 자는 군법을 좇아서 일을 처리할 것이다."

장작사(將作司)[20]에 명령을 내려서 우액문(右掖門)을 건너서 남쪽으로 가서 변수(汴水)에 가까이에 촉주(蜀主)를 위하여 집을 짓고 그가 오기를 기다리게 하였다.

을해일(3일)에 왕전빈 등이 출발인사를 하자 숭덕전에서 연회를 베풀었으며, 황제가 그린 그림을 꺼내어 왕전빈 등에게 주고 이어서 말하였다.

"무릇 성채(城寨)에서 이기고 나면 다만 그 기갑(器甲)·추량(芻糧)만을 적어놓고 돈과 비단은 남김없이 나누어 전사(戰士)들에게 주는데, 내가 얻고자 하는 바는 그 토지일 뿐이다."

23   요주는 사냥하는 것에 절제가 없었으며, 임오일(10일)은 동지였는데, 연회를 열고 술을 마시는 것이 새벽까지 갔으니, 이로부터 낮에는 자고 밤에는 술을 마셨다.

(路)는 송대의 1급 행정구획으로 처음에 15로(路)로 하였다가 23로와 24로가 되는데 이것은 모두 전운사로이다. 남송대에는 16로였다.

20 장작감은 궁실(宮室)·종묘(宗廟)·능침(陵寢) 등 정부의 토목건축공사를 책임지는 기구이며, 백공(百工)을 거느린다.

24 촉주는 북쪽에 있는 송의 군사 활동이 있다는 소식을 듣고 왕소원을 서남(西南)행영도통으로 삼고, 조숭도(趙崇韜)를 도감(都監)으로 삼으며 한보정(韓保正)을 초토사로 삼고 이진(李進)을 부초토사로 삼아 군사를 인솔하고 막아 싸우라고 명령하였다.

촉주가 왕소원에게 말하였다.

"금일의 군사적인 일로 경이 불려 온 것이니 부지런히 하여 짐을 위하여 공로를 세우시오!"

왕소원은 자못 방략을 가지고 있다고 자임(自任)하였는데, 처음에 성도(成都)에서 출발하자 촉주는 재상 이호(李昊, 893~965?) 등에게 명령하여 그들을 성 밖에서 전별하였다. 왕소원은 손에 쇠로 된 여의(如意)²¹를 잡고 군사를 지휘하는데 스스로 제갈량에 비견하면서 술에 취하여 팔을 밀치며 이호에게 말하였다.

"내가 이번 행차에서 어떻게 적을 막아 이길 것은 마땅히 이 2~3만 명의 조면(雕面, 얼굴을 바꾼)한 험악한 젊은이들을 관장하면서였으니, 중원을 빼앗는 것은 손바닥 뒤집기와 같을 뿐이요!"

25 12월 신유일(19일)에 왕전빈 등이 건거도(乾渠渡)와 만인(萬仞)·

---

21 여의는 마음먹은 대로라는 뜻으로 범어(梵語)의 아나율(阿那律)을 의역한 것이다. 중국에서는 막대에 끝을 손톱처럼 깎아 만든 것으로 뼈·대나무·나무·옥(玉)·돌·동(銅)·철(鐵) 같은 재료로 만들었는데, 길이는 3척(尺) 정도이고, 앞의 끝은 손가락 모양으로 되어 있어서 등이 가려울 때에 손이 닿지 않는 곳을 이것으로 긁어서 마음대로 된다고 하여 이러한 명칭이 붙은 것이다. 그렇지만 때로는 지휘와 방어용으로 쓰이며 승려가 경전을 강론할 때에 여의를 강론한 부분에 올려 놓아 강론한 부분을 잊지 않으려는 데 사용된다.

연자(燕子) 등의 울짱[22]을 공격하여 뽑고 드디어 흥주(興州, 陝西 略陽)를 빼앗으면서 촉의 병사 7천 명을 패퇴시키고 군량 4천여 만곡(萬斛)을 획득하였는데, 촉의 자사 남사관(藍思綰)이 물러나서 서현(西縣)을 지켰다. 왕전빈은 또 석도(石圖)·백수각(白水閣)의 20여 개의 울짱을 공격하여 이를 모두 뽑았다.〔지도참고〕

26   촉의 한보정(韓保正)이 흥주가 격파되었다는 소식을 듣고 드디어 산남(山南)을 버리고 물러나서 서현을 지켰다. 마군(馬軍)지휘사인 사연덕(史延德)이 선봉으로 도착하니 한보정은 나약하여 두려워서 감히 나오지 아니하였고, 군사 수만 명을 파견하여 산에 의지하고 성을 뒤로 등지면서 진지를 결성하여 스스로를 굳게 하니 사연덕이 이를 쳐서 달아나게 하고 쫓아가서 한보정과 그 부장인 이진을 사로잡고 그들의 양식 30여만 곡을 얻었다. 최언진(崔彦進, 922~988)이 마군도감 강연택(康延澤) 등과 북쪽으로 쫓아서 삼천산(三泉山)을 지나서 드디어 가주(嘉州, 四川省 樂山市)에 이르렀는데 죽이고 포로로 잡은 것이 아주 많았다. 촉의 군사들은 잔도(棧道)[23]를 태우고 물러나서 가맹(葭萌, 四川省 廣元市 昭化區 昭化鎭에 關門이 있음)을 지켰다.

---

22 원문은 채(寨)인데, 채에는 산채(山寨·山砦)와 목채(木寨)가 있다. 산채는 산속에 있는 산적들의 근거지(根據地)나 혹은 산에 돌이나 목책(木柵) 따위를 둘러 만든 진(陣)터를 말하고 목채는 말뚝 같은 것을 일렬로 죽 늘어서게 박은 울타리 또는 집이나 정원 둘레에 죽 벌여 박은 긴 말뚝을 말한다. 말하자면 간단한 방어시설을 말하는 것이다.

23 잔도란 건축하여 길이 통하도록 한 것인데, 하나는 두 개의 각루 사이에 이어 만든 공중도로이고, 다른 하나는 산의 암벽에 구멍을 뚫고 나무 기둥을 박아서 만든 도로이다.

❖ 후촉의 강역도

27 유광의(劉光義) 등이 협로(峽路)[24]로 들어가서 송목(松木)·삼회(三會)·무산(巫山) 등의 울짱을 연달아 깨트리고 그 장수인 남광해(南光海) 등을 죽였는데, 죽은 사람이 5천여 명이었으며, 전도(戰棹, 戰船) 지휘사인 원덕홍(袁德弘) 등을 산채로 붙잡았으며, 전함 200여 소(艘)를 빼앗았고, 또 수군 60여 무리를 목 베거나 붙잡았다.

애초에 촉은 기주(夔州, 重慶市 奉節縣)에서 강에 쇠사슬을 걸어서 부교(浮橋)를 만들었는데, 위에는 대적(對敵)하는 목책을 세 겹으로 설치하고 강을 끼고 돌 쇠뇌를 쏠 도구를 늘어놓았다.

유광의 등이 가는데 황제는 지도를 꺼내어 그곳[부교를 설치한 곳]을 가리키며 말하였다.

"강을 거슬러 올라가서 여기에 이르면 절대로 주사(舟師, 수군)를 가지고 다투는 싸움을 하지 말고 마땅히 먼저 보병과 기병을 파견하여 숨어서 이들을 치게 하고 그들이 조금 퇴각하기를 기다렸다가 마침내 전도(戰棹, 戰船)을 가지고 협공하면 반드시 빼앗을 수 있다."

유광의 등이 기주에 도착하였는데, 강에 쇠사슬을 걸어 놓은 곳에서 30리가량 떨어져 있게 되자 배를 머물게 하고 먼저 부량(浮梁)을 빼앗고, 다시 배를 이끌고 위로 올라가서 주성(州城)을 격파하고 백제성(白帝城) 서쪽에 군사를 주둔시켰다.

촉의 영강(寧江)절도사인 태원(太原) 사람 고언주(高彦儔, ? ~965)는 부사인 조숭제(趙崇濟)·감군인 무수겸(武守謙)에게 말하였다.

"북군(北軍)은 험한 곳을 건너서 멀리 와서 이로움은 속전(速戰)에

---

24 송대에 서천로(西川路)를 나누어 협로를 두었는데, 별도로 수륙계도(水陸計度)전운사를 두었으며 치소는 기주(夔州)였다.

있을 것이니 의당 성벽을 굳게 하고 기다려라."

무진일(26일)에 무수겸이 홀로 휘하의 1천여 명을 거느리고 나왔는데 유광의가 마군도지휘사인 능천(陵川, 山西省 晋城市) 사람 장정한(張廷翰, ?~969) 등을 파견하여 군사를 이끌고 무수겸 등과 저두포(猪頭鋪)에서 싸웠는데 무수겸이 패하여 달아나자 장정한 등은 이긴 기세를 타고 그 성에 올라가서 그곳을 뽑았다.

고언주는 힘껏 싸웠으나 이기지 못하고 몸에 열 군데의 창상(槍傷)을 입었는데, 좌우에 있는 사람들은 모두 흩어져 떠났다. 고언주는 달려서 부제(府第, 청사)로 들어가서 의관을 가다듬고 서북쪽을 바라보고 두 번 절하고 누각에 올라가서 멋대로 불을 지르고 스스로 타 죽었다. 며칠 후에 유광의 등이 잿더미 속에서 그 뼈를 찾아내서 예를 갖추어 장사지냈다.[25]

왕전빈은 촉 사람들이 잔도(棧道)를 끊어서 대군이 나아갈 수 없자 나천로(羅川路)를 빼앗아서 촉으로 들어가자고 논의하였다. 강연택은 몰래 최언진에게 말하였다.

"나천로는 험하여 무리들이 나란히 건너기가 어려우니 군사를 나누어 잔도를 수리하고 대군(大軍)을 심도에서 모으기로 약속하는 것만 같지 못하다."

최언진이 왕전빈을 파견하며 말하자 왕전빈이 이를 허락하였다. 며칠이 되지 아니하여 각도(閣道)[26]가 완성되자 드디어 금산채(金山寨)

---

25 《구국지(九國志)》를 보면, '왕의 군대가 문을 부수고 들어가자 고언주는 검을 들고 뽑아들고 10여 명을 죽이고 마침내 문루에 올라가서 불을 멋대로 놓고 스스로 타 죽었다.'고 되어 있다.

로 진격하고 또 소만천채(小漫天寨)를 깨뜨리니 왕전빈 역시 대군을 가지고 나천(羅川)으로부터 심도(深渡)에 도착하여 최언진과 만났다.

촉 사람들은 강에 의지하여 진을 쳤는데, 최언진이 보군(步軍)도지휘사인 장만우(張萬友) 등을 파견하여 이를 쳐서 그 다리를 탈취(奪取)하였다. 마침 날이 저문 밤이라 촉 사람들이 물러나서 대만천채(大漫天寨)를 지키었다.

다음 날 최언진·강연택·장만우가 군사를 나누어 세 길로 그들을 공격하니 촉 사람들은 그들의 정예병을 다 모아서 항거하였는데, 또 그들을 대파하고 이긴 기세를 타고 그들의 영채(營寨)를 뽑고 채주(寨主, 영채의 지휘자)인 의주(義州)자사 왕심초(王審超)·감군 조숭악(趙崇渥)과 삼천(三泉)감군인 유연조(劉延祚)를 붙잡았다.

대장인 왕소원(王昭遠)·조숭도(趙崇韜)는 군사를 이끌고 와서 싸웠는데, 세 번 싸워서 세 번 패배하였으며 뒤쫓아 달아나서 이주(利州, 四川省 廣元市)의 북쪽에 도착하자 왕소원 등은 숨어서 가면서 길백진(桔柏津)을 건너서 부량(浮梁)을 불태우고 물러나서 검문(劍門)을 지키었다. 그믐인 임신일에 왕전빈 등이 이주에 들어갔다. 군량 80만 곡(斛)을 얻었다.

28   이달에 경사에 큰 눈이 내려서 황제는 강무전(講武殿)에 전장(氈帳)을 설치하고 자초구(紫貂裘)와 모자[27]를 쓰고 일을 보았다. 홀연히

---

26 고대에 화원(花園)이나 원유(苑囿) 가운데 나무를 엮어서 수레가 다니도록 만든 길이다.

27 전장은 동물의 털로 짠 카펫 같은 것으로 만든 장막으로 고대 북방 유목민들

좌우에 있는 사람들에게 말하였다.

"내가 옷을 입은 것이 이와 같은데 몸으로는 오히려 한기를 느끼니 서쪽으로 정벌하는 장수들이 서리와 싸라기눈을 무릅쓰는 것을 생각하니 어떻게 이를 견디겠는가?"

바로 초구·모자를 벗어서 중서황문을 파견하여 이것을 싸가지고 역으로 달려가서 왕전빈에게 하사하게 하고 또 제장들에게 뜻이 두루 미칠 수 없는 것을 유시하였다. 왕전빈은 절하고 하사한 것에 감읍(感泣)하였다.

29 애초에 요(遼) 태조는 막북(漠北)지역을 위엄으로 복종시켜서 부장관(部帳官)을 나누어 설치하였다. 돌여불부(突呂不部)·실위부(室韋部)라는 것은 본래의 이름이 대·소황실위(大·小黃室韋)였는데, 태조가 계책으로 이들을 항복시키고 두 부(部)를 설치하고 북부(北部)절도사에 예속시켰다.

오고부(烏庫部, 烏古)라는 것은 그 밖의 십 부(部)에 들어 있는 것이고 나라를 이룰 수가 없어서 요에 부용(附庸)하였는데, 때로 직공(職貢)을 수행하였다.〔지도참고〕

이에 이르러 요주(遼主)가 정치를 실패하자 황실위(黃室韋)는 말과 소를 약탈(掠奪)하여 배반하고 떠났다. 통군(統軍)인 초고질(楚固質, 庫古只)이 맞아 싸워서 이를 패배시키어 그 무리들을 항복시켰다. 얼마 안 있다가 거민(居民)들의 재물과 가축을 약취(掠取)하였는데 상곤(詳

이 사용하던 거실이며 자초구란 담비 털로 만든 가죽 옷으로 추울 때에 입는 것이며 모자도 담비가죽으로 만든 것이다.

❖ 실위 위치도

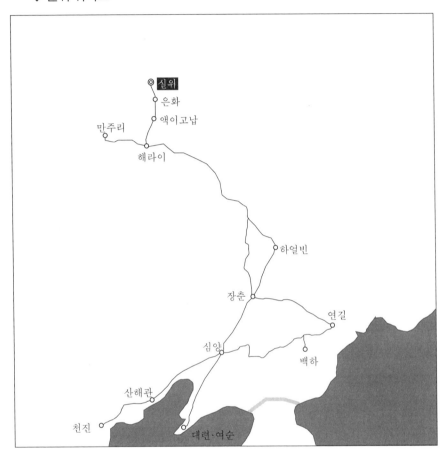

袞)[28] 장인(藏引)이 더불어 싸웠으나 패배하는 일이 겹쳐서 장인은 이에 죽었다.

30   남당주(南唐主)는 부도(浮屠, 부처)의 법을 지독하게 신봉하였는데, 금중(禁中)의 금전을 내어서 사람을 모집하여 승려(僧侶)를 만드니 당시에 도하에는 승려가 1만 명에 이르고 모두가 현관(縣官, 관부)에 물건을 공급해 주기를 바랐다. 남당주는 조정에서 물러 나와서는 후(后)와 더불어 승려의 옷을 입고 불서(佛書)를 암송하며 무릎을 꿇고 절하여 손과 발은 쓸데없는 것처럼 되었는데 승려가 죄를 짓게 되면 예불하게 하고 풀어주었다.

    황제는 그가 현혹되었다는 소식을 듣고 마침내 젊은 사람 가운데 말재주가 있는 사람을 선발하여 남쪽으로 건너가서 남당주를 알현하게 하고 성명(性命)에 관한 설(說)를 논하게 하자 남당주가 이를 믿으면서 한 명의 부처님이 세상에 나왔다고 말하고, 이로부터 다시는 나라를 다스리거나 변방을 지키는 일에 마음을 두지 아니하였다.

31   강북(江北)지역에 조서를 내려서 여러 주의 백성들과 제감(諸監)[29]의 염·정호(鹽·亭戶)들에게 강의 연변에서 땔감을 채집하고 물

---

28 상곤(詳袞)은 상은(詳穩)이라고도 하는데 요의 관직명으로 여러 관부의 감치(監治)장관이다.《속자치통감》에 '요주의 종제인 조왕 희곤(喜袞)이 모반하였는데, 말이 그 아버지 로호(魯呼)와 상곤인 한광사(韓匡嗣)에 연결되었다.'는 기록이 보인다. 또《요사》〈한광사전〉을 보면 '한광사는 의술이 좋아서 장락궁에 당직을 하였는데, 황후가 그를 아들처럼 하였다.'는 기록이 있다.

29 주나라 초기에는 제후를 책봉하는 것 말고 제감을 설치해야 했다. 이는 서주

고기를 포획하는 것과 강을 건너서 무역하는 것을 허락하였다. 이에 앞서 강북에 각장(権場)[30]을 두고 상인들이 강을 건너는 것과 백성들이 강의 연변에서 채초(採樵, 땔감 채취)하는 것을 금지하였는데 이 해에 강남지역에 해마다 흉년이 들어서 특별히 그 금령을 느슨하게 하였다.

시대에 제후와 제감이 병존했다는 말인데 이는 주초에 조가(朝歌)에 있는 은왕(殷王) 무경(武庚)을 감시하려고 삼감을 설치하였으며 제감이 아니었지만 서주시대에는 보편적으로 존재하였던 제도이다. 이러한 것이 송대에도 존재하였던 것으로 보인다.

30 각장은 송·요·금·원시대에 변경에 설립한 호시(互市, 국경무역)로 각 민족은 여기에서 무역을 하였다.

촉의 멸망

태조 건덕 3년(을축, 965년)[31]

1   봄, 정월에 촉주는 왕소원 등이 패배했다는 소식을 듣고 아주 두려워하여서 마침내 더욱 더 군사를 모집하여 검문(劍門)[32]을 지키게 하는데, 태자인 맹현철(孟玄喆, 937~991)을 원수로 삼도록 명하고, 시중인 태원 사람 이정규(李廷珪, ? ~967)·동평장사 장혜안(張惠安)으로 부사로 삼았는데 갑옷 입은 사람이 1만여 명이었다.

    기치는 모두 무늬와 수를 놓은 비단을 사용하였고, 그 깃대는 비단으로 썼는데, 출발하려고 할 즈음에 비가 내리자 맹현철은 그것이 젖어서 축축해질 것을 염려하여 모두 풀어놓게 하였다가, 잠시 뒤에 비가 그치자 다시 이를 장식하니 모두가 깃대 위에 거꾸로 매달았다.

    맹현철은 또 그 희첩과 영인(伶人) 수십 명을 연에 태워 좇게 하니

---

31 이 해는 요의 응력 15년이다.

32 검문은 검문관(劍門關)을 지칭하는 것으로 사천 북부의 검각현에 있는데 경치가 아름다울 뿐만 아니라 대단한 험지이다.

보는 사람들은 가만히 웃지 않는 사람이 없었다.

왕전빈 등이 이주(利州)에서 검문으로 달려가는데 익광(益光)에 이르러서 검문이 천연의 험지라 나아가서 빼앗을 계책을 모여서 논의하였다. 시위군두(侍衛軍頭)인 향도(向韜)가 말하였다.

"항복한 졸병의 말을 들을 수 있었는데, 익광(益光)의 강 동쪽에서 큰 산을 여러 겹 넘어야 하지만 좁은 지름길이 있으며 이름을 내소(來蘇)라고 하는데, 촉 사람들이 강 서쪽에 목책을 설치하였으니 맞은편 강안(江岸)으로 건널 수 있습니다. 여기에서 검문의 남쪽 20리 되는 지점으로 나가면 청강점(靑强店)에 이르는데 관도(官道)와 합쳐지니 만약에 대군이 이 길로 간다면 검문의 험함도 믿을 것이 못됩니다."

왕전빈 등은 즉각 갑옷을 벗어서 둘둘 말아가지고 그곳으로 가는데, 강연택(康延澤)이 말하였다.

"촉인들은 여러 번 싸워서 패하여서 담력과 기력이 빼앗겼으니 급하게 공격하면 떨어뜨릴 수 있습니다. 또한 내소는 좁은 지름길이라 주수(主帥)께서 스스로 가셔서는 아니되며 다만 한 명의 편장(偏將)을 파견할 수 있을 뿐입니다. 만약에 청강에 도착하면 북쪽으로 가서 대군(大軍)과 검문을 협격하면 왕소원은 반드시 잡을 것입니다."

왕전빈 등은 그렇게 생각하여 사연덕(史延德)에게 군사를 나누어 내소로 달려가도록 명령하고, 강을 타고 넘어서 부량(浮梁)을 만들어 건너가니 촉인들이 이를 보고 영채(營寨)를 버리고 숨어버렸다. 사연덕이 드디어 청강에 도착하였더니 왕소원은 군사를 이끌고 물러나서 한원(漢原)에 있는 비탈진 곳에 주둔하며 그들의 편장을 머물게 하여 검문을 지키게 하자 왕전빈 등이 정예의 병사를 가지고 그들을 깨뜨렸다.

한원에 이르니 조숭도가 포진(布陣)하고서 말에 채찍을 가하여 먼저 오르니 왕소원은 호상(胡床)을 점거하여 일어날 수가 없었다. 조숭도는 싸우다 패배하였는데 오히려 손수 몇 사람을 베고 마침내 붙잡혔지만 왕소원은 투구를 벗고 갑옷을 버리고 달아났다. 갑술일(2일)에 왕전빈 등은 드디어 검주를 빼앗고 촉의 군사 1만여 명을 죽였다. 왕소원은 동천(東川)에 몸을 던졌다가 백성의 집에 숨어들었는데 뒤쫓은 기병에게 붙잡혔다.

2   을해일(3일)에 조서를 내려서 촉을 정벌하다가 전사한 사졸들을 장사지내고 상해를 입을 자들에게 증백(繒帛)을 주었다.

3   촉의 태자인 맹현철과 이정규 등은 밤낮으로 장난질하며 놀다가 군정(軍政)을 걱정하지 않고 면주(縣州)에 도착하였는데 검문이 이미 깨졌다는 소식을 듣고 곧 물러나서 동천을 지키다가, 다음 날 군사를 버리고 서쪽으로 달아나면서 지나는 곳에서 그 여사(廬舍)·창름(倉廩)을 다 태우고 마침내 떠났다.

촉주는 검주(劍州)가 이미 깨지고 맹현철도 역시 달아나 돌아온 것을 알자 당황하고 놀래서 어찌 할 바를 몰라서 좌우에 있는 사람에게 물었다.

"계책을 장차 어떻게 내야 하겠는가?"

늙은 장수인 석봉군(石奉頵)이라는 사람이 대답하였다.

"동쪽에서 온 군사는 멀리 와서 형세로는 오래 갈 수 없으니, 청컨대 군사를 모아서 굳게 지키면서 그들을 넘어지게 하십시오."

촉주가 탄식하며 말하였다.

"우리 부자가 넉넉한 옷과 맛있는 음식으로 병사를 40년 동안 길렀는데 하루아침에 적을 만나자 나를 위하여 동쪽으로 화살 하나를 쏠 수 없는데, 지금 비록 성벽을 막으려고 하지만 누가 목숨을 바치려고 하겠는가?"

사공·평장사인 이호(李昊, 893?~965?)가 촉주에게 부고(府庫)를 봉폐하고 항복을 받아 달라고 청하기를 권고하니 촉주는 이를 좇았고 이어서 이호에게 표문의 초안을 쓰게 하였다. 기묘일(7일)에 통주사(通奏使, 奏章管理官)인 태원 사람 이심징(伊審徵, ?~988)을 파견하여 항복하는 표문을 받들고 군문(軍門) 앞으로 가게 했다.

애초에 전촉이 망하면서 항복하는 표문 역시 이호가 지은 것이었으니 촉 사람들은 밤에 그 집 문에 글씨를 써 두었다.

"대대로 항복하는 표문을 쓴 이씨의 집이다."

4   요주(遼主, 목종)는 추밀사 아리극사(雅里克斯, 雅里斯)를 행군도통으로 삼고 호군(護軍)인 상곤(詳衮)[33] 극소(克蘇)를 행군도감으로 삼아서 도로복부(圖魯卜部, 突呂不)의 군사 300명을 덧붙여 주어 제부(諸部)의 군사를 합하여 오고부(烏庫部)를 치게 하였다. 오고부가 반란하면서 포달제(布達齊, 勃勒底)만 홀로 배반하지 않았는데, 조서를 내려서 그를 포상하였다. 얼마 안 있어서 오고부가 그 추장을 죽이고 와서 항복하였으며, 이미 그렇게 하였으나 다시 배반하였다.

5   을유일(13일)에 왕전빈 등은 위성(魏城, 山西省 運城市 芮城縣)에

---

33 호군은 고급 군사장관의 관직명이고, 상곤은 요(遼)의 관직명으로 여러 관부의 감치(監治)장관이다.

갔는데 이심징이 촉주의 항복하는 표문을 가지고 도착하였다. 왕전빈이 이를 받고 통사사인 여음(汝陰, 安徽省 阜陽市) 사람 전흠조(田欽祚)를 파견하여 역마를 타고 들어와 주문을 올리고 또 강연택(康延澤)을 파견하여 성도(成都)로 달려가서 촉주를 만나게 하며 은혜와 신의를 가지고 유시하고 군민을 위무하였다.

애초에 유광의(劉光義) 등이 기주(夔州, 重慶市)를 출발하자 만(萬, 重慶市 東北部)·시(施, 湖北 恩施市)·개(開, 重慶市 開縣)·충(忠, 廣西 壯族自治區 경계 지역)·수(遂, 四川省 遂寧市) 등 주(州)의 자사들은 모두 환영하며 항복하였는데, 유광의가 성에 들어가서 부고(府庫)에 있는 전백(錢帛)을 군사들에게 다 주었다.

제장들이 지나는 곳에서는 모두가 도륙하려고 하였지만 오직 조빈(曹彬, 931~999)만은 이를 금지하여 마침내 그쳤으니, 그러므로 협로(陜路)의 군사들은[34] 시종 조금도 범하는 것이 없었다. 황세가 이 소식을 듣고 기뻐하며 말하였다.

"내가 그 적당한 사람을 얻어서 맡겼구나!"

조빈에게 조서를 내려서 그를 포상하였다.

6   무자일(16일)에 이부랑중 등수중(鄧守中)이 여러 관청의 관리들의 서·판(書·判)[35]을 시험한 것이 부당하여 황제가 명령을 내려서 복

---

34 지난해에 촉을 정벌하면서 유광의(劉光義) 등은 협로(峽路)로 진격하였다. 그러므로 유광의가 지휘하는 군사를 가리키는 말이다.

35 서·판은 글씨와 판단능력을 말하는데, 글씨는 당시에 붓으로 썼기 때문에 글씨를 쓰는 기능이 중시되었고 그래서 글씨가 선발조건 가운데 중요한 하나의 항목이 되었다. 당대(唐代)에는 공거(貢擧)에서 글씨가 중요하였으며, 이부에

시(覆試)하게 하였는데, 몇 사람을 쫓아내고 등수중에게 책임을 지워 본조(本曹)의 원외랑으로 삼았다.

7   신묘일(19일)에 왕전빈이 승선교에 도착하니 촉주는 망국(亡國)의 예(禮)를 준비하고 군문(軍門)에 나타나자 왕전빈은 승제(承制)[36]하여 그를 풀어 주었다.

촉주는 다시 그의 동생인 아왕(雅王) 맹인지(孟仁贄, 928~971)를 파견하여 표문에서 받들어 가지고 애달프게 보아 주기를 바랐다.

병신일(24일)에 전흠조(田欽祚)가 서천에서부터 도착하자 맹창이 항복하는 표문에는 그 선인들의 분묘와 늙은 어머니를 돌보아야 한다는 것을 가지고 요청하니 황제는 우대하는 조서로 그에게 대답하고 아울러 서천의 장리와 백성들에게 유시하여 모두 안도하게 하였다.

8   정유일(25일)에 촉(蜀)의 관할 지역 안에 있는 사람들을 사면하고 건덕 2년에 조세 포탈한 것을 면제해주고 금년도 하세(夏稅)의 반을 하사하고 명목 없는 과역(科役)과 늘려 덧붙인 부(賦)와 조(調)를 제거하며 소금의 값을 감액하고 먹을 것이 모자라는 사람을 진휼(賑恤)하였으며 산 채로 포로로 붙잡힌 사람을 돌려보냈다.

왕전빈 등이 경사에서 출발하면서부터 맹창이 항복할 때까지 겨우

서는 신언서판(身言書判)을 가지고 선발하였다. 그러나 송 중엽 이후로는 글씨는 중요시 되지 않았고, 판단력이 중시되었다.

36 제란 황제의 명령을 말하는 것인데, 황제가 직접 갈 수 없는 곳에서 황제의 뜻을 받아 업무를 처리하는 경우에 이를 승제라고 한다.

60일이 걸렸으며 무릇 얻은 주(州)가 46개, 현이 240개, 호구는 3만4천
29호였다. [지도참고]

왕전빈이 이미 촉을 평정하고 나자 이긴 기세를 타고 운남을 빼앗아
서 바치기를 도모하고자 하였는데, 당(唐)나라 천보(天寶) 연간의 화란
(禍亂)이 남조(南詔)에서 일어났던 것[37]을 감안하여 옥부(玉斧)로 대
도하(大渡河, 岷江의 최대 지류) 이서를 그리며 말하였다.

"이 밖은 나의 소유가 아니다."[38]

왕전빈 등이 성도에 들어가고 며칠 뒤에 유광의 등이 비로소 도착하
였는데 맹창이 유광의 등에게 먹을 것을 보내고 호사(犒師)의 예를 하
기에 이르러서는 나란히 처음과 같았다. 이미 그리하고서 조서를 내려
서 제군(諸軍)에 상을 하사하였는데 역시 차이 없이 내려 주니 양로(兩
路)[39]의 장사들은 공을 세운 것을 가지고 다투어 비로소 서로 아프게
하였다.

이보다 먼저 왕전빈이 조서를 받으며 매번 처리하면서 반드시 제장
과 더불어 모두 논의하게 하였는데, 이로 인하여 비록 작은 일이라도
역시 각기 다르고 같은 의견이 있어서 바로 결정할 수 없었다. 왕전빈

---

37 천보(天寶, 742~756)는 당 현종의 연호로 15년간 사용하였는데, 이 기간 동안
   에 당 현종은 양귀비(楊貴妃)를 총애하였고 양국충(楊國忠)이 전권을 휘두르
   면서 두 번에 걸쳐서 의미 없이 운남(雲南)에 있는 남조국(南詔國)을 치려고
   강제로 징병하여 사람들에게 큰 어려움을 주었다.

38 운남지역은 천보 말기에 남조 몽씨(蒙氏)에게 몰락하였는데 진(晉) 천복(天
   福) 연간에 단씨(段氏)에게 속하였으며 이때 국호를 대리국(大理國)이다. 송
   왕조가 끝나도록 운남지역은 중국과 왕래하지 않았다.

39 촉을 공격하면서 유광의와 왕전빈이 각각 두 길로 나누어 진격하였는데, 이
   를 말하는 것이다.

❖ 송의 후촉 평정도

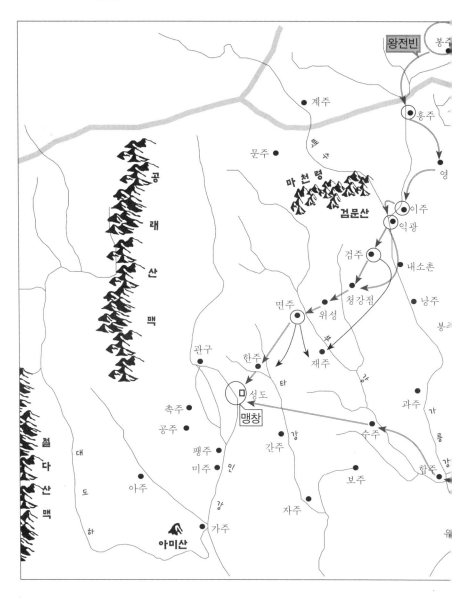

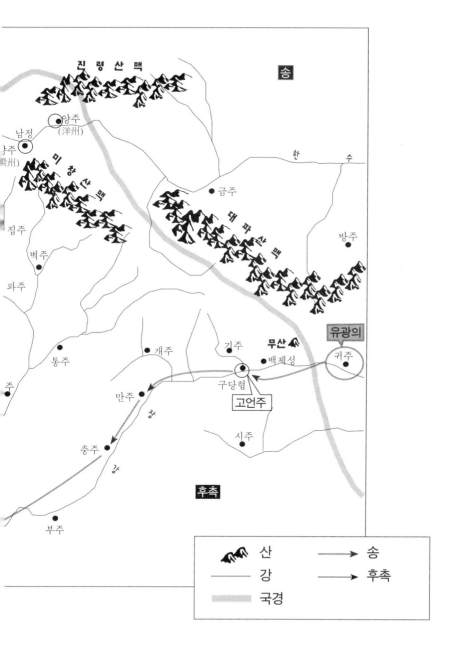

과 최언진(崔彦進, 922~988)·왕인섬(王仁贍, 917~982) 등이 밤낮으로 연회를 열고 술을 마시고는 군무(軍務)를 돌보지 않으면서 부하들을 풀어 놓아 자녀와 재화(財貨)를 약탈하니 촉 사람들이 이를 고생스러워 했다. 조빈(曹彬, 931~999)이 누차 군사를 돌릴 것을 청하였으나 왕전빈 등은 듣지 않았다.

9   2월 초하루 임인일에 일식이 있었다.

10   계묘일(2일)에 명령을 내려서 참지정사 여여경(呂餘慶, 927~976)을 권지성도부(權知成都府)로 삼고 추밀직학사 풍찬(馮瓚, 914~980)을 권지재주(權知梓州)로 하였다.

여여경이 성도에 도착하니 이때에 도적이 사방에서 일어나고 장사들은 오히려 공로 세운 것을 믿고 교만하고 방자하였지만 왕전빈 등은 금지시킬 수가 없었다. 하루는 약재(藥材)시장이 처음으로 열렸는데, 거리를 관리하는 관리가 말을 달려 와서 보고하기를 어떤 군교(軍校)가 술에 취하여 칼을 가지고 상인의 물건을 빼앗았다고 하자 여여경이 즉각 명령을 내려서 그를 체포하여 목을 베어 조리를 돌리니 군중에서는 두려워 복종하고 백성들은 마침내 편안하게 살았다.

풍찬이 재주에 도착하여 일을 본지 겨우 며칠 되었는데, 마침 촉의 가짜 군교[40]인 상관진(上官進)이 망명한 사람 3천여 명을 휘파람으로 불러 모아 촌민 수만 명을 위협하고 밤중에 주성(州城)을 공격하였다. 풍찬이 말하였다.

---

40 전에 촉의 군교였던 사람을 말한다. 송의 입장에서 '가짜 군교'라고 한 것이다.

"이는 오합지중인데, 밤을 틈타서 갑자기 도착하였으니 반드시 굳은 뜻을 갖고 있지 않을 것이고, 의당 진중함을 유지하여 그들을 진압하여야 하는데 날이 밝으면 스스로 궤멸될 것이다."

성 안에는 군사가 300명에 그쳐서 나누어 여러 문을 지켰고, 풍찬이 성루(城樓)에 올라가서 비밀리에 명령하여 그들의 경주(更籌)를 재촉하여 아직 밤중의 시각(時刻)이 안 되었는데, 5고(鼓)[41]를 치니 도적들은 놀라서 숨어 도망하였다. 이어서 군사를 풀어서 그들을 뒤쫓고 상관진을 붙잡아 저자에서 목을 베고 1천여 명을 불러 항복시키고 아울러 그 죄를 풀어 주었더니 주의 경내가 드디어 편안해졌다.

11 촉의 홍주(興州, 山西省 興縣)마보군도지휘사인 조언도(趙彦韜)를 홍주 자사로 삼았는데, 그가 향도한 공로에 보답한 것이다.

12 병오일(5일)에 서쪽으로 군사가 지난 곳에서 백성들은 조발(調發)하여 공급해 주는 노역을 하였으므로 진(秦)·봉(鳳)·농(隴)·성(成)·계(階)·양(襄)·형남(荊南)·방(房)·균(均) 등의 주(州)에 금년도 하세(夏稅)의 반을 하사하고, 안(安)·복(復)·영(郢)·등주(鄧州)·광화(光化)·한양군(漢陽軍)은 10분의 2를, 방곽(坊郭)[42]에 거주하는 사람은 반년 동

---

41 경주(更籌)는 옛날에 밤중에 시간을 계산하는 기구로 죽첨(竹籤)으로 되어 있으며 오고(五鼓)는 고대부터 내려오는 일종의 야간의 시각을 계산하는 제도로 황혼에서 날이 밝을 때까지를 다섯으로 나누는데 대개 시각이 바뀔 때 북을 쳐서 이를 알리기 때문에 고(鼓)를 붙여서 말한 것이다. 한 번 시간이 바뀌는 시간은 대개 3시간이므로 5고는 새벽 4시 전후를 말한다.

42 송대에 방곽호(坊郭戶)란 주(州)·부(府)·현성(縣城)과 진시(鎭市)에 거주하는

안의 가옥세(家屋稅)를 내지 않게 하였다.

13   정사일(16일)에 권지공거(權知貢擧)인 노다손(盧多遜, 934~985)이
진사 유찰(劉察, 924~?) 등 합격자 7명을 상주하였다.

14   경신일(19일)에 맹인지(孟仁贄, 928~971, 맹창의 동생)가 성도에 도
착하였다. 맹창이 올린 표문에는 '스스로 과실과 허물을 헤아려 보건대
오히려 절실하게 걱정하고 의혹합니다.' 하는 등의 말이 있어서 조서로
그에게 대답하였는데 대략적으로 말하였다.

   "이미 스스로 많은 복을 찾았으니 당연히 그 전에 지었던 잘못을 다
씻었다. 짐은 식언을 하지 않으니 그대는 지나치게 염려하지 마시오."

   조서에는 여전히 이름을 쓰지 않았고, 또 맹창의 모친을 국모(國母)
라고 호칭하였다.

15   3월 맹창이 그의 관속(官屬)들과 더불어 가족을 거느리고 조정에
귀부하였는데, 협주(峽州, 湖北省 宜昌市)에서부터 내려왔다.[43]

16   애초에 조서를 내려서 촉의 군사를 출발시켜서 궁궐에 오게 하고
나란히 장비와 전(錢)을 넉넉히 공급하게 하였는데 왕전빈 등이 멋대로

   호구, 그리고 주현 근교에 새로운 거주 구역에 거주하는 호구를 포함하고 있다.
43 미주에서 배를 타고 협주에서 배를 내렸고, 협주에서 송의 도읍에 도착한 것
   이다. 맹창은 2월 19일에 성도를 출발하였으므로 도읍에 도착하기까지 시간
   이 많이 걸린 듯하다.

그 수를 덜어 내고 이어서 부곡들을 풀어서 그들을 침해하고 꺾었다.

촉의 병사들은 성을 내고 원망하여 면주(緜州, 四川省 綿陽市)에 이르러서는 드디어 난을 일으키어 속현(屬縣)을 겁탈하며 배반하면서 촉의 옛날 장수인 전사웅(全師雄, ? ~966)을 추대하여 우두머리로 삼았는데, 무리가 10만 명에 이르렀고, 흥국군(興國軍)이라고 호칭하였다.

왕전빈은 마군도감 주광서를 파견하여 가서 그들을 불러 어루만지게 하였는데, 주광서는 전사웅의 가족을 다 없애버리고 그가 아끼는 딸과 탁장(橐裝, 보물)을 받아들였다.

전사웅은 화가 나서 드디어 귀부할 뜻이 없어졌고, 무리를 인솔하고 급히 면주를 공격하였지만 이기지 못하였고, 팽주(彭州, 성도시 근처)를 공격하여 깨트리고 들어가서 그곳을 점거하였는데 성도지역의 열 현에서 모두 군사를 일으켜서 전사웅에게 호응하였다. 전사웅은 스스로 흥촉(興蜀)대왕이라 호칭하고 막부를 열고 절도(節度, 통제하고 지휘하는 사람) 20여 명을 두어 요해(要害)지역을 나누어 점거하게 하였다.

최언진·고언휘 등이 길을 나누어 공격하여 쳤지만 전사웅에게 패배하여 고언휘가 전사하자 적(賊)의 무리들은 더욱 성하였다. 전사웅은 군사를 나누어 검각(劍閣)을 끊고 강에 이어서 영채(營寨)를 두며 큰 소리로 성도를 공격한다고 말하였으니 이로부터 전사웅을 따라서 난을 일으킨 것이 17개 주(州)였는데, 우전(郵傳)이 통하지 않게 되어 왕전빈 등은 크게 두려워하였다.

촉 정벌 후의 후속조치

17　당 천보 이래로 방진(方鎭)에는 중병을 주둔시켰는데, 대부분 부(賦)의 수입을 가지고 스스로 유지하였으니, 이름하여 유사(留使)·유주(留州)라고 하였으며 그들이 상공(上供)하는 일은 아주 드물었다. 오대(五代)의 방진은 더욱 강하여 부곡을 인솔하여 장원(場院, 곡식을 털거나 말리는 평탄한 장소)을 주관하게 하면서 두텁게 거두어 스스로를 이롭게 하였다.

그 가운데 삼사(三司)에 속한 것에는 높은 관리를 보임하여 그곳에 가게 하여 정해진 액수 외의 것들을 보내어 번번이 자기에게 들여보내고 혹은 사사롭게 뇌물을 받아서 이름하여 공봉(貢奉)이라고 하면서 은상(恩賞)을 내려주기를 바랐다.

황제가 처음에 즉위하여서는 오히려 앞의 제도를 따랐기에, 주목(州牧)이나 태수(太守)가 내조(來朝)하게 되면 모두가 공봉이 있었다. 조보가 재상이 되기에 이르자 그 폐단을 개혁하여 없애기를 권하고 여러 주에 명령을 내려서 탁지경비 외에 무릇 금백(金帛)으로 군사들의 실비를 돕게 하고 모두 도하(都下)로 보내어 점유하여 보류할 수가 없었다.

또 방진의 우두머리에 궐위가 생기면 조금씩 문신(文臣)을 권지(權

知)로 임명하고 사이사이에 경조관(京朝官)이나 궁정에 있는 신하를 파견하여 감독하려고 다가가게 하고 다시 전운사를 두고 이를 위하여 조목조목 금하게 하자 문서(文書)는 조금씩 자세하고 조밀하게 되었으니, 이로부터 이익은 공적(公的, 조정)인 것으로 올리게 하여 외부〈지방〉의 권한을 깎아냈다.

건륭(建隆)[44] 초기에 공부(貢賦)는 빠짐없이 좌장고(左藏庫)에 들어왔고, 형(荊)·호(胡)를 빼앗기에 이르고 서촉(西蜀)을 떨어트리자 저축으로 쌓인 것은 충족하였으니 황제가 좌우에 있는 사람들을 돌아보고 말하였다.

"군사정벌과 기근은 마땅히 미리 이를 대비하여야 하며, 일이 닥쳐서 백성들에게서 많이 거두어서는 안 된다."

마침내 강무전(講武殿) 뒤에 별도로 내고(內庫)를 만들고 금백을 저축하면서 봉장고(封椿庫)라고 불렀으며 무릇 한 해의 끝에 쓰고도 남은 수는 모두 넣었다.

18   정축일(6일)에 요(遼)의 부장(部帳)[45]인 대실위(大室韋)[46]의 추

---

44 건륭은 조광윤이 송을 건국하면서 사용한 연호로 960년 1월부터 사용하여 963년 11월에 이르기까지 약 3년간 사용하였던 것인데, 사건의 앞뒤로 보건대 촉을 정벌한 뒤의 일 같으므로 오히려 건덕(乾德) 초년으로 보인다. 그러므로 건륭은 건덕의 잘못으로 보인다.

45 부락과 같은 의미이다. 유목민들의 생활습관은 장막(帳幕)을 치고 사는 것이기 때문에 한 무더기라는 의미의 부(部)와 연결하여 썼으므로 농경지역에서의 부락과 같다고 할 것이다.

46 실위족(室韋族)은 아시아 동북지역에 살던 종족으로 실위(失韋) 또는 실위(失圍)라고도 쓴다. 북위시기에 실위라는 기록이 처음으로 보이는데 동호(東胡)

장 인니길(寅尼吉)이 반란을 일으켰다.

계미일(12일)에 오방(五坊)[47]에 사는 사람 40여 호(戶)가 배반하여 오고부(烏庫部)로 들어갔다. 요주(遼主, 목종 耶律璟)는 사냥을 좋아하고 기쁨과 성냄이 일정하지가 않은데, 사응자(司鷹者, 송골매를 다루는 사람)가 조금이라도 뜻대로 하지 않으면 번번이 죽거나 혹은 포락(炮烙)과 철소(鐵梳)[48]의 형벌을 가하였으니 그러므로 오방의 사람들이 배반한 것이다.

여름 4월에 소황실위(小黃室韋)가 배반하였다. 아리극사(雅里克斯)·극소(克蘇)가 이를 쳤지만 실위에게 패배하였는데, 사자를 파견하여 힐문하고 나무랐다. 을묘일(15일)에 도리(圖里)로 아리극사를 대신하여 도통(都統)으로 삼고 니고(尼古, 女古)를 감군으로 삼아 경무장한 기

에 뿌리를 두지만 거란과 동류로 남쪽은 거란이 되고 북쪽은 실위라고 불렀다. 거소는 흑룡강 중상류(中上游) 양쪽의 오논강 유역이다. 수렵을 주로 하며 담비를 포획하고 소와 말을 기르며 고기를 먹고 가죽옷을 입는다. 보리와 조를 재배하는데, 여름에는 도시에 거주하고 겨울에는 사냥을 한다. 각부의 수령을 막하돌(莫賀咄)이라고 부르는데, 서로 상관하지 않았고, 때로는 사신을 북주·북제로 파견하여 조공하였다. 후에 남실위(南室韋)·북실위(北室韋)·발실위(鉢室韋)·심말달실위(深末怛室韋)·대실위(大室韋) 5부였지만 서로 서로 관계하지 않았으며 풍속과 습관도 조금 달랐는데, 모두 돌궐에 역속(役屬)되었다.

47 당대에 황제가 사냥용 매와 개를 기르는 관청을 두었는데 이를 오방이라고 하였으며, 송대에는 폐지되었지만, 요에는 그대로 존속했던 것으로 보인다.

48 포락(炮烙)이란 고대의 혹형(酷刑)으로 숯불로 구리 기둥을 달군 후 사람을 그 구리 기둥에 붙잡아 매어서 타 죽게 하거나 바로 숯불 위에 떨어져 죽게 하는 형벌인데 후대에는 붉게 달군 쇠붙이로 범인을 지지는 형벌을 지칭하는 것이다. 철소란 쇠붙이로 만든 빗으로 포락의 형벌을 가한 다음에 쇠로 만든 빗으로 피부를 긁는 형벌을 주는 도구이다. 혹형의 대표적인 것이라 할 것이다.

병을 인솔하여 나아가 치고 이어서 대마(岱馬)[49]인 심지리(尋支里)에게 명령하여 조서를 가지고 불러서 타이르게 하였다.

19 계해일(29일)에 오장하의 물을 끌어들여서 궁성을 관통하게 하였는데, 후원(後院)을 거쳐서 궁정의 지소(池沼, 연못)로 받아들이자, 물은 모두 이르렀다.

20 애초에 왕전빈은 촉의 항복한 군사들이 난을 일으킬까 염려하여서 성도에 있는 협성(夾城)[50] 안으로 옮겨 두었는데, 이에 이르러 여러 장수들은 그들을 다 죽이고자 하였다. 강연택(康延澤)이 청하기를 늙거나 어리며, 병든 사람 7천 명을 골라서 풀어주고 나머지는 군사를 가지고 호위하며 둘러싸고서 강에 배를 띄워 내려보내고 도적[옛날 촉군]들이 만약에 와서 공격하여 빼앗으려고 한다면 그들을 죽여도 늦지 않다고 하였으나 제장들이 좇지 않았다. 그래서 죽은 사람이 모두 2만 7천여 명이었다.

21 이보다 먼저 황제는 사자를 파견하여 어부(御府)에서 공급하는 장막을 가지고 강릉에서 맹창을 마중하게 하면서 또 유사에게 명령하여 맹창의 관속들을 위하여 집을 마련하게 하였으며 또 사자를 파견하여 강릉에 가서 말안장과 수레를 나누어 주게 하였다.

---

49 달마(撻馬)라고도 하였는데, 이는 호종하는 사람의 관직명이다.

50 협성은 협채(夾寨)와 비슷한 것인데, 양쪽에 높은 담장을 쌓아서 왕래하는 길을 만들어 둔 것을 말하기도 한다.

5월 을유일(15일)에 맹창이 근교에 도착하였는데, 개봉윤(開封尹)인 조광의가 옥진원(玉津園)에서 그를 위로하였다. 병술일(16일)에 궁궐 앞에 여러 군대를 크게 벌려 놓았다. 맹창은 동생 맹인지(孟仁贄, 928~971), 아들 맹현철(孟玄喆, 937~991), 맹현각(孟玄珏, 937?~992), 재상 이호(李昊, 893?~965?) 등 33인과 더불어 흰옷을 입고 명덕문 밖에서 대죄(待罪)하였더니 조서를 내려서 죄를 풀어 주고 맹창 등에게 습의(襲衣)[51]와 관대(冠帶)를 하사하였다.

황제가 숭원전(崇元殿)에 나아가서 예의를 갖추고 그들을 접견하였다. 예의를 마치고 명덕문(明德門)에 나아가서 여러 군대가 부서에 따라서 군영으로 돌아가는 것을 관람하였다. 드디어 맹창 등에게 대명전에서 연회를 베풀고 물품을 하사하였는데, 차별을 두었다.

22   6월 갑진일(5일)에 맹창(孟昶, 919~965)을 개부의동삼사·검교태사겸중서령·진국공(秦國公)으로 삼았다. 경술일(17일)에 맹창이 죽었는데 황제는 5일간 조회를 그치고 상서령을 증직하였으며, 추가로 초왕(楚王)에 책봉하고 시호를 공효(恭孝)라고 하였으며, 부의로 포백(布帛) 1천 필을 주었으며 장사 지내는 일은 관부에서 공급하였다.

애초에 맹창의 어머니 이(李)씨가 맹창을 따라서 경사에 도착하였는데, 황제는 자주 견여(肩輿)로 궁궐에 들어오도록 명령하며 그에게 말하였다.

"국모(國母)께서는 훌륭하게 스스로 아끼며 슬퍼하지 않으시니 만약에 고향을 마음에 품으신다면 다른 날에 마땅히 국모를 돌아가시도

---

51 고대에 예식을 거행할 때에 석의(裼衣, 중간 옷)의 겉에 입는 상의를 말한다.

록 보내겠습니다."

이씨가 말하였다.

"첩(妾)에게 어디로 가게 하십니까?"

황제가 말하였다.

"촉으로 돌아가게 할 뿐입니다."

이씨가 말하였다.

"첩의 집은 본래 태원(太原, 산서성 태원시)인데, 혹시 늘그막에 병문 (幷門)으로 돌아갈 길을 얻었으면 하는 것이 첩의 소원입니다."

이때에 황제는 이미 북방정벌의 뜻을 갖고 있었는데, 그 말을 듣고 기뻐하며 말하였다.

"유균을 평정하기를 기다리시면 바로 국모께서 원하는 바대로 할 것 입니다."

이어서 후하게 물건을 하사하였다. 맹창이 죽기에 이르렀으나 이씨 는 곡을 하지 아니하고 술잔을 들어 땅에 술을 따르며 말하였다.

"너는 사직을 위하여 죽지 못하고 살기를 욕심내다가 오늘에 이르렀 다. 내가 죽을 것을 참았던 까닭은 네가 있었기 때문이다. 지금 네가 이 미 죽었는데, 내가 어찌 살겠느냐?"

이어서 먹지 않은지 며칠이 되어 죽었다.

23   요주(遼主)가 사자를 파견하여 실위(室韋)에 유시(諭示)하면서 그 들을 어루만져 항복시키고자 하였는데, 심지리(尋支里)가 도착하게 되 어 그들에게 유시하였으나 좇지 않으니 이어서 아리극사(雅里克斯)에 게 명령하여 군목(羣牧, 九州의 牧伯)의 군대를 인솔하여 뒤좇아 치게 하여 시하(柴河, 黑龍江水系의 松花江의 지류인 오논강 지류)에서 싸웠으

나 이기지 못하였다.

실위의 추장 인니길(寅尼吉)은 도망하여 덕렬륵부(德呼勒部)[52]로 들어갔다. 덕렬륵부란 요국(遼國) 밖에 있는 10부 가운데 하나였다. 이 달에 덕렬륵부가 와서 항복하니 실위는 평정되었고 마침내 오로지 오고부(烏庫部)만을 쳤다.

24 유광의(劉光義)·조빈 등이 누차 전사웅(全師雄, ?~966)을 격파하자 도적의 칼끝이 점차로 꺾이었다. 얼마 되지 아니하여 호첩(虎捷)지 휘사인 여한(呂翰)이 또 가주(嘉州, 四川省 樂山市)를 가지고 반란하니 전사웅은 거짓 임명된 장수[전에 촉의 장수]인 유택(劉澤)과 합치니 무리가 5만 명이 되자 자사와 통판을 죽이거나 내쫓았다.

조빈이 군사를 인솔하고 왕인섬 등과 만나서 여한을 가주에서 포위하자 여한은 성을 버리고 달아났는데, 뒤쫓아 가서 습격하여 그를 크게 깨트렸으며 살육한 것이 수만 명이었으며 여한은 달아나서 아주(雅州, 四川省 雅安市)를 지켰다.

25 가을 7월에 황제는 서천(西川)의 행영에 어떤 대교(大校, 장교)가 백성의 처의 유방을 잘라내어 그를 죽였다는 소식을 듣고 곧바로 궁궐

---

52 이를 적렬(敵烈)이라고도 불렸는데, 유목부족이다. 요·금시기에 지금의 몽골 동부의 극로륜하(克魯倫河) 하류에 살아서 적렬(迪烈) 또는 적렬(敵烈)이라고 번역되었으며 8부로 되어 있고, 항상 오고(烏古)와 병칭되었다. 당 개원 천보 연간에 거란은 만영(萬榮)이 실패하여 부락이 쇠퇴하여 흩어지니 바로 옛날에 있던 종족은 나뉘어 8부가 되었고, 섭렬(聶呼)이 통괄하는 덕렬부는 스스로 별도의 부(部)가 되었다는 기록이 있다.

로 오게 하여 큰 저자에서 그 목을 베었다. 가까운 신하들이 구하려고 하는 것이 자못 절박하였으나 황제는 이어서 눈물을 흘리면서 말하였다.

"군사를 일으켜서 조문하면서 치는 것인데 부인이 무슨 죄를 지었다고 잔인하기가 여기에 이르렀는가? 마땅히 속히 법대로 조치하여 그 억울함을 보상하여야 한다."

26　남한의 주군인 유창(劉鋹, 942~980)이 그의 초토사인 소정현(邵廷琄, ? ~965)을 죽였다. 소정현이 광구(洸口)에 주둔하여서는 도망히고 배반한 자를 불러 모아 사졸들을 가르치며 전투 준비를 갖추었는데, 그 나라 사람들이 의지하고 조금 편안해 하였다. 어떤 사람이 소정현이 장차 불궤한 일을 도모할 것이라고 참소하자 유창이 이를 믿고 소정현에게 죽음을 내렸다.

27　진주(珍州, 貴州省 桐梓縣 夜郎鎮 夜郎壩)자사 전경천(田景遷, ? ~975)이 내부(內附)[53]하였다.

28　갑술일(6일)에 요(遼)의 아리극사(雅里克斯)가 주문을 올려서 오고부가 하덕락(河德濼)에 도착했다고 하자 이륵희파(伊勒希巴)·상사(常斯) 등을 파견하여 그들을 쳤다. 정축일(9일)에 오고부가 상경(上京)

---

53 어떤 지역이 본래 조정의 속국이었는데, 이후에 나라라고 하는 명칭을 없애고 그 급수(級數)를 내려가지고 스스로 행정단위를 설립하겠다고 청하는 경우를 말한다.

북쪽에 있는 유림곡의 거민들을 노략질하자 임아인 소간·낭군인 야율
현적(耶律賢適)을 파견하여 그들을 쳤다. 경진일(12일)에 아리극사 등
이 오고부와 싸웠는데 승리하지 못하였다.

29   8월 기유일(12일)에 조서를 내려서 서천(西川)병마도감인 강연택
(康延澤)을 보주(普州, 四川省 安岳·遂寧·樂至三縣, 重慶市 潼南縣)자사
로 삼았다. 강연택은 왕전빈에게 가서 군사로 호송해 주기를 청하니 왕
전빈이 겨우 100명을 공급하였다.

   강연택이 간주(簡州, 四川省 简陽市 西北)에 도착하여 도망한 사람들
을 불러 모았는데, 무릇 1천여 명을 얻었으며, 전투와 진(陣)치는 것을
가르쳐가지고 옹위하면서 떠났다. 도적들이 있는 경계 지역에 이르러
서 위엄과 신의를 들어내 보이며 불러 모은 사람 또 3천 명을 얻게 되
자, 드디어 유택(劉澤)의 3만여 명의 무리를 깨뜨렸고 도적의 형세는
조금씩 저상(沮喪)하였다.

30   신유일(24일)에 좌산기상시 화양(華陽) 사람 구양형(歐陽炯,
896~971, 촉의 대신)을 한림학사로 삼았다. 구양형은 성품이 허심탄회
하고 솔직하였고 잡도리하여 묶는 짓을 하지 않으며 장적(長笛, 긴 피
리) 불기를 아주 좋아하니 황제는 틈을 내어 불러 편전에 이르게 하여
악곡을 연주하게 하였다.

   어사중승 유온수(劉溫叟, 909~971)가 이 소식을 듣고 전문(殿門)을
두드리며 뵙기를 청하고 간하여 말하였다.

   "금서(禁署, 궁중에 있는 관서)의 직책은 고명(誥命)을 관장하는 것인
데, 영인(伶人, 연예인)이 일을 하게 할 수는 없습니다."

황제가 말하였다.

"맹창의 군신들은 성악(聲樂)에 빠졌지만 구양형은 재상에 이르렀는데도 오히려 이러한 기(伎, 광대 배우)를 익혔으니 그러므로 나에게 붙잡힌 바 되었다. 그러므로 구양형을 불러서〔그렇게〕말한 것이〔그를〕무고한 것이 아님을 시험해 보고자 한 것일 뿐이다."

유온수가 사과하며 말하였다.

"신이 어리석어 폐하께서 감계하시려는 미의(微意)를 알지 못하였습니다."

이로부터 드디어 다시는 부르지 않았다.

유온수는 항상 저녁에 명덕문(明德門)이 있는 서궐(西闕) 앞을 지나갔는데, 황제가 바야흐로 중황문(中黃門)에 있는 몇 명과 누각에 올라가 있자 추자(騶者, 말몰이 기사)가 가만히 이를 알고 유온수에게 아뢰었더니 유온수는 전호(傳呼)하게 하면서 평소처럼 지나갔다.

다음 날 대면하기를 청하였고, 또 말하였다.

"인주께서 때 없이 누각에 오르신다면 가까이 모시는 사람들은 모두가 은혜와 도와주기를 바라고, 연(輦) 아래에 있는 제군(諸軍)도 또한 상급(賞給)이 있기를 바랍니다. 신이 가도(呵導)[54]하며 지나간 것은 무리들에게 폐하께서는 때에 맞지 아니하게 누각에 오르시지 않는다는 것을 보이려 하였습니다."

황제가 이를 훌륭하다고 하였다.

---

54 높은 관직에 있거나 귀한 사람이 출입할 때 앞서 길을 안내하는 사람이 행인들에게 길을 비키게 소리치는 것을 말한다.

31   9월 기사일(2일)에 황제가 강무전(講武殿)에 나아가서 제도(諸道)
의 군사를 검열하였는데, 1만여 명을 찾아내고서 마군(馬軍)을 명명하
여 효웅(驍雄)이라고 하고, 보군(步軍)을 웅무(雄武)라고 하고서 나란
히 시위사(侍衛司)에 속하게 하였다.

32   겨울 10월 정미일(11일)에 요(遼)의 상사(常斯)가 오고부를 나아
가서 쳐서 그들을 크게 패배시켰다. 오고부가 돌아왔지만 평정되었다.

33   11월 초하루 정묘일에 강연택이 보주에 들어갔다. 이보다 먼저
주성(州城)이 모두 불 타서 다 없어져서 마침내 산에 의지하여 목책을
세우고 또 한편으로 행군하고 한편으로는 싸웠으며, 수주에서 양식을
얻어가지고 부주에 다시 성을 세웠다. 이미 그리하고 났는데, 유택이
무리를 거느리고 와서 항복하자 조서를 내려서 강연택으로 동천칠주
초안순검사(東川七州招安巡檢使)를 겸하게 하였다.

34   비서감·판대리시인 윤졸(尹拙, 890~971) 등이 말하였다.

"후당의 유악(劉岳)이 쓴《서의(書儀)》에서는 며느리는 시부모를 위하여서는 3년 복을 입으라고 한 것이 율(律)과 다르지만, 그러나 역시 칙(敕)에 준거하여 시행하여 쓰고 있으니, 청컨대 이를 재정(裁定)해 주십시오."

백관들에게 조서를 내려서 모여서 논의하게 하였다.

좌복야 위인포(魏仁浦, 911~969) 등이 주문을 올려서 논의하여 말하였다.

"삼가 예(禮)의《내칙(內則)》을 보건데 이르기를 '며느리는 시부모를 섬기는 것이 부모를 섬기는 것처럼 하라.'고 하였으니 시부모는 부모와 한가지입니다. 고례(古禮)에는 기년(朞年, 1년 상복을 입는 것)의 설이 있는데, 비록 뜻에서는 두고 생각해 볼 수 있지만,《서의》에 3년이라는 문구를 써 넣은 것은 실로 예(禮)에서는 마땅할 것입니다. 대개 오복(五服)제도는 전 시대에 늘려 덧붙인 것이 이미 많았습니다. 단지 수숙(嫂叔, 형제의 아내와 남편의 형제를 아울러 이르는 말) 같은 경우에는 복을 입지 않는데, 당 태종은 소공(小功)으로 복을 입도록 하였으며, 증조부모

는 옛날에 3개월 복을 입게 하였는데, 5개월로 늘렸고, 적자(嫡子)의 며
느리는 대공(大功)이었는데 늘려 기년(期年)으로 하였고, 중자(衆子)의
며느리는 소공으로 하던 것을 늘려 대공으로 하였으며, 아버지가 살아
있으면서 어머니를 위해서는 복을 입는 것은 기년이었는데 고종(高宗)
은 늘려서 3년으로 하였습니다.

부인은 지아비의 이모 부부를 위하여서는 복을 입지 않는다고 하였
고, 명황(明皇, 현종)은 지아비를 좇아 복을 입게 하였습니다. 또 이모부
부의 복을 늘려 시마(緦麻)로 같이 복을 입게 하였으며 또 당(堂)이모
부부의 복은 단문(袒免)[55]의 복을 입는다고 하였는데 지금까지 준행
하였으니 드디어 전제(典制, 규칙이나 전범)로 하였습니다.

하물며 3년 안에는 궤연(几筵)이 아직도 남아 있어서 어찌 지아비가
최추(衰麤, 참최)의 복장을 입고 있는데 지어미가 환기(紈綺, 비단 옷)를
걸치겠습니까! 부부는 한 몸인데, 슬픔과 기쁨을 같이하지 않으면서
사람의 정리를 찾는다면 실로 지극한 다스림을 상하게 할 것입니다.

하물며 부인은 지아비를 위하여 3년 복을 입는데, 시부모에게는 기
년복에 그친다면 이는 지아비를 높이면서 시부모를 낮추는 것입니다.
또한 소헌(昭憲)황태후의 상에 효명(孝明)황후[56]가 몸소 3년의 복을

---

55 단문이란 시마(緦麻) 이하의 복(服)에서, 두루마기 따위의 웃옷의 오른쪽 소
매를 벗고 머리에 사각건을 쓰는 상례(喪禮)를 말한다.

56 소헌태후 두씨(杜氏, 902~961)는 증태사(贈太師)인 두상(杜爽)의 장녀이다.
송 선제 조홍은의 부인으로 송 태조 조광윤과 태종 조광의를 낳았다. 조광윤
이 송을 건국하고 황제가 된 뒤에 태후로 높였다는데 건륭 2년(961년)에 죽었
다. 효명황후(942~963)는 왕씨(王氏)인데 송 태조 조광윤의 계후(繼后)이다.
후주 현덕 5년(958년)에 조광윤의 계실로 들어왔는데 조광윤이 황제가 된 뒤
에 건륭 원년(961년)에 황후로 책봉되었지만 항상 허름한 옷을 입었고, 아침

실천했으니 만대(萬代)의 법일 수 있습니다.”

　12월 초하루 정유일에 처음으로 며느리는 시부모를 위하여 3년 자최(齊衰)·참최(斬衰)하도록 하여 하나같이 그 지아비를 좇게 하였다.

35　기해일(3일)에 서천(西川) 관내의 감군순검(監軍巡檢)에게 조서를 내려서 주현의 업무에 간여하지 말라고 하였다.

36　이달에 요주(遼主)가 흑산(黑山)의 평정(平淀)[57]에 머물렀다.

태조 건덕 4년(병인, 966년)[58]

1　봄, 정월 초하루 정묘일에 요주가 술에 취하여 조하를 받지 아니하였다.

　갑신일(18일)에 요주(遼主)가 저자 가운데서 미행(微行)하다가 술집에 은과 비단을 하사하였다.

에 일어나면 염불을 하였으며 시어머니 두태후를 지극히 효성스럽게 모셨는데 건덕 원년(963년)에 22세의 나이로 죽었다.

57 평정(平淀)이란 정(淀) 혹은 전(甸)이라고도 하는데, 거란 종족들이 물 근처 평탄한 곳을 가리키는 말이다.《요사》에는 흑산평정(黑山平淀), 흑하평정(黑河平淀), 요하의 평정, 춘주(春州)의 북평정 같은 말이 나온다. 거란족이 거주하는 지역에는 산맥과 사막이 많아서 물가의 호반이나 땅이 비옥한 곳, 수초가 무성한 곳은 대부분 목축하기에 적당하기 때문에 입정(入淀) 혹은 출정(出淀)이라는 말을 사용한다.

58 요 목종 응력 16년이다.

2   정해일(22일)에 객성사(客省使)[59]인 정덕유(丁德裕)를 서천도순
검사로 하고 인진(引進)부사[60]인 왕반(王班)·내반도지(內班都知)[61]인
장서(張嶼)와 더불어 같이 군사를 인솔하여 서천으로 갔다.

3   이달에 요인(遼人)들이 역주(易州, 하북성 역현)에 침입하자 감군
인 임덕의(任德義)가 그들을 쳐서 물리쳤다.

4   2월 안국(安國)절도사 나언괴(羅彦瓌, 923~969) 등이 북한(北漢)의
군사를 정양(靜陽)에서 패배시키고 그 장수인 녹영(鹿英)을 붙잡았다.

5   권지공거 왕우(王祐)가 진사 합격자 6명과 제과(諸科) 합격자 9명
을 말하였다. 황제는 재주 있는 사람을 남겨 두었을까 걱정하여 신유일
(26일)에 하제선인(下第選人, 뽑히는데 떨어진 사람)들 가운데에서 우수
하고 뛰어난 사람을 뽑으라고 명령하여 그들을 시험하여 올렸다.

6   갑자일(29일)에 서천의 금년도 하조(夏租)와 여러 징수하는 것의
반을 면제해주고 전지(田地) 가운데 경작할 수 없었던 것은 모두 이를
제외시켰다.

---

59 외국 혹은 소수민족의 사자를 접대하거나 문무관원이 황제에게 조현하는 의
   례를 관장하는 직책이다.
60 인진사는 신료와 외국 혹은 소수민족의 받치는 예물이나 기타의 일들을 관
   장하는 직책으로 인진사사(引進司使)와 부사가 각 두 명이었다.
61 내반은 환관을 말하는데 내반도지란 그 책임자이다.

7   3월 기사일(4일)에 요주(遼主)가 동쪽으로 사냥을 나갔다 돌아오
다가 거위[鵝]를 붙잡았는데, 갑자기 새벽까지 술을 마셨다.

8   계유일(8일)에 의창(義倉)을 철폐하였다.

9   여름 4월 임자일(17일)에 광주(光州)에서 공물로 바치는 응요(鷹
鷂, 매 같은 맹금류)를 그만두게 하였다.

10   정사일(22일)에 요(遼)의 천덕군(天德軍)[62]절도사인 우연초(于延
超)의 아들이 와서 항복하였다.

11   이날[이달]에 조서를 내렸다.
　"출납하는 것을 인색하게 하는 것이 유사라고 말한다. 만약에 규정
하는 것이 선여(羨餘)[63]에 이르게 된다면 반드시 심하게 긁어모으는
데 깊이 힘쓸 것이다. 지광화군(知光化軍, 湖北省 老河口市 西北)인 장
전조(張全操)가 말씀을 올리기를 '삼사에서 여러 곳에 있는 장원(場
院)[64]의 주리(主吏)들에게 명령하여 선여의 곡식이 1만 석에 이르고

---

62 요는 916년에 서남로초토사를 설치하고 920년에는 풍주(豊州)가 동쪽으로
　옮긴 다음에 그 치소로 삼았는데 서경도(西京道)에 소속하였다. 요는 이 지역
　에 천덕군절도사를 두었다.

63 지방 관리들이 백성들에게 걷어서 정기적으로 황제에게 보내는 각종 부가세
　를 말한다.

64 농촌에 있는 탈곡하거나 곡식을 말리기 위하여 만들어 둔 평탄한 장소를 말
　한다.

건초 5만 속(束) 이상에 이르는 사람이 있으면 그 이름을 올리면 선전을 시행하도록 청하겠다.'고 하였다.

이는 진실로 백성들의 조(租)를 배로 납부하게 하고 사사로이 군량을 줄이지 아니하고서 어떻게 이에 이르겠는가! 의당 그 일을 추후로 내버려 잠재워두고 다시는 반포하여 시행하지 말라. 관부에서 정해진 소모하는 것을 제외하고는 엄하게 중지하고 끊어버리도록 하라."

12 애초에 황제가 우습유인 손봉길(孫逢吉)을 파견하여 성도에 도착하여 촉의 도서(圖書)와 법물(法物)[65]을 걷어 들이게 하였다. 5월 을해일(11일)에 손봉길이 돌아와서 올린 법물은 모두 법도에 들지 않아서 모두 불태워버리고 도서는 사관(史館)에 넣도록 명령하였다.

맹창은 사치하고 참람(僭濫)한 것을 입고 사용하여 익기(溺器, 소변기)에도 역시 7보(寶)를 장식하기에 이르렀는데 황제는 갑자기 이를 부수어 버리라고 명령하고 말하였다.

"스스로 받들기를 이와 같이 하였는데, 망하는 일이 없기를 바랐겠지만 그럴 수 있었겠는가!"

황제는 몸소 검약함을 실천하여 항상 세탁한 옷을 입었고, 승여(乘輿)와 복장과 쓰는 것은 모두 질박하고 검소한 것을 숭상하였으며 침전에는 푸른 포(布)에 위렴(葦簾, 갈대로 된 발)을 둘렀으며, 궁위(宮闈, 궁궐의 쪽문)에 있는 장막에는 무늬가 있는 장식을 없앴다. 일찍이 삼실

---

65 법물은 두 가지의 뜻이 있는데, 하나는 불교에서 사용하는 모든 도구, 예컨대 종·경(磬)·목어(木魚)·북 같은 것이며, 다른 하나는 제사용으로 사용하는 기물로, 예컨대 종묘의 악기·거가·노부(鹵簿) 같은 물건을 말하는데, 여기서는 후자이다.

로 짠 포로 만든 치마를 내어 좌우에 있는 사람들에게 하사하며 말하였다.

"이것은 내가 옛날에 입고 쓰던 것이다."

개봉윤인 조광의가 금중에서 모시고 연회를 열었는데, 조용히 폐하의 복장이 지나치게 초솔(草率)하다고 말하니, 황제가 정색을 하며 말하였다.

"너는 협마영(夾馬營)⁶⁶에 살던 때를 기억하지 않느냐?"

13　　애초에 황제는 지금 사용하는 기원(紀元)으로 고치면서 재상에게 명령하여 전 시대에 없었던 연호를 서로 가리어 올리도록 하였다. 이미 촉을 평정하고 났는데, 촉의 궁인들로 액정에 들어 온 자가 있어서 황제는 그 염구(奩具, 화장도구)를 보다가 옛날 거울을 얻었는데 그 뒷면에 '건덕(乾德) 4년에 주조함'이라는 글자가 있어서 황제는 크게 놀라서⁶⁷ 거울을 내어 재상들에게 보이니 모두가 대답할 수 없었다.

마침내 학사인 도곡(陶穀, 903~970)·두의(竇儀, 914~966) 등을 불러 이것을 물으니 두의가 말하였다.

"이 물건은 반드시 촉(蜀)의 물건일 것입니다. 옛날에 위(僞) 촉왕인

66　하남성 낙양시 전하교(瀍河橋)의 동쪽으로 송 태조 조광윤이 탄생한 곳이다.

67　조광윤은 현재 사용 중인 건덕이라는 연호를 지으면서 전에 사용한 일이 없었던 연호를 지으라고 하였었다. 그 후 이미 4년이 지나 건덕 4년인 이 해에 건덕 4년에 제조하였다는 문구를 발견하였으므로 놀란 것이다. 그러나 건덕이라는 연호를 사용하였던 일은 이미 전에 두 번 있었는데, 한번은 보공석(輔公祏, ? ~624)이 당 무덕 6년(623년) 8월에 군사를 일으켜서 국호를 송으로 하고 칭제하며 이 연호를 사용하였고, 또 한번은 오대십국의 전촉 후주(後主) 왕연(王衍, 899?~926)이 사용하였다.

왕연(王衍, 前蜀 後主, 901~926)이 이 연호를 사용하였으니 마땅히 이는 그 시절에 주조한 것일 것입니다."[68]

황제가 마침내 탄식하며 말하였다.

"재상은 반드시 독서인을 채용해야겠구나!"

이로 말미암아 더욱 유신(儒臣)을 중히 여겼다. 조보(趙普, 922~992)가 처음에 이도(吏道)에 관하여 보고를 드렸는데 학술(學術)이 적어서 황제가 매번 독서할 것을 권고하니 조보는 드디어 손에서 책을 놓지 아니하였다.

14 갑신일(20일)에 요주(遼主)는 날이 가물어서 연못에서 배를 띄우고 비가 내리기를 기도하였는데, 비가 오지 않자 배를 버리고 물속에 서니 잠시 후에 마침내 비가 내렸다.

15 경인일(26일)에 황제가 친히 제과(制科)[69]의 거인(擧人)인 강섭(姜涉) 등을 자운루(紫雲樓) 아래에서 시험하였다. 강섭 등은 문리가 소략하여 책문에 응답하지 못하자 나란히 술과 먹을 것을 내리고 보냈다.

---

68 《속자치통감》의 고이에 두의는 이때에 공보석이 건덕이라는 연호를 사용하였는지를 몰랐다고 하였다.

69 제과고시는 당·송시대에 있었던 특수한 고시제도이다. 과거고시는 3년마다 한 번 시험을 치루지만 제과고시는 부정기적이었다. 제과고시에 참가하는 사람은 조정 대신들의 추천이 있어야하고, 그런 다음에 예비시험을 거치며 마지막으로 황제가 친히 문제를 출제하였다. 그래서 선발기준이 아주 엄격하였으며 송조 300년간 과거에서 진사는 4만여 명이 배출되었지만 제과고시는 22회 진행되었으나 통과된 인원은 겨우 41명이었다.

16   6월에 조서를 내렸다.

"신하의 집에는 사사로이 환자(宦者)를 양성할 수 없다. 내시로 나이가 30 이상이면 바야흐로 아들 하나를 양자로 기를 수 있다. 사서인(士庶人)이 감히 거세한 남자아이를 데리고 있다면 그 죄는 사면하지 않는다."

17   왕전빈(王全斌, 908~976)이 적의 우두머리 전사웅(全師雄, ?~966)을 관구채(灌口寨, 灌州, 四川省 都江堰市)에서 깨뜨리고 그 무리 2천 명을 사로잡았는데, 전사웅은 무리를 데리고 금당(金堂, 成都平原 東北部)으로 달아났다.

18   가을 7월 병인일(3일)에 이 해에 풍년이 들자 주현(州縣)의 장리들에게 조서를 내려서 백성들에게 저축을 하고 절검할 것을 권고하며 놀고 게으름을 없애고 백성들이 포박(蒲博, 오락·도박)하는 것을 금지시켰다.

19   장수들이 군대 안의 정예의 병사를 가져다가 아병(牙兵, 친위병)으로 삼는 것을 금지시켰다.

20   무진일(5일)에 서남이(西南夷)의 수령 동고(董髙) 등이 내부(內附)하였다.

21   갑술일(11일)에 전의 영주(永州, 湖南省 西南部)자사였던 진양(晉陽, 山西省 太原市) 사람 안수충(安守忠, 932~1000)을 한주(漢州, 四川省

廣漢市)자사로 삼았다.

안수충은 처음에 하음(河陰, 河南省 滎陽市)에서 둔전병을 통솔하였는데, 군사가 촉을 이기게 되자 황제는 안수충에게 말하였다.

"먼 곳의 풍습은 가혹하고 잔학한데, 남정(南鄭, 陝西省 西南)은 달아나거나 모이는 땅이니 경이 짐을 위하여 그곳을 어루만져 다스려 주시오."

바로 안수충을 파견하여 권지흥원(權知興元, 홍원은 陝西省 漢中)으로 하였다. 이에 한주로 이동하여 지키게 하였는데 당시에 많은 군사들이 돌아오게 되자 공급하는 것이 배로 쓰이게 되어 공탕(公帑)으로는 모자라니 안수충이 사사로운 돈으로 도왔다. 황제는 매번 사자를 파견하여 반드시 그에게 경계하여 말하였다.

"안수충이 촉지역에 있으면서 스스로 자기를 규율할 수 있으니 너는 가서 그를 보고 마땅히 그 사람됨을 배우라."

22 임오일(19일)에 요주(遼主)가 유사에게 유시하였다.

"기한에 앞서 행차하고 머무를 곳에는 반드시 표지를 높게 세워서 백성들로 하여금 범접하지 못하게 하라. 근래에 듣자하니 그 표지를 깊은 풀 속에 설치하여 백성들이 잘못 들어가게 하고 그것을 이용하여 재물을 빼앗는 것을 이로움으로 여기고 있다고 한다. 지금부터 다시 그렇게 하는 자는 사형으로 논죄할 것이다."

대우 받는 공자의 후손

23 이달에 공자의 44세손인 공의(孔宜, 941~986)를 곡부현(曲阜縣)주부(主簿)로 삼았다. 공의는 진사에 천거되었다가 합격하지 못하자 이어서 편지를 올려서 그 가세(家世)를 서술하여 특별히 이를 명하였다.

24 8월 신축일(9일)에 재상·추밀사·개봉윤·한림학사인 두의와 지제고(知制誥)인 왕우를 불러 자운루 아래에서 연회를 하였는데 이를 이용하여 백성들의 일을 논급하며 재상인 조보 등에게 말하였다.

"밑에 있는 어리석은 백성들은 비록 숙맥(菽麥, 콩과 보리)을 구분하지 못한다고 하여도 만약에 번후(藩侯)들이 어루만져 길러주지 아니하고 힘껏 가혹하고 심각하게 시행하였다면 짐은 끊어서 그것을 용납하지 아니하였다."

조보가 대답하여 말하였다.

"폐하께서 백성을 아끼심이 이와 같으니 바로 요(堯)·순(舜)의 마음씀입니다."

25 경술일(18일)에 추밀직학사인 풍찬(馮瓚, 914~980)·능금(綾錦)부

사인 이미(李美)·전중시어사인 이즙(李檝)이 재상 조보의 함정에 빠져서 뇌물죄로 사형으로 논죄되었지만 사면을 받아서 사도문(沙門島, 山東省 煙臺市에 속한 섬)로 유배되었는데, 은혜를 만난다고 하여도 돌아오지 못하게 하였다.

26　병진일(24일)에 황하가 활주(滑州, 河南省 滑縣)에서 터져서 영하현(靈河縣)에 있는 큰 제방을 부수었는데, 사졸과 정부(丁夫)를 징발하여 이를 처리하고, 범람을 당한 사람들에게는 그 해 가을 조(租)를 면제하였다.

27　윤달(윤8월)에 잃어버린 책을 구한다는 조서를 내렸다.

"무릇 관리와 백성들 가운데 서적을 가지고 와서 헌납하는 사람이 있으면 사관(史館)으로 하여금 그 편목(篇目)을 살펴서 사관 안에 없는 것이면 이를 거두어들이고 책을 헌상한 사람은 학사원으로 보내어 관리의 이치를 시험 쳐서 묻게 하고 직관(職官)으로 벼슬하는 일을 감당(堪當)할 사람을 보고하라."

이 해에 《삼례(三禮)》의 섭필(涉弼)·《삼전(三傳)》의 팽간(彭幹)·학구(學究)[70]의 주재(朱載)는 모두 조서에 호응하여 책을 헌상하니 서부(書

---

70 3례는 《의례(儀禮)》·《예기(禮記)》·《주례(周禮)》이고, 3전은 《춘추3전(春秋三傳)》을 말하는데, 《좌씨춘추전(左氏春秋傳)》·《춘추공양전(春秋公羊傳)》·《춘추곡량전(春秋穀梁傳)》이고 학구란 과거 가운데 있는 과목명이다. 당대(唐代)에는 선비를 뽑을 때 명경이라는 과목 속에 학구일경(學究一經)이라는 과목이 있었는데, 송대(宋代)에는 이를 학구(學究)라고 하였으며 예부의 공거 10과 가운데 하나이다.

府)에 나누어 두라고 명령하고 섭필 등에게 과명(科名)[71]을 하사하였다.

28 갑자일(3일)에 관구진(灌口鎭, 四川省 都江堰市)을 영강군(永康軍)으로 하였다.

29 왕전빈이 도적의 우두머리 여한(呂翰)을 깨트리고 아주(雅州, 四川省 雅安市)에서 싸워 이겼다고 말했다.

30 을축일(4일)에 황하의 물이 넘쳐서 남화현(南華縣, 山東省 東明縣·曹縣 부근)으로 들어갔다.

31 요주(遼主)가 들사슴이 순록(馴鹿)[72] 속으로 들어가는 것을 보고 말을 세워두고 술을 마셨는데, 포시(晡時, 오후 4시)에까지 이르렀다.

32 을해일(14일)에 조서를 내렸다.

---

71 과명은 생원(生員, 속칭 秀才)·거인(擧人)·진사(進士) 3등급이 있는데 또 각기 동시(童試)·향시(鄕試)·회시(會試)라는 3등급의 과거고시를 통과하여 얻는 명칭이다.

72 순록(馴鹿, 학명은 Rangifer tarandus)은 각록(角鹿)이라고도 하는데, 사슴과에 속하며 자웅(雌雄)이 모두 뿔이 있고, 뿔이 아주 복잡하게 가지를 치고 있는 것이 외견상으로 볼 수 있는 특징이다. 사슴[鹿]은 현재 전세계적으로 34종이 있는데, 그 가운데 백미록(白尾鹿), 나록(騾鹿), 캐나다의 마록(馬鹿), 타록(駝鹿), 홍록(紅鹿), 첨록(黇鹿) 등이 있으며 순록도 이 사슴 종류의 하나이다. 모든 수사슴과 순록의 암컷의 머리에는 기다란 뿔이 나 있고 매년 바뀌는데, 머리에 뿔이 나서 죽을 때까지 바뀌지 않는 영양(羚羊)과는 구별된다.

"백성들 가운데 뽕나무와 대추나무를 심어서 가꿀 수 있고, 황무지인 밭을 개간할 수 있는 사람은 조세를 징수하지 않고 보좌하여 오도록 권고할 수 있는 사람은 상을 받는다."

33 9월 초하루 임진일에 호첩(虎捷)지휘사인 손진(孫進)·용위(龍衛)지휘사인 오환(吳環) 등 27명이 여한의 반란에 무리를 지었다는 죄에 걸려서 복주(伏誅)되었고, 손진의 집은 족주(族誅)되었다.

34 경자일(9일)에 요주(遼主)가 중구절(重九節) 연회[73]에서 술을 마셨는데, 밤에서 낮으로 이어지다가 10여 일이 되어서 마침내 끝냈다.

35 병오일(15일)에 오월(吳越)에 조서를 내려서 회계(會稽)에 우(禹)임금의 사당을 세우게 하였다.[74]

36 서융(西戎, 西川)의 수졸(戍卒)들은 대부분 망명하여 도적의 무리 가운데 들어가 있었는데, 어떤 사람이 사건을 조사하여 그 처자들을 주

---

73 중구절은 음력으로 9월 9일을 말하는데 이날에는 9라는 글자가 겹쳤다는 의미로 중구절이라고 한다. 이는 다시 중양절(重陽節)이라고도 하는데, 이는 9자는 양(陽)을 가리키는 말이기 때문에 역시 양이 겹친다는 뜻으로 불려진 이름이다. 이날은 또 경로절(敬老節) 혹은 답추절(踏秋節)이라고도 하면서 민간에서 높은 곳에 올라가는 풍습이 있어서 등고절(登高節)이라도 하는 절기이다.

74 하(夏)를 세운 우(禹)는 마지막에 동쪽으로 순시를 하다가 회계(會稽)에 이르러 죽었다. 그리하여 우의 능묘는 절강 소흥의 동남쪽 교외에 있는 회계산(會稽山)의 산기슭에 있다.

살하기를 청하였다. 황제가 추밀사 이숭구(李崇矩, 924~988)에게 말하였다.

"짐은 그들 사이에는 도적들에게 몰리고 협박받은 사람도 있을 것이고 본래 마음은 아닐 것이오."

마침내 전부 풀어주고 주살하지 아니하였다.

37 겨울 10월 초하루 신유일에 태상시에 조서를 내려서 지금부터 대조회(大朝會)[75]를 할 때에는 다시 2무(二舞)[76]를 사용하게 하였다. 이보다 먼저 중원에는 많은 연고가 있어서 예악의 기물이 차츰 폐지되었는데, 황제가 비로소 판태상시인 준의(浚儀, 河南省 開封市) 사람인 화현(和峴, 940~995)에게 명령을 내려서 이를 수리하여 복구할 길을 찾도록 명령하고, 별영궁(別營宮)에 36개의 거(簴)를 걸어 마당에 설치하게 하고 전(殿)에 올라가 노래하는 두 개의 가설을 만들고, 또 고취(鼓吹) 12개의 안(案)과 무인(舞人)이 집는 정독(旌纛)과 간척(干戚) 약적(籥翟)[77]과 그 복장도 설치하게 하였는데, 모두 옛날 제도와 같게 하였다.

---

75 대조회는 매해 새해를 맞이할 때에 거행하는 조회로 이는 서주시대부터 시작하였는데 의례 가운데 가장 높은 조회의식이며 진·한시대부터 명·청시대에 이르기까지 계속적으로 수행되었으며, 이때에 백관들이 천자를 알현한다.

76 문·무(文·武) 2무(舞)를 가리키는 것으로 본래에는 주의 문왕과 무왕의 악제(樂制, 음악제도)인데 후대에 이를 연용하였다. 《자치통감(資治通鑑)》을 보면 수 문제 개황 9년에 "오음(五音)을 조율하여 오하(五夏)·이무(二舞)·등가(登歌)·방내(房內) 14조를 만들어서 빈제(賓祭)에 이를 사용하였다."라는 기록이 있는데 호삼성은 2무란 문·무(文·武) 2무(舞)라고 하였다.

77 정독(旌纛)은 큰 깃발이며 간척(干戚)에서 간은 방패이고 척은 큰 도끼이다. 약(籥)은 대나무로 만들었는데, 밖에는 붉은 칠을 하고 구멍이 셋이며 적은

황제는 아악의 소리가 높고 애사(哀思)에 가까워서 화현에게 토론하도록 명령하였는데, 화현이 상소문을 올려 말하였다.

"서경동망얼(西京銅望臬)[78]은 옛날 법도로 비교할 수 있을 것이니 바로 지금 사천대(司天臺)에 있는 영표(影表)[79] 위에 있는 석척(石尺)이 이것입니다. 왕박(王朴)이 정한 자[尺]로 이를 비교하면 석척의 4분의 1 보다 짧은데, 음악 소리가 높은 것은 대개 이로부터입니다."

황제는 마침내 옛법에 의거하여 별도로 새로운 자[尺]를 만들게 하였으며 황종(黃鐘)의 9촌(寸) 되는 관(管)을 나란히 놓고 공인(工人, 악공)들로 하여금 그 소리를 비교하게 하였더니 과연 왕박이 정한 관(管)보다 일률(一律, 관악기의 한 음계) 아래에 있었다.

또 안으로 상당(上黨, 山西省 長治市) 양두산(羊頭山)에 있는 거칠루척(秬黍累尺)[80]을 내어 율(律)을 비교하였더니 역시 서로 딱 맞아 떨어지자 드디어 다시 12율(律)의 관(管)을 만들어서 소리를 얻었다. 이로부터 아악(雅樂)의 소리는 비로소 화창하게 되었다.

깃털로 꿩의 꼬리 깃털이다.

78 서경동망얼(西京銅望臬)은 구리로 만든 자이다. 이는 천문을 측량할 때에 사용하는 자로 서경에 옛날부터 있던 구리로 만든 얼(臬, 말뚝, 해시계)인데, 이를 악기를 만드는데 쓰자는 말이다. 당시에 사천대에는 해의 그림자를 재어서 시각을 재는 구리 말뚝이 있었는데 여기에 눈금이 있어서 길이를 재는 표준으로 삼을 수가 있었다.

79 고대에 해의 그림자를 헤아려 재는 천문의기(天文儀器)로 양천척(量天尺)이라고도 한다.

80 길이를 정하는 단위를 곡식 가운데 기장의 중간 정도의 것을 1푼으로 하고 10푼을 1마디로 하며, 10마디를 1자로 하고 10자를 1장(丈)으로 한다고 되어 있다. 그러므로 이는 길이를 재는 자이다.

38   계해일(3일)에 여러 군에 조서를 내려서 옛날 황제의 왕릉의 사당을 세우게 하고 관리하는 호구(戶口)를 차별을 두어 두게 하였다.

39   경진일(20일)에 요(遼)는 북한(北漢)의 주군[81]이 모친상을 당하자 사신을 파견하여 부의하고 조문하였다.

40   11월 계사일(3일)에 해가 남쪽의 끝까지 가는 날[82]이어서 황제가 건원전(乾元殿)에 나가서 조하를 받는 일을 끝내고 평상복을 입고 대명전(大明殿)에 나가니 여러 신하들이 축수하였는데 처음으로 아악등가(雅樂登歌)[83]와 문덕(文德)·무덕(武德) 2무(二舞)를 사용하였다.

41   여러 주에 설치한 통판(通判)[84]이 대부분 장리(長吏)와 성내고 다투며 항상 말하였다.

---

81 이때 북한의 황제는 예종(睿宗) 유균(劉鈞, 926~968)인데 원명은 유승균(劉承鈞)이다.

82 일남지(日南至) 즉, 동지(冬至)를 말한다.

83 아악이란 단아하고 순정한 음악이란 말로 고대 전통 궁중음악을 말하며 제왕이 조하를 받을 때 천지에 제사를 지낼 때에 사용하는 음악이다. 등가란 고대에 제전(祭典)이나 대조회를 거행할 때에 악사(樂師)가 마루에 올라가서 노래하는 것을 말한다.

84 통판은 오대십국시기 순의 원년(921년)에 처음 설치된 것인데, 북송시대에 생겼다고 하는 경우도 있다. 이 시기에 조정에서는 지방을 강력하게 통제하여 지주(知州)의 직권이 지나치게 무거워져서 멋대로 일 저지르는 것을 방지하기 위하여 통판은 지주를 감독할 책임을 지게 하여 양자(兩者)가 상호견제하게 하였다.

"나는 감주(監州)이니 조정에서 나에게 와서 너를 감독하게 하였다."

장리들의 거동이 대부분 제한을 받았다. 어떤 사람은 말하는 것이 아주 심하여 의당 누르고 덜어내야 했다. 을미일(5일)에 조서를 내렸다.

"제주의 통판은 권력을 믿고 사사롭게 호령할 수 없으니 반드시 장리(長吏)와 같이 서명하여 공문을 이송하면 바야흐로 아래에서 시행하도록 허락할 것이다."

42 계축일(23일)에 한림학사·예부상서인 두의(竇儀, 914~966)가 죽었다.

황제는 두의가 저주(滁州, 安徽省 東部)에 있을 때에 가까운 관리에게 견(絹)을 주지 아니하고 매번 그가 일을 집행하고 관장하는 것을 칭찬하면서 누차 대신들을 마주하고 말하면서 채용하여 재상으로 삼고 싶다고 하였다.

조보가 정치를 오로지 하기에 이르자 황제는 이를 걱정하면서 그의 허물을 듣고자 하여 두의를 불렀는데, 말을 하다가 조보가 불법을 많이 저지른다는 데까지 이르게 되면 또 두의가 일찍이 재주와 명망을 가졌다고 칭찬하였다. 두의가 '조보가 나라를 여는데 으뜸가는 공헌을 했으며 공적이고 충성스럽고 밝고 곧다.'고 잔뜩 이야기 하니 황제는 기뻐하지 아니하였다.

두의가 돌아가서 여러 동생들에게 말하였다.

"나는 반드시 재상 노릇을 할 수 없을 것이지만 그러나 역시 주애(朱崖)에는 가지 않고[85] 우리 집안은 보존될 수 있을 것이다."

---

85 주애는 오늘날의 해남성 해구시(海南省 海口市)인데, 이 시기에는 주로 귀양지

조보는 평소에 두의가 강직한 것을 꺼려서 설거정(薛居正, 912~
981)·여여경(呂餘慶, 927~976)을 끌어들여 참지정사로 하였고 도곡(陶
穀, 903~970)·조봉(趙逢, ?~975)·고석(高錫, 936~985) 등은 또 서로 무
리를 지어 붙어서 함께 두의를 배척하여 황제의 뜻을 중간에서 끊었다.
이에 이르러 죽자 황제는 가엽게 생각하여 말하였다.

"하늘이 어찌하여 나의 두의를 빨리 데려간다는 말인가!"

우복야를 증직하였다.

43　경신일(30일)에 요상한 사람인 장룡아(張龍兒) 등 24명이 복주(伏
誅)되고 장룡아·이옥(李玉)·양밀(楊密)·섭빈(聶贇)의 집안사람들이 족
주(族誅)되었다.

44　12월 갑자일(4일)에 요의 주군[穆宗]이 전전도점검(殿前都點
檢)[86] 야율이뢰합(耶律伊賴哈, 克臘葛)의 집에 행차하여 술 마시고 잔
치를 여는 것이 며칠 이어졌다. 야율이뢰합은 검교태사(檢校太師) 야
율합로(耶律合魯)의 아들로 처음에는 아버지의 임직으로 입시하게 되
었는데, 요주가 이끌며 포의(布衣)로 사귀다가 더불어 기밀을 꾀하게

였다. 따라서 귀양은 가지 않을 것이라는 말을 한 것이다.

86　도점검은 관직명인데 오대 후당시기에 황제가 순행하거나 출정을 나락 때에
대내도점검(大內都點檢)을 두었다. 후에 후주 세종이 군대를 정비하고 무예
가 출중한 사람을 선발하여 금위군을 만들고 이를 전전제반(殿前諸班)이라
고 부르며 전전도점검을 두어 최고지휘관으로 삼았다. 송 태조 조광윤이 전
전도점검으로 후주의 정권을 빼앗았다. 요(遼)의 남면군관(南面軍官)과 금
(金)도 역시 전전도점검, 부점검을 두어 금군을 통솔하게 하였다. 요의 남면
재부관제로전백사(南面財賦官諸路錢帛司)도 역시 도점검이 있었다.

되었다.

요주는 술 주정을 하다가 자주 조그만 일을 이유로 사람을 죽였다. 어떤 감치자(監雉者, 꿩 관리자)가 꿩을 다치게 하여 도망하였다가 붙잡혔는데 주살하려 하자 야율이뢰합이 간하였다.

"이 죄는 사형해서는 안 됩니다."

요주가 끝내 죽여서 시체를 야율이뢰합에게 보내며 말하였다.

"너의 옛 사람을 거두어라!"

야율이뢰합은 멈추지를 않았다. 다시 감록(監鹿)하는 상곤(詳袞)이 한 마리의 사슴을 잃어버려서 옥에 가두고, 사형으로 판결하니 야율이뢰합은 또 간언하여 말하였다.

"사람의 목숨은 아주 중한데 어찌 짐승 한 마리 때문에 그를 죽일 수 있습니까?"

한참 있다가 면할 수가 있었다.

요주는 비록 야율이뢰합의 말을 다 좇지는 않았지만 그러나 그를 아끼는 것이 특별히 심하였다. 일찍이 가을 사냥을 따라나섰는데, 사슴 소리를 잘 내는 사람이 한 마리의 수사슴을 불러 왔다. 요(遼)의 법에는 수사슴으로 뿔이 양쪽에 난 것은 오직 천자만이 쏠 수 있었는데, 요주가 야율이뢰합에게 그것을 쏘라고 명령하니 활시위 소리와 함께 쓰러지자 요주는 크게 기뻐하며 하사하여 준 것이 두터웠다. 이에 이르러 연회를 열었는데 아주 기뻐하며 다시 금으로 된 사발과 가는 실로 짠 비단, 그리고 새끼 밴 말 100필을 하사하였으며 좌우에 있던 사람으로 관직을 받은 사람이 아주 많았다.

45 정덕유(丁德裕)가 서천(西川)병마도감인 장연통(張延通)과 같이

군사를 인솔하고 적을 깨뜨리고 그 위도통(僞都統)[87]인 강조(康祚)를 잡아서 저자에서 찢어 죽였다. 장연통은 노성(潞城, 山西省 長治市 관할) 사람이다.

강연택(康延澤, 911~969)은 이미 보주(普州, 四川省 安岳·遂寧·樂縣 와 重慶市 潼南縣 一部)에 성을 쌓았는데, 왕가료(王可僚)는 다시 몇 개 주의 병사를 합쳐가지고 와서 공격하니 강연택이 이들을 쳐서 도망하게 하고 달아나는 것을 뒤쫓아서 합주(合州, 重慶 合川)에 이르렀다.

전사웅(全師雄, ?~966)이 금당(金堂, 成都平原經濟圈)에서 병들어 죽었는데, 정덕유와 왕전빈 등이 나누어 가서 불러 모으니 도적들의 무리는 모두 평정되었다.

46 이달에 북한(北漢)이 다시 요주(遼州, 山西省 昔陽縣 西南)를 빼앗았다.

47 달륵달(達勒達, 達達)이 입공(入貢)했다. 달륵달은 본래 동북지역에 있는 말갈(靺鞨)의 별종으로 당(唐) 원화(元和)[88] 이후에 음산(陰山, 내몽고 중부)으로 옮겼는데, 이때에 이르러 내공(來貢)한 것이다.＊

---

87 보통 정식으로 인정되지 않은 세력의 직함 앞에 위(僞)를 붙여서 '거짓' 직함이라는 뜻으로 사용한다. 이 경우에는 농민 반란 세력이므로 직함 앞에 위(僞)를 붙인 것이다.

88 원화는 당 헌종의 연호로 15년간(806~820) 사용되었다.

권005

송기5

북한 정벌의 실패

촉 정벌 후의 마무리

태조 건덕 5년(정묘, 967년)[1]

1   봄 정월 초하루 경인일에 건원전에 나아가서 조하를 받았는데, 절
도사의 반열에 있는 사람들을 올려서 용지(龍墀)[2] 안에서 금오장군의
위에 있게 하였다. 고사(故事)에 의하면 절도사로서 평장사 직함을 갖
지 않은 사람은 모두 위치가 경(卿)·감(監)의 아래에 있었는데, 이에 특
별히 고친 것이다.

2   요(遼)의 임아(林牙)[3]인 소간(蕭幹, ? ~986)·낭군(郎君)[4] 야율현

---

1 요의 응력 17년이다.

2 용지는 궁전에 있는 적색으로 된 계단이나 붉은 색 땅을 말하는데, 궁전 앞
   에 있는 붉은 색의 계단이나 계단 위의 빈 곳을 말한다. 이곳은 용으로 조각
   된 곳이며 그 만큼 황제가 있는 곳과 가깝다.

3 요조(遼朝)의 관직명인데, 북면행군관(北面行軍官)에는 행추밀원이 있는데,
   추밀원의 파견기구이다. 요의 북면관에는 북면도림아·북면임아승지(北面林
   牙承旨)·북면임아(北面林牙)·좌임아(左林牙)·우임아(右林牙)가 있는데 문한

적(耶律賢適, 948~982)이 오고부(烏庫部, 종족명)를 토벌하고 돌아왔는데, 요주(遼主)가 그 손을 잡고 치주(巵酒)[5]를 내려 주었고, 아리사(雅里斯)·초사(楚思)·하리(霞里) 세 사람은 공로를 세운 것이 없어서 이주(醨酒, 薄酒)를 내려 주어 그들을 욕보였으며 야율현적에게 우피실(右皮室)[6] 상곤(詳袞)[7]을 제수하였다.

야율현적은 배우기를 좋아하고 큰 뜻을 갖고 있었는데, 당시에 조신들은 대부분 말을 하다가 견책을 받았지만 야율현적은 고요히 물러 가 있는 것을 즐기며 유렵(遊獵)을 하면서 스스로 즐기며 가까운 친구와 말하면서도 시사(時事)에는 미치지 아니하였으니 이에 이르러 발탁되어 임용된 것이다.

3   신축일(12일)에 서천(西川)의 여러 주의 백성들에게 금년도 하조

을 담당하는 관직이다.

4 귀족집안의 자제를 통칭하는 말이다.

5 고대의 술잔을 말하는데, 치(巵)란 술을 따르지 아니하면 빈 채로 올려다보고 있다가 술을 가득 따르면 기울어져서 불변하는 상태가 아닌 것이다.

6 요의 태조는 여러 부 가운데서 건장한 사람 1천 명을 선발하여 심복부를 만들었다. 그 후에 이 심복부의 기초 위에서 피실부를 확대하여 만들었다. 태종시기에는 정예의 갑병을 선발하여 피실군을 충실하게 했는데 수는 3만 기(騎)였으며 이를 좌·우·북·남·중 5부로 나누었고, 각 부에는 상온사를 두었다. 전기에는 황제를 숙위하며 궁궐을 지키다가 전시에는 출정하였다. 피실(皮室)은 요대에는 항용 쓰는 말인데 거란어에서 나왔으며 금강(金剛)이라는 뜻이다.

7 상곤은 요의 관직명으로 장군이라는 의미를 갖는다. 전에는 상온(詳穩)이라고 하였다.

(夏租)의 반을 하사하였다.

4   조서를 내려서 시절은 평화롭고 해는 풍년이 들었으니 상원(上元)의 장등(張燈)[8]을 늘려 5일간의 밤으로 하였다.

5   촉의 신민(臣民)들이 궁궐에 가서 왕전빈·왕인섬·최언진 등이 촉을 격파할 때에 했던 여러 가지 불법적인 일을 가지고 소송하니 이에 제장들이 같은 시기에 불려 돌아왔다. 왕인섬이 먼저 들어가서 알현하자 황제가 그에게 힐문하니 왕인섬은 제장들의 과실을 차례대로 들추어내며 스스로 벗어나서 면제되기를 바랐는데, 황제가 말하였다.

"이정규(李廷珪, 후촉의 부원수)의 기녀를 받아들이고 풍덕고(豊德庫)를 열어서 금(金)과 화폐를 가져갔는데 이것이 어찌 여러 장수가 한 짓인가?"

왕인섬은 황공하여 대답할 수 없었다.

황제는 왕전빈 등은 새로이 공로를 세운 것이 있어서 형리에게 부치지 않으려고 하여 중서문하로 하여금 왕인섬과 왕전빈·최언진과 소송을 한 사람들을 뒤쫓게 하여 증거를 가지고 질문하게 하였더니 무릇 빼앗아서 감추어 둔 것이 합하여 64만6천8백여 관(貫)이었다. 촉궁(蜀宮)에 있던 진기한 보화와 밖에 있는 관부의 다른 창고에 있었던 것으로 장부에 기록되지 않은 것은 포함되지 아니한 것이었다.

아울러 병사(兵士)들의 장전(裝錢, 행장을 꾸리는데 쓰이는 돈)을 멋대로 깎아먹고, 도적이 쳐 들어오게 하고 항복한 사람을 죽여 노략질하는

---

8   상원은 정월 보름날을 말하며 이때에 등불을 벌려 놓는 것을 말한다.

일이 생기게 한 이유를 조사하였는데, 왕전빈·왕인섬·최진언이 모두 상황을 갖추었다. 임자일(23일)에 어사대에 명령하여 백관들을 조당에 모으게 하고 왕전빈 등의 죄를 논의하게 하였다. 계축일(24일)에 백관들은 세 사람이 법으로는 사형에 해당한다고 말하였는데, 황제는 특별히 그들을 사면하였다.

갑인일(25일)에 수주(隨州, 湖北省 北部)에 숭의군(崇義軍)을 두고 소화군(昭化軍)을 금주(金州, 貴州省 黔西南)에 두면서 왕전빈을 숭의유후로 삼고 최언진을 소화유후로 삼았다. 왕인섬은 추밀부사에서 파직되어 우위대장군으로 하였다. 여러 장사(將士)들 가운데 받은 것이 있었지만 일절 묻지 않았다.

6   정사일(28일)에 조빈(曹彬, 931~999)을 선휘남원사로 하여 영(領)[9]의성(義成, 河南省 北部)절도사로 삼고, 유광의(劉光義, 929~987)는 영진안(領鎭安)절도사로 고쳐주고, 장정한(張廷翰, ? ~969)은 시위마군도우후로 삼아 영창국(領彰國, 창국은 山西 應縣東)절도사로 하였으며 이진경(李進卿, 915~973)은 보군도우후사로 하여 영보순(領保順, 보순은 山東 無棣縣)절도사로 삼았다. 장정한과 이진경은 유광의를 좇아 촉을 정벌하면서 군정(軍政)을 소란스럽게 하지 않았으니 그러므로 그들에게 상을 준 것이다.

애초에 왕인섬은 여러 장수들을 두루 비방하면서 홀로 말하였다.

---

9   영직(領職)이다. 영직은 관리를 임용하는 방법 가운데 하나인데, 겸직의 성격을 갖는 것인데, 여러 직책 가운데 하나만이 실직이고, 그 나머지의 직책은 별도로 관장하는 직무인 것이다. 따라서 여기서 조빈의 본직은 선휘남원사이면서 의성절도사의 직무를 별도로 관장한다는 뜻이다. 이후로도 같다.

"청렴하고 두려워하고 삼가 폐하에게 부담을 주지 않고 맡겨 시킬 사람은 오직 조빈 한 사람 뿐입니다."

황제가 이에 조빈을 특별히 우대하여 상을 주었다. 조빈이 들어가서 사양하며 말하였다.

"여러 장수들이 모두 죄를 지었는데, 신이 홀로 상을 받는다면 어떻게 스스로 편안하겠습니까?"

황제가 말하였다.

"경은 공로는 있지만 과오가 없는데 또한 스스로 자랑하지 않는구려. 진실로 실올 같은 허물을 지었다면 왕인섬이 어찌 경을 위하여 감추어 두겠소? 징계하고 권고하는 나라의 일상적인 전범이니 사양을 하지 않아도 되오."

7   황제는 황하의 제방이 누차 터지자 사신을 파견하여 가서 돌아보게 하며 기전(畿甸)의 정부(丁夫)를 징발하여 수선하여 처리하게 하였다. 이 해부터 항상 있는 일이 되어 모두가 정월에 처음 일을 하기 시작하여 계춘(季春, 3월)에 끝냈다. 또 개봉(開封, 河南省 豫東平原)·대명부(大名府, 邯鄲市 大名縣)·운(鄆, 山東省 鄆城縣)·전(澶, 河南省 淸豐縣 西南)·활(滑, 河南省 滑縣 東)·맹(孟, 河南 孟州)·복(濮, 山東 鄄城縣 北)·제(齊, 山東 濟南市)·치(淄, 山東省 淄博市 淄川區)·창(滄, 河北省)·덕(德, 山東省 西北部)·박(博, 新疆 博州)·회(懷, 河南省 沁陽市)·위(衛, 河南省 衛輝市)·정(鄭, 鄭州市) 등의 주(州)의 장리(長吏)에게 조서를 내려서 본주의 하제사(河隄使)를 겸하게 하였다.

8   2월 갑자일(5일)에 요(遼)의 남경(南京, 北京 西南 廣安門 일대)유

수인 고훈(高勳)이 일부의 군사를 가지고 익진관(益津關, 河北省 霸州市)을 시끄럽게 하게 해달라고 청하자 이를 좇았다.

9   을축일(6일)에 서천(西川)전운사인 심의륜(沈義倫, 909~987)을 호부시랑으로 삼아 추밀부사에 충임하였다.

애초에 심의륜이 군대를 좇아서 성도(成都)에 들어갔는데 홀로 불교 사원에 살면서 채소 식사를 하면서 촉의 군신(群臣)들이 진기하고 기이하며 예쁜 물건을 헌상한 것이 있으면 모두 이를 물리쳤다. 동쪽으로 돌아온 다음에 궤짝에 있는 것은 도서 몇 권일 뿐이었다. 황제가 일찍이 조용히 조빈에게 관리의 좋고 나쁜 것에 관하여 묻자 조빈이 말하였다.

"신이 군여(軍旅)를 감독하면서 관리들을 살펴보았으므로 아는 바가 없습니다."

굳게 이를 묻자 말하였다.

"심의륜은 맡을 수 있을 것입니다."

황제도 역시 심의륜이 깨끗하고 절도가 있는 것이 보통사람을 뛰어 넘는다는 말을 들었었으니 이 때문에 그를 발탁하여 임용한 것이다.

10   임신일(13일)에 권지공거(權知貢擧)인 노다손(盧多遜, 934~985)이 진사 이숙(李肅) 등 합격자 10명을 상주하였다. 다시 참지정사(參知政事) 설거정(薛居正)에게 조서를 내려서 중서성에서 복시(覆試)를 치르게 하였더니 모두 합격하자 이에 급제(及第)하였음을 하사하였다.

11   좌감문위(左監門衛)대장군·권판삼사 조빈(趙玭, 921~978)은 성품

이 미친 듯 조급하게 들추어내며 곧아서 대부분 황제의 뜻을 어기었지만 황제는 매번 그를 우대하며 용납했다. 또 재상 조보와 협조하지 아니하니[10] 이 때문에 발병이 났다고 말하면서 직책에서 해직시켜 줄 것을 요구했다. 갑술일(15일)에 조빈은 본래의 관직은 유지하면서 판직(判職)[11]은 그만두게 되었다.

당시에 전전도지휘사 한중빈(韓重贇, ?~974)이 사사로이 친병을 빼앗아 심복으로 삼았다고 하는 참소(讒訴)가 있자 황제는 화가 나서 그를 주살하려고 하였다.

조보가 간하여 말했다.

"만약에 한중빈이 참소로 주살되면 즉시 사람들마다 죄 받을 것을 두려워할 것이니 누가 감히 폐하를 위하여 친병을 거느리겠습니까?"

황제가 마침내 이를 중지하였다. 한중빈을 내보내어 창덕(彰德, 相·衛·澶 三州 관장)절도사로 삼았다. 한중빈은 조보가 자기를 구해 주었다는 소식을 듣고 다른 날에 조보를 찾아가서 감사하니 조보는 거절하고 만나 보지 않았다.

[12] 3월 무술일(9일)에 전 안국(安國)절도사 장미(張美, 918~985)를 횡해(橫海, 河北省 滄州市 東南)절도사로 삼았다. 장미가 창주(滄州, 河北省 東南)에 도착하고 오래되자 그가 강제로 백성의 딸을 빼앗아 첩으로

---

10 《송사》〈조빈전〉에는 청렴한 재상 조보가 사사로이 진(秦)·농(隴)의 큰 재목을 판매하자 몰래 이를 상주하였는데, 조보가 이를 알았기 때문에 직책에서 그만두게 해달라고 한 것이다.

11 여기서는 판삼사의 직책을 말한다. 좌감문위대장군의 직책은 그냥 두고 판삼사의 직책만 그만둔 것이다.

삼았으며, 또 백성들의 돈 4천여 민(緡)을 약취하였다고 고발하자 황제는 고발한 사람을 불러서 그에게 힐문하여 말하였다.

"장미가 아직 도착하지 않았을 적에 창주는 편안했는가?"

대답하였다.

"편안하지 않습니다."

"이미 도착하고 나서는 어떠했는가?"

말하였다.

"다시는 병사들의 노략질이 없습니다."

황제가 말하였다.

"그렇다면 장미가 창주에서 큰일을 했구나. 짐이 장미를 축출하는 것은 어렵지 않지만 그러나 네가 창주의 백성임을 생각할 뿐이다."

이어서 관부에 명령하여 그 값을 주고 그의 딸을 돌려보냈다. 다시 장미의 어머니에게 1만 민을 하사하고 장미에게 말하게 하였다.

"돈이 부족하거든 마땅히 짐에게 요구하지 백성들에게 빼앗지 말라!"

장미는 황공하여 절절(折節, 옛것을 고침)하여 청렴하고 삼가게 되었으며 얼마 지나지 않아서 정치적 업적으로 소문이 났다.[12]

13 갑진일(15일)에 조서를 내렸다.

"한림학사·막직(幕職)에서 상참관(常參官)[13]은 주현관과 경관(京

---

12 이와 비슷한 일이 《귀전록(歸田錄)》에 기록되어 있으나, 《속수기문》과 《자치통감장편》에 따라서 기록한 것이다.

13 상참관이란 당나라 문관의 5품 이상의 중서·문하 양성의 공봉관·감찰어사·원외랑·태상박사로 매일 황제를 참현(參見)하는 사람을 말한다.

官)들 중에서 각기 상참관을 감당할 사람 한 명씩을 천거하는데 합당하지 못한 자는 연좌한다."

을사일(16일)에 제도(諸道)에 조서를 내려서 부내의 관리로 재주와 덕이 우수하고 특이한 사람을 천거하게 하였다.

14 병오일(17일)에 문하시랑·평장사인 조보에게 좌복야를 덧붙여 주고 소문관(昭文館)[14]태학사에 충임하였다.

15 병진일(27일)에 북한(北漢)의 석분채[15]초수순검사(石盆砦招收巡檢使)인 염장(閻章)이 성채를 가지고 와서 항복하였다.

16 이달에 5성(星)[16]이 이어져 있는 구슬 같이 되어서 항루(降婁)의 다음에 모였다.[17] 애초에 두엄(竇儼, 919~960)이 성력(星曆)을 미루어

---

14 도적(圖籍)을 자세히 올바로 하고, 생도들에게 교수하며 조정의 제도 연혁, 예의경중을 모두 참여하여 논의 하는 기관인데, 무덕 4년에 문하성에 수문관을 두었다가 9년에 고쳐서 홍문관이라고 하였다.

15 석분채는 현재 교성현(交城縣) 교성산 아래에 있는 작은 성채인데, 수양현부(壽陽縣府)에서 동쪽으로 160리에 있으며 동쪽으로 평정주(平定州)까지 110리이고, 동북쪽으로 우현(盂縣)까지 90리이다.

16 금·목·수·화·토성을 말한다.

17 항루는 규루(奎婁)라고도 부르는데 12개의 별자리 가운데 하나이다. 12개의 별자리는 고대 천문가들이 성신(星辰)에 대한 구분인데 음양력 가운데 양력 부분이며 성신의 운행과 절기의 변화를 설명하기 위한 것이며, 황도(黃道) 부근의 하늘을 서쪽에서 동쪽을 향하여 12개의 등분으로 나누는데 이를 별자리라고 하며, 12개의 별자리는 12진(辰)을 배치하여 술(戌)로 하였을 때에 28수(宿)에 배치하면 규(奎)와 루(婁) 두 수(宿)가 된다.

계산하는 일을 잘 하였는데, 주(周) 현덕(顯德) 연간에 간관이 되었다가 같은 반열에 있는 노다손·양휘지에게 말하였다.

"정묘해에는 5성이 규(奎)에서 모일 것이니 이로부터 천하는 태평할 것이며, 두 명의 습유(拾遺)는 이를 볼 것이지만 나 두엄은 더불어 하지 못할 것이요."[18]

끝내 그 말처럼 되었다.

17 남당(南唐)에서 양성(兩省)의 시랑·간의(諫議)·급사중·중서사인·집현·근정전 학사에게 명령하여 바꾸어가며 광정전(光政殿)에 당직을 서서 불러서 묻는 일에 대답하게 하였는데, 대부분 밤중까지 이르렀다.

남당주는 부처를 섬기는 일을 아주 삼가하였는데, 중서사인인 전초(全椒, 安徽省 東部) 사람 장계(張洎, 934~997)가 매번 알현할 적마다 번번이 불법(佛法)을 이야기 하니 이로 말미암아 종종 총애를 받았다. 당시의 대신들도 역시 대부분 채소를 먹으며 계율을 지키면서 부처를 받들었는데 중서사인 회계(會稽, 江蘇 蘇州) 사람 서현(徐鉉, 916~991)만이 홀로 아니었지만 그러나 귀신의 이야기를 아주 좋아하였다.

18 여름 4월 병자일(18일)에 요주(遼主)가 사류기우(射柳祈雨)[19]를

---

18 두엄이 이 이야기를 언제 했는지는 모르지만, 정묘년은 서기 967년이고 두엄은 960년에 죽었으므로 자기가 죽은 다음의 일을 예언한 것이다.

19 사류(射柳)란 일종의 활쏘기 기교를 연습하는 놀이인데, 청명절에 시행되는 풍속이다. 이 놀이는 조롱박 속에 비둘기를 넣어서 버드나무에 높이 매달아 놓고 활로 조롱박을 맞추어 조롱박 속에 있는 비둘기가 날게 하는 것으로 비

하고 다시 물을 여러 신하들에게 관개하게 해주었다.

19   급사중인 개봉 사람 마사원(馬士元)이 추밀부사 심의륜을 뵈었는데 바로 어떤 관리가 일을 보고하고 있어서 심의륜이 그와 더불어 이야기 하다가 마사원을 돌아보는 것을 잊었다. 마사원은 급히 인사를 하고 나와서 돌아가 집 사람들에게 말하였다.

"내가 대성(臺省)의 가까운 신하가 되어서 집정하는 사람에게 예우를 받지 못하니 떠나갈 수 있겠구나."

기묘일(21일)에 드디어 치사(致仕, 벼슬을 사직함)하였다.

둘기를 높이 날게 하는 사람이 이기는 놀이이다. 그런데 거란족은 비가 오기를 바라는 기우(祈雨)를 위하여 사류활동을 한다. 이때에 먼저 장막을 치고 먼저 돌아가신 황제에게 전(奠)을 드리고 황제, 친왕, 재상이 차례로 사류를 하고 패한 사람이 승리한 사람에게 술을 올린다. 둘째 날에는 천막의 동남쪽에 버드나무를 꽂고 자제들이 사류활동을 하며 자제들이 3일간 사류활동을 하는데 비가 오면 상을 내린다.

술에 취하여 사는 요의 황제

20 능주(陵州, 四川省 仁壽縣 동쪽)에 능정(陵井)²⁰이 있어서 촉(蜀)에
서는 감(監)을 두고 해마다 소금 80만 근을 구웠다. 광정(廣政) 23년²¹
에 우물 입구가 무너져서 독한 기운이 연기 안개처럼 올라오니 소금
굽는 장인으로 들어 간 사람이 모두 죽었다. 뒤에 우물이 더욱 막혀서
백성들이 먹기가 어려워졌다.

통판인 진정(眞定, 河北省 正定) 사람 가련(賈璉)이 처음으로 열고 준
설하기를 건의하자 자사인 왕기(王奇)가 이를 준설하면 정룡(井龍, 우
물을 주관하는 용)을 범하는 것이라고 말하였고 역부들은 나아가려고 하
지 않았다.

가련이 친히 삽을 잡고 일을 일으키어 한 해가 넘어서 천맥(泉脈)에

---

20 능정이란 염정(鹽井)이다. 이 우물에서 소금기가 섞인 물을 퍼서 그것을 불로
   달여서 소금을 만든다. 이 소금 우물을 능정이라고 하게 된 이유는 전설적으
   로 장도릉(張道陵)이 이 염정을 열었다고 하였기에 장도릉의 능자를 따서 명
   명한 것이다.

21 광정은 서기 938년~965년까지 28년간 후촉의 맹창(孟昶)이 사용했던 연호
   로 광정 23년은 서기 960년이다.

도달하였고, 처음으로 연염(煉鹽)하는 것이 하루에 300근이었다가 점차 증가하여 하루에 3천6백 근이 되었다. 가련이 그 일을 올리자 즉각 가련에게 조서를 내려서 지주사(知州事)로 하였다. 가련은 그 뒤에 관부에서 죽었는데, 그 주의 사람들이 그 모습을 그려서 그에게 제사를 지냈다.

21   5월 임진일(4일)에 요(遼)의 북부(北府)승상인 소합리(蕭哈哩)가 죽었다.

소합리의 모습은 우뚝하게 컸으며 근육과 힘도 보통 사람을 뛰어넘었는데, 요주는 그가 부지런하고 독실한 것을 좋게 생각하여 군국사(軍國事)를 전체적으로 알아서 처리하도록 명령하였다.

애초에 제왕(諸王)들은 대부분이 반역에 연좌되었지만 소합리는 청렴하고 삼가며 정치 체제에 통달하였고, 옥사를 처리하도록 명령하자 그 사람들의 마음을 얻어서 사람들 가운데는 원망하는 사람이 없었다.

북한(北漢)의 주군인 유균(劉鈞)은 매번 사신을 파견하여 요에 들어가 공물을 바칠 적마다 별도로 폐물(幣物)을 보냈는데, 소합리에게 조서를 내려서 그것을 받게 하였다. 죽으니 나이가 50세였다. 요주(遼主)는 근심하고 슬퍼하여 조회를 3일간 멈추고 중오(重五)[22]의 연회를 그만두었다.

22   을사일(17일)에 북한(北漢)의 구당채초수지휘사(鳩唐砦招收指揮

---

22 음력 5월 5일 단오절을 말하며, 5라는 글자가 겹치기 때문에 중오라고 부른 것이다.

使)인 번휘(樊暉)가 성채(城砦)를 가지고 와서 귀부하였다.

23   6월 초하루 무오일에 일식이 있었다.

24   요주(遼主)가 요담(裹潭, 離宮)에 체류하면서 아주 밤새도록 술을 마시고 이어서 화가 나서 형벌을 남발하였다. 술이 깨어서는 역시 이를 후회하고 대신들에게 절실하게 간언하라고 유시(諭示)하였다. 소사온 등은 두렵고 나약하여 광구(匡救)할 수 있는 것이 적었는데, 간간이 간하는 일이 있었지만 대부분은 들어주지 않았다.

기미일(2일)에 지해녹인(支解鹿人)²³인 수격념고(壽格念固)가 유사에게 명령하여 녹인(鹿人, 사슴을 기르는 사람) 가운데 붙들린 사람 65명을 모두 잡게 하여 범한 것이 무거운 사람 44명을 참수하고 나머지는 모두 아프게 곤장을 때렸다. 그 가운데 사형에 처할 사람이 있었는데, 왕자인 야율필섭(耶律必攝)²⁴ 등이 간언하는 것에 의거하여 면제될 수 있었다.

25   제도(諸道)에 있는 동(銅)으로 주조한 불상(佛像)은 이보다 먼저 모두 연(輦)에 실어 날라다가 도읍지에 가져가 이를 훼손시켰다. 가을, 7월 정유일(10일)에 조서를 내려서 다시 훼손하지 말게 하고 이어서 있

---

23 사슴을 잡아 이를 각 부위별로 지해(肢解)하는 사람이다.

24 야율필섭(耶律必攝)은 요 태종의 다섯 번째 아들로 궁인인 소씨(蕭氏)의 소생이다. 목종에게 신임을 얻은 다음에 목종에게 술 먹고 사람 죽이는 일을 가지고 간언하였다.

는 곳에서 높이 받들게 하였다. 그러나 다시 주조하지는 말라 하였다.

26 8월 신유일(5일)은 요주(遼主)의 생일인데 대신으로 병이 들어 심한 사람에게는 축하를 받지 아니하였다.

27 이달에 황하가 넘쳐서 위주성(衛州城, 河南省 衛輝市)으로 들어갔는데, 백성 가운데 익사한 사람이 수백 명이었다.

28 9월 초하루에 요주가 흑산(黑山, 遼寧省 錦州市)과 적산(赤山, 威海市 東南部)에서 사냥을 하였는데, 이로부터 연이어서 사냥을 한 것이 두 달이었다.

29 경자일(15일)에 정난(定難, 西北地區)절도사 이이흥(李彝興, ?~967)[25]이 죽었는데, 추가로 하왕(夏王)에 책봉하고, 그 아들 행군사마인 이광예(李光叡, ?~978)를 권지주사(權知州事)로 하였다.

30 을사일(20일)에 태자소부로 치사한 시수례(柴守禮, 896~967)가 죽었는데, 후주 세종의 본생 아버지여서 중사(中使)에게 명령하여 그 상사(喪事)를 주관하게 하였다.

---

25 원래 이름은 이이은(李彝殷)이었는데 후진 석중귀가 등극하고 나서 검교태사가 되었고, 거란서남면초토사가 되어 거란을 방어하였다. 후주 현덕 연간에 태부·중서령·서평왕이 되었다가 송 태조 때에 송 선조 조홍은을 피휘하여 이이흥으로 고쳤으며 당항족의 우두머리이다.

31 겨울 10월 계유일(18일)에 탁지판관(度支判官)인 후척(侯陟, ?~983)이 말하였다.

"삼사(三司)²⁶에는 무릇 24개의 업무가 있는 데, 염철(鹽鐵)이 그 가운데 6개를 주관하고, 호부(戶部)가 그 가운데 4개를 주관하며, 나머지는 모두 탁지(度支)에서 이를 주관합니다. 형(荊)·호(湖)·서촉(西蜀)이 평정되면서부터 사무가 더욱 많아져서 삼사로 하여금 그 수입을 고루 주관하게 하고자 합니다."²⁷

삼사추관(三司推官) 장순(張純)에게 조서를 내려서 탁지의 안건을 나누어 처리하게 하였다.

32 11월 초하루 을유일에 공부시랑 무수소(毋守素, 921~973)가 상사(喪事)를 치루는 도중에 첩을 취하여서 면직되었다.

33 경자일(16일)에 요(遼)의 사천(司天)에서 상주하기를 달이 마땅히 월식(月蝕)이어야 하지만 이지러지지 아니하였다고 하니 요주(遼主)는 상서롭다고 여기고 즐겨 술을 마시는데 새벽까지 갔다.

34 12월 병진일(2일)에 제주(諸州)에서 통용하는 가볍고 작으며 나쁜 전(錢)과 철랍전(鐵鑞錢)²⁸의 사용을 금지하게 하고 또 비소(紕疏)한

---

26 당·송시기에 재부(財賦)에 관한 업무를 주관하는 세 관청을 말하며 이는 염철·탁지·호부이다.

27 《자치통감장편》에는 24개의 업무를 세 부서가 8개씩 고루 주관하게 해달라고 되어 있는데, 여기에서는 고르게라고 되어 있다. 그러나 내용은 같은 셈이다.

포백[29]을 저자에서 팔지 말고 분칠을 하여 약에 넣은 사람은 이를 체포하여 죄를 주라고 하였다.

35   무진일(14일)에 권지하주 이광예를 정난절도사로 삼았다.

36   기사일(15일)에 인주(麟州, 陝西 麟遊縣 西)에 건녕군(建寧軍)을 설치하고, 경오일(16일)에 방어사 양중훈(楊重勳, ? ~975)을 유후로 삼았다.

37   재상 조보가 모친상을 당하였는데, 병자일(22일)에 기복(起復)[30] 하였다.

38   서천(西川)에는 다음 해에 하조(夏租)의 반을 깎아 주게 하였다.

39   이 해 겨울에 요주(遼主)가 흑하(黑河, 흑룡강)의 평정(平淀)[31]에 머물렀다.

---

28 철에 불에 녹는 온도가 낮은 백랍(白鑞, 납)을 섞어 만든 전폐(錢幣)이다.

29 포백을 짠 실이 끊어지거나 성글게 짠 포백을 말하는데, 마(麻, 삼)와 갈(葛, 칙)로 짠 옷감이 포(布)이고 실로 싼 제품을 백(帛)이라고 한다.

30 관리가 부모상을 당하면 관직을 사양하고 상례를 지키는데, 상례기간이 다 차지 아니한데 불러서 관직을 맡게 하는 것이다. 본래는 전쟁이나 특수 재능이 있을 경우에 불렀으니 후에는 평시에도 시행하였다.

31 거란족은 물가에 있는 평평한 지역을 평정이라고 하며 중국의 호박(湖泊)과 비슷한 말이다.

태조 개보(開寶) 원년(무진, 968년)[32]

1   봄, 정월 초하루 을유일에 요주가 군중에서 연회를 베풀고 축하를 받지 않았다.

2   갑오일(10일)에 경사(京師)에 성을 쌓았다.

3   정유일(13일)에 섬(陝, 河南省 三門峽市 陝州區)·강(絳, 山西省 西南部)·회(懷, 河南省 沁陽市) 등 주(州)에서 기근이 들어서 이를 진휼(賑恤)하였다.

4   기해일(15일)에 요주(遼主)가 저자에서 관등(觀燈)하면서 은 100량으로 술을 샀는데, 여러 신하들에게 명령하여 역시 술을 사게 하여 멋대로 술을 마신 것이 3일 저녁이었다.

5   을사일(26일)에 북한(北漢)의 편성채(偏城砦) 초수지휘사인 임수은(任守恩)[33] 등이 와서 항복하였다.

6   2월에 송씨(宋氏)를 책서로 황후로 삼았는데 충무(忠武)절도사 송연악(宋延渥, 926~989)의 장녀이다. 송연악은 이름을 송악(宋偓)으로 고쳤다.

---

32 요의 응력 18년이다.

33 《송사》에는 임은으로 되어 있고, 《속자치통감장편》에는 임수은으로 되어 있다.

7   3월 초하루 갑신일에 요주(遼主)가 황하에 갔고, 을유일(2일)에 가아(駕鵝, 野鵝, 야생 거위)를 붙잡아 천지에 제사를 지냈다. 요주는 커다란 주기(酒器)를 만들게 하여 사슴 무늬를 새기게 하고 이름을 붙여서 녹무(鹿甒)라고 하고 술을 담아서 하늘에 제사를 지냈다.

8   경인일(7일)에 현령(縣令)·위(尉)의 포적공과령(捕賊功過令)을 늘려 만들게 하고 이를 반포하고 시행하였다.

9   권지공거(權知貢擧) 왕우(王祐)가 진사합격자 10명[34]을 발탁하였다. 도곡의 아들 도병의 이름이 6번째였는데, 다음 날 도곡이 벼슬을 내놓았다. 황제가 주위에 있는 사람들에게 말하였다.

"듣건대 도곡은 아들을 교훈할 수 없다고 하였는데, 도병이 어떻게 합격할 수 있었겠는가?"

급히 중서에 명령을 내려서 복시(覆試)를 치게 하였더니 도병은 다시 합격하였다. 이어서 조서를 내렸다.

"조사(造士)의 선발은 사사로운 은혜를 심는 것이 아니니 세록(世祿)을 가진 집안에서는 의당 평소의 업무를 돈독하게 하라. 예컨대 당여(黨與)를 만들어서 자못 용납하고 가만히 입김을 불어 넣는 일이 있다는 소리가 들리는 것 같은데, 문형(文衡)이라는 공기(公器)가 어찌 의당 사사롭게 남용되어야 하겠는가? 지금부터 거인(擧人)은 무릇 녹봉을 받아먹는 집안과 관계가 있다면 중서에 위탁하여 복시(覆試)를 치

---

34 《송원통감》에는 모두 18명으로 되어 있으며 《속자치통감장편》에는 10명으로 되어 있다.

루라."

10   남한(南漢)의 서북면초토사인 반숭철(潘崇徹)이 비어(飛語, 근거 없는 요언)로 의심을 받았는데, 남한의 주군이 내시 반우(番禺, 廣東省 中南部) 사람 곽숭악(郭崇岳, ? ~970)을 파견하여 그 군대를 살피게 하고 그를 경계하여 말하였다.

"반숭철이 과연 다른 뜻을 가졌다면 즉시 그를 주살하라."

곽숭악이 계주(桂州, 廣西 壯族自治區)에 도착하였는데 반숭철이 군사를 엄히 하여 그를 만나자 곽숭악은 감히 발동을 하지 못하고 돌아와서 보고하였다.

"반숭철은 매일 술을 마시고 즐기며 군정(軍政)을 걱정하지 않고 있으니 반란 모의를 하지 아니하였습니다."

마침 반숭철이 말 한 필로 스스로 돌아오니 남한의 주군은 의심을 풀어 놓고 묻지 않았고 다만 그의 병권을 빼앗았을 뿐이었다.

11   무신일(25일)에 남당(南唐)에서는 추밀사·우복야인 탕열(湯悅)을 좌복야 겸문하시랑·평장사로 삼았다. 탕열은 평소에 청휘전(淸輝殿) 학사인 장계(張洎)의 재주를 칭찬하였다. 장계는 인주의 안색을 엿볼 수 있었는데, 같은 지위에 있는 사람들의 장단점을 잘 읽어맺기에 비밀리에 탕열이 경륜하는 재주를 갖고 있지 않다고 상주하였지만 남당의 주군은 탕열이 문학을 공부한 옛날 신하여서 장계를 학사에서 파직하였다가 곧 옛날대로 회복시켰다.

12   여름 4월 무오일(6일)에 성덕(成德, 河北 成德地區)절도사 겸시중

인 한령곤(韓令坤, 923~968)이 죽었다. 한령곤은 재주와 지략을 가졌고, 치도(治道)를 알아서 상산(常山, 河北省 石家莊市 부근)에 진수(鎭守)한 것이 무릇 7년이었는데, 북쪽 변방이 편안하였다. 황제는 그가 죽었다는 소식을 듣고 그를 애도하여 남강군왕(南康郡王)으로 추가 책봉하였다.

13 기사일(17일)에 요주(遼主)가 조서를 내렸다.

"좌우에서 좇는 반열에 있는 사람 가운데 재주와 그릇이 간국(幹局, 일을 처리하는 재간과 도량)한 사람은 순서를 따지지 않고 발탁하여 채용할 것이며, 늙은 사람은 봉록을 늘려서 집에 가서 휴식하게 하라."

14 병자일(24일)에 호부원외랑·지제고인 노다손을 사관수찬(史館修撰)에 충임하여 사관의 업무를 판단하게 하였다. 노다손은 술수에 맡기기를 즐겨하였는데, 기교를 써서 기이하게 맞추기를 잘했다.

황제는 책 읽기를 좋아하고 매번 사자를 파견하여 사관에서 책을 가져오게 할 적마다 노다손은 미리 관리들에게 경계하여 갑자기 읽은 것을 말하게 하였다. 황상은 과연 책 안에 있는 일을 끌어내어 물었고 노다손은 응답하는데 지체함이 없어서 같은 반열에 있는 사람들이 모두 엎어졌으며 황제는 더욱 그를 특이하게 총애하였다.

15 북한(北漢)의 군교(軍校)인 적홍귀(翟洪貴) 등이 와서 항복하였다.

16 5월 정해일(5일)은 중오일(重五日)이어서 요주(遼主)는 술을 마시고 축하를 받지 아니하였다.

17 무더운 여름이어서 제주(諸州)에 조서를 내려서 휼형(恤刑)하게 하였다. 황제가 시어사인 풍병(馮炳)에게 말하였다.

"짐이 매번 《한서(漢書)》를 읽을 적마다 '장석지(張釋之, 생졸불상)·우정국(于定國, ? ~기원전 40)이 옥사를 다루자, 천하에는 억울한 백성이 없었다' 하는데, 이것이 경에게 바라는 바요."

18 을미일(13일)에 조서를 내렸다.

"제도(諸道)에서 수레로 상공(上供)해야 하는 전(錢)·백(帛) 등의 주차(舟車)는 나란히 관부에서 공급하고 백성들을 시끄럽게 하지 말라."

19 정유일(15일)에 요주(遼主)는 정사령(政事令) 소파이아(蕭巴爾雅)·남경유수 고훈(高勳) 등과 더불어 연이어 밤낮으로 술을 마시다가 고훈을 지남원(知南院)추밀사로 바꾸도록 명령하였다.

20 병오일(29일)에 건웅군(建雄軍, 산서 臨汾市)절도사 조언휘(趙彦徽, ? ~968)가 죽었다. 황제가 미천하였을 적에 조언휘를 형으로 섬겼었는데, 즉위하게 되자 발탁하여 정기(旌旗)와 황월(黃鉞)을 관장하게 하고 총애하고 돌아보는 것이 아주 두터웠으며 죽자 시중(侍中)의 직함을 덧붙여 주었다. 이어서 그가 전적으로 재산을 긁어모았다는 소식을 듣고 비로소 그 사람됨을 얕게 대우했다.

21 정미일(25일)에 남당(南唐)에 쌀 10만 곡(斛)을 하사하였는데, 기근 때문이었다. 남당에서는 근정전(勤政殿)학사 승지인 한희재(韓熙載, 902~970)를 중서시랑·백승(百勝)절도사 겸중서령으로 삼았다. 한희재

는 형정(刑政)의 요점과 옛날과 오늘날의 책, 재난과 이변을 논하는 상
소문을 올리고 자기가 지은 격언(格言)을 헌상하기에 이르자 남당의
주군은 손수 쓴 조서를 내려서 칭찬하는 답장을 내리고 이러한 명령을
내린 것이다.

22　6월 초하루 계축일에 조서를 내렸다.

　"민전(民田)이 장마나 하수(河水)로 파괴된 것은 금년도의 하세(夏
稅)와 그 외의 물건을 징수하는 것을 면제하라."

23　기미일(7일)에 요주(遼主)가 전전(殿前)도점검인 야율이뢰합(耶
律伊賴哈, 耶律夷臘葛)에게 신장(神帳)[35]을 설치하게 하고 경기 안에
있는 죄수들을 곡사(曲赦)[36]하였다.

24　계해일(11일)에 조서를 내렸다.

　"형(荊)·호(湖)지역 백성들로 조부모·부모와 함께 있는 사람은 자손
이 별도의 재산을 갖거나 다른 곳에 거주할 수 없다."

25　신사일(29일)에 우보궐인 신중보(辛仲甫, 927~1000)를 권지팽주
(權知彭州)로 하였다. 황제가 그에게 말하였다.

　"촉(蜀)지역이 처음으로 평정 되어서 경박하고 사치한 풍속이 아직

---

35 조상의 신주(神主)나 혹은 불상(佛像) 앞에 설치한 장막을 말한다.

36 죄 지은 사람을 사면하는 방법의 하나로 전국적으로 사면하는 것이 아니고
　일부지역 혹은 두 개 혹은 몇 개 지역에만 사면령을 내리는 것을 말한다.

고쳐지지 않았는데, 너는 문무(文武)의 재주를 가지고 있어서 이에 너에게 명령하는 것이다."

신중보가 도착하고 나자 팽주(彭州, 四川省 成都 西北部)의 병졸이 연환(燕環)[37]을 가지고 둔수(屯戍)하는 군사를 유혹하며 긴 춘절(春節)[38]에 연회를 여는 날에 난을 일으키자고 유혹하였는데 신중보가 그를 붙잡아 목을 베었다.

---

37 미녀를 말한다. 한 성제의 황후인 조비연(趙飛燕)과 당 현종의 귀비인 양옥환(楊玉環)의 이름에서 한 글자씩을 딴 말인데, 비록 시대에 따라서 마른 여인을 미녀로 보든지 혹은 살찐 여인을 미녀로 보든지 한 시대의 대표적인 미녀인 것이다.

38 해가 바뀌는 정월 원단부터 보름까지 새해를 맞이한 연회가 열리기 때문에 새해를 맞이하여 축하하는 기간을 말한다.

북한 공격을 계획하는 조광윤

26 가을 7월 을미일(14일)에 중원절(中元節)[39]에 등불을 늘어놓았는데, 황제는 동화문(東華門)에 나아가서 시종하는 관리들에게 마실 것을 하사하였다.

27 전전도우후(殿前都虞侯) 탁(涿, 河北省 涿縣) 출신인 동준회(董遵誨, 926~981)를 통원군사(通遠軍使, 통원군은 甘肅省 隴西縣)로 삼았다.

동준회의 아버지 동종본은 한(漢, 후한)에서 벼슬을 하여 수주(隨州, 湖北省 北部)자사였는데 황제가 미천하였을 때에 일찍이 그에게 가서 의지하였다. 동준회는 아버지의 권세를 빙자하여 능멸하고 참게 하는 일을 많이 하였는데, 일찍이 군사와 전투하는 일을 가지고 논의하다가 동준회가 이치에서 꿀리게 되자 바로 옷을 떨치고 일어났고, 황제는 마침내 동종본에게 인사를 하고 떠났다.

---

39 전통적으로 7월 15일은 첫 가을 수확을 경축하여 대지(大地)에 감사를 드리는 절기이며, 불교에서는 이날을 우란분절(盂蘭盆節)로 도교에서는 지관사죄일(地官赦罪日)이라고 하여 지옥에 간 사람을 구제하는 일로 보아 축제활동을 하였다.

황제가 즉위하게 되고 동준회는 누차 승진하여 효무(驍武)지휘사가 되었다. 하루는 편전에서 불러서 보게 되자 동준회가 땅에 엎드려 죽여 달라고 하니 황제는 좌우에 있는 사람들에게 붙들어 일어나게 하고 그를 위로 하였다.

갑자기 부하 군졸 가운데 등문고를 쳐서 그가 저지른 불법적인 일 10여 가지를 가지고 호소하자 동준회는 황공하여 죄를 내려 달라고 하였는데, 황제가 말하였다.

"짐이 바야흐로 허물을 사면하고 공로 세운 것을 상 주었는데, 어찌 예전의 악한 짓을 마음에 두겠는가! 너는 다시는 걱정하지 않아도 좋으며 나는 장차 너를 녹용(錄用)할 것이다."

동준회는 두 번 절하고 감사하여 눈물을 흘렸다.

황제가 동준회에게 그 어머니가 계신 곳을 물으니 동준회는 말하였다.

"어머니는 유주에 있는데 어려움을 만나서 떨어져 있습니다."

황제는 이어서 사람을 시켜서 변방에 사는 사람들에게 많은 뇌물을 주어 그의 어머니를 몰래 영접하여 동준회에게 보내고 이어서 두텁게 하사를 덧붙여 주었다. 이에 이르러 황제는 서번(西蕃, 서역)이 가까운 변방이어서 동준회에게 명령하여 통원군(通遠軍, 甘肅省 隴西縣)을 지키게 한 것이다.

동준회가 도착하고 나서 여러 종족의 추장을 불러서 조정의 위엄과 은덕을 가지고 타이르고 양을 잡고 술을 걸러서 연회를 열고 잔치를 베풀어 주니 무리들이 모두 기뻐하며 복종하였다. 그 후 몇 달이 지나서 다시 쳐들어와서 노략질하였으나 동준회는 병사를 인솔하고 깊이 들어가서 그들을 쳐서 달아나게 하고 포로로 잡거나 목은 벤 것이

아주 많았고 소와 말을 얻은 것도 수만이었으며 융적(戎狄) 부락은 평
정되었다. 황제는 그의 공로를 가상하게 여겨서 바로 나주(羅州, 高凉郡
石龍縣)자사로 삼고 통원군사는 예전대로 하게 하였다.

동준회가 일찍이 그의 외사촌 동생인 유종(劉綜, 955~1015)을 파견
하여 와서 말을 공헌(貢獻)하였는데 돌아가게 되자 황제는 자기가 지
녔던 진주반룡의(眞珠盤龍衣)[40]를 벗어서 싸게 하여 이를 하사하니 유
종이 말하였다.

"동준회는 신하인데 어찌 이 하사품을 감당하겠습니까?"

황제가 말하였다.

"내가 동준회에게 한 지방을 위탁하였으니 이것을 가지고 의심할 것
이 아니다."

28 병오일(25일)에 북한(北漢)의 오왕채사(烏王寨使)인 호우(胡遇)
등이 와서 항복하였다.

29 황제는 즉위하면서부터 자주 나가서 미행(微行)하였는데 혹은 공
신들의 집을 지나갔다. 조보는 퇴조(退朝)하고도 감히 의관을 벗지 못
하였다. 어느 날 저녁에 큰 눈이 왔고, 밤이 되고 있을 즈음에 조보는
문 두드리는 소리가 아주 급하게 나는 것을 듣고 나가니 황제가 눈 속
에 있었다. 조보는 황공하여 영접하며 절하였다.

황제가 말하였다.

---

40 황제의 조복 가운데 하나이다. 진주를 장식하고 용이 꿈틀거리는 문양을 새
긴 옷이다.

"이미 내 동생과도 약속하였다."

이미 그리하였는데 개봉윤인 조광의(趙光義, 939~997)가 도착하니 바로 조보는 당중(堂中)에 두 겹 요를 깐 땅에 자리를 만들고 탄(炭)을 태워서 고기를 굽고 조보의 처가 술을 돌렸는데 황제는 그녀를 형수로 불렀다.

조보가 조용히 물어 말하였다.

"밤은 깊고 추위는 심한데 폐하께서는 어찌해서 나오셨습니까?"

황제가 말하였다.

"나는 잠을 잘 수가 없었고, 한 개의 탑(榻, 평상) 이외에는 모두가 다른 사람의 집이니 그러므로 와서 경을 보는 것이요."[41]

조보가 말하였다.

"폐하께서는 천하를 적다고 하십니까? 남북으로 정벌을 하시려면 지금이 그때입니다. 원컨대 향하고자 계산하신 곳을 들려주십시오."

황제가 말하였다.

"내가 태원(太原, 산서성 태원)을 빼앗고 싶다."

조보가 잠자코 오래 있다가 말하였다.

"신이 알 수 있는 것은 아닙니다."

황제가 그 연고를 물었다.

조보가 말하였다.

"태원은 서북 두 쪽에 해당하니 한 번에 떨어뜨리게 하려면 변경의

---

41 이는 이중적 의미를 가지고 한 말로 보인다. 하나는 자기가 전용으로 쓸 수 있는 것은 탑(榻) 하나뿐이라는 말이고, 다른 하나는 적다는 뜻으로 송이 아직 천하를 통일하지 못하였다는 뜻으로 쓰인 것이다.

걱정거리는 우리가 홀로 감당하여야 할 것인데 어찌 잠시 보류하지 않으십니까?[42] 여러 나라를 평정하여 없앤다면 저 탄환만한 작은 검은 점[43]은 장차 어디로 도망가겠습니까?"

황제가 웃으면서 말하였다.

"나의 뜻은 바로 그와 같으니 잠시 경을 시험해 보고자 하였을 뿐이요."

이어서 조보에게 말하였다.

"왕전빈은 촉을 평정하면서 사람을 많이 죽였는데, 나는 지금 이것을 생각하면 오히려 마음에 걱정거리가 있어서 불안하니 채용할 수 없소."

조보는 조빈(曹彬, 931~999)·반미(潘美, 925~991)를 채용할 수 있을 것이라고 천거하였고, 후에 모두 그 말을 좇았다.

황제는 일찍이 북한의 경계에 있는 첩자(諜者)를 통하여 북한의 주군에게 말하였다.

"그대의 집안과 주씨(周氏, 후주)는 대대로 원수이어서 의당 굽혀서는 안 되었소. 지금 나와 그대는 틈이 없는데 어찌하여 이쪽 한쪽을 곤란하게 한다는 말이요? 만약에 중원지역에 있는 나라에 뜻을 가지고 있다면 의당 태행으로 내려와서 승부를 결정지읍시다."

---

42 당시에 태원은 북한(北漢)에 속하여 있는데, 조보는 10국 가운데 다른 나라를 먼저 정복할 때까지 기다렸다가 거란과 관계를 갖고 있는 북한을 정복해야 할 것이라고 말한 것이다.

43 여러 나라라는 말은 오대십국 이후로 아직 송이 정벌하지 않은 작은 나라들을 가리키는 말이고, 여기서 탄환만한 작은 검은 점이란 송 태조가 먼저 정벌하려고 하는 나라인 북한(北漢)을 지적하는 표현인 것이다.

북한의 주군이 첩자를 파견하여 복명(復命)하여 말하였다.

"하동지역의 토지와 갑병은 중원지역에 있는 나라의 10분의 1도 감당하기 어렵지만 구구하게 이곳을 지키는 것은 대개 한(漢)나라 황실이 혈식을 받지 못할까를 두려워하는 것입니다."

황제는 그의 말을 애달프게 생각하고 첩자에게 말하였다.

"나를 위하여 유균(劉鈞, 926~968, 북한의 睿宗)에게 말하여 너에게 한 길을 열어주어 살게 하겠다고 하시오."

그러므로 그의 세대에는 대군(大軍)을 가지고 북벌하지 아니하였다.

30   애초에 북한 세조(世祖)의 딸이 후진(後晉)의 호성영(護聖營, 황제를 호위하는 군영)의 병졸인 설쇠(薛釗)[44]의 처가 되어서 아들 설계은(薛繼恩)을 낳았다. 설쇠가 죽자 그 처는 하씨(何氏)에게로 고쳐 시집을 갔고, 아들 하계원(何繼元)을 낳았는데, 하(何)와 그 처가 모두 죽었다.

세조(世祖)[45]는 북한의 주군 유균(劉鈞)[46]에게 아들이 없기에 설계은과 하계원을 기르게 하였으며 모두 유(劉)씨 성을 모충(冒充)하게 하였다.

유계은(劉繼恩, ? ~968)이 주군을 공경하는 것이 아주 공손하여 어두

---

44 설쇠(薛釗)의 생졸연대는 알 수 없는데, 비서소감을 맡았다가 당 덕종 이적(李適)의 딸인 임진공주(臨真公主)를 처로 삼았다.

45 북한의 세조는 유민(劉旻, 895~954)이며 사타인으로 원명은 유숭으로 북한의 건립자인데, 그는 오대시기의 후한 고조 유지원(劉知遠)의 동생이다.

46 북한의 예종 효화황제(睿宗孝和皇帝) 유균(劉鈞, 926~968)을 말한다. 원명은 유승균(劉承鈞)이고 오대 북한의 군주로 유민의 둘째 아들로 요에 의하여 황제로 세워졌다.

위져서는 잠자리를 정(定)해 드리고 새벽에 깨어나면서 예(禮)를 차리
는 것이 어기는 것이 없었다. 태원윤(太原尹)이 되기에 이르렀는데 담
략이 적고, 일을 걱정하여 잘 다스리지 못하여 북한의 주군이 이를 걱
정하여 일찍이 재상인 곽무위(郭無爲, ? ~979)에게 말하였다.

"유계은은 순진하고 효성스럽지만 그러나 세상을 구해주는 인재는
아니니, 아마도 우리 집의 일을 완성할 수가 없을 것 같은데 어떻게 할
까?"

곽무위는 대답하지 않았다. 이달에 북한의 주군이 몸이 아파 눕게
되자 곽무위를 불러 그 손을 잡고 이 후의 일을 맡겼다.

유계은이 비로소 나라의 업무를 감독하게 되었는데, 곽무위는 시위
친위군사인 울진(蔚進)과 협력하지 못하였고, 이로 인하여 울진을 내
보내어 대주(代州, 山西省 忻州市 代縣)를 지키게 하였다. 또 점차적으
로 공족(公族)을 배척하여 내보내기를 건의하여 유계은의 동생 유계충
(劉繼忠)에게 흔주(忻州, 山西省 北中部)를 지키게 하였다.

유계충 역시 효성스럽고 화합하여 아들을 길렀는데, 스스로 일찍이
거란에 사신으로 갔다가 고질적인 냉병을 얻었는데, 정양(定襄, 山西省
忻州市) 땅은 추운 땅이어서 진양(晉陽, 山西省 太原市)에 머물며 요양
하기를 원하였지만 유계은은 그가 관망하고 있는 것[47]에 책임지우고
명령하여 길에 나서게 하였다. 유계충이 자못 원망하는 말을 내자 어떤
사람이 유계은에게 말하였고 얼마 후에 그를 목 졸라 죽였다.

무신일(27일)에 북한의 주군이 죽으니[48] 유계은이 사자를 파견하여

---

47 미적거리면서 임지로 떠나지 않으려는 모습을 말한다.

48 유균이 죽은 것을 말한다. 유균에게는 아들이 없었고 다만 그의 아버지인 북

죽은 것을 알리고 〔자기가〕 후계자라고 칭하면서 요(遼)에 알리자 요주가 이를 허락하였고, 그런 다음에 즉위하여 시호를 효화황제(孝和皇帝)로 하고 묘호를 예종(睿宗)[49]으로 하겠다고 올렸다. 요에서는 사자를 파견하여 조문하고 제사하였다.

31 이달에 제주(諸州)에 명령하여 백성들 가운데 주린 백성이 있는지를 살펴서 바로 곳집을 열어서 그들에게 빌려 주게 하였다.

32 좌감문위대장군인 조빈(趙玭, 921~978)이 이미 삼사(三司)를 혁파하고 나자 거듭 비밀 소문(疏文)을 올렸는데, 모두 궁중에 머물러 있게 하고 회답이 나오지 않으니 일찍이 조보가 금중에서 그를 해치고 있다고 의심하고 이에 합문(閤門)에 나아가서 받은 고명을 반납하였다.

8월 경신일(9일)에 조서를 내려서 억지로 개인 집으로 돌아가게 하였다. 조빈은 물러가서 운주(鄆州, 山東省 鄆城縣)에 살기를 요청하였으나 허락하지 않았다.

33 병인일(15일)에 객성사(客省使)[50]인 노회충(盧懷忠) 등 22명에게

한의 세조는 유민(劉旻)의 딸이 낳은 설계은(薛繼恩), 설계충(薛繼忠)과 하계원(何繼元)을 받아들여서 자기 성인 유(劉)씨를 사용하게 하여 유계은(劉繼恩), 유계충(劉繼忠)과 유계원(劉繼元)으로 하여 길렀으니 유계은·유계충·유계원은 이부동모(異父同母)의 형제이다.

49 《오대사》와 《송사세가》에는 유균의 묘호인 예종이 실려 있지 않고, 《10국춘추》에 예종으로 되어 있다.

50 당 말기에 설치한 관직으로 환관이 관장하다가 주전충이 환관을 다 죽이자

군사를 관장하여 명주(洺州, 河北省 永年縣 廣府鎭)에 주둔하게 하니 곧 북한(北漢)에 일이 벌어질 것이었다.[51]

34 무진일(17일)에 소의(昭義)[52]절도사·동평장사인 이계훈(李繼勳, 916~977)을 하동(河東)행영전군도부서[53]로 삼고, 시위보군(侍衛步軍) 도지휘사사인 당진(党進, 927~977)을 그 부사로 하였으며, 선휘남원사인 조빈(曹彬)을 도감으로 하였다.

체주(棣州, 山東 濱州市)방어사 하계균(何繼筠, 921~971)을 선봉부서로 하고 회주(懷州, 河南省 沁陽市)방어사 강연소(康延沼, 912~969)를 도감으로 하였고, 건웅(建雄)절도사 조찬(趙贊, 923~977, 본명은 趙美)을 분주로(汾州路)부서로 삼고, 강주(絳州, 山西省 西南部)방어사 사초(司超)를 그 부사로 하며 습주(隰州, 山西省 隰縣)자사 이겸부(李謙溥, 915~976)를 도감으로 하였다.

35 9월 계미일(3일)에 감찰어사인 양사달(楊士達)이 옥사(獄事)를 국

그 후로는 대부분 무장으로 임명하였는데, 외국이나 소수민족의 사자를 관리하고 문무관원이 황제를 조현하는 의례를 관장하였다.

51 북한에 대한 군사행동을 준비한 것으로 보인다.

52 소의는 노주군액(潞州軍額)이었다. 이계훈은 이때에 노주에서 진수하였고, 북한과 경계를 맞대고 있었으므로 전군도부서의 명령을 받은 것이다.

53 부서(部署)라는 말은 안배(按排), 포치(布置), 처리(處理), 요리(料理)라는 뜻의 보통 명사인데 호삼성은 부서(部署)가 관직명으로 된 것은 《자치통감》에서 처음으로 보인다고 하였다. 부서라는 관직은 초토사의 아래에 있었는데 그 후에 도부서(都部署)가 생기어 주수(主帥)의 책임을 전적으로 맡았다.

문(鞫問)하다가 함부로 죽이었던 죄에 걸려서 기시(棄市)되었다.

36 기축일(9일)에 요주(遼主)가 작은 산에 올라가서 천지에 제사를 지냈다.

37 무술일(18일)에 요주(遼主)가 송(宋)이 하동을 습격할 것을 알고 서남면(西南面)도통·남원대왕(南院大王)인 야율탑이(耶律塔爾, 耶律撻烈)에게 유시하여 미리 이를 대비하게 하였다.

38 북한의 주군 유계은은 곽무위가 정치를 오로지 하는 것을 싫어하여 그를 축출하려고 하였으나 성과를 얻지 못하자 이달에 곽무위에게 수사공(守司空)을 덧붙여 주었으니 밖으로는 대우하여 예를 차렸으나 속으로는 실제로 그를 소원히 하였다.

유계은은 참최상(斬衰裳, 부모상을 당한 사람의 복장)을 입고 업무를 보았는데, 잠자는 곳과 있는 곳이 모두 근정각(勤政閣)이어서 그의 좌우에 있으면서 가까이 하고 믿는 사람들은 모두 태원부해(太原府廨, 태원에 있는 관청)에 머물자, 어떤 사람이 불리어 들어가서 호위하는 일을 돕겠다고 요청하였지만 유계은은 들어주지 아니하였다.

이에 문무백관들 모두 관질이 올라갔지만 유계은은 술자리를 만들고 여러 대신들과 종실 자손들에게 연회를 베풀었으며 술 마시기를 파하고 근정각에 누웠는데, 공봉관(供奉官)인 패영(霸榮)이 칼날로 그 가슴을 찔러서 그를 죽였다.

곽무위는 군사를 파견하여 사다리로 집 안으로 들어가서 패영과 그 무리들을 죽이고 유계은의 동생인 태원윤 유계원(劉繼元, ?~992)을 영접하여 세웠다. 유계은이 세워진 지 겨우 60일이었다.

패영이라는 사람은 형주(邢州, 河北省 邢台市) 사람으로 힘이 세고 활을 잘 쏘았으며 달려서 뛰는 말을 따라잡았으니, 일찍이 산지휘사(散 指揮使)[54]가 되었으며 낙평(樂平)에서 수(戌)자리를 서다가 곧 왕전빈 (王全斌, 908~976)에게 항복하여 내전직(內殿直)에 보임되었는데, 얼마 안 되어 다시 북한(北漢)으로 달아나서 공봉관이 되었다.

이에 유계은을 죽이고 남쪽으로 돌아가려고 꾀하였지만, 끝내 곽무 위에게 죽었다. 어떤 사람은 곽무위가 실제로 패영으로 하여금 난을 일 으키게 한 것이고 일찌감치 패영을 죽여 그 입을 틀어막은 것이니 그 런고로 사람들 가운데는 아는 사람이 없었다고 말하였다.

유계원이 처음 세워졌는데, 송의 군사는 이미 그 경계로 들어가니 이에 빨리 사자를 파견하여 요(遼)에 표문을 올리고 또한 군사를 요청 하며 원조해 달라고 하였다. 또 시위도우후(侍衛都虞侯)인 유계업(劉繼 業, 923~986)·마진가(馬進珂)를 파견하여 군사를 거느리고 단백곡(團 柏谷, 山西 太谷西)을 틀어막게 하고, 장작감(將作監)인 마봉(馬峰)을 추밀사로 삼아 그 군사를 감독하게 하였다.

마봉이 동과하(洞過河, 銅鍋河)에 이르러서 이계훈(李繼勳, 916~977) 등과 만났지만 하계균(何繼筠, 921~971)이 선봉으로 그들을 격파하였 는데, 참수한 것이 2천여 급(級)이었고, 그의 장수인 장환(張環)·석빈 (石斌)을 사로잡고 드디어 분하교(汾河橋)를 빼앗고 태원성 아래에 가

---

54 산관(散官)이다. 관원의 실제등급을 표시하는 호칭이다. 산관은 그 이력에 따 라서 승급하며 각급관원에는 모두 산위(散位)가 있으며 이것으로 그 개인적 인 신분을 표시한다.

까이 다가가서 연하문(延夏門)을 불을 질렀다. 유계원은 전직도지인 곽수빈(郭守斌)을 파견하여 내직병(內直兵)을 거느리고 나아가 싸웠는데 또 패배하였고, 곽수빈은 떠도는 화살에 맞으니 물러나서 성안으로 들어갔다.

39 정미일(27일)에 북한(北漢)의 좌승군사(佐勝軍使)인 이경(李瓊)이 와서 항복하였다.

40 애초에 반미(潘美)가 침주(郴州, 湖南省 東南部)에서 승리하고 남한(南漢)의 내품(內品) 10여 명을 붙잡았다. 여연업(余延業)이라는 사람이 있는데, 스스로 호가궁관(扈駕弓官)[55]이라고 말하여 활을 주었는데, 활을 당길 수가 없자 황제가 웃었다. 그들의 나라 정사를 묻자 여연업은 사치하고 잔혹하였던 상황을 구체적으로 말하자 황제는 놀라서 말하였다.

"내가 마땅히 이 한 지방의 백성들을 구해야 겠다."

이에 도주(道州, 湖南省 永州市)자사 왕계훈(王繼勳, ?~977)이 말하였다.

"유창(劉鋹, 942~980, 남한 후주)은 아둔하고 포악하여 백성들이 그 독함을 입었으며 또 자주 나와서 변경을 노략질하니 청컨대 왕사(王師)가 남쪽으로 정벌하기를 바랍니다."

황제는 오히려 아직은 군사를 동원하지 않고 마침내 남당(南唐)의 주군에게 명령하여 뜻을 유시하고 남한의 주군으로 하여금 먼저 호남

---

55 제왕의 수레를 좇는 활 쏘는 관리이다.

지역의 옛날 땅을 가지고 와서 헌상하게 하였다. 당의 주군은 사자를 파견하여 편지를 보냈는데 남한의 주군은 좇지 아니하였다.

41   건륭(建隆) 연간에 옛날 제도에 따라서 연주(兗州, 山東省 濟寧市)에서 동악(東岳)인 태산(泰山)에 제사지내고, 화주(華州, 陝西省 渭南市)에서 서악(西岳)인 화산(華山)에 제사지내고, 정주(定州, 河北省 中部)에서 북악(北岳)인 상산(常山)에 제사지내고, 하남부(河南府)에서 중악(中岳) 숭산(崇山)에 제사를 지냈다.〔지도참고〕

이에 유사가 말하였다.

"사관(祠官)[56]이 받드는 것은 4악에 그칩니다. 지금 제전(祭典, 제사의전)을 살펴보았는데, 형주(衡州)에서 남악인 형산(衡山)에 제사를 지내시고, 기주(沂州, 山東省 臨沂市 東南)에서는 동진(東鎭)인 기산(沂山)에 제사를 지내시며, 월주(越州)에서 남진(南鎭)인 계산(稽山)에 제사를 지내시고, 농주(隴州, 陝西省 隴縣 東南)에서 서진(西鎭)인 오산(吳山)에 제사를 지내시며, 진주(晉州, 山西省 臨盼市)에서 중진(中鎭)인 곽산(霍山)에 제사를 지내며 내주(萊州, 山東 東北部)에서 동해(東海)에, 광주(廣州, 廣東省 東南)에서 남해에, 하중부(河中府)에서 서해(西海)·하독(河瀆)에 나란히, 맹주(孟州, 河南 孟州)에서 나란히 북해(北海)·제독(濟瀆)에 나란히, 당주(唐州, 河南省 西南部)에서 회독(淮瀆)에 제사를 지내시고, 그 강독(江瀆)은 현덕(顯德) 5년의 칙령을 준용하여, 양주(揚州)의 양자강구(揚子江口)에서 제사지내는데, 지금은 청컨대 성도(成都)에서 제사를 지내십시오. 북진(北鎭)인 의무여산(醫巫閭山,

---

56 제사를 관장하는 관리를 말한다.

❖ 송대의 3산과 5악

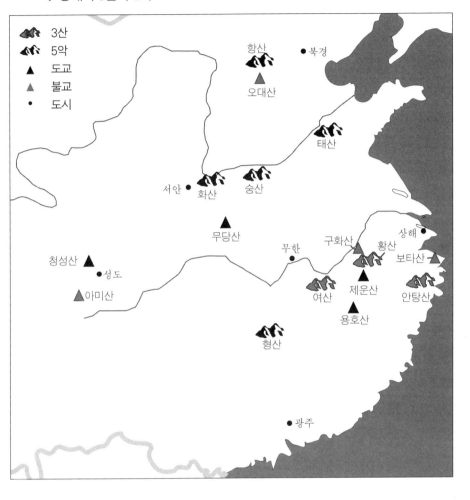

3산
5악
▲ 도교
▲ 불교
• 도시

항산
• 북경
오대산
태산
서안 • 화산 숭산
무당산
구화산 상해 •
무한 • 황산
청성산 ▲ 보타산
• 성도 여산 제운산 안탕산
▲아미산 용호산
형산
• 광주

遼寧省 西部 주요 산맥의 하나)은 영주(營州, 遼寧省 朝陽)의 경계에 있으니 아직 제사를 지내지 않았습니다."

이를 좇았다. 그 후에 정주(定州, 河北省 中部)의 악사(岳祠)에서 북진(北鎭)에 망제(望祭)[57]를 지내는데, 이미 그렇게 하고 5진(五鎭)의 제사는 다시는 지내지 않았다.

42 요(遼)에서는 야율이뢰합(耶律伊賴哈)에게 정사령(政事令)을 겸하게 하고 이어서 흑산(黑山)의 동쪽에 있는 묵진(默珍, 抹眞)의 땅 수십 리를 그에게 하사하였다.

이 해 가을에 요주(遼主)가 서경(西京, 山西 大同)에 있는 여러 산에서 사냥을 하였다.

43 겨울 10월 갑술일(24일)에 둔전(屯田)원외랑인 동주(同州, 陝西省 大荔縣) 사람 뇌덕양(雷德驤, 917~992)이 책임을 지게 되어 상주(商州, 四川省 宜賓市) 사호참군(司戶參軍)을 받았다.[58]

뇌덕양은 판대리시(判大理寺)였는데, 그 관속이 정사당(政事堂) 관리와 재상에게 붙어서 멋대로 형벌의 명칭을 늘리기도 하고 혹은 줄이기도 하자 뇌덕양이 분하여 한탄하다가 알현하기를 요구하며 그 일을

---

57 제사 현장에 가지 않고 멀리서 바라보면서 제사를 지내는 것이다.

58 뇌덕양은 후주 태조 3년(953년)에 진사가 되어 송대에 와서는 전중시어사(殿中侍御史), 둔전원외랑(屯田員外郎), 대리시승(大理寺丞)을 지냈으나, 재상인 조보가 멋대로 형벌의 이름을 늘렸다고 탄핵하다가 상주사호참군으로 강등되었으며, 다시 영무(靈武, 녕하 하란산)로 유배되었다. 몇 년이 지나서 그 아들이 억울하다고 호소하여 돌아와서 비서승(秘書丞)을 맡았다.

대면하고 아뢰려고 하였다.

　아직 대면하지 아니하였는데, 바로 강무전(講武殿)에 나아가서 이를 상주하면서 말씨와 기세가 아주 심하였으며, 아울러 조보가 다른 사람의 집을 억지로 사들이고 재물과 뇌물을 긁어모았다고 하자 황제가 화가 나서 그를 질책하였다.

　"정당(鼎鐺, 솥)에도 귀가 있는데, 너는 조보가 내 사직의 신하라는 것을 듣지 못하였느냐?"

　주부(柱斧)[59]를 끌어당겨 그의 위턱에 있는 이빨 두 개를 쳐서 부러지게 하고, 좌우에 있는 사람들에게 명령하여 끌고 나가게 하고 재상에게 조서를 내려서 극형에 처하도록 하였다. 그러고 나서 화가 풀어지자 단지 난입(闌入)한 죄[60]를 가지고 그를 축출한 것이다.[61]

59　수정(水晶)으로 만든 작은 도끼이다. 조관(朝官)들이 쓰는 것인데, 조관으로 올라가 출입할 때에는 주부를 가지고 다녀야 하는데, 이 수정으로 만든 작은 도끼의 머리를 가마 앞에 두도록 되어 있다.

60　황제가 있는 곳에는 함부로 출입할 수 없도록 난(闌)을 설치하는데, 허락 없이 이를 넘어 들어온 사람에게 주어지는 죄를 말한다.

61　이때 뇌덕양의 관직에 관하여서는 《고이》에서는 판대리시라고 하고 《동도사략》과 《자치통감장편》에서도 마찬가지지만, 《속수기문》에는 어사중승이라고 하여 잘못 쓰고 있다.

44 　병자일(26일)에 오월왕 전숙(錢俶, 929~988)이 그 아들 건무(建武) 절도사 전유준(錢惟濬, 955~991)을 파견하여 와서 조공하였는데, 지제고(知制誥)인 노다손(盧多遜)에게 명령하여 그를 영접하고 위로하게 하였다.

45 　이달에 황제는 사자를 파견하여 조서를 싸가지고 태원(太原, 북한의 도읍지)에 도착하여 북한의 주군 유계원에게 항복하도록 유세하고 평로(平盧)절도사를 그에게 주겠다고 약속하였다. 또 별도로 곽무위·마봉 등에게 조서 40여 통을 하사하여 곽무위에게 안국(安國)절도사를 주고 마봉 이하에게는 나란히 번진을 주겠다고 허락하였다.

　곽무위는 조서를 받고 안색이 변하였지만 그러나 유계원에게 보낸 조서 하나만 내어 놓고 나머지는 모두 이를 숨기고 이로부터 두 뜻을 가지게 되어 유계원에게 성의를 보내라고 권고하였는데, 유계원은 좇지 않았다.

　애초에 황제는 첩자(諜者)인 혜린(惠璘)으로 하여금 거짓으로 전전도지휘사라고 말하고 죄를 지고 북한으로 도망하게 하였는데, 곽무위는 그의 꾀를 알고 공봉관(供奉官)[62]으로 삼았다. 송의 군사가 북한의 경계 지역으로 들어오게 되자 혜린은 바로 달아나서 난곡에 도착하였는데 후리(候吏, 경계 책임관리)가 붙잡아 태원으로 보냈더니 북한의 주군은 곽무위로 하여금 그를 국문하게 하였지만 곽무위는 풀어 주고 묻지 않았다. 이초라는 사람이 있었는데, 혜린의 상황을 알고 상고(上告)하니 곽무위가 화를 내고 이초와 함께 그를 죽여서 입을 열지 못하게 하였다.

46 11월 신사일(2일)에 조서를 내려서 말하였다.

"도적이 점차로 사그라져 가니 여러 현에 있는 궁수(弓手)의 수를 차등 있게 줄이고, 현령·현위로 번번이 〔궁수를〕 점유하여 머물게 하는 사람은 다시금 그 죄를 처벌하라."

47 이보다 먼저 황제가 태묘(太廟)에 들어가서 그곳에 진열해 둔 변두(籩豆)와 보궤(簠簋)[63]를 보고 물었다.

"이것은 어떠한 물건인가?"

좌우에 있던 사람들이 의례(儀禮)를 치를 때 쓰는 그릇이라고 대답하였다. 황제가 말하였다.

---

62 공봉관이라는 말은 당(唐)시기에 생긴 말인데, 중서성과 문하성의 관원을 말하며 때로는 어사대의 관원도 공봉관으로 부르는 경우가 있다. 전체적으로는 황제를 모시고 조정에서 일하는 관원을 가리키는 말이다.

63 변두(籩豆)라는 것은 옛날의 식기를 말하는데 대나무로 만든 것은 변(籩)이고, 나무로 만든 것이 두(豆)이다. 보(簠)와 궤(簋)도 모두 역시 고대의 식기인데, 제사용도로 사용한다. 따라서 보궤는 깨끗한 것을 상징하기도 한다.

"나의 조종(祖宗, 선조)이 이것을 어떻게 알겠는가?"

빨리 철거하도록 명령하고 보통 생활할 때처럼 늘 쓰는 선(膳, 반찬)을 올리게 하였다. 이미 그렇게 하고 말하였다.

"옛날 예법도 역시 없앨 수는 없다."

다시 이를 진설하도록 명령했다.

이에 판태상시(判太常寺)인 화현(和峴, 940~995)이 말하였다.

"당(唐) 천보(天寶, 당 현종의 연호) 연간의 태묘에 제사 드린 것을 살펴보면 예(禮)로 올리는 음식 외에 매 실(室)마다 보통 음식 한 개의 아반(牙盤)을 덧붙였는데, 오대(五代) 이후로는 드디어 그 예법이 없어졌으니, 지금 청컨대 당대(唐代)의 고사처럼 하기를 청합니다."

조서를 내렸다.

"지금부터 친히 태묘에 제사를 드릴 것인데, 별도로 아반식(牙盤食)[64]을 진설하고 체협(禘祫)·시향(時享)[65]에도 모두 이와 같이 하라."

화현이 또 말하였다.

"건덕(乾德, 963~967 사용된 연호) 초년에 상제(上帝)에게 교사(郊祀)[66]를 지내면서 망료위(望燎位)[67]를 바라보고 나가는데 요단(燎壇)

---

64 아반에 가득히 올린 제사식품을 말한다.

65 고대 제왕이 시조에 제사를 지내는 융중한 예의이며, 시향이란 태묘에 4시로 제사하는 것을 말하는데, 고대에는 제왕이나 신민이 모두 시향을 지냈다.

66 교외에 나아가 하늘에 제사를 지내는 것으로 연중 중요한 날을 잡아서 거행하는데 군왕은 3공9경을 대동하고 도읍의 교외에서 하늘에 제사를 지내는 것이며 하늘에 감사하며 백성들과 국가를 위하여 복을 내려 달라고 하는 제사활동이다.

67 큰 제사를 지내는 규정에 의하면 큰 제사에서는 종이 1만 장과 금·은박 1만

에서 조금 멀리 떨어져 있고, 유사는 시료(柴燎, 불을 붙이는 것)한다는 소리를 듣지 않습니다.

신은 당시에 예관(禮官)이었는데 직책으로는 당연히 길을 안내해야 하였기에 친히 덕스러운 음성[68]을 들었으며, 촛불을 들어 상응하게 하였습니다.

《사기(史記)》의 〈봉선서(封禪書)〉를 보면 진(秦)에서는 항상 10월에 교현(郊見)[69]하며, 불을 붙이었는데, 모양이 길고(桔槔)[70]와 같았으며 빛이 멀리 비추도록 하여 제사를 드리는 곳으로 통하게 하였습니다. 바라건대 유사에게 칙령을 내리셔서 전의 제도를 일률적으로 따르게 하십시오.”

이를 좇았다.

48 임인일(23일)에 친히 태묘에 제사를 지냈다.

49 계묘일(24일) 동짓날에 남교(南郊)에서 천지에 합제(合祭)를 지내고 기원(紀元)[71]을 고쳐서 개보(開寶)라 하고 크게 사면하였으며, 건덕

정(錠)을 태워야 하는데 불을 태우며 제사를 지낼 때에 중심이 되는 사람은 월대(月台)의 서남쪽 모퉁이에 있는 망료위(望燎位)에서 보아야 한다. 이러한 의식을 망료(望燎)라고 하며 제사의 맨 마지막 순서이다.

68 황제의 음성이다.

69 고대에 천자가 상제와 여러 신에게 교외에서 제사를 지내는 것이다.

70 두레박질을 쉽게 할 수 있도록 만든 장치인데, 우물가에 기둥을 세우고 그 위에 긴 나무를 가로질러, 한끝에는 돌을 매달고 다른 끝에는 두레박을 매달아서 물을 퍼 올리도록 되어 있다.

(乾德) 5년(967년) 이전에 전조(田租) 포탈한 것을 면제하게 하였다. 건원전(乾元殿)에 나아가자 재상 조보 등이 옥책의 보배를 받들어 올리었는데, 존호(尊號)를 올려 응천광운성문신무명도지덕인효(應天廣運聖文神武明道至德仁孝)[72]황제라고 하였다.

50   이날 요주(遼主)는 술을 마시고 축하를 받지 않았다.

51   이달에 요(遼)에서는 남원대왕 야율탑이(耶律塔爾)를 병마총관으로 삼아 제도(諸道)의 군사를 통괄하여 북한을 원조하게 하자 이계훈 등은 모두 이끌고 돌아왔는데, 북한은 이를 이용하여 진(晉, 河北省 晉縣)·강(絳, 산서) 두 주(州)의 경계로 나와서 노략질하였다.

52   북한의 주군인 유계원이 그 어머니인 곽씨를 시해하였다.

53   남당의 주군이 후(后)인 주씨(周氏)를 받아들였는데, 소혜후의 여동생이며, 아름다운 자태와 용모를 가져서 먼저 이미 당의 주군에게 총애를 받았다. 소혜후의 질병이 심하였는데, 홀연히 후(后)가 들어오는

---

71 보통 연호라고 하는 것이다. 그러나 개원(改元)이라고 하였으므로 기원을 고친다고 보아야 옳을 것이다.

72 송 태조 조광윤에 대한 호칭이다. 그 내용은 하늘의 뜻에 호응하였고, 운수를 넓혔으며, 성스러운 문재와 귀신같은 무예를 가졌으며 도를 밝히고 덕을 지극히 하며 어질고 효성스러운 황제라는 뜻이다. 그런데 성문(聖文)이라는 글귀를 《송사기사본말》에는 대성(大聖)이라고 하였다. 그러나 대구(對句)로 본다면 문무(文武)이므로 성문이 옳을 것으로 보이며, 《속자치통감장편》에도 성문으로 되어 있다.

것을 보고 돌아 보며 물었다.

"동생아 몇 시에 궁에 들어 왔느냐?"

후(后)는 어려서 아직 〔그 묻는 뜻을〕 알지 못하고 사실대로 대답하여 말하였다.

"며칠 되었어요."

소혜후는 화가 나서 드디어 돌아 눕고는 다시 돌아보지 아니하였다.

〔후(后)는 소혜후가〕 죽고 나서도 항상 금중에 출입하였는데, 이에 이르러 후(后)로 받아들인 것이다. 그날 저녁에 여러 신하들에게 연회를 베풀었는데 한희재(韓熙載, 902~970)가 부시(賦詩)로 풍자하였지만 남당의 주군도 역시 견책(譴責)하지 아니하였다.

남당의 주군은 자못 악부(樂府)[73]에 마음을 두었는데, 감찰어사 장헌(張憲)이 상소문을 올려서 말하였다.

"길에서는 모두가 말하기를 호부시랑 맹공신(孟拱宸)의 집을 교방사(敎坊使)[74]인 원승진(袁承進)에게 준다고 합니다. 옛날에 고조(高祖)[75]가 무용수인 안질노(安叱奴)[76]에게 벼슬을 주어 산기시랑으로 삼으려

---

73 악부는 옛날 체제의 시의 일종이었는데, 고시(古詩)와 근체시(近體詩)와 더불어 고전(古典) 시가의 3대 종류의 하나이다. 원래는 음악을 합하여 부르는 시가(詩歌)인데, 이로 말미암아 악부는 음악을 합한 소리로 부르는 시였다. 이후로는 창(唱)으로 전해지는 시인데 넓은 의미로는 모두 악부라고 부른다.

74 음악이나 무용을 가르치는 기관의 책임자를 말한다. 주로는 환관이 이를 맡았다.

75 당 고조 이연을 말한다. 남당은 당을 잇는다는 명분으로 독립한 나라이기 때문에 이들이 고조라고 하는 것은 이연을 가리키는 것이다.

76 안질노는 당대의 저명한 무용예술가이며 서역인 안국(安國) 사람이며, 안국의 음악은 남북조시기에 이미 중원지역으로 유입되었다.

하여 온 조정에서 모두 비웃었습니다. 지금 비록 원승진을 시랑으로 삼
지는 않았지만 시랑이 살 집을 하사하시니 일이 역시 비슷합니다."

　남당의 주군은 백(帛)을 하사하여 그가 용감하게 말한 것을 나타냈
지만 그러나 끝내 고칠 수는 없었다.

54　이 해 겨울에 요주(遼主)가 흑산(黑山, 遼寧省 錦州市)의 동천(東
川)에 머물렀다.

55　요(遼)의 태평왕(太平王) 야율암살갈(耶律諳薩喝, 罨撒葛, 935~
972, 태종의 次子)이 오래도록 나라의 정치에 간여하다가 드디어 난을
꾀하였다. 당시에 사천(司天)인 위린(魏璘)이 점을 잘 쳐서 이 때문에
위린에게 가서 참립(僭立)할 날짜를 점쳤다. 일이 발각되어 요주(遼主)
는 야율암살갈을 깎아내려서 서북지역의 변방 수자리로 보내고 위린
은 오고부(烏庫部)로 유배시켰다.

태조 개보 2년(己巳, 969년)[77]

1　봄 정월 초하루 기묘일에 군사를 출동시켰기에 전각에 가지 않았
다.[78]

───────

77 요의 목종 응력 19년이다. 그러나 뒤를 이은 경종이 바로 기원을 고쳤으므로
　경종(景宗) 보령(保寧) 원년이기도 하다.

78 정월 초하루의 조하를 받지 않았다는 뜻이다.

2   요주(遼主)가 궁중에서 연회를 베풀었는데, 조하를 받지 않았다.

3   기해일(21일)에 전유준(錢惟濬)[79]을 진해(鎭海)·진동(鎭東)절도사로 삼았다. 전유준은 그 아버지의 명령을 받들어 제사지내는 일을 도왔는데, 곧 돌아가려고 하자 특별히 조서를 내려서 관질(官秩)을 올려준 것이다.

4   임인일(24일)에 전중시어사인 낙양 사람 이형 등을 파견하여 여러 주로 나누어 가게 하여 군수물자를 조발(調發)하여 태원으로 보내게 하였다. 병오일(28일)에 또 사자를 파견하여 여러 도의 군사를 징발하여 노(潞, 山西省 長治市)·진(晉)·자(磁, 河北省 邯鄲市) 등 주(州)에서 주둔하게 하였다.

5   남당(南唐)의 추밀사·좌복야·평장사인 탕열(湯悅)이 파직되어 진해(鎭海)절도사가 되었다. 탕열은 번부(藩部)에 사는 것을 즐겁게 생각하지 않아서 장주문(章奏文)을 올려서 풀어 줄 것을 요구하였는데, 이에 고쳐서 태자태부로 하여 국사(國史)를 감수하게 하였으며 여전히 진해절도사를 관장하게 하였다.[80]

---

79 전유준(錢惟濬, 955~991)은 전당(錢塘, 浙江杭州) 출신으로 오월의 충의왕(忠懿王) 전숙(錢俶)의 적자로 전유연(錢惟演), 전유제(錢惟濟)의 형이다.

80 관직명은 영진해절도사이며, 이는 영직(領職)으로 임지에 가지 아니하고 멀리서 그 업무를 관장하게 하는 관리 임용법이다.

6   2월 을묘일(8일)에 조빈·당진 등에게 명령하여 각기 군사를 관장하여 먼저 태원으로 가게 하였다.

무오일(11일)에 친정(親征)하겠다고 조서를 내렸다. 기미일(12일)에 개봉윤 조광의를 동경(東京, 개봉)유수로 삼고, 추밀부사 심의륜(沈義倫)을 대내부서(大內部署)로 하며 소의절도사 이계훈을 하동(河東)행영전군도부서로 하며, 건웅(建雄)절도사 조찬(趙贊)을 마보군(馬步軍)도우후로 하여 먼저 태원으로 가게 하였다.

갑자일(17일)에 거가(車駕)가 경사(京師)를 떠났으며, 정묘일(20일)에 왕교돈(王橋頓)에 머물렀다. 창덕(彰德)절도사 한중빈(韓重贇, ?~974)이 와서 조현하였다.

황제가 그에게 말하였다.

"거란은 내가 가는 것을 알 것이니 반드시 많은 무리를 인솔하고 와서 도울 것인데, 저들은 진(鎭)·정(定)에 방비가 없을 것으로 생각하고 장차 이 길에서부터 들어올 것이다. 경은 짐을 위하여 군사를 관장하여 배나 빠르게 길을 재촉하여 그들이 뜻하지 않은 곳으로 나아가 그들을 깨뜨리시오."

마침내 한중빈을 북면(北面)도부서로 삼고 의무(義武)절도사 곽연의(郭延義)에게 그를 돕게 하였다.

7   애초에 요주(遼主)는 여자 무당인 초곤(肖袞, 肖古)의 말에 현혹되어서 사람의 담(膽, 쓸개)을 가져다가 목숨을 연장하는 약을 합성하였는데, 사람을 죽인 것이 자못 많았다. 이어서 그가 속이는 것임을 깨닫고 명적(鳴鏑)[81]으로 모아 쏘고 기마로 그를 밟아 죽였다.

이로부터 술을 즐기고 죽이기를 좋아하여 오방에서 짐승을 관장하는 사람과 가까이 모시면서 급사(給事)하는 여러 사람, 혹은 조그만 연고로 혹은 마주하여 상주(上奏)하다가 조금 뜻에 맞지 않은 사람, 혹은 화를 나게 하는 사람은 번번이 포락(炮烙)·쇠 빗으로 형벌[82]을 가하고 심한 것은 계산할 수 없는 경우에 이르렀고, 혹은 손칼로 그를 찌르거나 목을 베고 치며 활로 쏘고 불로 지지며 손발을 자르고 허리를 자르고 입을 째고 치아를 부수어서 시체를 들에 버리며 또한 그 땅에 봉분을 쌓도록 명령하니, 죽은 사람이 1백여 명에 이르렀는데, 경사에는 1백 자나 되는 감옥을 지어 죄수를 묶어서 넣어 두었다.

말년에 포학한 것이 더욱 심하여 일찍이 태위인 화합(華哈, 化哥)에게 말하였다.

"짐이 취한 가운데 처결한 것으로 알맞지 않은 것이 있으면 술에서 깬 다음에 다시 상주하시오."

다만 말은 이렇게 할 수 있었지만 끝내 개전(改悛)의 뜻이 없었다.

이달 기사일(22일)에 회주(懷州, 黑龍江省 鶴崗市)에서 봄 사냥을 하였다. 요주(遼主)는 곰을 쏘아 맞추었는데 시중(侍中)인 소사온(蕭思溫, ?~970)이 이륵희파(伊勒希巴, 夷离畢)[83]인 아리사(牙哩斯) 등과 술을 올리면서 축수하였다.

요주가 술에 취하자 행궁으로 돌아갔는데, 근시(近侍)인 소격(霄

---

81 화살을 쏘면 소리가 나도록 만들어진 화살을 말한다.

82 포락이란 고대의 혹형으로 형벌 받을 사람을 종처럼 생긴 구리기둥에 붙들어 매어 놓고 종 안에 불을 때어 피부가 타서 죽게 하는 형벌이다. 이 형벌은 처음에 하의 걸(桀) 때에 생긴 것이다. 또 쇠 빗이란 화상입은 피부를 쇠로 된 빗으로 긁어서 고통스럽게 하는 형벌이다.

83 요의 관직 명칭으로 형옥을 담당하였다.

格)·관인(盥人)인 화격(華格)·포인(庖人)[84]인 석곤(錫袞, 辛古) 등이 시해하였는데 나이는 39세였고, 묘호를 목종(穆宗)[85]으로 하였다.

경오일(23일)에 소사온과 남원추밀사 고훈(高勳)·비룡사(飛龍使)[86] 니리(尼哩, 女里, 경종의 근신) 등이 세종의 둘째 아들 야율현(耶律賢, 948~982)을 받들고 갑기(甲騎) 1천 명을 인솔하고 말을 달려 행재소로 달려갔다.

야율현이 통곡하였는데, 여러 신하들이 황제의 자리에 나아가기를 권하자 드디어 영구(靈柩) 앞에서 황제의 자리에 올랐으며 백관들은 존호를 올려서 천찬(天贊)황제라 하고 크게 사면하고 기원을 고쳐서 보령(保寧)이라고 하였다.

전전도점검 야율아뢰합·우피실상곤(右皮室詳袞)[87] 소오리제(蕭烏哩濟, 烏里只)는 숙위를 엄히 하지 못하였다 하여 그를 목 베었다. 니리를 행궁도부서(行宮都部署)로 삼고 정사령(政事令)을 덧붙여 주었다.

8   권지공거(權知貢擧) 조봉(趙逢, ? ~975)이 진사 안덕유(安德裕, 939

---

84 관제(灌祭)를 시행할 적에 전문적인 제사(祭司)가 있는데 이를 속칭 관인(盥人)이라고 하며 음식물을 제공하는 일을 맡은 관직이 포인이다.

85 중희(重熙) 21년(1052년)에 가서 시호를 효안경정(孝安敬正)황제라고 하였다.

86 비룡사는 처음에 장내비룡구마(仗內飛龍廐馬)를 관장하기 위하여 측천무후 시절에 설치하고 환관이 그 책임자였는데 한구어마직권(閑廐御馬職權)이 모두 비룡사에 모였으며, 요조(遼朝)에서는 북면비룡원(北面飛龍院) 장관을 두었는데, 여러 구장관(廐長官)의 하나이다.

87 우피실상곤은 요의 태종이 정병 30만 명을 정선하여 만든 군대이다. 황제에 직속하며 좌·우·북·남의 네 피실상은사(皮室詳穩司)를 두었는데 상곤은 원래 상온(詳穩)이었던 것을 청대에 이를 고친 것이다.

~1002) 등 합격자 7명을 상주하였다.

9   을해일(28일)에 거가가 노주(潞州)에 도착하였는데 장마비로 주필(駐蹕)하였다.

이때에 여러 주의 궤향(饋餉, 군량)은 성 안에 다 모아 놓도록 하자 수레로 길이 막혔다. 황제는 이 소식을 듣고 무리하게 계류(稽留)한다고 생각하여 곧 전운사(轉運使)에게 죄를 주려고 하였다. 조보가 말하였다. "6사(師)가 바야흐로 도착하였는데, 전운사가 죄를 얻고 적들이 이 소식을 듣는다면 반드시 저축한 물자가 충분하지 않다고 생각할 것이니 먼 곳에 있는 사람들에게 위엄을 보이기 위한 길이 아닙니다. 다만 어려움을 잘 처리할 사람을 선택하여 이 주(州)로 오게 해야할 뿐입니다."

병자일(29일)에 호부원외랑·지제고(知制誥)인 왕우(王祐)를 권지노주(權知潞州)로 하였다. 왕우가 즉각 수레를 내어 보내니 가는 길에 막히는 것이 없었다.

추밀직학사 조봉을 수가(隨駕)전운사로 하고 이어서 인장을 주조하여 그에게 하사하였다.

10   북한의 유계업·풍진가(馮進珂)가 단백곡에 주둔하고, 위대(衛隊) 지휘사 진정산(陳廷山)을 파견하여 수백 명의 기병을 인솔하고 와서 정탐하며 순찰하였다. 마침 이계훈 등의 전군(前軍)이 도착하였는데, 진정산은 즉각 부하를 가지고 항복하였다. 유계업·풍진가는 중과부적(衆寡不敵)인 것을 알고 역시 달아나서 진양(晉陽)으로 갔는데, 북한의 주군이 화가 나서 그들의 병권을 빼앗았다. 이계훈 등은 드디어 성을

포위하였다.

이때에 요(遼)에서는 내시 한지범(韓知範)[88]으로 하여금 북한의 주군을 황제로 삼는다는 책명(冊命)을 주게 하니 북한의 주군은 밤중에 문을 열고 그를 받아들였다. 다음 날 연회를 마련하고 여러 신하들이 모두 참여하였는데, 재상인 곽무위가 정중에서 통곡을 하고 패검을 뽑아서 스스로 찌르자 북한의 주군은 급히 계단을 내려와서 그의 손을 붙잡아 이끌어 자리로 올라가자 곽무위가 말하였다.

"어찌하여 외로운 성에서 백만의 군사를 대항하겠습니까?"

대개 곽무위는 이렇게 하여 마리들의 마음을 동요시키려는 것이었다.

11   3월 병술일(9일)에 요주(遼主)는 상경(上京, 內蒙古 巴林左旗 林東鎭 南)에 행차하였다. 공로를 책서(策書)에 기록하는 것을 확정하고 소사온을 올려서 북원(北院)추밀사로 하고, 즉시 북부재상을 겸하게 하였고 고훈을 책봉하여 진왕(秦王)으로 하고 니리에게 수태위(守太尉)를 덧붙여 주었다.

당시에 목종이 덕을 잃었던 뒤를 이어받아서 안팎이 화합하여 잘 다스려지기를 바랐다.

요의 주군은 자주 한림학사 남경(南京, 北京 西南) 사람 실방(室昉, 920~994)을 불러서 고금의 치란과 득실을 물었는데, 주문으로 대답한 것이 뜻에 맞았다. 소사온은 야율색진(耶律色珍, 斜軫)을 천거하여 나

---

88 《속자치통감장편》에서는 한지번(韓知璠)으로 썼으나 《요사》에서는 한지범이라고 하였다.

라를 경륜(經綸)할 재주를 가졌다고 하자 요주가 말하였다.

"짐은 그를 아는데, 안일하게 호탕하기만 하니 어떻게 얽어 매여 굴복시키겠소!"

소사온이 말하였다.

"밖으로는 안일하고 호탕하지만 중심은 아직 헤아릴 수 없습니다."

마침내 불러서 당시의 정치에 관하여 물었더니 가리키고 진술하는 것이 알맞고 절실하여 요주는 그를 그릇으로 중히 여겼으며, 즉시 절제(節制)서남면제군으로 명령하여 하동(河東)을 돕게 하였다. 이때에 남원대왕 야율탑이(耶律塔爾)는 정사령이 덧붙여주어 치사하였는데, 야율색진으로 그를 대신하게 하였다.

북한 정벌에서 회군하는 송

12 요(遼)의 암살갈(諳薩噶)이 요주(遼主)가 세워졌다는 말을 듣고 크게 두려워하여 도망하여 사타(沙陀, 新疆)로 들어갔다. 요주는 이륵회파(伊勒希巴, 夷离畢)인 눌목곤(訥穆袞, 粘木袞)이 속으로 암살갈에 붙어서 그를 주살하였다. 즉시 암살갈을 불러 돌아오게 하고 그 죄를 풀어주었다.

13 황제는 노주에 주필한 것이 무릇 18일이었는데, 북한의 첩자(諜者)를 잡아서 그에게 물었더니 대답하여 말하였다.

"성 안에 사는 백성들은 독(毒)에 걸려서 밤낮으로 거가만 바라보면서 그것이 늦는 것을 한스러워 할 뿐입니다."

황제가 웃으면서 의복을 주고 그를 풀어주었다.

임진일(15일)에 노주를 출발하였고, 무술일(21일)에 태원에 이르렀으며 경자일(23일)에 성의 남쪽에서 열병을 하고 비로소 장련성(長連城)을 쌓으라고 명령하였다. 신축일(24일)에 분하에 임석하여 새로운 다리를 만들었다. 병부원외랑 지제고인 노다손을 지(知)태원부사로 하였다.

임인일(25일)에 사자를 파견하여 태원의 여러 현의 백성 수만 명을 징발하여 성 아래로 오게 하였다.

14   계묘일(26일)에 북한의 헌주(憲州, 山西 靜樂縣)판관 사소문(史昭文)이 주성(州城)을 가지고 와서 항복하자 바로 사소문을 자사로 삼았다.

15   을사일(28일)에 황제가 성(城)의 동남쪽에 나아가서 긴 둑을 쌓아서 분수(汾水)를 막으라고 명령하였다. 이에 앞서 군사를 늘려서 성을 공격하자고 하는 사람이 있었는데 좌신무(左神武)통군 진승소(陳承昭, 896~969)가 나아가서 말하였다.

"폐하께서 스스로 수천만 명을 좌우에 두고 계신데 어찌하여 사용하지 않으십니까?"

황제는 아직 깨닫지 못하였다. 진승소가 말채찍으로 분수를 가리키니 황제는 크게 웃고 이어서 진승소로 하여금 그 역사(役事)를 감독하게 하였다. 병오일(29일)에 진사(晉祠)[89]에서 물을 터서 성에 물을 댔다.

정미일(30일)에 이계훈에게 명령하여 성의 남쪽에 진을 치게 하고 조찬은 서쪽에 진을 치게 하며 조빈은 북쪽에 진을 치게 하며 당진은 동쪽에 진을 치게 하고 네 개의 영채(營寨)를 만들어 이를 압박하도록 하였다.

---

89 진사는 산서성 태원시의 서남쪽 교외·25km 지점에 있는 현옹산(懸瓮山)의 산기슭에 있다.

북한 사람들이 어둠을 틈타고 문으로 돌진하여 몰래 서쪽에 있는 영채를 범접하자 조찬이 무리를 인솔하고 더불어 싸웠는데 강노(强弩)의 화살이 조찬의 발을 관통하였지만 물러나지 않았다.

당시에 당진은 동채도감인 이겸부를 파견하여 서산에 있는 나무를 벌채하여 군사용으로 공급하였는데, 이겸부는 북소리가 울리는 소리를 듣고 즉시 거느리는 군사를 이끌어 그곳으로 가니 북한 사람들이 마침내 물러났다.

황제가 갑자기 전투하는 곳에 도착하여 원조하는 사람이 정예의 갑병이 아닌 것을 이상하게 생각하여 이를 물으니 이겸부여서 아주 기뻐하였다. 유계업이 다시 돌격기병 수백 명을 가지고 동쪽 영채를 범접하니 당진은 몸을 빼내어 유계업을 쫓았으며 휘하에 있던 수백 명이 그를 따르자 유계업은 달아나서 참호 속으로 숨었는데, 북한의 군사가 나와서 그를 도우니 유계업을 줄을 타고 성으로 들어가서 죽음을 면하였다.

16   남당의 우복야·판성사(判省事)인 유간언(游簡言, 914~969)이 몸소 장부를 가까이하며 관장하며 계류(稽留)되어 늦어지는 것을 감독하여 책임지우니 관리들이 이를 두려워하였는데, 그러나 대체(大體)에 어두워서 사대부들에게 중히 여김을 받지 못하였다. 자주 병으로 사양하였으나 남당의 주군은 허락하지 않았다. 이달에 유간언에게 문하시랑·평장사를 겸하라고 명령하였다.

17   여름 4월 초하루 무신일에 황제는 성의 동쪽에 나아가서 제방 쌓는 것을 보았다.

신해일(4일)에 해주(海州)자사 손만진(孫萬進)을 파견하여 군사 수천 명을 거느리고 분주를 포위하였다.

임자일(5일)에 황제는 다시 성의 동쪽에 가서 여러 신하들과 제군(諸軍)에 당시의 복장[90]을 하사하고 따르는 신하들에게 연회를 베풀었다.

애초에 체주(棣州, 山東陽 信縣西南)방어사 하계균(何繼筠, 921~971)을 석령관(石嶺關, 太原市 陽曲縣 石嶺關)부서로 삼으니 양곡(陽谷)에 주둔하였다. 황제는 요의 군사가 길을 나누어 와서 북한을 돕는다는 소식을 들었는데, 그 하나가 석령관에서 들어오니 마침내 역참(驛站)을 통하여 하계균을 불러 행재소로 오게하고 방략(方略)을 주고 아울러 정예의 병사 수천 명을 주며 가서 그들을 막게 하면서 또 하계균에게 말하였다.

"내일 정오(亭午)[91]에 경이 승리하였다는 주문(奏文)이 이르기를 기다릴 것이요."

이 시기는 이미 아주 무더웠는데 황제는 태관(太官)에게 명령하여 마장분(麻漿粉)[92]을 진설하여 하계균에게 하사하고 먹기를 마치자 인사하고 떠났다.

양곡현의 북쪽에서 싸워서 요의 군사를 크게 패배시켰고 그들의 무주(武州, 山西省 忻州市)자사 왕언부(王彦符)를 사로잡고 참수한 것이

---

90 여름이 되어 동복(冬服)을 하복(夏服)으로 바꾸어 준 것이다.

91 정오(正午) 혹은 중오(中午)를 말한다. 이백(李白)의 시 〈고풍(古風)〉에 '큰 수레가 먼지를 휘날리고 지나가니 한낮에 천맥을 어둡게 하네(大車揚飛塵, 亭午暗阡陌)'라는 용례가 있다.

92 음식의 명칭이다. 마는 지마(芝麻)로 깨이고, 장분은 여러 재료를 섞어 만든 음식으로 보인다.

1천여 급(級)이었다. 기미일(12일)에 하계균이 아들 하승예(何承睿)를 파견하여 와서 승리한 소식을 바쳤다. 하승예가 아직 도착하지 아니하였는데 황제는 북대(北臺)에 올라가서 기다리다가 한 기마(騎馬)가 북쪽에서 오는 것을 보고 마주하여 이를 물으니 하승예였다. 북한은 속으로 요의 원조를 믿어서 성이 오래도록 떨어지지 아니하였는데, 황제가 바친 수급을 그들에게 보이자 성 안에 있는 사람들의 기세는 빼앗겼다.

18   요주(遼主)는 목종(穆宗)의 포학함을 살피고 관대한 정치를 시행하기에 힘썼다. 조왕(趙王) 야율희곤(耶律喜袞, 喜穩)은 오래도록 감옥에 갇혀 있었는데, 이 소식을 듣고 스스로 그 형구를 제거하고 입조하였다. 요주는 화가 나서 말하였다.

"너는 죄인인데 어떻게 구금한 장소를 떠날 수가 있는가?"

다시 그에게 굴레를 씌웠다. 이미 그렇게 하고 나서 몸소 죄수 무리들을 심사하여 모두 불러서 이를 풀어주었다.

이달에 태평왕(太平王) 야율암살갈(耶律諳薩噶)을 올려 책봉하여 제왕(齊王)으로 삼고, 야율희곤을 고쳐 책봉하여 송왕(宋王)으로 삼았으며, 야율융선(耶律隆先, 907~1125)을 책봉하여 평왕(平王)으로 삼고 야율초(耶律稍)를 오왕(吳王)으로 하고 야율도은(耶律道隱, ?~983)을 촉왕(蜀王)으로 하고, 야율필섭(耶律必攝)을 월왕(越王)으로 하며, 야율이리(耶律異里, 敵烈, ?~979)를 기왕(冀王)으로 하고, 야율완(耶律宛)을 위왕(衛王)으로 삼았다.

애초에 요주의 동생인 야율질목(耶律質睦, 只沒)은 성격이 총명하고 넉넉하고 거란어·한자(漢字)에 능통하여 시를 쓸 수 있었는데, 목종 말년에 야율질목이 궁인과 사사로이 왕래하니 목종이 화가 나서 매질하고 스쳐 지나가다가 눈 하나를 찌르고 그에게 궁형(宮刑)을 가하여 감옥에 가두고 곧 기시(棄市)하려고 하였다.

요주가 즉위하고서 바로 그를 풀어 주었으며 그가 사사로이 통하였던 궁인을 하사하여 주고 녕왕(寧王)에 책봉하였다. 얼마 안 되어 야율융선을 정사령을 겸하게 하고·동경유수(東京留守)로 하고 야율도은은 상경(上京)에 유수하게 하였다. 야율융선·야율도은·야율초는 모두 세종(世宗)[93]의 동생이다.

19   5월 무인일(2일)에 요는 군사를 나누어 정주(定州)에서부터 와서 침략하니 한중빈이 가산에 진을 치고 그를 기다렸다. 요나라 사람들은 기치를 보고 크게 놀라서 숨어 도망가고자 하였는데, 한중빈은 빠르게 그를 공격하여 그 무리를 크게 격파하였다. 계미일(7일)에 사자가 와서 승첩한 것을 알리니 황제는 크게 기뻐하며 수조(手詔)를 내려 그를 포상하였다.

20   갑신일(8일)에 황제가 성의 북쪽에 다가가서 분수를 끌어서 새로운 제방으로 들여보내어 그 성에 물을 부었다. 무자일(12일)에는 성의 동남쪽에 다가가서 수군에게 작은 배에 강노(强弩)를 싣고 나아가 그 성을 공격하도록 명령하니 내외마보군도군두(內外馬步軍都軍頭)인 왕정의(王廷義)가 친히 북을 두드리며 투구를 벗어 던지고 먼저 올라가다가 흐르는 화살이 그의 뇌(腦)를 맞추니 넘어졌다.

---

93 요의 세종 야율완(耶律阮, 919~951)은 요나라의 세 번째 황제로 재위기간
    (947~951)은 4년이다.

경인일(14일)에 왕정의가 죽었다. 신묘일(15일)에 전전도지휘사도우후(殿前都指揮使都虞侯)[94]인 석한경(石漢卿)도 역시 화살에 맞아서 물에 빠져 죽었다. 계사일(17일)에 왕정의에게 건무절도사를 증직하고, 석한경에게 원주방어사를 증직하였다.

정유일(21일)에 황제는 성의 서쪽에 행차하여 제군(諸軍)에게 명령하여 그 서문(西門)을 공격하게 하였다.

편사(偏師)를 파견하여 남주(嵐州)를 포위하니 조홍(趙弘)이 위태하고 오그라들자 항복하기를 청하였다. 무술일(22일)에 조홍이 와서 알현하고 선조(宣祖)의 휘(諱)를 피하여 이름을 문도(文度)라고 하사하였다.

기해일(23일)에 우천우위장군 주승진을 남주단련사로 삼았다.

경자일(24일)에 행궁에서 조문도에게 연회를 베풀고 뒤에 중국(重國)절도사를 제수하였다.

21   태원의 포위가 급하게 되자 곽무위는 나와서 달아날 것을 꾀하고 이어서 스스로 거느리고 나와 공격하게 해달라고 청하였다. 북한의 주군은 이를 믿고 정예의 갑병 1천 명을 선발하여 유계업·곽수빈(郭守斌)에게 그를 도우라고 하였다. 북한의 주군은 연하문(延夏門)에 올라가서 스스로 그를 전송하면서 또 그가 돌아오기를 기다렸다.

마침 밤에 비가 내리고 어두워지니 곽무위는 가다가 북교(北橋)에 이르러서 말을 머무르게 하고 제장들을 불렀는데, 유계업이 말로 인하

---

94 전전도지휘사도우후(殿前都指揮使都虞侯)는 전전지휘사도우후(殿前指揮使都虞侯)의 잘못으로 앞에 도(都)자는 연자(衍字)이다.

여 발을 다쳤기에 먼저 거느리는 군사를 거두어 성으로 들어갔는데 곽수빈은 길을 잃고 그를 불렀으나 찾지 못하니, 곽무위는 홀로 앞으로 갈 수가 없어서 마침내 휘하의 수천 명과 더불어 역시 돌아왔다.

22   황제는 무더운 기세가 바야흐로 성하게 되자, 감옥에서 갇혀 있는 사람들의 고통을 깊이 생각하여 마침내 조서를 내렸다.

"서경(西京)의 여러 주에서는 장리(長吏)로 하여금 옥연(獄掾, 옥리)들을 감독하여 5일에 한 차례씩 옥호(獄戶, 감옥)에 가서 깨끗이 청소를 했는지, 쇠고랑과 형틀이 세척되었는지를 검시(檢視)하고, 빈곤한 사람들에게는 밥을 주어 먹게 하고 병든 자에게는 약을 주며 가볍게 묶인 작은 죄를 진 사람은 즉시 결정하여 보내라."

이로부터 매해 중하(仲夏, 5월)에는 반드시 이 조서를 신명(申明)하여 관리들을 경계하였다.

23   요(遼)에서는 귀비인 소씨(蕭氏)를 세워서 황후로 하였다. 황후는 북부재상인 소사온(蕭思溫, ? ~970)의 딸로 일찍이 지혜가 있었다. 소사온은 일찍이 여러 딸이 청소하는 것을 보았는데 오직 황후만이 밝고 깨끗이 하여 기뻐서 말하였다.

"이 딸은 반드시 집안을 이룰 것이다."

세워져서 황후가 되자 조정의 정치에 참여하여 결정할 수 있었으니 요주는 그를 존경하고 예로 대하였다.

24   윤달(윤5월) 무신일(2일)에 태원의 남쪽에 있는 성이 분수(汾水)로 빠지게 되어 물이 외성(外城)을 뚫고 성 안으로 스며드니 성 안에서

는 크게 놀라서 시끄러웠다. 황제는 긴 둑에 나아가서 살펴보았다. 수구(水口)가 점점 넓어지자 북한의 사람들은 성에 이어서 장애물을 설치하였는데, 송의 군사들이 활을 쏘게 되자 걸림돌을 설치할 수가 없었다.[95]

잠깐 사이에 쌓아 놓은 풀이 성 안에서부터 바람에 날려 나와서 곧바로 수구(水口)를 막고 그치니 송나라 군사들의 노(弩)에서 발사하는 화살은 뚫을 수가 없었고, 북한 사람들은 이어서 일을 할 수가 있어서 수구는 드디어 막혔다.

곽무위는 다시 북한의 주군에게 나가서 항복할 것을 권고하였지만 북한의 주군은 듣지 않았다. 엄인(閹人, 환관)인 위덕귀(衛德貴)는 곽무위가 배반한 현상이 분명하니 사면할 수 없다고 극단적으로 말하여 북한의 주군이 그를 죽여 조리를 돌리자 성 안은 조금 안정되었다.

북한 사람들이 조금 있다가 서쪽으로 길게 이어져 있는 성에서부터 몰래 나와서 공격용 전투도구를 곧 불 지르려 하자 송의 군사들은 그들을 쳐서 달아나게 하고 목을 벤 것이 1만여 급이었다. 밤중에 홀연히 군영 벽 밖에서 부르는 소리가 전해졌다.

"북한의 주군이 항복하였다."

황제는 위사들에게 갑옷을 두르고 곧 군영 벽의 문을 열려고 하는데, 팔작사(八作使)[96]인 조수(趙璲)가 말하였다.

---

95 수공으로 성벽에 물구멍이 뚫리면 성이 무너지고 그 무너진 성을 목책이나 기타 다른 것으로 메워야 했던 것이다.

96 관직명인데, 당대에서 시작되었다. 당 현종은 내팔작사(內八作使)를 두었고 송대에는 팔작사(八作司)를 두고 거기에 팔작사(八作使)를 두었는데 동반(東班)의 제사사(諸司使)에 속하였다. 이는 통상적으로 맡는 일이 없었지만 다만

"항복한 사람을 받는 것은 적을 받는 것과 같이하여야 하는데, 어찌 한밤중에 가볍게 허락하십니까?"

황제가 이를 묻게 하였더니 과연 첩자가 속인 것이었다.

기유일(3일)에 황제가 성의 남쪽에 가서 수군에게 가벼운 배를 타고 그 문을 불태우라고 명령하였다.

25 우복야인 위인포가 죽었다.

이에 앞서 위인포는 봄 연회에서 모시었는데, 이 때문에 앞으로 나아가 축수하자 황제가 비밀리에 말하였다.

"짐이 태원으로 친히 정벌을 떠나려고 하는데 어떠한가?"

위인포가 말하였다.

"빨리 하려고 한다면 성공하지 못할 것이니 오직 폐하께서 살펴 생각하십시오."

황제는 그 대답을 가상히 여겼다. 연회가 끝나고 집으로 갔는데 상존주(上尊酒)[97] 10석(石)과 어선양(御膳羊) 100마리를 하사하였다. 이미 그렇게 하고 좇아갔는데, 도중에 병이 들어 돌아오다가 양후역(梁侯驛)에서 죽었다. 시중을 증직하고 시호를 선의(宣懿)라고 하였다.

26 태원성이 오래되어도 떨어지지 않으니 동서반도지휘사인 이회충이 무리를 거느리고 이를 공격하였으나 싸워서 승리하지 못하고 나는 화살에 맞아 거의 죽게 되었다.

―――――――
관원이 이동할 적에 팔작사가 주관자 노릇을 하였다.

97 상준주(上樽酒)라고도 하는데 최고 등급의 술을 말한다.

전전지휘사도우후인 조정한이 제반의 위사를 인솔하고 머리를 조아리며 먼저 올라가서 급히 공격하여 죽을힘을 다하기를 원하니 황제가 말하였다.

"너희들은 모두 훈련된 바여서 한 사람이 백 명을 감당하지 아니할 사람이 없으니, 그러므로 주액(肘腋)으로 대비하면서 휴척(休戚)을 함께 하고 있다. 내가 차라리 태원을 얻지 못한다고 하여도 어찌 차마 너희들을 몰아서 칼끝을 무릅쓰게 할 것이며 반드시 죽을 땅을 밟게 하겠는가!"

무리들이 모두 감동의 눈물을 흘렸다.

당시에 대군이 감초(甘草)가 있는 땅에 주둔하였는데, 마침 덥고 비가 와서 대부분 찢어지고 배탈이 났다.[98] 마침 요(遼)에서 북원대왕(北院大王) 야율오진(耶律烏珍, 屋質, 915~973)을 파견하여 백마령(白馬嶺)에서부터 굳센 병졸을 인솔하고 밤중에 나와서 샛길로 빠르게 말을 달려 태원의 서쪽에 머물며 북을 두드리고 횃불을 올리자 북한은 이에 힘입어 스스로 굳게 하였다.〔지도참고〕

태상박사 이광찬(李光贊)이 황제에게 말하였다.

"폐하께서는 싸워서 이기지 못한 전투가 없었고 꾀를 내어 거두지 못한 것이 없어서, 사방에서 험한 곳이라 믿은 지방·참절(僭竊)한 제왕의 호칭을 가진 사람들은 옛날에 중원 국가와는 이웃이었지만 지금은 폐하에게 신하가 되었습니다.

보잘 것 없이 작은 진양(晉陽, 山西省 太原市, 北漢)이야 어찌 반드시

---

98 감초는 약재이어서 약효능은 경우에 따라서 부작용도 있을 것인데, 배탈이 난 것도 그 이유일 것이다.

❖ 송 태조의 북한 공격도

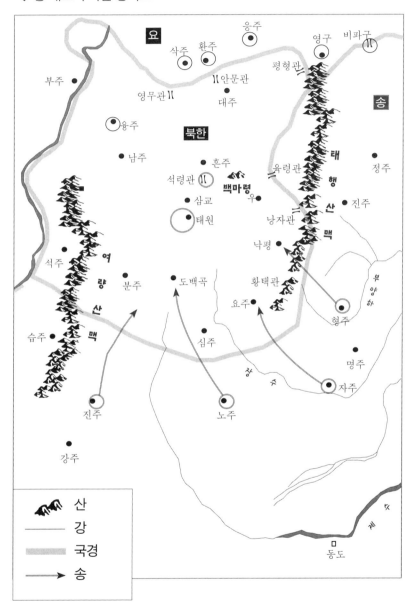

친히 토벌해야 할 것이 되겠습니까? 무겁게 수고하며 나르듯 수레를 움직여 백성들에게 원망을 갖게 되니 이것을 얻는다고 하여도 아직은 많다고 하기에는 부족하며 이것을 잃는다고 하여도 아직은 욕되다고 하기에는 모자랍니다.

국가는 고요한 것을 귀하게 여기는데, 천도(天道)에는 악이 가득 찼고 앞으로 생각해야 할 것은 험한 것을 믿는 나라인데 듣건대 이번 전역(戰役)은 부고에 있는 재물을 고갈시키고 백성들의 힘을 소진하며 충성스런 마음이 용약(踊躍)하여 각기 규유(窺窬, 틈을 봐서 행동하다)를 갖고 있습니다.[99]

전하여 지는 말에 '이웃 나라가 후해지면 군주는 엷어진다.'고 하였는데, 어찌 난가(鑾駕, 황제의 수레)를 돌려 도읍지로 돌아가는 것이 상당(上黨)에 군사를 주둔시키는 것과 같겠습니까! 여름에 그 보리를 거두고 가을 그 벼를 거두게 하고 역역(力役)의 징발을 느슨하시는 것이 탕평책입니다. 오직 폐하께서 이를 재단하십시오."

황제가 주문(奏文)을 보고 아주 기뻐하여 다시 조보에게 물었는데, 조보 역시 그렇다고 생각하였으니 이어서 조보로 하여금 이광찬을 불러 그를 위무하게 하였다.

계축일(7일)에 옮겨서 성의 동쪽인 한산(罕山)의 남쪽으로 주필(駐蹕, 황제가 머무는 곳)하는 것을 옮기고 비로소 군사의 회군을 논의하였다.

---

99 충성스러운 마음이라는 충심(忠心)은 《속자치통감장편》에는 중심(中心)으로 되어 있다. 그대로라면 마음속에서는 두근두근 심장이 뛰어 각기 문틈의 틈새를 보듯 기회를 보고 있다는 뜻으로 보아야 한다. 뒷날을 기약하라는 말이다.

27   기미일(13일)에 태원의 백성 1만여 가호를 산동(山東)·하남(河南)
으로 옮기고 곡식을 공급하였고, 경신일(14일)에 사자 17명에게 나누
어 명령하여 금군(禁軍)을 발동하여 이들을 호송하게 하였으며, 이어
서 진(鎭, 海南省 경계 지역)·노(潞, 山西省 壺關縣 東南) 등의 주(州)에
주둔하면서 강(絳, 山西省 西南部) 출신인 설화광(薛化光)의 정책을 채
용한 것이다.

설화광이 말하였다.

"벌목을 하는 데는 먼저 가지와 잎을 없애고 그 후에 뿌리를 빼앗
는 것입니다. 지금 하동(河東)은 밖으로 거란의 도움을 받고 있으며 안
으로는 사람과 호구가 부세를 내니 가만히 생각하건대 한 해가 지나
고 몇 달이 지나도 떨어뜨릴 수 없을까 걱정입니다. 마땅히 태원의 북
쪽 석령산(石嶺山)과 하북의 경계에 있는 서산(西山) 동쪽의 정양촌(靜
陽邨)·낙평진(樂平鎭)·황택관(黃澤關)·백정사(百井社)¹⁰⁰에 각기 성
채(城寨)를 세워서 거란의 원병을 목조이고 그 부내(部內)에 있는 사람
과 호구는 서경(西京, 낙양)·양(襄, 湖北省 襄陽市)·등(鄧, 河南省 南陽市
南部)·당(唐, 河南省 泌陽縣)·여주(汝州, 河南省 中西部)에서 일으켜서
한전(閑田)을 공급하여 스스로 밭 갈고 씨 뿌리게 하여 그들이 공궤(供
饋)하는 것을 하여야 하는데, 이처럼 하면 몇 년이 지나지 않아서 스스
로 평정될 수 있습니다."

황제가 이를 좋게 받아들였다.

---

100 이는 모두 마을을 말하는 단위로 촌(邨)은 촌(村)으로 향촌, 촌장(村莊)을
   말하며, 진(鎭)은 저자가 있는 시진(市鎭)을 있는 지역이며, 관(關)은 관문이
   있는 곳이고, 사(社)는 토지신에 제사지내는 것에서 출발하여 종교조직을 기
   반으로 만들어진 읍사(邑社) 혹은 이사(里社)로 불리는 향촌, 향리조직이다.

28 임술일(16일)에 거가가 태원을 출발하였다. 당시에 군사들 가운데 적에게 빠져 버린 사람이 1백여 명이었는데, 황제는 교웅(驍雄)부지휘사인 공수정(孔守正)을 파견하여 기병을 거느리고 가서 구원하게 하더니, 공수정이 분연히 공격하여 전부 빼앗아 돌아왔다.

북한의 주군은 버리고 간 군수물자를 기록하게 하였는데, 속(粟) 30만과 차(茶)·견(絹) 각기 수 만을 얻었으며, 죽고 무너지고 텅 비고 고갈된 것은 이것에 의지하여 조금 벗어났다.

29 무진일(22일)에 진주에 도착하여 도사(道士)인 소징(蘇澄)[101]을 불렀는데 들어와서 알현하자 말하였다.

"짐이 건륭관(建隆觀)[102]을 지어서 도(道)를 가진 인사를 얻어서 거기에 살게 하려고 생각하는데 대사는 어떤 생각을 갖고 있소?"

대답하여 말했다.

"경사(京師)는 번화한 곳이라 편안히 있을 곳은 아닙니다."

임신일(26일)에 그가 사는 곳에 행차하여 말하였다.

"대사의 나이는 80을 넘었는데 용모는 아주 젊어 보이니 어찌 양생(養生)의 술법을 짐에게 가르쳐 주지 않는가?"

대답해 말하였다.

"신이 양생하는 것은 생각을 정일하게 하고 기(氣)를 단련하는 것에

---

101 《옥호청화(玉壺清話)》에는 소징은(蘇澄隱)이라고 되어 있고, 호를 하사하여 이소선생(頤素先生)이라고 했다는 기록이 있지만 《속자치통감장편》에는 소징으로 되어 있다.

102 관(觀)은 높은 건축물을 말하는데, 도교의 묘우(廟宇)이다.

지나지 않습니다만 제왕의 양생은 이것과는 다릅니다. 노자(老子)가 이르기를 '나는 아무 것도 하지 않는데, 백성들이 스스로 교화되며, 나는 아무 것도 하고자 하는 것이 없지만 백성들이 스스로 바르게 된다.'고 하였으니 아무 것도 하지 않고 아무 것도 바라지 않으면 응신(凝神, 精神集中)하여 태화(太和)하니 옛날에 황제(黃帝)·당요(唐堯)는 나라를 향유(享有)한 것이 죽을 때까지였는데 이러한 도(道)를 썼습니다."

황제는 기뻐하며 그에게 후하게 하사하였다.

30 요(遼)의 유사가 요주(遼主)의 생일을 천청절(天淸節)로 하자고 청하니 이를 좇았다.

31 이달에 남당(南唐)의 우복야 겸문하시랑·평장사인 유간언(游簡言, 914~969)이 죽었다.

32 6월 기묘일(4일)에 의란사(儀鸞使)이며 지역주(知易州)인 하유충(賀惟忠, ?~973)을 역주(易州)자사·겸역·기·정등주순검사(兼易·祁·定等州巡檢使)로 삼았다. 하유충은 변방을 방어하는데 자주 공로를 세웠으니 그러므로 그 관질(官秩)을 높이고 그 임무는 바꾸지 아니하였다.

33 경진일(5일)에 조서를 내렸다.

"거가가 지나는 곳에서는 백성들은 금년의 추조(秋租)를 내게 하지 말라."

34 계미일(8일)에 우보궐(右補闕)인 대명(大名) 사람 왕명(王明)을

형호(荊湖)전운사로 삼아서 영남(嶺南, 五嶺의 南쪽)에서 군대를 사용하였다.

35 기축일(14일)에 활주(滑州, 河南省 滑懸)에 도착하였다.

남당주가 그의 동생인 이종겸(李從兼, 946~995)을 파견하여 와서 공헌하였는데, 신묘일(16일)에 조성현(胙城縣, 河南省 延津縣 東北)에서 알현하였다. 남당의 수부(水部)원외랑 사원방(查元方)이 이종겸의 전주(牋奏)를 관장하였는데, 황제가 지제고(知制誥) 노다손에게 명령하여 이종겸에게 관(館)에서 연회를 열어주게 하였다. 노다손이 바둑을 두면서 사원방에게 말하였다.

"강남은 결국 어떻게 할 것이요?"

사원방이 옷깃을 여미면서 대답하였다.

"강남에서는 크신 조정을 10여 년간 섬기면서 군신의 예를 극진히 하였으며 그 외에 다른 것은 모릅니다."

노다손이 부끄러워 사과하며 말하였다.

"누가 강남에 사람이 없다고 말했던가!"

사원방은 사문휘(查文徽, 885~954)의 아들이다.

36 계사일(18일)에 거가가 태원에서부터 도착하니 경성에 갇힌 좌수들을 곡사(曲赦)[103]하였다.

---

103 전국적으로 사면하는 것이 아니고 한 곳 또는 두 지역 혹은 몇 지역에만 사면하는 것을 말한다.

37   이달에 북한의 주군이 성 아래에 있는 물을 터서 이를 대이택(臺駘澤)으로 부었는데, 수위는 이미 떨어졌지만 성은 대부분 꺾이고 무너졌다. 요(遼)의 사자인 한지범은 아직도 태원에 있었는데, 탄식하며 말하였다.

"송(宋)의 군대가 물을 끌어대어 성을 잠기게 했는데, 그 하나는 알았지만 그 둘을 몰랐구나. 만약에 먼저 물을 대었다가 마르게 하는 것을 알았더라면 병주(幷州, 山西省 太原市) 사람들은 하나도 안 남았을 것이다."

그때에 요(遼)의 남원대왕인 야율색진이 원군을 인솔하고 대원성 아래에 주둔하고 있었는데, 유계업이 북한의 주군에게 말하였다.

"거란은 이익을 탐내고 신의를 버리니 다른 날에 반드시 우리나라를 깨트릴 것입니다. 지금 구원병은 교만하고 방비가 없으니 원컨대 그를 습격하여 빼앗으면 말 수만 마리를 얻을 것이며, 이어서 하동의 땅이 의지해서 중원에 있는 나라로 돌아가서 진(晉) 사람들로 하여금 도탄에 빠지는 것을 면하게 하고 폐하께서도 부귀를 오래 누리게 될 것이니 또한 할 수 없겠습니까?"

북한의 주군은 좇지 않았다. 며칠 뒤에 야율색진(耶律色珍)이 북쪽으로 돌아가니 보내 준 것이 아주 후하였다.

그 후에 북한의 주군은 다시 북원대왕 야율오진에게 폐물(幣物)을 보냈으며 야율오진이 보고하자 요주는 그것을 받으라고 명령하였다.*

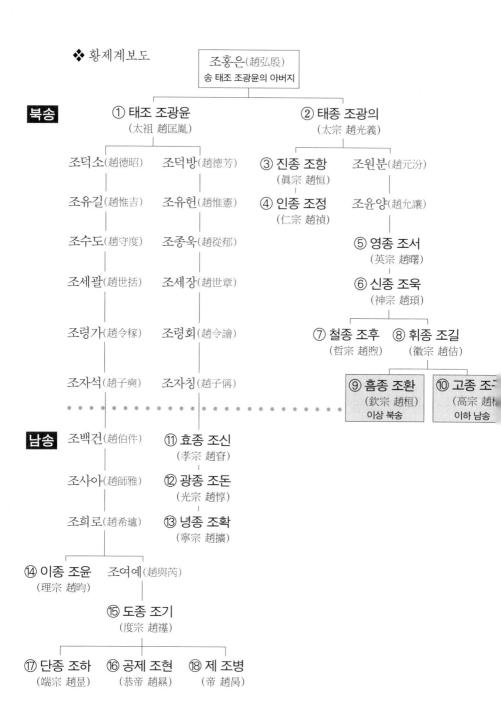

❖ 황제계보도

조홍은(趙弘殷)
송 태조 조광윤의 아버지

북송

① 태조 조광윤
(太祖 趙匡胤)

② 태종 조광의
(太宗 趙光義)

조덕소(趙德昭)　조덕방(趙德芳)　③ 진종 조항　조원분(趙元汾)
(眞宗 趙恒)

조유길(趙惟吉)　조유헌(趙惟憲)　④ 인종 조정　조윤양(趙允讓)
(仁宗 趙禎)

조수도(趙守度)　조종욱(趙從郁)　⑤ 영종 조서
(英宗 趙曙)

조세괄(趙世括)　조세장(趙世章)　⑥ 신종 조욱
(神宗 趙頊)

조령가(趙令稼)　조령회(趙令譮)　⑦ 철종 조후　⑧ 휘종 조길
(哲宗 趙煦)　(徽宗 趙佶)

조자석(趙子奭)　조자칭(趙子偁)　⑨ 흠종 조환　⑩ 고종 조
(欽宗 趙桓)　(高宗 趙
이상 북송　이하 남송

남송

조백건(趙伯件)　⑪ 효종 조신
(孝宗 趙昚)

조사아(趙師雅)　⑫ 광종 조돈
(光宗 趙惇)

조희로(趙希瓐)　⑬ 녕종 조확
(寧宗 趙擴)

⑭ 이종 조윤　조여예(趙與芮)
(理宗 趙昀)

⑮ 도종 조기
(度宗 趙禥)

⑰ 단종 조하　⑯ 공제 조현　⑱ 제 조병
(端宗 趙昰)　(恭帝 趙㬎)　(帝 趙昺)

요

① 태조 야율아보기
(太祖 耶律阿保機)

동단왕 야율탁윤
(東丹王 耶律託允)

② 태종 야율광덕
(太宗 耶律德光)

③ 세종 야율올욕
(世宗 耶律兀欲) 漢名: 阮

④ 목종 야율올율
(穆宗 耶律兀律·逑律) 漢名: 璟

⑤ 경종 야율현
(景宗 耶律賢)

⑥ 성종 야율융서
(醒鐘 耶律隆緒)

⑦ 흥종 야율종진
(興宗 耶律宗眞)

⑧ 도종 야율홍기
(道宗 耶律洪基)

소회태자 야율준
(昭懷太子 耶律濬)

⑨ 천조제 야율연희
(天祚帝 耶律延禧)

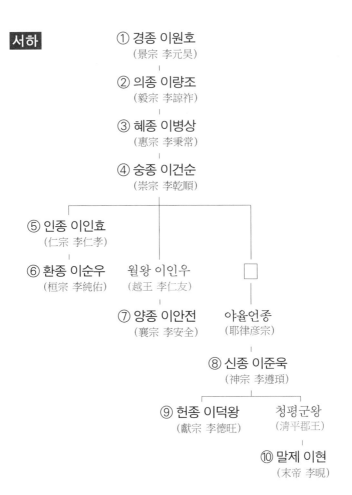

서하

① 경종 이원호
(景宗 李元昊)

② 의종 이량조
(毅宗 李諒祚)

③ 혜종 이병상
(惠宗 李秉常)

④ 숭종 이건순
(崇宗 李乾順)

⑤ 인종 이인효
(仁宗 李仁孝)

⑥ 환종 이순우
(桓宗 李純佑)

월왕 이인우
(越王 李仁友)

⑦ 양종 이안전
(襄宗 李安全)

야율언종
(耶律彦宗)

⑧ 신종 이준욱
(神宗 李遵頊)

⑨ 헌종 이덕왕
(獻宗 李德旺)

청평군왕
(淸平郡王)

⑩ 말제 이현
(末帝 李晛)

부록

원문

續資治通鑑　卷001

【宋纪一】

起上章涒灘正月，盡十二月，凡一年.

太祖啓運立極英武睿文神德聖功至明大孝皇帝

❖ 建隆元年（遼應曆十年，庚申，960年）

1　　春，正月，乙巳，周歸德軍節度使・檢校太尉・殿前都點檢趙匡胤稱帝.

先是辛丑朔，周羣臣方賀正旦，鎮・定二州馳奏，遼師南下，與北漢合兵，周帝命匡胤率宿衛諸將禦之. 匡胤掌軍政六年，得士卒心，數從世宗征伐，屢著功績，爲人望所歸. 至是主少國疑，將士陰謀推戴.

壬寅，殿前副點檢・鎮寧軍節度使太原慕容延釗將前軍先發；癸卯，大軍繼之. 時京師多聚語云："策點檢爲天子." 軍中知星者河中苗訓，見日下復有一日，黑光摩蕩，指謂匡胤親吏楚昭輔曰："此天命也."

是夕，次陳橋驛，將士相與謀曰："主上幼弱，我輩出死力

破敵，誰則知之！不如先立點檢爲天子，然後北征." 都押衙
李處耘，具以其事白匡胤弟內殿祇候供奉官都知匡義及歸德
節度掌書記薊人趙普，語未竟，諸將露刃突入，大言曰："軍
中定議，欲策太尉爲天子." 匡義因曉之曰："興王異姓，雖云
天命，實繫人心. 汝等各能嚴飭軍士，勿令剽掠，都城人心
安，則四方自定，汝等亦可共保富貴矣." 衆許諾，乃共部分.
夜，遣衙隊軍使郭延贇馳告殿前都指揮使石守信・殿前都虞候
王審琦，守信・審琦皆素歸心匡胤者. 將士環列待旦.

匡胤醉臥，初不省. 甲辰，遲明，諸將擐甲執兵，直叩寢門
曰："諸將無主，願策太尉爲天子." 匡胤驚起，未及應，卽被
以黃袍，羅拜，呼萬歲，掖乘馬南行. 匡胤度不能免，乃攬轡
誓諸將曰："汝等貪富貴，立我爲天子，我有號令，汝等能禀
乎？" 衆下馬曰："唯命." 匡胤曰："太后・主上，吾北面事
之；朝廷大臣，皆我之比肩也. 汝等不得驚犯宮闕・侵凌朝貴
及犯府庫. 用命有厚賚，違則孥戮." 皆應曰："諾." 乃整軍自
仁和門入，秋毫無所犯. 翼日，先遣客省使大名潘美見執政喻
意，又遣楚昭輔慰安家人.

時宰相大名范質，太原王溥，早朝未退，聞變，質下殿執
溥手曰："倉卒遣將，吾輩之罪也." 爪入溥手幾出血. 溥噤不
能對.

天平節度使・同平章事・侍衛馬步軍副都指揮使太原韓
通，自內庭惶遽奔歸，將率衆備禦. 散員都指揮使洛陽王彥升
遇通於路，躍馬逐之，馳入其第，殺通及其妻子.

諸將翼匡胤登明德門，匡胤令甲士還營，退歸公署，釋黃袍．有頃，諸將擁范質等至，匡胤嗚咽流涕曰：“吾受世宗厚恩，爲六軍所迫，一旦至此，慚負天地，將若之何？”質等未及對，散指揮都虞候太原羅彦瓌按劍厲聲曰：“我輩無主，今日須得天子！”質等相顧不知所爲；王溥降階先拜，質不得已亦拜．

遂請匡胤詣崇元殿行禪代禮．召文武百僚，至晡，班定，翰林學士承旨新平陶穀，袖中出周帝禪詔，宣徽使高唐呰居潤，引匡胤就龍墀北面拜受．宰相掖升崇元殿，服袞冕，卽皇帝位．羣臣拜賀．奉周帝爲鄭王，符太后爲周太后，遷居西宮．詔定有天下之號曰宋，因所領節度州名也．改元，大赦．內外馬步軍士等第優給，命官分告天地‧社稷．遣中使乘傳齎詔諭天下；其諸道節度使，別以詔賜焉．

華山隱士陳搏聞帝代周，曰：“天下自此定矣！”

2　汴都仰給漕運，河渠最爲急務．先是歲調丁夫開濬淤淺，糗糧皆民自備；丁未，詔悉從官給，遂著爲令．又以河北歲稔穀賤，命高其價以糴之．

3　戊申，贈周韓通爲中書令，以禮葬之．

初，通與帝同掌宿衛，軍政多決于通．通性剛而寡謀，言多忤物，人謂韓瞠眼．其子頗有志略，見帝得人望，勸通早爲之所，通不聽，卒及於聽．

帝怒王彥升專殺，以開國初，隱忍不及罪.

4　賜南唐主詔書.

先是，南唐中書舍人北海韓熙載使於周，及歸，南唐主歷問周之將帥，熙載曰：“趙點檢顧視非常，殆難測也.”至是，人服其識.

5　辛亥，論翊戴功，以周義成節度使·殿前都指揮使石守信爲歸德節度使·侍衛馬步軍副都指揮使，以寧江節度使·馬軍都指揮使常山高懷德爲義成節度使·殿前副都點檢，以武信節度使·步軍都指揮使厭次張令鐸爲鎮安節度使·馬步軍都虞候，以殿前都虞候·睦州防禦使王審琦爲泰寧節度使·殿前都指揮使，以虎捷左廂都指揮使·嘉州防禦使遼人張光翰爲寧江節度使·馬軍都指揮使，以虎捷右廂都指揮使·岳州防禦使安喜趙彥徽爲武信節度使·步軍都指揮使，餘領軍者並進爵.

6　癸丑，放周顯德中江南降將周成等三十四人歸於南唐.

7　乙卯，遣使分賑諸州.

8　丁巳，命周宗正少卿郭玘祀周廟及嵩·慶二陵，因著令，以時朝拜.

9 　先是，周侍衛馬步軍都虞候·武安韓令坤領兵巡北邊，慕容延釗復率前軍至眞定. 帝旣自立，遣使諭延釗·令坤各以便宜從事，兩人皆聽命. 己未，加延釗殿前都點檢·昭化軍節度使·同中書門下二品，令坤侍衛馬步軍都指揮使·天平節度使·同平章事.

10 　宰相表請以二月十六日爲長春節，帝生日也.

11 　壬戌，以趙普爲右諫議大夫·樞密直學士.
　初，帝領宋鎮，普爲書記，與節度判官寧陵劉熙古·觀察判官安次呂餘慶·攝推官太康沈義倫皆在幕府. 至是普以佐命功遷，乃召熙古爲左諫議大夫，餘慶爲給事中·端明殿學士，義倫爲戶部郎中.

12 　癸亥，以天雄節度使宛丘符彥卿守太師，雄武節度使掖人王景守太保，封原郡王，定聽節度使西平王李彝殷守太尉，荆南節度使高保融守太傅，餘領節鎮者普進爵.

13 　甲子，皇弟匡義加睦州防禦使，賜名光義.

14 　幸國子監.

15 　將立宗廟，詔百官集議. 己巳，兵部尚書濮陽張昭等奏曰："堯・舜・禹皆立五廟，蓋二昭二穆與其始祖也．有商改國，始立六廟，蓋昭穆之外祀契與湯也．周立七廟，蓋親廟之外，祀太祖及文王・武王也．漢初立廟，悉不如禮．魏・晉始復七廟之制，江左相承不改；然七廟之中，猶虛太祖之室．隋文但立高・曾・祖・禰四廟而已．唐因隋制，立四親廟，梁氏而下，不易其法，稽古之道，斯爲折衷．伏請追尊高・曾・祖・禰四代號諡，崇建廟室．"制可．於是定宗廟之制，歲以四孟月及季冬凡五享，朔・望薦食・薦新．三年一祫，以孟冬；五年一禘，以孟夏．皆兵部侍郎漁陽竇儀所定也．

16　鎮州報遼及北漢兵自退．

17　北漢戶部侍郎平章事滎陽趙華罷爲左僕射．

18　南唐主遣使誅鍾謨於饒州，詰之曰："卿與孫晟同使北，晟死而卿還，何也？"謨頓首伏罪．縊殺之，並誅張巒於宣州．

19　二月，乙亥，尊母南陽郡夫人杜氏爲皇太后．后，安喜人．陳橋之變，后聞之曰："吾兒素有大志，今果然矣．"及尊爲皇太后，帝拜於殿上，羣臣稱賀，太后愀然不樂．左右進曰："臣聞母以子貴，今子爲天子，胡爲不樂？"太后曰："吾聞爲君難．天子置身兆庶之上，若治得其道，則此位誠尊；苟或失馭，求爲匹夫而不可得，是吾所憂也."帝再拜曰："謹受敎."

20　加宰相范質‧王溥‧魏仁浦等官. 仁浦，汲郡人也. 帝待周三相，並以優禮：質自司徒‧平章事‧昭文館大學士‧參知樞密院事，加侍中；溥自右僕射‧平章事‧監修國史‧參知樞密院事，加司空；仁浦自樞密使‧中書侍郎‧平章事‧集賢殿大學士，加右僕射. 自唐以來，三大館職皆宰相兼之，首相昭文，次監修，次集賢，宋因之. 質‧溥尋皆罷參知樞密. 又命樞密使太原吳廷祚仍加同中書門下二品.

　舊制，凡大政事，必命宰臣坐議，常從容賜茶乃退. 唐及五代，猶遵此制. 及質等爲相，自以周室舊臣，內存形迹，又憚帝英睿，乃請每事具劄子進呈取旨，帝從之. 由是坐論之禮遂廢.

21　己卯，以天下兵馬都元帥呈越國王錢俶爲天下兵馬大元帥. 俶名上一字犯宋諱，故去之.

22　丙戌，長春節，賜羣臣衣各一襲. 宰相率百官上壽，賜宴相國寺.

23　中書舍人安次扈蒙權知貢舉，庚寅，奏進士合格者京兆楊礪等十九人. 自是歲以爲常.

24　辛卯，大宴于廣德殿. 凡誕節後擇日大宴自此始.

25　三月，乙巳，改天下郡縣之犯御名·廟諱者.

26　丙辰，南唐主遣使來賀登極.

27　南漢宦者陳延壽言於南漢主曰：“陛下所以得立，由先帝盡殺羣弟故也.”南漢主以爲然，丁巳，殺其弟桂王璇興.

28　吳越王俶遣使來賀登極. 南唐主復遣使來賀長春節.

29　宿州火，燔民廬舍萬餘區，遣中使安撫之.

30　壬戌，追尊祖考爲皇帝，妣爲皇后. 謚高祖朓曰文獻，廟號僖祖，陵曰欽陵；妣崔曰文懿. 謚曾祖珽曰惠元，廟號順祖，陵曰康陵；妣桑曰惠明. 謚皇祖敬曰簡恭，廟號翼祖，陵曰定陵；妣劉曰簡穆. 謚皇考弘殷曰昭武，廟號宣祖，陵曰安陵.

31　定國運受周木德，因以火德王，色尚赤，臘用戌.

32　癸亥，命武勝節度使洛陽宋延渥領舟師巡撫江徼，舒州團練使元城司超副之，仍貽書南唐主諭意.

33 己巳, 以皇弟光美爲嘉州防禦使.

34 先是, 北漢誘代北諸部侵掠河西, 詔諸鎭會兵以禦之. 是月, 定難節度使李彝興, 言遣都將李彝玉進援麟州, 北漢引衆去. 彝興, 卽彝殷也, 避宣祖諱, 改爲興.

35 夏, 四月, 癸酉, 兼判太常寺竇儼請改周樂文舞崇德之舞爲文德之舞, 武舞象成之舞爲武功之舞, 改樂章十二順爲十二安, 蓋取"治世之音安以樂"之意; 詔行之. 儼, 儀之弟也.

36 鐵騎左廂都指揮使王彦升, 夜抵宰相王溥私第, 溥驚悸而出. 既坐, 乃曰: "巡警而困甚, 聊就公一醉耳." 然彦升意在求貨, 溥佯不悟, 置酒數行而罷. 翌日, 溥密奏其事, 帝益惡之, 丁丑, 出彦升爲唐州團練使. 唐本刺史州, 於是始改爲.

37 遼人侵棣州, 刺史河南何繼筠追破其衆於固安, 獲馬四百匹.

38 帝加周昭義軍節度使太原李筠中書令. 使者至潞州, 筠卽欲拒命. 左右切諫, 乃延使者, 置酒張樂, 旋取周祖畫象懸廳壁, 涕泣不已. 賓佐惶懼, 告使者曰: "令公被酒失常, 幸毋怪." 北漢主鈞聞之，乃以蠟書結筠同舉兵，筠長子守節泣諫，筠不聽.

帝手詔慰撫，且召守節爲皇城使. 筠遂遣守節入朝伺動靜，帝迎謂曰："太子，汝何故來？"守節懼然，頭擊地曰："陛下何言？此必有讒人間臣父也."帝曰："吾聞汝數諫，汝父不聽，故遣汝來，欲吾殺汝耳. 汝歸語汝父：我未爲天子時，任自爲之；我既爲天子，汝獨不能小讓我邪？"守節馳歸告筠，筠遂令幕府檄數帝罪，癸未，執監軍周光遜等，遣牙將劉繼冲等送北漢納款求援，又遣兵襲澤州，殺刺史張福，據其城.

從事閭丘仲卿說筠曰："公孤軍舉事，其勢甚危，雖倚河東之援，恐亦不得其力. 大梁兵甲精銳，難與爭鋒. 不如西下太行，直抵懷·孟，塞虎牢，據洛邑，東向而爭天下，計之上也."筠曰："吾周朝宿將，與世宗義同兄弟，禁衛之士，皆吾舊人，聞吾至，必倒戈歸我，何患不濟乎！"不用其計.

丙戌，昭義變聞. 樞密使吳廷祚言於帝曰："潞州巖險，賊若固守，未可以歲月破. 然李筠素驕易無謀，宜速引兵擊之."戊子，遣石守信·高懷德率前軍進討，帝敕守信等曰："勿縱筠下太行，急引兵扼其隘，破之必矣."

帝召三司使清河張美調兵食，美言："懷州刺史大名馬令琮，度李筠必反，日夜儲偫以待王師."帝亟令授令琮團練使. 宰相范質曰："大軍北伐，藉令琮供億，不可移他郡."遂升懷州爲團練，以令琮充使.

39 五月，己亥朔，日有食之.

40 庚子，命宣徽南院使昝居潤赴澶州巡檢；殿前都點檢‧鎮寧節度使慕容延釗，彰德軍留後太原王全斌，率兵由東路與石守信‧高懷德會.

41 辛丑，以洺州團練使博野郭進爲本州防禦使，兼西山巡檢，備北漢也.

42 北漢主遣內園使李弼以詔書‧金帛‧善馬賜李筠，筠復遣劉繼冲詣晉陽，請北漢主舉軍南下，己爲前導. 北漢主遣使請兵於遼，遼師未集，繼冲述筠意，請無用契丹兵. 北漢主卽日大閱，傾國自將出團柏谷. 羣臣餞之汾水，左僕射趙華諫曰：「李筠舉事輕易，事必無成，陛下掃境內赴之，臣未見其可也.」北漢主不聽.

行至太平驛，筠身率官屬迎謁，北漢主命筠贊拜不名，坐於宰相衛融之上，封西平王. 筠見北漢主儀衛寡弱，內甚悔之，又自言受周氏恩不忍負. 而北漢主與周世讎，聞筠言，亦不悅. 筠將還，北漢主遣宣徽使盧贊監其軍，筠心益不平. 贊嘗見筠計事，筠不應，贊怒，拂衣起. 北漢主聞贊與筠有隙，遣衛融詣軍中和解之.

筠留其長子守節守上黨，而自率衆三萬南出. 癸卯，石守信等破之於長平，又攻拔其大會寨.

甲辰，詔奪李筠官爵.

43　乙巳，遼主謁懷陵，太宗陵也.

44　己酉，西京作周六廟成，遣光禄卿郭玘奉遷神主.

45　乙卯，忠正節度使兼侍中楊承信來朝，設宴於廣政殿. 自是爲例.

46　丁巳，詔親征. 以樞密使吳廷祚爲東京留守，知開封府呂餘慶副之，皇弟光義爲大內都點檢. 遣韓令坤率兵屯河陽.
　己未，帝發大梁；壬戌，次滎陽. 西京留守河內向拱勸帝："濟河，踰太行，乘賊未集而擊之. 稽留浹旬，則其鋒益熾矣." 密直學士趙普亦言："賊意國家新造，未能出征；若倍道兼行，掩其不備，可一戰而克." 納其言.

47　丁卯，石守信・高懷德破李筠軍三萬餘於澤州南，獲北漢河陽節度使范守圖，殺盧贊. 筠遁入澤州，嬰城自固.

48　是月，永安節度使支中折德扆破北漢沙石寨，斬首五百級. 德扆，從阮之子也.

49　六月，己巳朔，帝至澤州，督軍攻城，踰旬不下. 帝召控鶴左厢都指揮使薊人馬全義問計，全義請併力急攻，遂率敢死士先登，飛矢貫臂，全義拔鏃進戰，帝親率衛兵繼之．辛巳，克其城．李筠赴火死．獲衛融．

甲申，免澤州今年田租．

乙酉，進攻潞州；丁亥，筠子守節以城降，赦之．升單州爲團練，用守節爲使．是日，帝入潞州，宴從官於行宮．

辛卯，大赦．免附潞三十里今年田租，錄陣歿將校子孫，丁夫給復三年．

李筠性雖暴，事母甚孝．每怒，將殺人，母屏風後呼筠，筠卽趨至，母曰：「聞將殺人，可免乎？爲吾曹增福耳．」筠遽釋之．

北漢主聞筠敗，自太平驛遁還晉陽，謂趙華曰：「李筠無狀，卒如卿言，吾幸全師以歸，但恨失衛融·盧贊耳！」華旋請老，使食祿終身．北漢主以翰林學士承旨·兵部尚書薊人趙弘爲中書侍郎·兼兵部尚書·平章事．

遼師聞潞州破，不果出．

50　癸巳，安國節度使元城李繼勳來朝；乙未，命爲昭義節度使．

51　丁酉，帝發潞州；秋，七月，戊申，至京師．

初，衛融被執，帝詰融曰：「汝敎劉鈞助李筠反，何也？」融對曰：「犬吠非其主，臣誠不忍負劉氏．」且云：「陛下縱不

殺臣，臣必不爲陛下用." 帝怒，命左右以鐵撾擊其首，流血
被面. 融呼曰："臣得死所矣！" 帝曰："忠臣也，釋之." 以
良药敷其瘡，因使致書北漢主，求周光遜等，納款，歸融太
原；北漢主不報. 辛亥，以融爲太府卿.

52　前司空趙國公汝陰李穀，初歸洛陽，李筠以穀周朝名
相，遺錢五十萬，他物稱是，穀受之. 及筠叛，穀憂恚發病，
乙卯卒. 帝爲廢朝二日，贈侍中.
　穀雅善議論，辭氣明暢，尤能知人，汲引寒士，多至顯位.

53　戊午，宴韓令坤等於禮賢講武殿，赏平澤潞功也.

54　辛酉，遼政事令耶律壽遠·太保庫阿布等謀反，伏誅.

55　遼主以酒脯祀天地於黑山.

56　初，成德節度使金城郭崇，聞帝自立，追憶周室恩遇，
時或涕泣. 監軍陳思誨密奏其狀，且言常山近邊，宜謹備之，
帝曰："我素知崇篤於恩義，此蓋有所激發耳." 遣使覘之. 崇
憂懣失據，觀察判官孝義辛仲甫曰："公首效誠節，且軍民處
置，率循常度，朝廷雖欲加罪，何以爲辭！使者至，但率官
吏郊迎，盡禮致恭. 淹留伺察，當自辨明矣." 崇如其言. 使者
歸，奏崇無他，帝喜曰："我固知崇不反也."

57 以咎居潤權知鎮州. 初以知州易方鎮也.

58 乙丑 , 南唐主景進白金 , 賀平澤潞.

59 詔殿前 · 侍衞二司各閱所掌兵 , 簡其驍勇者升爲上軍 ,
而命諸州長吏選所部兵送都下 , 以補禁旅之闕. 又選强壯卒定
爲兵樣 , 分送諸道召募敎習 , 俟其精練 , 卽送闕下. 由是獷悍
之士皆隸禁籍矣. 又懲唐以來藩鎮之弊 , 立更戍法 , 分遣禁旅
戍守邊城 , 使往來道路 , 以習勤苦 , 均勞逸.
　自是將不得專其兵 , 而士卒不至於驕惰 , 皆趙普之謀也.

60 八月 , 戊辰朔 , 御崇元殿 , 設仗衞 , 行入閤儀 , 置待
制 · 候對官 , 賜廊下食.

61 庚午 , 宴近臣於廣德殿 , 江南 · 吳越朝貢使皆預焉.

62 壬申 , 復升貝州爲永清軍節度.

63 保義節度使河東袁彦 , 聞帝自立 , 日夜繕甲治兵. 帝慮其
爲變 , 命潘美往監其軍. 美單騎入城 , 諭令朝覲 , 彦卽治裝上
道. 帝喜 , 謂左右曰 : "潘美不殺袁彦 , 成吾志矣." 丙子 , 徙
彦爲彰信軍節度使.

64 　忠正節度使楊承信爲护國軍節度使. 承信至河中，或言其謀反，帝遣作坊副使相州魏丕賜承信生辰禮物，因察之，還，言承信無反狀. 承信因是獲殁於鎮.

65 　忠武節度使兼侍中陽曲張永德徙武勝節度使，入覲，從游玉津園. 時帝將有事於北漢，密訪策略，永德曰：“太原兵少而悍，加以契丹爲援，未可倉卒取也. 臣以爲每歲多設游兵，擾其田事，仍發間使諜遼，先絕其援，然後可圖.”帝曰：“善！”

66 　王午，以皇弟殿前都虞候 · 睦州防禦使光義領泰寧軍節度使.

67 　甲申，立琅邪郡夫人王氏爲皇后. 后，華池人，彰德節度使饒之女也.

68 　丙戌，作新權衡，頒於天下，禁私造者.

69 　戊子，以趙普爲兵部侍郎，充樞密使. 帝之征澤潞也，普請行，帝笑曰：“普豈勝甲胄乎？”至是師還論功，帝曰：“普宜在優等.”遂遷是職.

70 　荆南節度使 · 守太傅兼中書令南平王高保融寢疾，以其子繼冲幼弱，未堪承嗣，命其弟行軍司馬保勖總判內外軍馬事.甲午，保融薨.事聞，賜賻，贈太尉，諡貞懿.

保融性迂緩，御軍治民皆無法，高氏始衰.

71　乙未，南唐主遣使來賀帝還京.

72　是月，遼主如秋山，遂如懷州.遼主嗜殺，以鎮茵石撻猊擊殺近侍古格.以後內侍·饔人及鹿人·雉人·狼人·麂人，多有以非罪死者.

73　九月，壬寅，昭義節度使李繼勳焚北漢平遙縣.

74　丙午，御崇元殿，備禮冊四親廟.

75　己酉，中書舍人懷戎趙行逢，坐從征避難，貶房州司戶參軍.帝之親征澤潞也，山程狹隘多石，帝自取數石於馬上抱之，羣臣六軍皆爭負石開道.行逢憚涉險，偽傷足，留懷州不行.及師還，行逢當入直，又稱疾，請於私第草制；帝怒，下御史府劾其罪而黜之.

76　周檢校太尉·淮南節度使滄人李重進，周太祖甥也，始與帝俱事世宗，分掌兵柄，以帝英武，心憚之.恭帝嗣位，重進出鎮揚州.及帝自立，命韓令坤代重進.重進請入朝，帝賜詔止之，重進愈不自安.

李筠舉兵澤潞，重進遣其親吏翟守珣間行與筠相結. 守珣潛
求見帝，言重進陰懷異志. 帝厚賜守珣，使說重進稍緩其謀，
無令二凶並作. 守珣歸，勸重進未可輕發，重進信之.

帝既平澤潞，随欲經略淮南，徙重進爲平盧節度使，又遣
六宅使陳思誨齎鐵券往賜，以慰安之. 重進自以周室懿親，恐
不得全，遂拘思誨，治城繕兵. 遣人求援於南唐，南唐主不敢
納. 帝聞重進舉兵，命石守信爲揚州行營都部署，兼知揚州行
府事，王審琦爲副，李處耘爲都監，宋延渥爲都排陣使，帥
禁兵討之.

77　寧國軍節度使吳延福，吳越王俶之舅也. 或告延福有異
圖，庚申，俶遣內牙指揮使薛温以兵圍其第，收延福兄弟五
人. 睦州刺史延遇，恐懼自殺. 衆欲殺延福兄弟，俶流涕曰：
"先夫人之同氣也，吾安忍置法！"皆除名，徙諸州，卒全母
氏之族.

78　癸亥，詔削奪李重進官爵.

79　詔："文武常參官請病告過三日，有司以名聞，遣太醫診
視."

80　是月，吳越始榷酒酤.

81　初，李筠舉兵，遣使邀建雄節度使眞定楊廷璋．廷璋之妹，故周祖妃也，帝疑其有異志，命鄭州防禦使信都荆罕儒爲晉州兵馬鈐轄，使伺察之．罕儒欲圖廷璋，每見，必懷刃；廷璋接以至誠，罕儒不敢發．會有詔召廷璋赴闕，廷璋卽日單車就道．冬，十月，己巳，徙廷璋爲靜難節度使．

82　壬申，河決棣州厭次縣，又決滑州靈河縣．

83　丙子，遼主從弟趙王喜袞謀反，詞連其父魯呼及詳袞韓匡嗣．魯呼，太祖第三子也，性殘酷，舒嚕太后篤愛之，太宗時，立爲皇太弟，兼天下兵馬大元帥．太宗崩於欒城，永康王卽位鎭陽，是爲世宗，太后遣魯呼將兵擊之．兵敗，大臣耶律烏珍，面數魯呼酷暴失人心，太后無以應，兵遂解．世宗徙魯呼祖州，禁其出入，至是以喜袞詞逮，囚死獄中．匡嗣以善醫直長樂宮，皇后視之猶子，置不問．

84　乙酉，晉州言："兵馬鈐轄荆罕儒領千餘騎抵北漢汾州城下，焚其草市而還．夕次京土原，北漢主遣大將郝貴超領萬衆來襲．黎明，及之，罕儒遣都監閻彥進分兵以禦．罕儒錦袍裹甲，據胡床饗士，方割羊臂臑以食，聞彥進小却，卽上馬，麾兵徑犯其鋒．北漢人橫戈舂之，罕儒墜馬被獲，猶格鬥，手殺十餘人，乃遇害．北漢主素畏其勇，欲生至罕儒，及聞其死，求殺罕儒者戮之．帝聞罕儒戰沒，痛悼不已，擢其子守勛爲西京武德副使；責將校不用命者，黜二人，斬二十九人.

罕儒輕財好施，在泰州，有煮鹽之利，歲入鉅萬，詔聽十收其八，用猶不足. 家財入有籍，出不問歷其數. 勇而善戰，常欲削平太原，志未果而及於敗，人皆惜之.

85　帝問歷趙普以揚州事宜，普曰："李重進凭恃長淮，繕修孤壘，外絶救援，内乏資糧，宜速取之." 帝是其言，丁亥，下詔親征，以光義爲大内都部署，吴廷祚權東京留守，吕餘慶副之.

庚寅，帝發京師，百官六軍並乘舟東下. 甲辰，次泗州，才舍舟登陸，命諸將鼓行而前. 十一月，丁未，次揚州城下，卽日拔之.

初，城將陷，左右勸殺陳思誨，重進曰："吾今舉族將赴火死，殺此何益！"卽縱火自焚，思誨亦爲其黨所害.

帝入城，戮同謀者數百人. 重進兄重興，初聞其拒命卽自殺，弟重贊及其子延福，並死於市. 帝購得翟守珣，補殿直，俄遷供奉官.

己酉，賑揚州城中民，人米一斛，十歲以下半之. 脅隸爲軍者，賜衣屢遣還.

庚戌，詔重進家屬‧部曲並釋罪.

86　乙卯，南唐主遣左僕射江都嚴續來犒師，庚申，復遣其子蔣國公從鑑‧戶部尚書新安馮延魯來買宴，帝厲色謂延魯曰："汝國主何故與吾叛臣交通？"延魯曰："陛下徒知其交通，不知預其謀反."帝詰其故，延魯曰："重進使者館於臣家，國主令人語之曰：'大丈夫失意而反，世亦有之，但時不可耳. 方中朝受禪之初，人心未定，上黨作亂，君不以此時反，今人心已定，乃欲以數千烏合之眾抗天下精兵，借使韓·白復生，必無成理；雖有兵食，不敢相資.'重進卒以失援而敗."帝曰："雖然，諸將皆勸吾乘勝濟江，何如？"延魯曰："重進自謂雄傑無與敵者，神武一臨，敗不旋踵. 況小國，其能抗天威乎？ 然亦有可慮者，本國侍衛數萬，皆先主親兵，誓同生死，陛下能棄數萬之眾與之血戰，則可矣. 且大江天塹，風濤不測，苟進未克城，退乏糧道，事亦可虞."帝笑曰："聊戲卿耳，豈聽卿游說邪！"

87　帝使諸軍習戰於迎鑾，南唐主懼甚；其小臣杜著·薛良來奔，且獻平南策，帝惡其不忠，命斬著於下蜀市，良配隸廬州牙校，南唐主乃少安；終以國境蹙弱，遂決遷都之計.

88　乙丑，命宣徽北院使李處耘權知揚州. 時揚州兵火之余，闔境凋敝，處耘勤於撫綏，輕徭薄賦，揚州遂安.

89　十二月，己巳，帝發揚州；丁亥，至京師.

90　辛卯，唐清源節度使永春留從效稱藩.

91 帝初卽位，欲陰察羣情向背，頗微行．或以爲諫，帝笑曰：“帝王之興，自有天命．周世宗見諸將方面大耳者殺之，我終日侍側，不能害我．”既而微行愈數，曰：“有天命者任自爲之，不汝禁也．”

帝一日罷朝，坐便殿，不樂者久之．左右請其故，帝曰：“爾謂天子容易邪？屬乘快指揮一事而誤，故不樂耳．”

嘗彈雀於后苑，或稱有急事請見，帝亟見之，其所奏乃常事耳．帝怒，詰之，對曰：“臣以爲尙急於彈雀．”帝愈怒，舉斧柄撞其口，墮兩齒．其人徐拾齒置懷中，帝罵曰：“汝懷齒，欲訟我乎？”對曰：“臣不能訟陛下，自當有史官書之．”帝悅，賜金帛慰勞之．

92 初作受命寶．鑄宋通元寶錢．

93 是歲，北漢以郭無爲爲諫議大夫，參議中書事．

無爲，安樂人．方顙鳥喙，雜學多聞，善談辯．嘗衣褐爲道士，居武當山．周太祖討李守貞於河中，無爲詣軍門上謁，詢以當世之務，甚奇之．或謂周祖曰：“公爲漢大臣，握重兵居外，而延縱橫之士，非所以防微慮遠之道也．”無爲拂衣去，隱抱犢山．樞密使段恒識之，薦其才，北漢主召與語，大悅，因授以政，復命恒及侍衛親軍使太原蔚進皆同平章事．

94 遼主弟太平王諤薩噶，太宗第二子也，世宗時，詔許其

與晉主往復以昆弟禮. 至是見遼主耽酒嗜殺，陰懷異志；遼主
不悟，委以國政，唯日事游畋，窮冬盛夏，不廢馳騁. 侍臣有
追咎師敗於周・三關失地爲非計者，遼主曰：“三關本漢地，
今復還之，何失之有！”其不恤國事如此. *

續資治通鑑　卷002

【宋紀二】

起重光作噩正月，盡玄黓閹茂十二月，凡二年.

❖ 太祖啓運立極英武睿文神德聖功至明大孝皇帝建隆
二年（遼應曆十一年）

1　春，正月，丙申朔，御崇元殿受朝，退，羣臣詣皇太后宮門稱賀.

2　壬寅，幸新造船務觀習水戰.

3　戊申，太僕少卿王承哲, 坐舉官失實，責授殿中丞.

4　己酉，帝御明德門觀燈，宴從臣，南唐‧吳越使皆與焉.

5　壬子，商州鼠食苗，詔免其賦.

6 周顯德末，遣官度民田，多爲民所訴．至是，帝謂宰臣曰："度田本欲勤恤下民，近多邀功滋弊，當愼選其人，以副朕意."丁巳，分遣常參官詣諸州度民田．

7 詔浚蔡渠，通淮右之漕也，命右領軍衛上將軍承昭督其役．

8 己未，遣郭玘饗周廟．

9 甲子，斬澤州刺史張崇詁，以其黨李重進也．

10 監進修王溥等上《唐會要》一百卷，詔藏史館．

11 遣使賜吳越王戰馬‧橐駝．

12 二月，丙寅，幸飛山軍閱礮車．

13 遼主釋趙王喜袞於獄．喜袞雄偉，善騎射，性輕儇無恒，謀反有迹，遼主以親釋之．未幾，復謀反，仍下獄．

14 南唐主定計遷都南昌，立吳王從嘉爲太子，留金陵監國．以右僕射嚴續知樞密院事，湯悅佐之．舟行過當塗，大宴．至宋家洑，暴風飄御艦幾至北岸．翌日，從官皆乘輕舟奔問．

15 　壬申，命給事中范陽劉載浚五丈渠，通東方之漕. 帝謂侍臣曰：“煩民奉己之事，朕必不爲. 開導溝洫以濟京邑，蓋不獲已耳.”

16 　癸酉，權知貢舉竇儀奏進士張去華等合格者十一人.

17 　荊南高保勖進黃金什器.

18 　丁丑，南唐主遣使賀長春節. 己卯，命通事舍人王守貞使江南，勞南唐主遷都.

19 　先是藩鎮率遣親吏視民租入，概量增溢，公取餘羡；符彥卿在天雄軍，取民尤悉. 帝于是遣常參官分主其事，乃出公粟賜彥卿以愧其心.

20 　禁民二月至九月無得采捕彈射，著爲令.

21 　令：“文武官及百姓，自今長春節及他慶賀，不得輒有貢獻.”

22 　三月，南唐主至南昌. 城邑迫隘，宮府營廨，十不容一二，力役雖煩，無所施巧，羣臣日夜思歸. 南唐主北望金陵，鬱鬱不樂，欲誅始謀者，澄心堂承旨秦承裕，常引屏風障之. 樞密副使·給事中唐鎬慚懼，發瘍卒.

23　丙申，內酒坊火. 坊與三司接，火作之夕，役夫突入省署
盜官物. 帝以酒坊使左承規等縱其爲盜，斬役夫三十八人，承
規等皆棄市.

24　辛亥，以雄武節度使兼中書令太原郡王王景爲鳳翔節度
使，充西面沿邊都部署.

　　景起兵伍，性謙退，每朝廷使至，雖卑位皆盡禮. 或言：
"王位崇，不宜自損抑."景曰："人臣重君命，固當如此，我
惟恐不謹耳."至是自秦州來朝，帝優待之，宴賜加等，復遣
鎭鳳翔.

25　北漢侵麟州，防禦使楊重勳擊走之. 重勳，本名重訓，避
周帝諱，改今名.

26　遼司徒烏哩質子迭喇格，誣告其父謀反，復詐乘傳及殺
行人；以其父請，杖而釋之.

27　癸亥，帝步自明德門，幸作坊宴射，酒酣，顧前鳳翔
節度使臨清王彥超曰："卿曩在復州，朕往依卿，卿何不納
我？"彥超降階頓首曰："當時臣一刺史耳，勺水豈可容神龍
乎！使臣納陛下，陛下安有今日！"帝大笑而罷. 閏月，甲子

朔，彦超上表待罪，帝遣使慰之，因謂侍臣曰：「沈湎於酒，何以爲人！朕或因宴會至醉，經宿未嘗不悔也.」侍臣皆再拜.

28　殿前都點檢·鎮寧軍節度使慕容延釗罷爲山南西道節度使，侍軍親軍都指揮使韓令坤罷爲成德節度使. 自是殿前都點檢遂不復除授.

29　遼主如潢河.

30　丁丑，金·商·房三州民饑，遣使賑之.

31　是春，令長吏課民種植，每縣定民籍爲五等. 第一種雜木百，每歲減二十爲差；桑·棗半之. 十歲以上，人種韭一畦，闊一步，長十步. 無井者，鄰伍爲鑿之. 令佐以春秋巡視其數；秩滿赴調，有司第其課而爲之殿最. 又詔：「自今民有逃亡者，本州具戶籍頃畝以聞，卽檢視之，勿使親鄰代輸其租.」

32　夏，四月，癸巳朔，日有食之.

33　甲午，詔檢田使·給事中常準奪兩官. 先是館陶民郭贄，詣闕訴檢田不均，詔令他縣官案視，所隱頃畝皆實. 帝怒，責準，本縣令程迪，決杖流海島.

34　壬寅，詔：“先代帝王陵寢，令所屬州府遣近戶守視；前賢冢墓堕壞者，卽加修葺.”

35　己未，商河縣令李瑤，坐臟杖死；左贊善大夫申文緯，奉使案田，不能舉察，除籍. 帝深惡臟吏，以后內外官臟罪，多至棄市.

36　漢初，犯私麴者棄市；周令至五斤死. 帝以其法尙峻，庚申，詔：“民犯私麴十五斤，以私酒入城至三斗者，始處極典，其餘罪有差.”又以前朝鹽法太峻，定令：“官鹽闌入禁地貿易至十斤，貿糶至三斤者，乃坐死. 民所受蠶鹽入城市，三十斤以上者，奏裁.”

37　是月，遼主射鹿，不視朝.

38　五月，癸亥朔，帝御崇元殿受朝. 以皇太后疾，赦雜犯死罪以下.

39　乙丑，詔司天少監洛陽王處訥等重核《欽天曆》. 先是《欽天曆》成，處訥私謂王朴曰：“此曆不久卽差.”亦指其當差處以示朴，朴深然之.

40　初，周世宗命國子司業兼太常博士洛陽聶崇義詳定郊廟禮器，崇義因取三禮舊圖，攷正同異，列爲新圖二十卷，至是來上，詔加褒賞，仍命太子詹事汝陰尹拙集儒臣參議. 拙多所駁難，崇義復引經解釋，乃悉以下工部尙書竇儀，裁處至當，頒行.

41　甲戌，令殿前・侍軍司及諸州長吏閱所部兵驍勇者，升其籍，老弱怯懦者去之. 初置剩員，以處退兵.

42　乙亥，遼司天王白・李正等進曆. 先是晉天福中，司天監馬重績奏上乙未元曆，號《調元曆》. 及太宗滅晉入汴，收百司僚屬・技術・曆象，遷於中京，遼始有曆. 白等所進，卽《調元曆》也. 白，薊州人，明天文，善卜筮，晉司天少監，太宗入汴得之.

43　丁丑，詔以安邑・解縣兩池鹽給徐・宿・鄆・濟之民. 先是數郡皆食海鹽，泝流而上，其費倍多，故釐革之.

44　己卯，罷常參官序遷法. 舊制皆以歲月序遷，帝謂宰相曰：“是非循名責實之道.”會監門軍將軍魏仁滌等治市征有羨利，并詔增秩，自是不以序遷矣.

45　庚寅，供奉官李繼昭坐盜賣官船棄市.

46　詔：“諸州勿復調民給傳置，悉代以軍卒.”

47　五代以來，州郡牧守多武人，任獄吏，恣意用法. 時金州民有馬漢惠者，殺人無賴，閭里患之，其父母及弟共殺漢惠；防禦使仇超·判官左扶悉按誅之. 帝怒超等持法深刻，並除名，流扶海島. 自是人知奉法.

48　六月，甲午，皇太后杜氏崩於滋德殿.

　后聰明有智度，每與帝參決大政，猶呼趙普爲書記，嘗勞撫之曰：“趙書記且爲盡心，吾兒未更事也.”尤愛光義，每出，輒戒之曰：“必與趙書記偕行.”

　疾革，召普入受遺命. 后問帝曰：“汝自知所以得天下乎？”帝嗚咽不能對. 后曰：“吾方語汝以大事，而但哭邪？”問之如初. 帝曰：“此皆祖考及太后餘慶也.”后曰：“不然. 正由柴氏使幼兒主天下，羣心不附故耳. 汝與光義皆吾所生，汝後當傳位汝弟. 四海至廣，能立長君，社稷之福也.”帝頓首泣曰：“敢不如太后教！”因謂普曰：“汝同記吾言，不可違也.”普卽就榻前爲誓書，於紙尾，署曰“臣普記”. 藏之金匱，命謹密宮人掌之.

49　己亥，羣臣請聽政，從之. 庚子，以太后喪，權停時享. 辛丑，見百官於紫宸殿. 庚申，帝釋服.

50 　是日，南唐主景俎．先期，自書遺令，留葬南都之西山，累土數尺爲墳，且曰：“違吾言，非忠臣孝子．”

　　南唐主多材藝，好讀書，在位慈儉，有君人之度．然自附爲唐室苗裔，詿於斥大境土之說，及福州·湖南再喪師，知攻取之難，始議弭兵務農．嘗曰：“兵可終身不用．”會周師大舉，寄任多非其人，折北不支，至於蹙國降號，憂悔而俎．

51 　壬戌，以太后殯，不受朝．

52 　先是遼南京留守蕭思溫，以老人星現，乞行赦宥，遼主許之．草赦既成，留數月不出．翰林學士河間劉景曰：“唐制，赦書日行五百里，今稽期弗發，非也．”遼主亦不報．至是月，始赦．

53 　秋，七月，南唐主喪歸金陵．有司議梓宮不宜復入大內，太子從嘉不可，乃殯於正寢．

　　從嘉卽位，改名煜，尊母鍾氏爲太后．后父名泰章，易其號曰聖尊后．立妃周氏爲國后．大赦境內．

　　罷諸道屯田務，歸本州縣．先是南唐主用尚書員外郎李德明議，興復曠土，爲屯田，以廣兵食，所使典掌者多非其人，侵擾州縣，豪奪民利，大爲時患．至是悉罷使職，委所屬縣令佐與常賦俱徵，隨所租入，十分賜一以爲禄廩，民稍休息．

54 　初，帝既克李筠及李重進，一日，召趙普問曰：“自唐季以來數十年，帝王凡易八姓，戰鬭不息，生民塗地，其故何也？吾欲息天下之兵，爲國家計長久，其道何如？”普曰：“陛下言及此，天地人神之福也．此非他故，方鎭太重，君弱臣强而已．今欲治之，惟稍奪其權，制其錢糧，收其精兵，則天下自安矣．”

　時石守信·王審琦皆帝故人，各典禁軍．普數言於帝，請授以他職，帝曰：“彼等必不吾叛，卿何憂”普曰：“臣亦不憂其叛也．然熟觀數人者，皆非統御才，恐不能制伏其下，萬一軍伍作孽，彼亦不得自由耳．”帝悟，於是召守信等飮，酒酣，屏左右謂曰：“我非爾曹力，不及此．然天子亦大艱難，殊不若爲節度使之樂，吾終夕未嘗高枕卧也．”守信等請其故，帝曰：“是不難知，居此位者，誰不欲爲之！”守信等頓首曰：“陛下何爲出此言？今天下已定，誰敢復有異心！”帝曰：“卿等固然，設麾下有欲富貴者，一旦以黃袍加汝身，汝雖欲不爲，其可得乎？”守信等頓首涕泣曰：“臣等愚，不及此，惟陛下哀矜，指示可生之途．”帝曰：“人生如白駒過隙，所爲好富貴者，不過欲多積金錢，厚自娛樂，使子孫無貧乏耳．卿等何不釋去兵權，出守大藩，擇便好田宅市之，爲子孫立永遠之業，多致歌兒舞女，日飮酒相歡，以終其天年！朕且與卿等約爲婚姻，君臣之學，兩無猜疑，上下相安，不亦善乎！”皆拜謝曰：“陛下念臣等至此，所謂生死而肉骨也．”明日，皆稱疾請罷．帝從之，賞賚甚厚．庚午，以石守信爲天平節度使，高懷德爲歸德節度使，王審琦爲忠正節度使，張令鐸爲鎭寧節度使，皆罷軍職；獨守信兼侍軍都指揮使如故，其實兵權不在也. 殿前副點檢自是亦不復除云.

55 壬申，以光義行開封尹·同平章事，廷美爲山南西道節度使. 先是范質奏疏言：“光義·廷美皆品位未崇，典禮猶闕，乞並加封冊，或列於公台，或委之方鎭；皇子·皇女雖襁褓者，乞下有司，許行恩制.”故有是命.

質又言：“宰相者，以擧賢爲職，以掩善爲不忠. 竊見端明殿學士呂餘慶·樞密副使趙普，精通治道，經事霸府，歷年滋深，皆公忠可倚任，乞授以台司，俾申大用.”帝嘉納之.

56 是月，陳承昭塞棣·滑决河役成，賜錢三十萬.

57 吳越自五月不雨至七月.

58 八月，甲辰，南唐桂陽郡公徐邈奉其主景遺表來上. 嗣主煜請追復帝號，許之. 旋諡景爲明道崇德文宣孝皇帝，廟號元宗.

59 義武節度使·同平章事清苑孫行友，代兄方簡鎭易定喻八年，而狼山妖尼深意黨益盛. 帝初卽位，行友不自安，累表乞解官歸山，帝不許. 行友懼，乃繕治甲兵，將棄其孥，還據山寨以叛. 兵馬都監藥繼能密表其事，帝遣閤門使武懷節馳騎會鎮·趙之兵，偽稱巡邊，直入定州. 行友不之覺，既而出詔示之，令舉族歸朝，行友倉皇聽命. 既至，命侍御史李維岳即訊，得實，己酉，制削奪行友官爵，禁錮私第；取深意尸，焚之都城西北隅.

60 女眞國遣使貢名馬.

女眞之先，居古肅愼地，元魏時號勿吉，至隋，改號靺鞨，唐初，有黑水·粟末兩部，後粟末盛強，號渤海國，黑水因役屬之. 五代時，遼盡取渤海之地，黑水部民居混同江之南者，繫籍於遼，號熟女眞；居江之北者，不繫籍於遼，號生女眞. 至是以馬入貢. 詔蠲登州沙門島居民租賦，令眞治舟船渡所貢馬.

61 詔：「緣邊諸寨有犯大辟者，送所屬州軍鞫之，無得輒斬.」

62 國子博士洛陽郭忠恕，被酒與太子中舍符昭文喧競於朝堂，御史彈奏，忠恕叱臺吏，奪其奏毀之. 己未，責忠恕乾州司戶參軍，昭文免所居官.

63 庚申，周世宗實錄成，四十卷，賜監修國史王溥·修撰官扈蒙器幣有差.

64　南唐主煜遣中書侍郎馮謐來進金銀繒彩. 謐, 卽延魯也. 且表自陳瀟襲之意, 帝優詔以答. 初, 周世宗既取江北, 貽書江南, 如唐與回鶻可汗之式, 但呼國主而已. 於是始改書稱詔.

65　九月, 甲子, 以高保勗爲荊南節度使.

保勗淫恣, 好營造臺榭, 窮土木之功, 軍民咸怨, 記室孫光憲諫, 不聽.

66　遼諧里來降.

67　高保勗遣其弟保寅來朝. 先是, 保融於城北潛江水七里以閡行者, 及保寅歸, 諭令決去, 使道路無阻. 保寅還, 言於保勗曰：“區宇將一, 宜首奉土歸朝, 無爲他人取富貴.” 保勗不聽.

68　戊子, 遣鞍轡庫使梁義如江南弔祭, 帝召見, 面賜約束. 因謂左右曰：“朕每遣使四方, 常諭以謹飭, 頗聞鮮克由禮, 遠人何觀焉！自今出使四方, 要當審擇其人.”

69　詔罷大宴, 以皇太后喪故也.

70　冬, 十月, 癸巳, 南唐主遣戶部侍郎韓熙載 · 太府卿麴霖助葬皇太后山陵.

71   丙申，命樞密承旨方城王仁贍使江南，賀南唐主新立.

72   戊戌，敕：“沿邊諸州，禁民無得出塞侵盜戎馬，前所盜者，悉令還之.”

73   丙午，祔葬明憲皇太后於安陵.

74   是月，命知制誥河南盧多遜看詳進策獻書人文字升降以聞.

75   十一月，甲子，皇太后祔廟.

76   己巳，幸相國寺，遂幸國子監.

77   以恩州團練使雲中李漢超爲齊州防禦使，尋命兼關南兵馬都監. 漢超任關南，力修政治，吏民愛之.

78   濠·楚民饑，詔令長吏開倉振貸.

79   西山巡檢使郭進敗北漢軍於汾西，獲馬·牛·驢數千計. 進威令嚴肅，帝每遣戍卒，必諭之曰：“汝輩謹奉法，我猶貸汝，郭進殺汝矣."

　嘗有軍校誣訟進不法事，帝詰知其情，送進，令殺之. 會北
漢來寇，進語其人曰："汝敢論吾，信有膽氣. 今貰汝罪，汝
能掩殺敵兵，當卽薦汝."其人踴躍赴戰，大捷，進具其事送
之於朝，請賞以官，帝曰："爾誣害我忠良，此才可贖罪耳."
命以其人還之. 進復請曰："使臣失信，則不能用人矣."帝乃
從之.

80　十二月，乙木，昭義節度使李繼勳奏敗北漢軍千餘人，
斬首百餘級，獲遼州刺史傅廷彥弟勳以獻.

81　代州刺史折仁理，党項蕃部之大姓也，世居河西，帝以
其有捍邊功，召令入見，復命歸領刺史如故.

82　周廣順初，鎮州諸縣，十戶取才勇者一人爲弓箭手，餘
九戶資以器甲芻糧. 是歲，詔釋之，凡一千四百人.

83　始置藏冰務，常以孟夏命官用幣，以黑牲祭玄冥之神，
乃開冰，祭於太廟.

84　初，南漢女巫樊胡子，自言玉皇降其身，因宦者陳延壽
以見其主鋹. 鋹於內殿設幄帳，陳寶器，胡子冠遠游，衣紫
袍，坐帳中宣禍福，呼鋹爲太子皇帝，國事皆決於胡子，內

太師龔澄樞‧女侍中盧瓊仙等附之. 是歲，芝菌生宮中，野兽
触寝門，苑中羊吐珠，井旁石自起，行百餘步乃僕；胡子以
爲符瑞，諷羣臣入賀.

❖ 太祖啓運立極英武睿文神德聖功至明大孝皇帝建隆 三年（遼應曆十二年）

1　春，正月，庚申朔，以喪不受朝賀.

2　己巳，命淮南道官吏發倉廩以賑饑民. 初，戶部郎中沈
義倫使吳越歸，言：“揚‧泗饑民多死. 郡中軍儲尚百餘萬，
可貸民，至秋，乃收新粟.”沮之者曰：“若歲荐饑，將無所取
償，孰執其咎？”帝以詰義倫，對曰：“國家以廩粟濟民，自
宜感召和氣，立致豐稔，寧復憂水旱邪！”帝悦，故有是命.

3　甲戌，廣皇城，命有司畫洛陽宮殿，按圖修治.

4　令諸州長吏勸農課桑. 自後歲首必下此詔.

5　詔州縣不得役僑居民.

6　癸未，幸國子監.

7　　丁亥，以監察御史劉湛爲膳部郎中．湛榷茶蘄春，歲入增倍，遷拜越級，非舊典也．

8　　遼諸王多坐事繫獄，遼主以御史大夫蕭護斯有才幹，詔窮治，稱旨．二月，己丑朔，遷護斯爲北院樞密使，賜對衣·鞍馬，仍命世預宰相選．護斯辞曰："臣子孫賢否未可知，得一客省使足矣．"從之，遼主嗜酒，用刑多濫，護斯居要地，斷斷自保，未嘗一言匡救，議者以是少之．

9　　庚寅，令："翰林學士·文班常參官曾任幕職·州縣者，各舉堪爲賓佐·令錄者一人；異時貪濁畏懦·職事曠廢者，舉主坐之．"

10　　甲午，詔："翰林學士·文班常參官每五日內殿起居，以次轉對，并須指陳時政得失，朝廷急務，刑獄冤濫，百姓疾苦，不得將閑慢事應詔．關急切者許非時上章，無以触諱爲懼．"

11　　己亥，更定竊盜律，贓滿五千足陌者乃處死．

12　　蜀主以秦王玄喆爲皇太子，令起居·前導者皆呼殿下，毋得斥言太子；宰相成都李昊疏其不可，乃止．

13 　壬寅，帝謂侍臣曰：“朕欲武臣盡令讀書，俾知爲治之道.”左右皆莫對.

14 　丁未，詔：“宰相·樞密使帶平章事兼侍中·中書令·節度使者納禮錢，宰相·樞密使三百千，藩鎮五百千，充中書門下公用.”依唐制也.

15 　甲寅，北漢侵潞·晉二州，守將擊走之.

16 　丙辰，幸國子監；遂幸迎春苑，宴從官.

17 　三月，戊午朔，控鶴右廂都指揮使浚儀尹勳，配棣許州爲敎鍊使.

　勳督浚五丈渠，陳留丁夫夜潰，勳擅斬其隊長十餘人，又追獲亡者七十餘人，皆馘其左耳. 有詣闕伸冤者，兵部尙書京兆李濤，臥病家居，力疾草奏，乞斬勳以謝百姓. 濤家人曰：“公久病，宜自愛. 朝廷事，姑置之.”濤憤然曰：“死者人之常，吾豈能免！但我掌兵柄，軍校無辜殺人，豈得不論！”帝覽其奏，嘉之，然念勳忠勇，止薄責焉.

18 　甲子，詔沂州民饑，賜以種食.

19 　帝謂宰臣曰：“五代諸侯跋扈，多枉法殺人，朝廷置而不問，刑部之職幾廢．自今決大辟者，錄案聞奏，委刑部詳覆."

20　丙子，權知貢舉單父王著奏進士馬適等合格者十五人．

21　丁丑，女眞來貢．

22　己卯，封丘縣令蘇允元，坐申雨降不實免官．

23　丁亥，徙北漢降民於邢・洺州，計口賦粟．

24　禁民火葬．

25　初，泉州節度使留從效卒，兄從願之子瀟鎡嗣領軍務．未幾，衙將臨淮陳洪進，誣瀟鎡謀附錢氏，執送於南唐，推統軍副使張漢思爲留後．

26　夏，四月，乙未，延・寧二州大雨雪，溝洫冰．

27　丙申，以趙贊爲彰武節度使，別受密旨，許便宜行事．贊將至延州，乃分置步騎，前後絡繹，林莽之中，遠見旌旗，羌・渾迎者，莫測其數，無不畏服．贊，延壽子也．
　帝注意謀帥，既命贊屯延州，又命董遵誨守環州，王彥升守原州，馮繼業鎮靈武，以備西夏．李漢超屯關南，馬仁瑀守瀛州, 韓令坤鎮常山, 賀惟忠守易州, 何繼筠領棣州, 以拒契丹. 又以郭進控西山, 武守琪戌晉州, 李謙溥守隰州, 李繼勳鎮昭義, 以禦太原. 諸臣家族在京者, 撫之甚厚; 郡中筭榷之利悉與之, 恣其圖回貿易, 免所過征租. 由是邊臣皆富於財, 得以養募死士, 使爲間諜, 洞知敵情, 每入邊, 必能先知預備, 設伏掩擊. 自此累年無西北之虞, 得以盡力東南, 取荊·湖·川·廣·吳越之地.

28　邢州言北漢民四百餘人來降.

29　己巳, 贈兄光濟爲邕王, 弟光贊爲夔王; 追冊會稽郡夫人賀氏爲皇后.

30　戊申, 北漢攻麟州, 防禦使楊重勳擊走之.

31　定難節度使李彝興, 遣使貢馬三百匹. 帝方命玉工治帶, 召其使, 問彝興腹圍幾何, 使言彝興大腰腹, 帝曰:"汝帥眞福人." 卽遣使以帶賜之, 彝興感服.

32　五月, 甲子, 幸相國寺禱雨. 時遼亦旱, 庚午, 遼主命左右以水相決, 頃之果雨.

33　乙亥, 發潞州民開太行道, 通餽運.

34　丙子，以河北諸州旱，遣使乘傳檢旱苗.

35　甲申，復幸相國寺禱雨；乙酉，詔撤樂，大官進蔬食.

36　是月，大治宮闕，倣西京制，命殿前都指揮使武安韓重贇董其役.

37　六月，癸巳，以樞密使吳廷祚爲雄武節度使，知秦州. 州西北夕陽鎮，古伏羌縣地，西北接大藪，材植所出，戎人久擅其利. 及尙書左丞壽陽高防知秦州，建議置采造務，取其材以給京師. 蕃部尙巴約帥眾來爭，帝不欲邊境生事，乃遣廷祚代之. 先一日，謂之曰：“卿年高，久掌樞務，今與卿秦州，庶均勞逸. 明日制出，恐卿以離朕左右，不能無憂，故先告卿也.”

38　甲午，遼主祀木葉山及潢河.

39　先是周世宗之二年，始營國子監，置學舍. 帝既卽位，卽命增葺祠宇，塑繪先聖 · 先師之像. 帝自贊孔 · 顏，命宰臣 · 兩制以下分撰餘贊，車駕屢臨幸焉. 於是左諫議大夫河南崔頌判監事，始聚生徒講書，帝聞而嘉之. 乙未，遣中使遍賜酒果. 尋又詔用一品禮，立十六戟於文宣王廟門.

40　丁酉，右補闕袁鳳，坐檢田不實，責授曲阜縣令.

41　己亥，以旱故，減京畿及河北諸州死罪以下.

42　壬寅，京師雨.

43　丁未，命吳廷祚賫詔赴秦州，赦尙巴約等罪，所繫戎俘并釋遣之；遂罷采造務.

44　秋，七月，己未，禁諸州中元張燈.

45　壬戌，放南唐降卒弱者數千人歸國.

46　乙丑，知舒州・左諫議大夫歷城馮瓚言：“州界有菰蒲魚鱉之利，居民舊以自給. 前防禦使司超增收爲市征，漁奪苛細，疲俗告病，宜蠲除其稅.”從之.

47　文思使常岑子勳詐稱供奉官，爲泗州長吏所覺，捕送闕下；乙亥，斬勳於東市.
　　先是雲捷軍士有僞刻侍軍司印信者，捕得，斬之. 帝曰：“諸軍比加簡练，尙知此不逞邪！”命搜索，悉配沙門島. 於是姦猾斂迹.

48　己卯，北漢捉生指揮使路貴來降.

49　辛巳，遣給事中劉鋹等按行河北旱田.

50　詔：“朝臣出使，還日，具所見民生利病以聞.”

51　右軍率府率薛勳掌常盈倉，受民租，概量重；詔免勳官，配隸沂州，倉吏棄市.

52　八月，丙戌朔，敕大理卿范陽劇可久爲光祿卿，致仕. 可久年逾七十，無請老意，帝特命之.

53　庚寅，以鎮海・鎮東節度副使錢惟濬爲建武節度使. 惟濬，吳越王俶子也. 俶請授以嶺南旄鉞，帝從之.

54　癸巳，蔡河務綱官王訓等四人，坐以糠土雜軍糧，磔於市.

55　是日，遣引進使郭永遷會秦州吳廷祚率兵往尙書寨，驅蕃族歸本部.

56　乙未，左拾遺・知制誥河中高錫上言：“近廷臣承詔各舉所知，或有因行賂獲薦者. 請自今許近親・奴婢・鄰里告訴，加以重賞."又請注授法官及職官，各宜問書法十條，以代試判. 皆施行之.

57 九月，丙辰朔，以昭憲太后之兄杜審瓊爲左龍武大將軍，其弟審璧爲左神武大將軍，審進爲左武軍大將軍，并致仕，賜第京師.

58 詔："及第擧人不得呼知擧官爲恩門·師門及自稱門生."

59 戊午，天平節度使·侍軍馬步軍都指揮使·同平章事石守信表解軍職，許之，特加爵邑.

60 庚午，吐蕃尙巴約獻伏羌縣地.

61 壬申，修武成王廟.

62 癸酉，以百官次對章奏下尙書省，集丞·郎以上及御史中丞·兩省五品以上參詳，其有裨政治者以聞.

63 丙子，禁民代桑棗爲薪. 又詔黃·汴河兩岸，每歲委所在長吏課民多栽榆柳，以防河決.

64 癸未，復置書判拔萃科.

65　甲申，武平節度使兼中書令周行逢疾革，召將吏屬其子保權曰：「衡州刺史張文表，與吾同起隴畝，以不得行軍司馬，志常怏怏，吾死，必爲亂，當令楊師璠討之.」行逢薨，保權領軍務，時年十一.

66　是月，遼主如黑山·赤山射鹿.

67　冬，十月，丙戌，幸造船務觀習水戰.

68　戊子，以棣州團練使何繼筠爲關南兵馬都監.

69　癸巳，班《循資格》及《長定格》·《編敕格》各一卷.

70　己亥，幸岳臺，命諸軍習騎射.

71　廣濟縣令李守中，坐贓，決杖配沙門島.

72　辛丑，以樞密副使·兵部侍郎趙普爲檢校太保，充樞密使.樞密使不帶正官自普始.

73　張文表聞周保權立，怒曰：「我與行逢俱起微賤，立功名，安能北面事小兒乎！」會保權遣兵更戍永州，路出衡陽，文表遂驅以叛，僞縞素，若將奔喪武陵者.

過潭州時，行軍司馬廖簡知留後，素輕文表，不爲之備．方宴飲，外白文表兵至，簡殊不介意，謂四座曰："文表至則成擒，何足慮也！"飲笑如故．俄而文表率衆徑入府中，簡不能執弓，但箕踞大罵，遂遇害．文表取其印綬，自稱權留後，具表以聞．

保權卽命楊師璠悉衆討文表，告以先人之言，感激泣下．師璠亦泣，顧謂其衆曰："汝見郎君乎，未成人而賢若此！"軍士皆奮．

保權又乞師荊南，且來求援．文表亦上疏自理．

74　十一月，癸亥，詔："縣令考課，以戶口增減爲黜陟．"

75　甲子，大閱於西郊．帝謂近臣曰："晉·漢以來，軍士不下數十萬，然可用者極寡．朕頃按籍閱之，去其冗弱，親校其擊刺騎射之藝，今悉爲精銳矣．"

76　南唐遣水部郎中顧彝來貢．

77　刑部尚書薊人邊歸讜請老，授戶部尚書，致仕．

78　荊南節度使高保勗寢疾，召牙內都指揮使京兆梁延嗣曰："我疾將不起，孰可付後事者？"延嗣曰："先主舍其子繼冲，以軍府付公，今繼冲長矣．"保勗曰："子言是也．"卽以繼冲權判內外軍馬事. 甲戌, 保勛薨.

79　壬午, 始頒曆於南唐.

80　十二月, 丙戌, 左贊善大夫段昭裔坐檢視民田失實, 責授海州司法參軍.

81　丁亥, 以武平節度使副使‧權知郎州周保權爲武平節度使.

82　舊制, 強盜贓滿十匹者, 絞; 庚寅, 詔改爲錢三千足陌者處死.

83　癸巳, 詔 : "縣復置尉一員, 在主簿下, 凡盜賊‧鬥訟, 先委鎮將者, 命令與尉領其事; 自萬戶至千戶, 各置弓手有差." 五代以來, 節度使補署親隨爲鎮將, 與縣令抗禮, 凡公事傳達於州, 縣吏失職. 至是還統於縣, 鎮將所主, 不及鄉村, 但郭內而已. 從樞密使趙普言也.

84　戊戌, 蒲‧晉‧慈‧隰‧相‧衛六州饑, 詔所在發廩賑之.

85　庚子, 班捕盜令 : "給以三限, 限各二十日. 第一限內獲

者，令·尉各減一選；獲踰半者，減兩選. 第二限內獲者，各
超一資；踰半，超兩資. 第三限內獲者，令·尉各加一階；踰
半，加兩階. 過三限不獲，尉罰一月俸，令半之. 尉三罰，令
四罰，皆殿一選；三殿，停官. 令·尉與賊鬭而盡獲者，并賜
緋，尉除令，仍超兩資，令別加升擢."

86　甲辰，遣中使趙璲等齎詔宣諭潭·朗，聽張文表歸闕，
且命荆南發兵助周保權.

87　帝以西鄙羌戎屢爲寇，改虢州刺史盧龍姚內斌爲慶州刺
史.

88　是歲，遷周鄭王於房州.

89　河北·陝西·京東諸州旱·蝗，悉蠲其租.

90　遼國舅帳郎君蕭延之奴海哩，強陵蘇拉圖里年未及之
女，以法無文，加之宮刑，仍付圖里以爲奴. 著爲令.

91　蜀主命官追督四鎮·十六州逋稅，龍游令四淳上疏諫
曰："今甲子欲交，陰陽變動，天運人事，合有改更. 如采厚
斂之末議，必亂經國之大倫." 又言："四海財貨，盡屬至尊，
百姓足則君莫不足. 今務奪百姓，眞贍六軍，非本計也." 蜀

主不能用.

淳謂所親曰："吾觀僭僞紛紛改制，妃后妻妾，卿相僚佐，何如常稱成都尹，乃無滅族之禍乎！"或勸淳遜詞抑節以取貴仕，淳曰："吾安能附狗鼠求進哉？"蓋指樞密使王昭遠輩也.

92　南漢許彥眞既殺鍾允章，益恣橫，惡龔澄樞等居己上，頗侵其權，澄樞怒. 會有告彥眞與先主李麗妃私通者，澄樞發其事. 彥眞懼，與其子謀殺澄樞. 澄樞使人告彥眞謀反，下獄，族誅.

93　南漢主納李託二女，長爲貴妃，次爲美人，皆有寵. 拜託爲內太師，政事必先稟托而後行.＊

續資治通鑑　卷003

【宋紀三】

起昭陽大淵獻正月，盡閼逢困敦三月，凡一年有奇.

❖ 太祖啓運立極英武睿文神德聖功至明大孝皇帝乾德
　元年（遼應曆十三年）

1　正月，甲寅朔，不御殿.

2　丁巳，發近甸丁夫數萬，修築畿內河隄.

3　戊午，遣酒坊副使河間盧懷忠・氈毯使洛陽張勳・染院
副使康延澤等率步騎數千人赴襄州. 延澤，福之子也.

4　庚申，以山南東道節度使兼侍中慕容延釗爲湖南道行營
都部署，樞密副使李處耘爲都監，發兵會襄陽以討張文表.
　先是盧懷忠使荊南，帝謂曰：“江陵人情去就，山川向背，

吾盡欲知之."懷忠使還，報曰："繼沖控弦之士不過三萬；年穀雖登，民困於暴斂，其勢日不暇給，取之易耳."於是帝召宰相范質等謂曰："江陵四分五裂之國，今假道出師，因而下之，蔑不濟矣."遂以成算授處耘等.

5　癸亥，命太常卿陽曲邊光范權知襄州，戶部判官滕白爲南面軍前水陸轉運使.

6　乙丑，幸造船務觀造戰船.

7　丙寅，以張勳爲南面行營馬軍都監，盧懷忠爲步軍都監.

8　時議城益津關，遼人知之. 南京留守高勳上書，請假巡徼擾其境，遼主然其奏，命勳及統軍使崔廷勳以兵擾之，乃不果城.

9　丙子，詔荆南發水兵三千人赴潭州.

10　庚辰，以荆南節度副使 · 權知軍府事高繼沖爲荆南節度使.

11　楊師璠之討張文表也，兵稍失利. 相持既久，文表出戰，師璠大敗之，遂取潭州，執文表.

初，文表聞宋師來伐，潛送款於趙璲，具言奔喪朗州，爲廖簡所薄，因即私鬪，實無反心．璲自以奉詔諭文表，得其歸順，甚喜，即遣使撫慰之．師璠兵既入城，縱火大掠，而璲亦繼至．明日，享將吏於庭，指揮使高超語其衆曰：“觀中使之意，必活文表．若文表至闕，圖害朗州，吾輩無遺類矣．”乃斬文表於市，臠其肉．及宴罷，璲召文表，超曰：“文表謀爲亂，已斬之矣．”璲太息久之．

12　初命文臣知州事．

帝懲五代藩鎮強盛之弊，時異姓王及帶相印者不下數十人，至是用趙普謀，漸削其權，或因其卒，或因遷徙・致仕，或遙領他職，皆以文臣代之．

13　二月，甲申朔，翰林學士・中書舍人王著，責授比部員外郎．

著不拘細行，嘗乘醉宿娼家，爲巡吏所執，既知而釋之，密以事聞，帝置不問．於是宿直禁中，夜，叩滋德殿求見；帝令中使引升殿，近燭視著，著大醉，垂髮被面，帝怒，發前事，黜之．御史中丞洛陽劉温叟等，并坐失於彈劾，奪兩月俸．

14　丙戌，天雄節度使符彦卿來朝，帝欲使典兵，趙普以爲彦卿名位已盛，不可復委以兵柄，屢諫，不聽．宣已出，普復懷之請見曰："惟陛下深思利害，勿復悔." 帝 曰："卿苦疑彥卿，何也？朕待彥卿至厚，彥卿豈能負朕？"普曰："陛下何以能負周世宗？"帝默然，事遂中止.

15　高繼沖自以年幼未能民事，刑政‧賦役委節度判官孫光憲‧軍旅‧調度委衙內指揮使梁延嗣，謂曰："使事事得中，人無間言，吾何憂也！"

李虙耘至襄州，先遣閤門使臨洺丁德裕諭繼沖以假道之意，請薪水給軍. 繼沖與其僚佐謀，以民庶恐懼爲詞，願供芻餉百里外. 虙耘又遣德裕往，光憲及延嗣請許之. 兵馬副使李景威說繼沖曰："王師雖假道以收湖‧湘，恐因而襲我. 願假兵三千設伏荊門險隘處，候其夜行，發伏攻其上將，王師必自退却，回軍收張文表以獻於朝廷，則公之功業大矣. 不然，且有搖尾乞食之禍."繼沖不聽，曰："吾家累歲奉朝廷，必無此事."孫光憲曰："景威，峽江一民耳，安識勝敗！且中國自周世宗時已有混一天下之志，宋興，凡所措置，規模益弘遠，今伐文表，如以山厭卵爾. 湖‧湘既平，豈有復假道而去邪！不若早以疆土歸朝廷，則荊楚免禍，公亦不失富貴."繼沖以爲然. 景威知計不行而嘆曰："大事去矣，何用生爲！"因扼吭而死. 景威，歸州人也. 繼沖遣延嗣與其叔父保寅奉牛酒來犒師，且覘師之所爲.

壬辰，師至荊門，虙耘見延嗣等，待之有加. 延嗣喜，馳使報繼沖以無虞. 荊門距江陵百餘里，是夕，延釗召延嗣等宴，

飲于其帳，處耘密遣輕騎數千倍道前進．繼沖但俟保寅・延嗣
之還，遽聞宋師奄至，即惶恐出迎，遇處耘於江陵北十五里．
處耘揖繼沖，令待延釗，而率親兵先入，登北門．比繼沖與延
釗俱還，宋師已分據衝要，布列街巷矣．繼沖大懼，遂盡籍其
三州，十七縣，十四萬二千三百戶，奉表來歸．

16　癸巳，李處耘等益發兵，日夜趨朗州．周保權懼，召觀察
判官臨桂李觀象謀之，觀象曰："文表已誅而王師不還，必將
盡取湖・湘之地．今高氏束手聽命，脣齒既亡，朗州勢不獨
全．莫若幅巾歸朝，幸不失富貴．"保權將從之，指揮使張崇
富等不可，乃相與爲拒守計．

17　庚子，荊南表至，帝復命高繼沖为爲荊南節度使，遣樞
密承旨王仁瞻赴荊南巡檢．帝聞李景威之謀，曰："忠臣也．"
命仁瞻厚恤其家．

18　帝遣使諭周保權及將校，言："大軍既拯爾難，何爲反拒
王師，自取涂炭！"保權不答，遂進討之．慕容延釗大破其軍
於三江口，遂取岳州．

19　是月，權知貢舉浚儀薛居正奏進士蘇德祥等合格者八人．

20　遼主如潢河，觀羣臣射，賜物有差．

21　　三月，張崇富等出軍澧州南，與宋師遇，未及戰，望風先潰．李處耘逐北至敖山寨，賊棄寨走，俘獲甚眾．處耘擇所俘體肥者數十人，令左右啗之，黥其少壯者，縱歸武陵．武陵人聞擒者爲宋師臠食，俱大恐，縱火焚州城，奔竄山穀．壬戌，慕容延釗等入朗州，擒崇富於西山下，梟其首．大將汪端劫周保權匿江南岸僧舍，處耘遣麾下將田守奇捕之，端棄保權走，守奇獲保權以歸．湖南平，凡得州十四，監一，縣六十六，戶九萬七千二百八十八．

庚午，命戶部侍郎呂餘慶權知潭州．

22　　癸酉，吏部尚書張昭等詳定五刑之制，凡流刑四，徒·杖·笞刑各五．

23　　令州縣復置義倉，官所收二稅，每石別輸一斗貯之，以備凶儉．

24　　夏，四月，甲申，減荊南·潭·朗州死罪囚，流以下釋之，配役人放還；蠲三年以前逋稅及場院課利．

25　　乙酉，始置諸州通判，凡軍民之政，皆統治之，事得專達，與長吏均禮．大州或置二員．又令節鎮所領支郡皆直隸京師，得自奏事，不屬諸藩，於是節度使之權益輕．用趙普之言也．

26　遣給事中饒陽李昉祭南岳，尋命權知衡州.

27　丁亥，幸國子監，遂幸武成王廟，宴射玉津園.

28　庚寅，出內府錢，募諸軍子弟數千人鑿池於砵明門外，引蔡水注之，造樓船百艘，選卒，號水虎捷，習戰池中.

29　辛卯，王處訥上新定建隆應天曆，帝制序，頒行之.

30　丙申，兵部郎中·監泰州稅曹匪躬棄市，海陵·鹽城兩監屯田副使張藹除名，并坐令人賫輕貨往江南·兩浙販易故也.

31　戊戌，符彥卿辭歸鎮.

32　庚子，以華州團練使大城張暉爲鳳州團練使兼西面行營巡檢壕寨使.
　暉前在華州，治有善狀. 帝既誅李筠，將事河東，召暉入觀，問以策. 暉曰：“澤潞瘡痍未起，軍旅荐興，民不堪命，當俟富庶後圖之.”帝慰勞遣還. 於是始謀伐蜀，乃徙暉鳳州. 暉盡得其山川險易，密疏進取之計；帝覽之，甚悅.

33　清源留後張漢思，年老不能治軍務，事皆決於副使陳洪

進. 漢思患其專，乃設宴，伏甲，將殺之. 酒數行，地忽大
震，同謀者懼，以告洪進. 洪進亟出，甲士皆散，漢思由是嚴
兵備洪進.

癸卯，洪進袖大鎖，常服安步入府中，叱去直兵，漢思方
處內閣，洪進即鎖其門，謂之曰：“軍吏以公耄荒，請洪進知
留務，衆情不可違，當以印見授.”漢思錯愕不知所爲，乃自
門扇間投印與之. 洪進遽召將吏告之曰：“漢思不能爲政，授
吾印矣.”將吏皆賀. 即日，遣漢思外舍，以兵守之，遣使請
命於南唐，南唐即授以節鉞. 洪進又遣牙將魏仁濟間道奉表來
告，且請制命. 漢思退居數年，以壽終.

34　慕容延釗言辰・錦・溪・叙等州各奉牌印請命.

35　甲辰，詔重鑿砥柱三門.

36　禁涇・原・邠・慶州不得補蕃人爲沿邊鎮將.

37　乙巳，幸玉津園，閱諸軍騎射.

38　丙午，以樞密直學士・戶部侍郎薛居正權知朗州.

39　辛亥，令諸州造輕車以給餽運.

40 　五月，壬子朔，慕容延釗言南唐王遣使以牛酒來犒師.

41 　己未，鳳翔節度使王景卒，贈太傅，諡元靖.

42 　辛酉，命樞密直學士·尚書左丞高防權知鳳翔府.

43 　甲子，高繼沖籍伶官一百四十三人來獻，詔悉分賜諸大臣.

44 　乙丑，命鐵騎都將李懷義·內班都知趙仁璲增修宮闕，既成，帝坐寢殿中，令洞開諸門，皆端正通豁，謂左右曰："此如我心，小有邪曲，人皆見之."

45 　戊辰，以工部侍郎須城艾穎爲戶部侍郎，致仕.
　帝命執政擇廷臣督在京諸倉，穎與焉. 穎自以清望官，不宜親濁務，辭不肯爲，帝曰："惟致仕乃可免耳."穎遂請老.

46 　蜀宰相李昊言於蜀主曰："臣觀宋氏啓運，不類漢·周；無厭亂久矣，一統海內，其在此乎！若通職貢，亦保安三蜀之長策也."蜀主將發使，知樞密院事王昭遠固止之. 乃以文思使景處瑭等率兵屯峽路，又遣使往涪·瀘·戎等州閱棹手，增置水軍.

47　六月，乙酉，詔免潭州諸縣無名配斂.

48　壬辰，以大暑，罷京城營造，賜工匠衫履.

49　遼主詔諸路錄囚.

50　初，帝幸武成王廟，歷觀兩廊所畫名將，以杖指白起曰：「起殺已降，不武之甚，何爲受享於此？」命去之. 左拾遺知制誥高錫因上疏論王僧辯不克善終，不宜在配享之列. 乃詔吏部尚書張昭・工部尚書竇儀與錫別加裁定，取功業始終無瑕者. 癸巳，昭等議升漢灌嬰・後漢耿純・王霸・祭遵・班超・晉王渾・周訪・宋沈慶之・後魏李崇・傅永・北齊段韶・後周李弼・唐秦叔寶・張公謹・唐休璟・渾瑊・裴度・李光顏・李愬・鄭畋・梁葛從周・後唐周德威・符存審二十三人；退魏吳起・齊孫臏・趙廉頗・漢韓信・彭越・周亞夫・後漢段紀明・魏鄧艾・晉陶侃・蜀關羽・張飛・晉杜元凱・北齊慕容紹宗・梁王僧辯・陳吳明徹・隋楊素・賀若弼・史萬歲・唐李光弼・王孝傑・張齊丘・郭元振二十二人. 詔塑齊相管仲像於堂，畫魏西河太守吳起於廡下，餘如昭等議.

乙未，祕書郎直史館管城梁周翰上言曰：「凡名將悉皆人雄，苟欲指瑕，誰當無累！一旦除去神位，吹毛求異代之非，投袂忿古人之惡，似非允當. 臣心惑焉.」不報.

51 　詔："荆南兵願歸農者聽，官爲葺舍，給賜耕牛・種食."

52 　丙申，令有司二歲一舉先代帝王祀典，各以功臣配享. 高辛・堯・舜・禹・湯・文・武・漢高祖皆因其故廟. 又別建漢世祖廟於南陽，唐太宗廟於醴泉；世祖以鄧禹・吳漢・賈復・耿弇配，太宗以長孫無忌・房玄齡・杜如晦・魏徵・李靖配，并畫像廟壁.

53 　丁酉，命王仁贍權知荆南軍府事.

54 　先是帝命典軍列校遙領湘南諸郡，不踰歲，果得其地. 辛丑，復以龍捷左厢都指揮使・岳州防禦使夏津馬仁瑀等爲漢・彭等州防禦使.

55 　己酉，命鎮國節度使宋延渥率禁旅數千習戰于新池，帝數臨觀焉.

56 　庚戌，命大理正奚嶼知館陶縣，監察御史王祐知魏縣，楊應夢知永濟縣，屯田員外郎于繼徽知臨濟縣. 常參官知縣，自嶼等始也. 祐，大名人. 時符彥卿久鎮大名，專恣不法，屬邑頗不治，故特選强壯者往涖之.
　其後右贊善大夫周渭亦知永濟，彥卿郊迎，渭揖於馬上，就館，始與彥卿相見，略不降屈. 縣有盜傷人而逸，渭捕獲，暴其罪，斬之，不以送府．渭先爲白馬主簿，縣大吏犯法，渭即斬之．帝奇其才，故擢右贊善大夫．

57 秋，七月，甲寅，以湖南死事靳彥朗男承勳等三十人補殿直．

58 監修國史王溥上新修《梁・後唐・晉・漢・周五代會要》三十卷．

59 安國節度使王全斌與洺州防禦使郭進・趙州刺史陳萬通・登州刺史高行本・客省使曹彬等率兵攻北漢，丁巳，以俘獲來獻，詔釋之．
彬，靈壽人，從母爲周太祖貴妃，帝典宿衛，尤器重彬．彬非公事未嘗造門，平居燕會亦罕與．帝即位，自晉州都監召入見，謂曰：「疇昔我親汝，何故疏我？」彬頓首謝曰：「臣周室近親，列職禁庭，敢交結尊貴！」帝益嘉獎焉．

60 戊午，頒量衡於澧・朗諸州，懲割據厚斂之弊也．

61 唐・鄧之俗，家有病者，雖父母亦棄去，故病者輒死．武勝軍節度使張永德以爲言，己未，詔禁之．

62 丁卯，幸武成王廟，遂幸新池，觀習水戰．

63 己巳，權知朗州薛居正，言汪端以數萬人寇州城，都監尹重睿擊走之.

64 賜荊南管內民今年夏租之半.

65 甲戌，周保權詣闕待罪，詔釋之，以爲右千牛衛上將軍.

66 乙亥，命增築朗州城，浚其壕，賜管內民今年夏租.

67 己卯，判大理寺事竇儀等上《重定刑統》等書，詔刊板摹印頒天下. 儀等參酌輕重，時稱詳允.

68 北漢宿衛殿直行首王隱・劉昭・趙巒等謀叛，事覺，被誅，詞連樞密使段恒. 初，北漢主嬖郭姬，將立爲妃，恒以其所出微，諫止之，又抑其昆弟親戚不用. 姬怨恒不助己，譖成其罪，出爲汾州刺史，尋縊殺之. 恒有干才. 勤於其職，死不以罪，遼主聞之，爲之不平.

北漢以趙弘爲樞密使，以郭無爲爲左僕射兼中書侍郎・平章事. 無爲與弘不協，旋出弘爲汾州刺史，無爲兼樞密使，軍國之務，一以委焉. 無爲又譖弘在汾州不治，徙嵐州.

69 八月，庚辰朔，詔以冬至有事於南郊. 既而有司言冬至乃十一月晦前一日，皇帝始郊，不應近晦，請改用十六日甲子，詔可.

70　壬午，殿前都虞候‧嘉州防禦使館陶張瓊自殺. 時軍校史
珪‧石漢卿等方得幸，瓊數輕侮之，漢魏因譖瓊養部曲百餘
人，自作威福，且毀皇弟光義爲殿前都虞候時事. 帝召瓊，面
訊之，瓊不伏. 帝怒，令擊之，漢卿即奮鐵檛擊其首，氣垂
絶，乃曳出，下御史府案鞫，瓊自殺. 帝旋聞其家無餘財，
止有奴三人，甚悔之，責漢卿曰：“汝言瓊部曲百人，今安
在？”漢卿曰：“瓊所養者一敵百耳.”帝亟命優恤瓊家，然亦
不罪漢卿.

71　先是，龍捷左廂都指揮使馬仁瑀常私以士屬知貢舉薛居
正，居正實不許而陽諾之，榜出，無其人. 及聞喜宴日，仁瑀
乘醉携所屬士嫚罵居正，御史中丞劉温叟劾奏仁瑀，帝曲爲
容忍.
　龍捷左廂都指揮使王繼勳，皇后母弟也，挾勢驕倨，多陵
蔑將帥. 仁瑀獨與抗，相忿爭，輒攘臂欲毆繼勳. 繼勳憚其
勇，頗爲屈，而怨隙愈深. 於是受詔都試郊外，兩人因欲相
圖，陰勒所部兵，私市白梃. 帝微聞其事，即詔罷講武. 甲
申，出仁瑀爲密州防禦使，置繼勳不問.

72　以泰州團練使潘美爲潭州防禦使. 南漢人數寇桂陽及江
華，美擊走之. 溪洞蠻獠，自唐末之亂不供王賦，頗恣侵掠，

爲居民患. 美帥兵深入, 窮其巢穴, 斬首百餘級, 餘黨散潰.
美悉令招誘, 貸其罪, 以己俸市牛酒宴犒, 賜金帛撫慰之,
夷落遂定.

73　甲申, 遼主以生日, 縱五坊鷹鶻.

74　先是北漢遣使告於遼, 欲巡邊徼, 乞張聲援. 丁亥, 王全
斌復與郭進 · 曹彬等帥師攻北漢樂平縣, 降其拱衛指揮使王
超等. 北漢將蔚進 · 郝貴超悉蕃 · 漢兵來救, 三戰, 皆敗之,
遂下樂平, 即建爲平晉軍.

75　王辰, 詔: "《九經》舉人落第者, 宜依諸科舉人例許再
試."

76　癸巳, 女眞遣使貢名馬.

77　丙申, 北漢靜陽等十八寨首領相帥來降.

78　泉州陳洪進遣使來貢.

79　齊州河決.

80　戊戌, 遼主如近山, 呼鹿射之, 旬有七日而後返.

81　　己亥，遼幽州岐溝關使柴庭翰等來降.

82　　丁未，戶部侍郎呂餘慶丁母憂. 時餘慶權知襄州，詔遣中
使護喪，官給葬具，尋起復.

83　　詔蠲登州沙門島居民租賦，令專治舟渡女眞所貢馬.

84　　是月，南唐以吏部尚書建安游簡言知尚書省事，尋遷右
僕射.

85　　九月，庚戌朔，戶部判官‧水陸轉運使滕白免官，以軍
儲損敗也.

86　　遼主以青牛‧白馬祭天地，飲於野次，終夕乃罷. 翼日，
以酒脯祭天地，復終夜酣飲.

87　　甲寅，羣臣三上表請加尊號曰應天廣運聖文神武；從之.

88　　高麗國王王昭遣使時贊等入貢，涉海，值大風，溺死者
九十餘人，贊僅而獲免，詔勞恤之.

89　　詔："開封府選樂工八百三十人，權隷太常寺習樂." 將行
郊祀禮也.

90 詔:"諸州府長吏禁以僕從人干預政事."

91 丙寅,大宴廣政殿,始用樂.

92 丁卯,宣徽南院使兼樞密副使李處耘,責授淄州刺史.處耘以近臣護軍,臨事專斷,與慕容延釗不協,更相論奏.帝以延釗宿將,赦其過,止罪處耘,處耘亦恐懼不敢自明.

93 戊辰,女眞復貢名馬.

94 丙子,詔:"朝臣無得公薦貢舉人."故事,每歲知貢舉官將赴貢院,臺閣近臣得薦抱才藝者,號曰公薦,然去取不能無所私,至是禁之.

95 慕容延釗獲汪端,磔於朗州市.
端初攻州城,不克,與其黨聚山澤爲盜.監軍使疑城中僧千餘人謀應端,悉捕系,欲誅之,薛居正以計緩其事;及端被擒,詰之,僧無與謀者,皆得全活.

96 是月,北漢主誘遼兵攻平晉軍,郭進·張彥進·曹彬·陳萬通領步騎往救之,未至一舍,北漢引兵去.

97 冬,十月,癸未,令襄州盡索湖南行營諸軍所掠生口,遣吏分送其家；放潭‧邵州鄉兵數千人歸農；減江陵府民舊租之半.

98 丁未，吳越王遣其子惟濬入貢，助南郊.

99 翰林學士‧中書舍人扈蒙，以僕夫扈繼遠爲從子，屬之同年生淮南轉運使仇華，使釐務. 繼遠盜官鹽，事發，戊申，蒙坐奪金紫，黜爲左贊善大夫.

100 魏仁濟以陳洪進表至. 洪進自稱清源節度副使，權知泉‧南等州，聽命於朝. 帝遣通事舍人王班賫詔撫諭之.

101 十一月，丁巳，賜南唐主詔，具言所以納洪進之意，且將授旄鉞也.

102 癸亥，饗太廟. 是夕，陰晦，至夜分，開霽. 帝初詣 太廟，乘玉輅. 左諫議大夫崔頌攝太僕，問儀仗名物甚悉，頌應對詳敏，帝大悅. 甲子，合祭天地於南郊，以宣祖配. 還，御明德門，大赦，改元乾德. 羣臣奉冊上尊號於崇政殿.

　先是帝謂大禮使范質曰：“中原多故，百有餘年，禮樂儀制，不絕如綫，今幸時和歲豐，克舉禋祀. 報神資乎備物，卿與五使宜講求遺逸，遵行典故，無或廢墜，副朕寅恭之意.” 於是質與陶穀‧張昭等討尋故事，詳定新制，曰《南郊行禮圖》，又令司天監定《從祀星辰圖》，上之．又言："享廟郊天，從祀羣臣合前七日受誓戒於尚書省，今并於一日受之，有虧誠愨，望令分日各誓百官."并從之．

將升壇，有司具黃褥爲道，帝曰："朕潔誠事天，不必如此."命撤之．還宮，將駕金輅，顧左右曰："於典故，可乘輦."

初，有司議配享，請以僖祖升配，張昭獻議曰："隋·唐以前，雖追立四廟，或立七廟，而無遍加帝號之文．梁·陳南郊祀天，皆配以皇考．北齊圜丘祀昊天，以神武升配．隋祀昊天於圜丘，以皇考配．唐貞觀初，以高祖配圜丘．梁太祖郊天，以皇考烈祖配．恭惟宣祖積累勳代，肇基王業，伏請奉以配享."從之．

103　丙寅，南唐主遣使來助祭南郊及賀冊尊號．

104　丁卯，詔："防禦·團練·刺史州舊有都督府號者并停，仍爲上州."

105　庚午，遼主出獵，飲於虞人之家，凡四日．

106　壬申，以南郊禮成，大宴廣德殿，號曰飲福宴．自是爲例．

107　帝謂宰相曰：“北門深嚴，當擇審重士處之.”范質曰：
“竇儀淸介謹厚，然在前朝已自翰林遷端明，今又爲兵部尙
書，難於復召.”帝曰：“禁中非此人不可，卿當諭朕意，勉再
赴職.”癸酉，復命儀爲翰林學士.

　帝嘗召儀草制，至苑門，儀見帝岸幘跣足坐，却立不進，
帝爲之冠帶而後召入. 儀曰：“陛下創業垂統，宜以禮示天
下.”帝改容謝之. 自是對近臣未嘗不冠帶.

108　十二月，庚辰，殿前散祗候李璘，以父仇殺寮員陳友於
市. 璘自首，帝壯而釋之.

109　辛巳，進羣臣階‧勳‧爵‧邑有差. 司徒兼侍中蕭國公范
質，改封魯國公.

110　荆南節度使高繼沖表乞陪祀，許之，因擧族歸朝. 癸未，
改命繼沖爲武寧節度使.

111　甲申，皇后王氏崩. 翰林醫官王守愚，坐進藥不精審，減
死，流海島.

112　戊子，遼主射野鹿，賜虞人物有差.

113　己亥，以殿前侍御史鄭起爲西河令. 顯德末，起爲殿中侍

御史, 見帝握禁兵, 有人望, 乃貽書范質, 極言其事, 質不聽. 嘗遇帝於路, 橫絕前導而過, 帝初不問. 於是出掌泗州市征, 時刺史張延范官檢校司徒, 起輒呼以太保. 起貧, 常乘騾, 一日, 從延范出近郊, 延范揖起行馬, 起曰: "此騾也, 安用過呼!" 延范深銜之, 密奏起嗜酒廢職, 遂左遷.

右拾遺浦城楊徽之, 亦嘗言於世宗, 以帝有人望, 不宜典禁兵. 帝即位, 將因事誅之, 光義曰: "此周室忠臣也, 不宜深罪." 於是亦出爲天興令.

114 庚子, 尚書左丞高防卒於鳳翔, 帝甚悼惜之, 遣供奉官陳彥珣部署歸葬西洛, 凡所費用, 并從官給. 防性淳厚, 守禮法, 所踐歷, 皆有能名.

115 乙巳, 南唐主上表乞呼名, 詔不允.

116 禁道州調民取硃砂, 除衡·岳州二稅外所賦米, 并毋得發民烹銅礦及作炭.

117 遣內客省使曹彬·通事舍人王繼筠分詣 晉·潞州, 與節度使趙彥徽·李繼勳會兵入北漢境, 收其邊邑及遼·石州.

118 閏月, 乙卯, 山南東道節度使慕容延釗卒, 贈中書令, 追封河南郡王.

帝雅與延釗善，常兄事之，及即位，猶呼爲兄. 延釗寢疾，帝自封藥以賜；聞其卒，哭之慟. 禮官言爲近臣發哀，哭聲宜有常，帝曰：“吾不知哀之所從出也.”

119　龍捷軍校王明詣闕獻陣圖，請討幽州. 帝嘉之，賜以錦袍·銀帶·錢十萬.

或言帝將北征，大發民餽運，河南民相驚逃亡者四萬家，帝憂之. 丙寅，命樞密直學士薛居正馳傳招集，逾旬乃復故.

120　天監初，宣祖葬安陵，在京城東南隅. 辛未，命司天監浚儀趙修己·內客省使王仁贍等改卜安陵於西京鞏縣之鄧封鄉.

121　乙亥，詔乘輿所服冠冕去珠玉之飾.

122　永安節度使折德辰敗北漢軍數千人於府州城下，獲其衛州刺史楊璘.

123　國子博士聶崇義上言：“皇家以火德上承正統，請奉赤帝爲感生帝，每歲正月別尊而祭之，爲壇於南郊，奉宣祖升配，常以正月上辛奉祀.”

124　初，北漢主嗣位，所以事遼者多略，不如舊時. 於是遼主遣使責之曰：“爾不稟我命，其罪三：擅改年號，一也；助李筠有所覬覦，二也；殺段恒，三也."北漢主恐懼，遣從子劉繼文往謝曰："父爲子隱，願赦之."遼執其使而不報.

北漢地狹產薄，又歲輸於遼，故國用日削，乃拜五臺僧繼容爲鴻臚卿．繼容，故燕王劉守光之孽子，爲浮屠，居五臺山，能講《華嚴經》，四方供施，多積蓄以佐國用．五臺近遼界，常得其馬以獻，號添都馬，歲率數百匹．又於柏穀置銀冶，募民鑿山取礦烹銀，北漢取其銀以輸遼，歲千斤，因即其冶建寶興軍.

❖ 太祖啓運立極英武睿文神德聖功至明大孝皇帝乾德二年（遼 應曆十四年）

1　春，正月，辛巳，大雨雪，震電.

2　詔諸州長吏勸課農田.

3　甲申，帝以選人食貧者衆，詔吏部流內銓聽四時參選，仍命翰林學士承旨陶穀等與本司官重詳定循資格及四時參選條.

4　宰相范質・王溥・魏仁浦等再表求退，戊子，以質爲太子太傅，溥爲太子太保，仁浦爲左僕射，皆罷政事．質在相位，下制敕未嘗破律；命刺史‧縣令，必以戶口版籍爲急；使者按民田及獄訟，皆召見，爲述天子憂勤之意，乃遣之. 時號賢相.

5　　庚寅，以樞密使趙普爲門下侍郎‧平章事‧集賢院大學士，宣徽北院使‧判三司上黨李崇矩爲檢校太尉，充樞密使.
　　帝既除普及崇矩，乃無宰相署敕，帝時在資福殿，普因入奏其事，帝曰：“卿但進敕，朕爲卿署字，可乎？”普曰：“此有司所行，非帝王事也.”乃使問翰林學士求故實. 陶穀建議，以爲：“自古輔相未嘗虛位，惟唐大和中甘露事後數日無宰相，時左僕射令狐楚等奉行制書. 今尚書亦南省長官，可以署敕.”竇儀曰：“穀所陳非承平令典，不足援據. 今皇弟開封尹‧同平章事，即宰相任也.”帝從儀言.

6　　壬辰，詔曰：“先所置賢良方正能直言極諫‧經學優深可爲師法‧詳嫻吏理達於敎化等三科，并委州府解送吏部，試論三道，限三千字以上. 而自曩及今未有應者，得非抱偶儻者恥肩於常調，懷謇直者難效於有司，必欲興自朕躬乎？ 繼今不限內外職官‧前資見任‧布衣黃衣，并許詣 閤門進狀，朕親試焉.”

7　　己亥，以樞密承旨王仁贍爲左衛大將軍，充樞密副使.

8　　庚子，改清源軍爲平海軍，命陳洪進爲節度使．洪進每歲貢奉，多厚斂於民，又籍民貲百萬以上者令入錢，補協律·奉禮郎，而蠲其丁役．子弟親戚，交通賄賂，二州之民甚苦之．

9　　壬寅，敕趙普監修國史．

10　　丁未，詔：“縣令·簿·尉，非公事毋至村落.”

11　　李繼勳等攻北漢遼州，北漢告急於遼．二月，戊申朔，遼州刺史杜延韜舉城降．壬子，遼主遣西南面招討使耶律達里率六萬騎援北漢，敗繼勳兵於石州．達里用兵，賞罰信明，得士卒心．河東單弱，不遽見吞并者，達里有力焉．
　　先是遼主知達里沈厚多智，有任重才，即位初，即擢南院大王．達里在治所，不修邊幅，均賦役，勸耕稼，戶口豐殖．時耶律烏珍爲北院大王，與達里俱有政迹，朝議以爲“富民大王”，故遼主雖暴虐而境內粗安．

12　　癸丑，遣使賑陝州饑．

13　　命右神武統軍陳承昭帥丁夫數千鑿渠，自長社引潩水至京，合閔河．渠成，民無水患，閔河之漕益通流焉．

14　吏部尙書張昭與翰林學士陶穀同掌選，穀與給事中李昉有隙，乃誣奏左諫議大夫崔頌以所親屬昉，求爲東畿令，引昭爲證. 帝召昭質之，昭不直穀所爲，遽免冠，抗聲言穀罔上，帝不悅. 三月，丁丑朔，昉責授彰武行軍司馬，頌爲保大行軍司馬. 昭遂三上章請老，乙酉，聽其致仕.

15　權知貢擧陶穀奏進士李景陽等合格者八人.

16　乙未，北漢耀州團練使周審玉等來降. 審玉賜名承瑨，以爲左千牛衛大將軍，領汾州團練使.

17　辛丑，改上明憲皇太后謚曰昭憲；謚皇后賀氏曰孝惠，王氏曰孝明.

18　初，南唐廢永通大錢，更用韓熙載之議，鑄當二鐵錢. 熙載由中書舍人遷戶部侍郎，充鑄錢使. 宰相嚴續數言鐵錢不便，熙載爭於朝堂，聲色俱厲，左遷祕書監，不逾年，復拜吏部侍郎. 是月，始用鐵鑄，擢熙載兵部尙書·勤政殿學士. 民間多藏匿舊錢，舊錢益少，商賈出境，輒以鐵錢十易銅錢一，官不能禁，因從其便. 官吏皆增俸，而以鐵錢兼之，由是物價益貴. 熙載頗亦自悔.*

續資治通鑑　卷004

【宋紀四】

起關逢困敦四月，盡柔兆攝提格十二月，凡二年有奇.

❖ 太祖啓運立極英武睿文神德聖功至明大孝皇帝乾德二年（遼應曆十四年）

1　　夏，四月，丁未朔，以前博州軍事判官穎贊爲著作佐郎. 贊應賢良方正能直言極諫科，策試稱旨故也.

2　　戊申，賑河中饑.

3　　己酉，免諸道今年夏稅之無苗者.

4　　乙卯，改葬宣祖昭武皇帝・昭憲皇后於安陵，孝惠皇后賀氏・孝明皇后王氏祔焉.

5 　帝欲爲趙普置副而難其名稱，召翰林學士承旨陶穀問曰：「下丞相一等者何官？」對曰：「唐有参知機務‧参知政事。」乙丑，以兵部侍郎薛居正‧呂餘慶并本官参知政事，不宣制，不押班，不知印，不升政事堂，止令就宣徽使廳上事，殿庭別設磚位於宰相後，敕尾署銜降宰相數字，月俸雜給皆半之，蓋帝意未欲令居正等與普齊也。

6 　壬申，徙永州諸縣民之畜蠱者三百二十六家於縣之僻處，不得復齒於鄉。

7 　以秦再雄爲辰州刺史。
　再雄，辰州傜人，武健有奇略，素爲蠻黨畏服。帝召至汴，察其可任，擢爲刺史，使自辟吏，予以租賦。再雄至州，日訓士兵，得三千人，能披甲渡水，歷水飛塹；又遣人分賜諸蠻，傳朝廷懷徠之意，降附日衆。自是荆‧襄無復邊患。

8 　五月，己卯，知制誥高錫，坐受藩鎮賂，貶萊州司馬。

9 　辛巳，宗正卿趙礪，坐贓，杖除籍。

10 　遼主射舐鹻鹿於白鷹山，至於浹旬；六月，丙午朔，獵於玉山，竟月忘返。

11 　御史臺・太常禮院奏："東宮三師官一品・僕射二品，若百官上表，未知所先."詔兩制議之.戊辰，翰林學士竇儀等奏："僕射師長百僚，東宮三師臣子之官，當以僕射爲表首."從之.

12 　己酉，以光義爲中書令，光美同中書門下平章事，子德昭貴州防禦使.故事，皇子出閤即封王，帝以德昭未冠，特殺其禮.

13 　秋，七月，詔曰："惟彼銓衡，止憑資歷，慮有英俊沈於下僚.自今常調赴集選人，委吏部南曹取歷任中多課績而無闕失者，當與量材甄叙.

14 　辛卯，詔陶穀等四十三人各於見任幕職・京官及州縣中舉堪爲藩郡通判者一人，職任乖方事狀連坐.

15 　甲午，令藩鎮無以初官爲掌書記，須歷兩任有文學者乃許奏辟.

16 　八月，戊申，遼主以生日値天赦，不受賀，曲赦京師囚；乙酉，錄囚.

17 　九月，甲戌朔，《周易》博士奚嶼，責乾州司戶，庫部員外郎王貽孫，責左贊善大夫，并坐試任子不公也.

18 辛丑，太子太傅魯國公范質卒.

質寢疾，帝數幸其第臨視，又令內夫人問訊. 質家迎奉器皿不具，內夫人奏之，帝即命翰林司賜以果床·酒器，復幸其第，謂曰："卿爲宰相，何自苦如此？"質對曰："臣曩在中書，門無私謁，所與飲酌，皆貧賤時親戚，安用器皿！因循不置，非力不及也."

質性卞急，以廉介自持，好面折人過. 嘗謂同列曰："人能鼻吸三斗醋，斯可爲宰相矣."五代宰相多取給於方鎮，質始絶之. 所得禄賜，遍及孤遺.

疾革，戒其子旻毋請溢，毋刻墓碑. 及卒，帝甚悼惜之，贈中書令，賻賚甚厚. 後因講求輔弼，謂左右曰："朕聞范質居第之外不殖資産，眞宰相也！"

19 壬寅，潘美等克郴州.

20 冬，十月，丙辰，遼主以掌鹿矧思爲闥撒猊，賜金帶·金盞·銀二百兩，所隸死罪以下得專之.

21 初，南漢內常侍邵廷琄言於其主曰："漢承唐亂，居此五十餘年，幸中國多故，干戈不及，而吾亦驕於無事. 今兵不識旗鼓，人主不知存亡，請飭兵備，且通好於宋."鋹不能用.

至是始懼，以廷珝爲招討使.

22　　帝素謀伐蜀. 會蜀山南節度判官張廷偉說知樞密院事王昭遠曰：“公素無勳業，一旦位至樞密，不自建立大功，何以塞時論！莫若通好并門，令發兵南下，我自黃花‧子午穀出兵應之，使中原表裏受敵，則關右之地可撫而有也.”昭遠然其言，勸蜀主遣孫遇‧趙彥韜‧楊蠲等以蠟丸帛書間行遺北漢主，言已於襃‧漢增兵，約北漢濟河同舉. 遇等至都下，彥韜潛取其書以獻. 彥韜，興州人也.

有穆昭嗣者，初以方伎事高氏，於是爲翰林醫官，帝數召問蜀中地理，昭嗣曰：“荆南即西川‧江南‧廣南都會也. 今已克此，則水陸皆可趨蜀.”帝大悅. 後數日，得彥韜所獻書，笑曰：“吾西討有名矣！”并赦遇‧蠲，使指陳山川形勢‧戍守處所‧道里遠近，畫圖以進.

十一月，甲戌，命忠武節度使王全斌爲西川行營鳳州路都部署，武信節度使大名崔彥進副之，樞密副使王仁贍爲都監，寧江節度使范陽劉光義爲歸州路副都部署，樞密承旨曹彬爲都監，合步騎六萬分路進討，給事中沈義倫爲隨軍轉運使，均州刺史大名曹翰爲西南面轉運使. 帝諭行營：“所至毋得焚蕩廬舍，驅略吏民，開發丘墳，翦伐桑柘，違者以軍法從事.”命將作司度右掖門，南臨汴水，爲蜀主治第，以待其至.

乙亥，全斌等辭，宴於崇德殿，帝出畫圖授全斌等，因謂曰："凡克城寨，止籍其器甲‧蒭糧，悉以錢帛分給戰士，吾所欲得者，其土地耳."

23　遼主游畋無度，壬午，日南至，宴飲達旦；自是晝寢夜飲.

24　蜀主聞有北師，命王昭遠爲西南行營都統，趙崇韜爲都監，韓保正爲招討使，李進爲副招討使，帥兵拒戰. 蜀主謂昭遠曰："今日之師，卿所召也，勉爲朕立功！"昭遠頗以方略自任，始發成都，蜀主命宰相李昊等餞之城外. 昭遠手執鐵如意，指揮軍事，自方諸葛亮. 酒酣，攘臂謂昊曰："吾此行何止克敵，當領此二三萬雕面惡少兒，取中原如反掌耳！"

25　十二月，辛酉，王全斌等攻拔乾渠渡萬仞‧燕子等寨，遂取興州，敗蜀兵七千人，獲軍糧四十餘萬斛，蜀刺史藍思綰退保西縣. 全斌又攻石圌‧魚關‧白水閣二十餘寨，皆拔之.

26　蜀韓保正聞興州破，遂棄山南，退保西縣. 馬軍都指揮使史延德以先鋒至，保正懦懼不敢出，遣兵數萬人，依山背城，結陣自固，延德擊走之，追擒保正及其副李進，獲其糧三十餘萬斛. 崔彥進與馬軍都監康延澤等逐北過三泉山，遂至嘉州，殺虜甚衆. 蜀軍燒絕棧道，退保葭萌.

27 　劉光義等入峽路，連破松木・三會・巫山等寨，殺其將南光海等，死者五千餘人，生擒戰棹都指揮使袁德宏等，奪戰艦二百餘艘，又斬獲水軍六十餘衆．

初，蜀於夔州鎖江爲浮梁，上設敵柵三重，夾江列砲具．光義等行，帝出地圖，指其處謂光義曰：「溯江至此，切勿以舟師爭戰，當先遣步騎潛擊之，俟其稍却，乃以戰棹夾攻，可必取也．」光義等至夔，距鎖江三十里許，舍舟，先奪浮梁，復引舟而上，遂破州城，頓兵白帝城西．

蜀寧江節度使太原高彥儔，謂副使趙崇濟・監軍武守謙曰：「北軍涉險遠來，利在速戰，宜堅壁待之．」守謙曰：「寇據城下而不擊，又何待也？」戊辰，守謙獨領麾下千餘人以出，光義遣馬軍都指揮使陵川張廷翰等引兵與守謙等戰於豬頭鋪，守謙敗走，廷翰等乘勝登其城，拔之．彥儔力戰不勝，身被十餘槍，左右皆散去．彥儔奔歸府第，整衣冠，望西北再拜，登樓，縱火自焚．後數日，光義等得其骨於灰燼中，以禮葬之．

王全斌以蜀人斷棧，大軍不得進，議取羅川路入蜀．康延澤潛謂崔彥進曰：「羅川路險，衆難并濟，不如分兵修棧，約會大軍於深渡可也．」彥進遣白全斌，全斌許之．不數日，閣道成，遂進擊金山寨，又破小漫天寨，而全斌亦以大軍由羅川至深渡，與彥進會．蜀人依江而陣，彥進遣步軍都指揮使張萬友等擊之，奪其橋．會暮夜，蜀人退保大漫天寨．明日，彥進・延澤・萬友分兵三道擊之，蜀人悉其精銳來拒，又大破之，乘勝拔其寨，擒寨主義州刺史王審超・監軍趙崇渥及三泉監軍劉延祚. 大將王昭遠・趙崇韜引兵來戰，三戰三敗，追奔至利州北，昭遠等遁去，渡桔柏津，焚浮梁，退保劍門. 壬申晦，全斌等入利州. 獲軍糧八十萬斛.

28　是月，京師大雪，帝設氈帳於講武殿，衣紫貂裘帽視事. 忽謂左右曰：“我被服如此，體尚覺寒，念西征將帥沖犯霜霰，何以堪此！”即解裘・帽，遣中黃門馳驛賫賜全斌，且諭旨諸將以不能遍及也. 全斌拜賜感泣.

29　初，遼太祖威服漠北，分設部帳官. 突呂不・室韋部者，本名大・小二黃室韋，太祖以計降之，置爲二部，隸北府節度使. 烏庫部者列於外十部，不能成國，附庸於遼，時修職貢. 至是以遼主失政，黃室韋掠馬牛叛去. 統軍楚固質邀戰，敗之，降其衆. 未幾，烏庫部叛，掠居民財畜，詳袞藏引與戰，敗績，藏引死之.

30　南唐主酷信浮屠法，出禁中金錢募人爲僧，時都下僧及萬人，皆仰給縣官. 南唐主退朝，與后服僧衣，誦佛書，拜跪手足成胼；僧有罪，命禮佛而釋之. 帝聞其惑，乃選少年有口辯者，南渡見南唐主，論性命之說，南唐主信之，謂之一佛出世，由是不復以治國守邊爲意.

31　詔江北許諸州民及諸監鹽亭戶緣江采捕及過江貿易. 先是
江北置榷場，禁商人渡江及百姓緣江采樵，是歲，以江南荐
饑，特弛其禁.

❖ 太祖啓運立極英武睿文神德聖功至明大孝皇帝乾德
　　三年（遼應曆十五年）

1　春，正月，蜀主聞王昭遠等敗，甚懼，乃益募兵守劍
門，命太子元喆爲元帥，侍中太原李廷珪・同平章事張惠安
副之，帶甲萬餘. 旗幟悉用文繡綢，其杠以錦，將發而雨，元
喆慮其沾濕，悉令解去. 俄雨止，復飾之，則皆倒懸杠上. 元
喆又輦其姬妾及伶人數十以從，見者莫不竊笑.

　王全斌等自利州趨劍門，次益光，以劍門天險，會議進取
之策. 侍衛軍頭向韜曰：“得降卒言，益光江東越大山數重，
有狹徑，名來蘇，蜀人於江西置柵，對岸可渡. 自此出劍門
南二十里，至青強店，與官道合，若大軍行此路，則劍門之
險不足恃也.”全斌等即欲卷甲赴之，康延澤曰：“蜀人數戰數
敗，膽氣奪矣，可急攻而下也. 且來蘇狹徑. 主帥不宜自行，
但可遣一偏將往耳. 若抵青強，北與大軍夾擊劍門，昭遠等必
成擒矣.”全斌等然之，命史延德分兵趨來蘇，跨江爲浮梁以
濟，蜀人見之，棄寨而遁. 延德遂至青強，王昭遠引兵退駐漢
原坡，留其偏將守劍門，全斌等以銳兵奮擊，破之. 及漢原，

趙崇韜布陣，策馬先登，昭遠據胡床不能起. 崇韜戰敗，猶手斬數人，乃被執，昭遠免胄棄甲而逃. 甲戌，全斌等遂取劍州，殺蜀軍萬餘人. 昭遠投東川，匿民舍，爲追騎所獲.

2　乙亥，詔瘞征蜀戰死士卒，被傷者給繒帛.

3　蜀太子元喆與李廷珪等日夜嬉游，不恤軍政，至綿州，聞劍門已破，將退保東川；翼日，棄軍西奔，所過盡焚其廬舍·倉廩乃去.

　蜀主知劍州已破，元喆亦奔還，惶駭不知所爲，問左右："計將安出？"有老將石奉頵者對曰："東兵遠來，勢不能久，請聚兵堅守以弊之." 蜀主嘆曰："吾父子以豐衣美食養士四十年，一旦遇敵，不能爲吾東向發一矢，今雖欲閉壁，誰肯效死者！"司空·平章事李昊勸蜀主封府庫以請降，蜀主從之，因命昊草表. 己卯，遣通奏太原伊審徵奉降表詣 軍前.

　初，前蜀之亡也，降表亦昊所爲，蜀人夜書其門曰："世修降表李家".

4　遼主以樞密使雅里克斯爲行軍都統，虎軍詳袞克蘇爲行軍都監，益以圖魯卜部軍三百，合諸部兵討烏庫部. 烏庫之叛也，布達齊獨不叛，詔褒之. 未幾，烏庫部殺其酋長來降；既而復叛.

5　　乙酉，王全斌等次魏城，伊審徵以蜀主降表至．全斌受之，遣通事舍人汝陰田欽祚乘驛入奏，又遣康延澤趨成都見蜀主，諭以恩信，慰撫軍民．

初，劉光義等發夔州，萬・施・開・忠・遂等州刺史皆迎降．光義入城，盡以府庫錢帛給軍士．諸將所過，咸欲屠戮，獨曹彬禁之，乃止，故峽路兵始終秋毫無犯．帝聞之，喜曰：“吾任得其人矣！”賜彬詔褒之．

6　　戊子，吏部郎中鄧守中試諸司吏書判不當，帝命覆試，黜數人，責守中本曹員外郎．

7　　辛卯，王全斌至升仙橋，蜀主備亡國之禮，見於軍門；全斌承制釋之．

蜀主復遣其弟雅王仁贄奉表求哀．

丙申，田欽祚至自西川，孟昶降表以其先人墳墓及老母爲請，帝優詔答之，并諭西川將吏・百姓，使皆安堵．

8　　丁酉，赦蜀管內，蠲乾德二年逋租，賜今年夏稅之半，除無名科役及增益賦調，減鹽價，賑乏食，還擄獲生口．

自全斌等發京師至昶降，才六十六日，凡得州四十六，縣二百四十，戶五十三萬四千二十九．

全斌既平蜀，欲乘勢取雲南，以圖獻．帝鑒唐天寶之禍起於南詔，以玉斧畫大渡河以西曰：“此外非吾有也.”

全斌等入成都後數日，劉光義等始至，孟昶餽遺光義等，及犒師之禮并如初. 已而詔書頒賞諸軍，亦無差降，兩路將士爭功，始相疾矣.

先是全斌受詔，每制置必與諸將僉議，因是雖小事亦各爲異同，不能即決. 全斌及崔彦進·王仁贍等日夜宴飲，不恤軍務，縱部下擄掠子女貨財，蜀人苦之. 曹彬屢請旋師，全斌等不聽.

9　二月，王寅朔，日有食之.

10　癸卯，命參知政事呂餘慶權知成都府，樞密直學士馮瓚權知梓州.

餘慶至成都，時盜四起，將士猶恃功驕恣，王全斌等不能禁. 一日，藥市始集，街吏馳報有軍校被酒持刃，奪賈人物，餘慶立命捕斬之以徇，軍中畏服，民乃寧居.

瓚至梓州，視事才數日，會僞蜀軍校上官進嘯聚亡命三千餘衆，劫村民數萬，夜攻州城. 瓚曰：“此烏合之衆，乘夜奄至，必無固志，宜持重以鎮之，且自潰矣.”城中兵止三百，分守諸門，瓚坐城樓，密令促其更籌，未夜分，擊五鼓，賊驚，遁去. 因縱兵追之，擒進，斬於市，招降千餘人，并釋其罪，州境遂安.

11　以蜀興州馬步軍都指揮使趙彦韜爲興州刺史，酬其鄉導功也.

12　丙午，以西師所過，民有調發供億之勞，賜秦・鳳・
隴・成・階・襄・荊南・房・均等州今年夏租之半；安・
復・郢・鄧州・光化・漢陽軍十之二；居坊郭者勿輸半年屋
稅.

13　丁巳，權知貢舉盧多遜奏進士劉察等合格者七人.

14　庚申，孟仁贄至自成都. 孟昶所上表有“自量過咎，尙切
憂疑”等語，詔答之，略曰：“旣自求於多福，當盡滌其前非.
朕不食言，爾無過慮.”詔仍不名，又呼昶母爲國母.

15　三月，孟昶與其官屬皆挈族歸朝，由峽州而下.

16　初，詔發蜀兵赴闕，并優給裝錢，王全斌等擅減其數，
仍縱部曲侵撓之. 蜀兵憤怨，行至綿州，遂作亂，劫屬縣以
叛，推蜀舊將全師雄爲帥，衆至十餘萬，號興國軍. 全斌遣馬
軍都監硃光緒往招撫之，光緒盡滅師雄之族，納其愛女及橐
裝，師雄怒，遂無歸志，引衆急攻綿州，不克，攻破彭州，
入據之，成都十縣皆起兵應師雄. 師雄自號興蜀大王，開幕
府，置節度二十餘人，分據要害. 崔彥進・高彥暉等分道攻
討，爲師雄所敗，彥暉戰死，賊衆益熾. 師雄分兵斷劍閣，緣

江置寨，聲言欲攻成都．自是隨師雄爲亂者一十七州，郵傳不通，全斌等大懼．

17　自唐天寶以來，方鎮屯重兵，多以賦入自贍，名曰留使‧留州，其上供殊鮮．五代方鎮益强，率令部曲主場院，厚斂以自利．其屬三司者，補大吏臨之，輸額之外輒入己；或私納貨賄，名曰貢奉，用冀恩賞．帝始即位，猶循前制，牧守來朝，皆有貢奉．及趙普爲相，勸革去其弊，申命諸州，度支經費外，凡金帛以助軍實，悉送都下，無得占留．又，方鎮闕帥，稍命文臣權知，所在場院，間遣京朝官廷臣監臨，復置轉運使，爲之條禁文簿，漸爲精密，由是利歸公上而外權削矣．

建隆初，貢賦悉入左藏庫，及取荊‧湖，下西蜀，儲積充足，帝顧左右曰：「軍旅饑饉，當預爲之備，不可臨事厚斂於民．」乃於講武殿後別爲內庫，以貯金帛，號曰封樁庫，凡歲終用度贏餘之數皆入焉．

18　丁丑，遼部帳大室韋酋長寅尼吉叛．

癸未，五坊人四十戶叛入烏庫部．遼主好畋，喜怒無恒，司鷹者小失意輒死，或加砲烙‧鐵梳之刑，故五坊入叛．

夏，四月，乙巳，小黃室韋叛．雅里克斯‧克蘇擊之，爲室韋所敗，遣使詰讓．乙卯，以圖里代雅里克斯爲都統，以尼古爲監軍，率輕騎進討，仍令岱瑪尋支里持詔招諭．

19   癸亥，導五丈河貫宮城，歷後院，內庭池沼，水皆至焉.

20   初，王全斌慮蜀降兵爲亂，徙置成都夾城中，至是，諸將欲盡殺之. 康延澤請簡老幼疾病七千人釋之，餘以兵衛還，浮江而下，賊若來攻奪，殺之未晚；諸將不從. 死者共二萬七千餘人.

21   先是，帝遣使以御府供帳迓孟昶於江陵，且命有司爲昶官屬治第，又遣使至江陵，分給鞍馬車乘. 五月，乙酉，昶至近郊，開封尹光義勞之玉津園. 丙戌，大陳諸軍於闕前. 昶與弟仁贄‧子元喆‧元珏‧宰相李昊等三十三人素服待罪明德門外，詔釋罪，賜昶等襲衣‧冠帶. 帝御崇元殿，備禮見之. 禮畢，御明德門，觀諸軍按部還營. 遂宴昶等於大明殿，賜物有差.

22   六月，甲辰，以孟昶爲開府儀同三司‧檢校太師兼中書令‧秦國公. 庚戌，昶卒，帝爲輟五日朝，贈尚書令，追封楚王，諡恭孝，賻布帛千匹，葬事官給.

初，昶母李氏隨昶至京師，帝數命肩輿入宮，謂之曰："國母善自愛無戚，若懷鄉土，異日當送母歸." 李氏曰："使妾安往？"帝曰："歸蜀耳."李氏曰："妾家本太原，倘獲歸老并門，妾之願也."時帝已有北征意，聞其言，喜曰："俟平劉鈞，即如母所願."因厚加賚賜. 及昶卒，李氏不哭，舉酒酹地曰："汝不能死社稷，貪生至今日. 吾所以忍死者，爲汝在耳；今汝既死，吾安用生！"因不食數日而死.

23　遼主之遣諭室韋也，欲撫降之，及尋支里至，諭之，不從，仍命雅里克斯率羣牧兵追討，戰於柴河，不利. 室韋酋長寅尼吉，亡入德呼勒部，德呼勒部者，遼國外十部之一也. 是月，德呼勒部來降，室韋平，乃專討烏庫部.

24　劉光義 · 曹彬等屢破全師雄，賊鋒稍衄. 未幾，虎捷指揮使呂翰又以嘉州叛，與師雄僞署將劉澤合，衆至五萬，殺逐刺史 · 通判. 曹彬率兵會仁贍等圍翰於嘉州，翰棄城走，追襲，大破之，殺戮數萬人，翰走保雅州.

25　秋，七月，帝聞西川行營有大校割民妻乳而殺之者，亟召至闕，斬之都市. 近臣營救頗切，帝因流涕曰："興師弔伐，婦人何罪，而殘忍至此！當速置法以償其冤."

26　南漢主銀殺其招討使邵廷琄. 廷琄屯洸口，招輯亡叛，訓士卒，修戰備，國人賴以少安. 或譖廷琄將圖不軌，銀信之，賜廷琄死.

27　珍州刺史田景遷內附.

28 甲戌，遼雅里克斯奏烏庫部至河德濼，遣伊勒希巴‧常斯等擊之．丁丑，烏庫部掠上京北榆林峪居民，遣林牙蕭幹‧郎君耶律賢適討之，庚辰，雅里克斯等與烏庫部戰，不利．

29 八月，己酉，詔以西川兵馬都監康延澤爲普州刺史．延澤詣 王全斌請兵護送，全斌才給以百人．延澤至簡州，招集逃亡，凡得千餘人，教習戰陣，擁以去．及賊境，揭示威信，所招集又得三千人，遂破劉澤三萬餘衆，賊勢稍沮．

30 辛酉，以左散騎常侍華陽歐陽炯爲翰林學士．炯性坦率，無檢束，雅喜長笛，帝間召至便殿奏曲．御史中丞劉溫叟聞之，叩殿門求見，諫曰：“禁署之職，典司誥命，不可作伶人事．”帝曰：“孟昶君臣溺於聲樂，炯至宰相，尚習此伎，故爲我所擒．所以召炯，欲驗言者之不誣耳．”溫叟謝曰：“臣愚，不識陛下鑒戒之微．”自是遂不復召．

溫叟常晚過明德門西關前，帝方與中黃門數人登樓，驛者潛知之，以白溫叟，溫叟令傳呼依常而過．翼日，請對，且言：“人主非時登樓，則近侍咸望恩宥，輦下諸軍亦希賞給；臣所以呵導而過者，欲示衆以陛下非時不登樓也．”帝善之．

31 九月，己巳，帝御講武殿，閱諸道兵，得萬餘人，名馬軍曰驍雄，步軍曰雄武，並屬侍衛司．

32　冬，十月，丁未，遼常斯進討烏庫部，大敗之．烏庫部旋平．

33　十一月，丁卯朔，康延澤入普州．先是州城悉被焚蕩，乃依山設柵，且行且戰，取糧於遂州，復城普州．既而劉澤領衆來降，詔以延澤兼東川七州招安巡檢使．

34　秘書監·判大理寺尹拙等言：“後唐劉岳《書儀》，稱婦爲舅姑服三年，與律不同，然亦准敕行用，請別裁定之．”詔百官集議，左僕射魏仁浦等奏議曰：“謹按《禮·內則》云：‘婦事舅姑，如事父母．’舅姑與父母一也．古禮有期年之說，雖於義可稽；《書儀》著三年之文，實在禮爲當．蓋五服制度，前代增益已多．只如嫂叔無服，唐太宗令服小功；曾祖父母舊服三月，增爲五月；嫡子婦大功，增爲期；衆子婦小功，增爲大功；父在爲母服期，高宗增爲三年，婦人爲夫之姨舅無服，明皇令從夫而服；又增姨舅同服緦麻，又堂姨舅服袒免．訖今遵行，遂爲典制．況三年之內，几筵尚存，豈可夫衣衰纚，婦襲紈綺！夫婦齊體，哀樂不同，求之人情，實傷至治．況婦人爲夫有三年之服，於舅姑而止服期，是尊夫而卑舅姑也．且昭憲皇太后喪，孝明皇后親行三年之服，可以爲萬代法．”十二月，丁酉朔，始令婦爲舅姑三年齊斬，一從其夫．

35　己亥，詔西川管內監軍巡檢毋預州縣事．

36　是月，遼主駐黑山平淀.

❖ 太祖啓運立極英武睿文神德聖功至明大孝皇帝乾德
　四年（遼應曆十六年. 丙寅，九六六）

1　春，正月，丁卯朔，遼主被酒，不受賀.
甲申，遼主微行市中，賜酒家銀絹.

2　丁亥，以客省使丁德裕爲西川都巡檢使，與引進副使王
班·內班都知張嶼同率兵赴西川.

3　是月，遼人侵易州，監軍任德義擊却之.

4　二月，安國節度使羅彥瓌等敗北漢兵於靜陽，擒其將鹿
英.

5　權知貢擧王祐言進士合格者六人，諸科合格者九人. 帝恐
有遺才，辛酉，令於下第選人內取其優長者，試而升之.

6　甲子，免西川今年夏租及諸徵之半，田不得耕者盡除之.

7　三月，己巳，遼主東狩，旋以獲鵝，輒酣飲達旦.

8　　癸酉，罷義倉.

9　　夏，四月，壬子，罷光州貢鷹鷂.

10　　丁巳，遼天德軍節度使于延超之子來降.

11　　是月，詔曰：“出納之吝，謂之有司. 倘規致於羨餘，必
深務於掊克. 知光化軍張全操上言，三司令諸處場院主吏，有
羨餘粟及萬石・芻五萬束以上者，上其名，請行賞典. 此苟非
倍納民租，私減軍食，何以致之！宜追寢其事，勿復頒行，
除官所定耗外，嚴加止絶.”

12　　初，帝遣右拾遺孫逢吉至成都收蜀圖書・法物. 五月，乙
亥，逢吉還，所上法物皆不中度，悉命焚毀；圖書付史館.
　　孟昶服用奢僭，至於溺器亦裝以七寶，帝遽命碎之，曰：
“自奉如此，欲無亡，得乎？”帝躬履儉約，常衣浣濯之衣，
乘輿服用，皆尚質素，寢殿設青布緣葦簾，宮闈帟幕，無文
采之飾. 嘗出麻縷布裳賜左右曰：“此吾舊所服用也.”開封尹
光義因侍宴禁中，從容言降下服用太草率，帝正色曰：“爾不
記居夾馬營中時邪？”

13　　初，帝改今元，命宰相撰前世所無年號以進. 既平蜀，
蜀宮人有入掖庭者，帝閱其奩具，得舊鑒，其背有“乾德四年

鑄"字，帝大驚，出鑑以示宰相，皆不能答．乃召學士陶穀·
竇儀問之，儀曰："此必蜀物．昔僞蜀王衍有此號，當是其歲
所鑄也．"帝乃嘆曰："宰相須用讀書人．"由是益重儒臣．趙普
初以吏道聞，寡學術，帝每勸以讀書，普遂手不釋卷．

14 甲申，遼主以歲旱，泛舟於池，禱雨；不雨，舍舟立水
中，俄頃乃雨．

15 庚寅，帝親試制科舉人姜涉等於紫雲樓下．涉等文理疏
略，不應策問，并賜酒食，遣之．

16 六月，詔："人臣家不得私養宦者．內侍年三十以上，方
許養一子．士庶敢有閹童男者不赦．"

17 王全斌破賊帥全師雄於灌口寨，擒其黨二千人，師雄以
眾趨金堂．

18 秋，七月，丙寅，以歲穰，詔州縣長吏勸民儲積節儉，
無游惰，及禁民蒲博．

19 禁將帥取軍中精卒爲牙兵．

20 戊辰，西南夷首領董暠等內附．

21 　甲戌，以前永州刺史晉陽安守忠爲漢州刺史.

　守忠初護屯田兵於河陰，及師克蜀，帝召守忠，謂曰："遠
俗苛虐，南鄭走集之地，卿爲朕撫治之."即遣守忠權知興元.
於是移守漢州，時大兵來還，供億倍費，公帑不足，守忠助
以私錢. 帝每遣使，必戒之曰："安守忠在蜀，能自律己，汝
行見之，當效其爲人."

22 　壬午，遼主諭有司："先期行幸頓次，必高立標識，令民
勿犯. 此聞低置其標於深草中，利民誤入，因之取財. 自今有
復然者，以死論."

23 　是月，以孔子四十四世孫宜爲曲阜縣主簿. 宜擧進士不
中，因上書述其家世，特命之.

24 　八月，辛丑，召宰相‧樞密使‧開封尹‧翰林學士竇
儀‧知制誥王祐等宴紫雲樓下，因論及民事，帝謂宰相趙普
等曰："下愚之民，雖不分菽麥，如藩侯不爲撫養，務行苛
刻，朕斷不容之."普對曰："陛下愛民如此，乃堯‧舜之用心
也."

25 　庚戌，樞密直學士馮瓚，綾錦副使李美，殿中侍御史李
檝，爲宰相趙普陷賕論死，會赦，流沙門島，逢恩不還.

26　丙辰，河決滑州，壞靈河縣大堤，發士卒丁夫數萬人治之，被泛者蠲其秋租.

27　閏月，詔求亡書："凡吏民有以書籍來獻者，令史館視其篇目，館中所無則收之. 獻書人送學士院試問吏理，堪仕職官者以聞." 是歲，《三禮》涉弼，《三傳》彭幹，學究硃載，皆應詔獻書，命分置書府，賜弼等科名.

28　甲子，以灌口鎮爲永康軍.

29　王全斌言破賊帥呂翰，克雅州.

30　乙丑，河溢入南華縣.

31　遼主觀野鹿入馴鹿，立馬飲至晡.

32　乙亥，詔："民能樹藝桑棗·墾開荒田者，不加征；令佐能勸來者受賞."

33　九月，壬辰朔，虎捷指揮使孫進·龍衛指揮使吳環等二十七人，坐黨呂翰亂伏誅，族進家.

34　庚子，遼主以重九宴飲，夜以繼日，旬餘乃罷.

35 丙午，詔吳越立禹廟於會稽．

36 西川戍卒多亡命在賊黨中，或請案誅其妻子．帝語樞密使李崇矩曰：「朕慮其間有被賊驅脅者，非本心也．」乃盡釋勿誅．

37 冬，十月，辛酉朔，詔太常寺，自今大朝會復用二舞．先是中原多故，禮樂之器浸廢，帝始命判太常寺浚儀和峴講求修復之，別營宮懸三十六簴設於庭，登歌兩架設於殿，又置鼓吹十二案，及舞人所執旌纛・干戚・籥翟等與其服，皆如舊制．

帝以雅樂聲高，近於哀思，命和峴討論．峴上疏謂：「西京銅望臬可校古法，即今司天臺影表上石尺是也．取王朴所定尺校之，短於石尺四分．樂聲之高蓋由此．」帝乃令依古法別造新尺，并黃鍾九寸之管，使工人校其聲，果下於朴所定管一律．又内出上黨羊頭山秬黍累尺校律，亦相契合，遂重造十二律管以取聲．由是雅樂音始和暢．

38 癸亥，詔諸郡立古帝王陵廟，置戶有差．

39 庚辰，遼以北漢主有母喪，遣使賻弔．

40 十一月，癸巳，日南至，帝御乾元殿受朝畢，常服御大明殿，羣臣上壽，初用雅樂登歌及文德·武功二舞.

41　諸州所置通判，多與長吏忿爭，常曰：“我監州也，朝廷使我來監汝！”長吏舉動多爲所制. 或言其太甚，宜抑損之，乙未，詔：“諸州通判無得怙權徇私，須與長吏連署文移，方許行下.”

42　癸丑，翰林學士·禮部尙書竇儀卒.
　帝以儀在滁州時弗與親吏絹，每嘉其有執守，屢對大臣言，欲用爲相. 及趙普專政，帝患之，欲聞其過，召儀，語及普多不法，且譽儀早負才望. 儀盛言普開國元勳，公忠亮直，帝不悦. 儀歸，語諸弟曰：“我必不能作宰相，然亦不詣 硃崖，吾門可保矣.”普素忌儀剛直，引薛居正·呂餘慶参知政事，陶穀·趙逢·高錫等又相黨附，共排儀，帝意中輟. 至是卒，帝憫然曰：“天何奪我竇儀之速也！”贈右僕射.

43　庚申，妖人張龍兒等二十四人伏誅，族龍兒·李玉·楊密·聶贊家.

44　十二月，甲子，遼主幸殿前都点檢耶律伊賴哈家，飲宴連日. 伊賴哈，檢校太師合魯之子也，初以父任入侍，遼主引爲布衣交，與謀機密. 遼主酗酒，數以細故殺人. 有監雉者，因傷雉而亡，獲之，欲誅，伊賴哈諫曰：“是罪不應死.”遼主

竟殺之，以尸付伊賴哈曰：“收汝故人.”伊賴哈不爲止. 復有
監鹿詳袞亡一鹿，下獄，當死，伊賴哈又諫曰：“人命至重，
豈可爲一兽殺之？”良久，得免. 遼主雖不盡從伊賴哈之言，
然愛之特甚. 嘗從秋獮，善爲鹿鳴者呼一麆至. 遼法，麆岐角
者，惟天子得射. 遼主命伊賴哈射之，應弦而麆踣，遼主大
悦，賜賚優渥. 及是，宴歡甚，復賜金盂·細錦及孕馬百匹，
左右授官者甚衆.

45　丁德裕同西川兵馬都監張延通帥師破賊，擒其僞都統康
祚，磔於市. 延通，潞城人也.
　康延澤既城普州，王可僚復合數州兵來攻，延澤擊走之，
追奔至合州.
　全師雄病死金堂，德裕及王全斌等分往招輯，賊衆悉平.

46　是月，北漢復取遼州.

47　達勒達入貢. 達勒達，本東北靺鞨之別種，唐元和後徙陰
山，至是來貢.＊

續資治通鑑 卷005

【宋紀五】
强圉單閼(丁卯)正月，盡屠維大荒落(己巳)六月，凡二年
有奇.

❖ 太祖啓運立極英武睿文神德聖功至明大孝皇帝乾德
　 五年 (遼應曆 十七年, 丁卯, 967)

1　　春，正月，庚寅朔，御乾元殿受朝，升節度使班在龍墀
內，金吾將軍上. 故事節度使不帶平章事者，皆位在卿監下，
於是特改焉.

2　　遼林牙蕭干‧郎君耶律賢適討烏庫部還，遼主執其手，
賜巵酒；以雅里斯‧楚思‧霞里三人無功，賜醨酒辱之；授
賢適右皮室詳袞.
　　賢適嗜學，有大志，時朝臣多以言獲譴，賢適樂於靜退，
游獵自娛，與親朋言，不及時事，至是始見擢用.

3 　辛丑, 賜西川諸州民今年夏租之半.

4 　詔以時平年豐, 增上元張燈爲五夜.

5 　蜀臣民詣 闕訟王全斌·王仁瞻·崔彥進等破蜀時諸不法事, 於是諸將同時召還. 仁瞻先入見, 帝詰之, 仁瞻歷詆諸將過失, 冀自解免. 帝曰: "納李廷珪妓女, 開豐德庫取金貝, 此豈諸將所爲邪?" 仁瞻惶恐, 不能對. 帝以全斌等新有功, 不俗付吏, 令中書門下追仁瞻及全斌·彥進與訟者質證, 凡所取受隱没共錢六十四萬六千八百餘貫, 而蜀宮珍寶及外府他藏不著籍者不與焉. 并按以擅克削兵士裝錢, 殺降致寇之由, 全斌·仁瞻·彥進皆具伏. 壬子, 令御史臺集百官於朝堂, 議全斌等罪. 癸丑, 百官言三人法當死, 帝特赦之. 甲寅, 置崇義軍於隨州, 昭化軍於金州, 以全斌爲崇義留後, 彥進爲昭化留後. 仁瞻罷樞密副使, 爲右衛大將軍. 諸將士有受者, 一切不問.

6 　丁巳, 以曹彬爲宣徽南院使, 領義成節度使, 劉光義改領鎮安節度使, 張廷翰爲侍衛馬軍都虞候, 領彰國節度使, 李進卿爲步軍都虞候, 領保順節度使. 廷翰與進卿從光義平蜀, 軍政不擾, 故賞之.
　初, 王仁瞻歷詆諸將, 獨曰: "清謙畏謹, 不負陛下任使者, 惟曹彬一人耳." 帝於是賞彬特優. 彬人辭曰: "諸將俱獲罪，臣獨受賞，何以自安！"帝曰："卿有功無過，又不自矜伐．苟負纖芥之累，仁贍豈爲卿隱邪？懲勸國之常典，可無辭也．"

7　帝以河堤屢決，分遣使行視，發畿甸丁夫繕治．自是歲以爲常，皆以正月首事，季春而畢．又詔開封‧大名府‧鄆‧澶‧滑‧孟‧濮‧齊‧淄‧滄‧棣‧濱‧德‧博‧懷‧衛‧鄭等州長吏并兼本州河堤使．

8　二月，甲子，遼南京留守高勳，請以偏師擾益津關，從之．

9　乙丑，以西川轉運使沈義倫爲戶部侍郎，充樞密副使．
　　初，義倫隨軍人成都，獨居佛寺蔬食，蜀羣臣有以珍異奇巧之物獻者，皆却之；東歸，篋中所有，圖書數卷而已．帝嘗從容問曹彬官吏善否，彬曰："臣止監軍旅，至於采察官吏，非所知也．"固問之，曰："義倫可任．"帝亦聞義倫清節過人，因擢用之．

10　壬申，權知貢舉盧多遜奏進士李肅等合格者十人．復詔參知政事薛居正於中書復試，皆合格，乃賜及第．

11　左監門衛大將軍‧權判三司趙玭，性狂躁許直，多忤旨，帝每優容之．又與宰相趙普不協，因稱足疾，求解職．甲戌，批守本官，罷判．

　時有譖殿前都指揮使韓重贇私取親兵爲腹心者，帝怒，欲誅之．趙普諫曰：“若重贇以譖誅，即人人懼罪，誰敢爲陛下將親兵者？”帝乃止，出重贇爲彰德節度使．重贇聞普救己，他日，詣 普謝，普拒弗見．

12　三月，戊戌，以前安國節度使張美爲橫海節度使．美至滄州，久之，有告其強取民女爲妾，又略民錢四千餘緡者，帝召告者，詰之曰：“張美未至，滄州安否？”對曰：“不安.”“既至，何如？”曰：“無復兵寇.”帝曰：“然則美之有造於滄州大矣．朕不難黜美，但念汝滄州百姓耳.”因命官爲給直，還其女．復賜美母錢萬緡，使謂美曰：“乏錢，當從朕求，勿取於民也！”美惶恐，折節爲廉謹，未幾，以政績聞．

13　甲辰，詔：“翰林學士・常參官於幕職・州縣及京官內各舉堪任常參官者一人，不當者連坐.”

　乙巳，詔諸道舉部內官吏才德優異者．

14　丙午，門下侍郎・平章事趙普，加左僕射，充昭文館大學士．

15　丙辰，北漢石盆寨招收巡檢使閻章以寨來降．

16 是月，五星如連珠，聚降婁之次．初，竇儼善推步星曆，周顯德中爲諫官，謂同列盧多遜・楊徽之曰：「丁卯歲五星聚奎，自此天下太平，二拾遺見之，儼不與也．」卒如其言．

17 南唐命兩省侍郎・諫議・給事中・中書舍人・集賢・勤政殿學士更直光政殿，召對咨訪，率至夜分．南唐主事佛甚謹，中書舍人全椒張洎，每見輒談佛法，由是驟有寵．當時大臣亦多蔬食持戒以奉佛，中書舍人會稽徐鉉獨否，然絕好鬼神之說．

18 夏，四月，丙子，遼主射柳祈雨，復以水沃羣臣．

19 給事中開封馬士元謁樞密副使沈義倫，適有吏白事，義倫與語，忘顧士元．士元遽辭出，歸，語家人曰：「我爲臺省近臣，不爲執政所禮，可以去矣．」己卯，遂致仕．

20 陵州有陵井，蜀置監，歲煉鹽八十萬斤．廣政二十三年，井口摧圮，毒氣上如烟霧，煉匠入者皆死．後井益塞，民難食．通判眞定賈璉，始建議開浚，刺史王奇謂浚之犯井龍，役夫不肯進，璉親執鍤興役，逾年而至泉脈，初煉鹽日三百斤，稍增日三千六百斤．璉上其事，即詔璉知州事．璉後卒於官，州人畫像祠之．

21 　五月，壬辰，遼北府丞相蕭哈哩卒.

　哈哩貌魁偉，膂力過人，遼主嘉其勤篤，命總知軍國事.
初，諸王多坐反逆，哈哩廉謹達政體，命案獄，多得其情，
人無冤者. 北漢主鈞每遣使入貢於遼，別致幣物，詔許哈哩受
之. 卒，年五十. 遼主愍悼，輟朝三日，罷重五之宴.

22 　乙巳，北漢鳩唐寨招收指揮使樊暉以寨來歸.

23 　六月，戊午朔，日有食之.

24 　遼主駐裹潭，好長夜之飲，因怒濫刑，醒亦悔之，諭大
臣切諫. 蕭思溫等畏懦，鮮能匡救，間有諫者，多不見聽. 己
未，支解鹿人壽格念古，命有司盡取鹿人之在繫者六十五
人，斬所犯重者四十四人，餘悉痛杖之. 中有欲置死者，賴王
子必攝等諫，得免.

25 　諸道銅鑄佛像，先是悉輦赴京毀之. 秋，七月，丁酉，詔
勿復毀，仍今所在崇奉，但毋更鑄.

26 　八月，辛酉，遼主生日，以大臣有病疙者，不受賀.

27 　是月，河溢入衛州城，民溺死者數百.

28 九月,丙戌朔,遼主獵於黑山‧赤山,自是連獵者兩月.

29 庚子,定難節度使西平王李彝興卒,追封夏王,以其子行軍司馬光叡權知州事.

30 乙巳,太子少傅致仕柴守禮卒,周世宗之本生父也,命中使護其喪事.

31 冬,十月,癸酉,度支判官侯陟言:"三司凡二十四案,鹽鐵主其六,戶部主其四,餘皆度支主之.自荊‧湖‧西蜀之平,事務益眾,欲令三司均主其人."詔三司推官張純分判度支案事.

32 十一月,乙酉朔,工部侍郎毋守素,坐居喪娶妾免.

33 庚子,遼司天奏月當食不虧,遼主以爲祥,歡飲達旦.

34 十二月,丙辰,禁諸州輕小惡錢及鐵鑞錢.又命紕疏布帛毋鬻於市,及涂粉入藥者,捕之置罪.

35 戊辰,以權知夏州李光叡爲定難節度使.

36 己巳,置建寧軍於麟州;庚午,以防禦使楊重勳爲留後.

37 　宰相趙普丁母憂 , 丙子 , 起復.

38 　賜西川來歲夏租之半.

39 　是冬 , 遼主駐黑河平淀.

❖ 　太祖啓運立極英武睿文神德聖功至明大孝皇帝開寶
元年 (遼應曆十八年, 戊辰, 968)

1 　春 , 正月 , 乙酉朔 , 遼主宴於宮中 , 不受賀.

2 　甲午 , 城京師.

3 　丁酉 , 以陝 · 絳 · 懷等州饑 , 賑之.

4 　己亥 , 遼主觀燈於市 , 以銀百兩市酒 , 命羣臣亦市酒 ,
縱飲三夕.

5 　乙巳 , 北漢偏城寨招收指揮使任守恩等來降.

6 　二月 , 冊宋氏爲皇后 , 忠武節度使延渥長女也. 延渥尋改
名偓.

7   三月，甲申朔，遼主如潢河；乙酉，獲駕鵝，祭天地．遼主命造大酒器，刻爲鹿文，名曰鹿甄，貯酒以祭天．

8   庚寅，增修縣令・尉捕賊功過令，頒行之．

9   陶穀知貢舉王祐擢進士合格者十人．陶穀子邴，名在第六，翌日，穀入致謝．帝謂左右曰：“聞穀不能訓子，邴安得登第？”遽命中書覆試，而邴復登第．因下詔曰：“造士之選，匪樹私恩；世祿之家，宜敦素業．如聞黨與，頗容竊吹，文衡公器，豈宜私濫！自今舉人，凡關食祿之家，委中書覆試．”

10   南漢西北面招討使潘崇徹以飛語見疑，南漢主遣內侍番禺郭崇岳覘其軍，戒之曰：“崇徹果有異志，即誅之．”崇岳至桂州，崇徹嚴兵見之，崇岳不敢發，還報曰：“崇徹日事飲樂，不恤軍政，非有反謀也．”會崇徹單騎自歸，南漢主釋不問，但奪其兵權而已．

11   戊申，南唐以樞密使・右僕射湯悅爲左僕射兼門下侍郎・平章事．悅素稱清輝學士張洎之才．洎能伺人主顏色，善構同列短長，密奏悅非經倫才，南唐主以悅文學舊臣，罷洎學士，俄復故．

12   夏，四月，戊午，成德節度使兼侍中韓令坤卒．令坤有才略，識治道，鎮常山凡七年，北邊以寧．帝聞其喪，悼惜之，追封南康郡王．

13　己巳，遼主詔：「左右從班有才器干局者不次擢用，老耄者增俸以休於家．」

14　丙子，戶部員外郎・知制誥盧多遜，充史館修撰，判館事．多遜喜任數，善爲巧發奇中．帝好讀書，每遣使取書史館，多遜預戒吏，令遽白所讀．上果引問書中事，多遜應答無滯，同列皆伏，帝益寵異之．

15　北漢軍校翟洪貴等來降．

16　五月，丁亥，重五，遼主以飲酒，不受賀．

17　以盛暑，詔諸州恤刑．帝謂侍御史馮柄曰：「朕每讀《漢書》張釋之・於定國治獄，天下無冤民，此所望於卿也．」

18　乙未，詔：「諸道當輦送上供錢帛等舟車，并從官給，勿以擾民．」

19　丁酉，遼主與政事令蕭巴雅爾・南京留守高勳等酣飲連日夜，旋命勳知南院樞密使．

20　丙午，建雄軍節度使趙彦徽卒．帝微時，兄事彦徽，及即位，擢領旄鉞，寵顧甚厚，卒，贈侍中．繼聞其專務聚斂，始薄其爲人．

21　丁未，賜南唐米十萬斛，饑故也．南唐以勤政殿學士承旨韓熙載爲中書侍郎・百勝節度使兼中書令．熙載上疏論刑政之要，古今之勢，災異之變，及獻所撰格言，南唐主手詔褒答而有是命．

22　六月，癸丑朔，詔："民田爲霖雨，河水壞者，免今年夏税及他徵物．"

23　己未，遼主令殿前都點檢耶律伊賴哈置神帳，曲赦京畿囚．

24　癸亥，詔："荊・湖民祖父母・父母在者，子孫不得別財異居．"

25　辛巳，以右補闕辛仲甫權知彭州．帝謂之曰："蜀土始平，輕佻之俗未革，爾有文武才，是用命爾．"仲甫既至，州卒燕環誘屯戍軍，謀以長春節燕集日爲亂，仲甫禽斬之．

26　秋，七月，乙未，中元張燈，帝御東華門，賜從官飲．

27　以殿前都虞候涿人董遵誨爲通遠軍使.

遵誨父宗本，仕漢爲随州刺史，帝微時嘗往依之. 遵誨憑藉
父勢，多所陵忽，嘗論兵戰事，遵誨理屈，即拂衣起，帝乃
辭宗本去. 及帝即位，遵誨累遷至驍武指揮使. 一日，便殿召
見，遵誨伏地請死，帝令左右扶起，慰之. 俄而部下軍卒有擊
登聞鼓訴其不法十餘事，遵誨惶恐待罪，帝曰：“朕方赦過賞
功，豈念舊惡邪！汝可勿復憂，吾將錄用汝.”遵誨再拜感泣.
帝問遵誨母所在，遵誨曰：“母在幽州，遭難暌隔.”帝因令人
重賂邊民，竊迎其母，送於遵誨，仍加優賜. 至是帝以西蕃近
邊，命遵誨守通遠軍.

遵誨既至，召諸族酋長，諭以朝廷威德，刲羊醼酒，厚加
宴犒，衆皆悦服. 後數月，復入寇，遵誨率兵深入，擊走之，
俘斬甚衆，獲牛馬數萬，戎落以定. 帝嘉其功，就拜羅州刺
史，使如故. 遵誨嘗遣其外弟劉綜來貢馬，及還，帝解所服眞
珠盤龍衣，使賫賜之，綜曰：“遵誨人臣，豈敢當此賜！”帝
曰：“吾委遵誨方面，不以此爲嫌也.”

28　丙午，北漢烏王寨使胡遇等來降.

29　帝自即位，數出微行，或過功臣家. 趙普退朝，不敢脫衣
冠. 一夕，大雪，向夜，普聞叩門聲甚急，出，則帝立雪中，
普惺恐迎拜. 帝曰：“已約吾弟矣.”已而開封尹光義至，即普
堂中，設重裀地坐，熾炭燒肉，普妻行酒，帝以嫂呼之. 普從

容問曰：“夜久寒甚，陛下何以出？”帝曰：“吾睡不能着，一榻之外，皆他人家也，故來見卿.”普曰：“陛下小天下邪？南征北伐，今其時也. 願聞成算所向.”帝曰：“吾欲取太原.”普默然良久，曰：“非臣所能知也.”帝問其故，普曰：“太原當西北二邊，使一舉而下，則邊患我獨當之，何不姑留？俟削平諸國，彼彈丸黑子，將何所逃！”帝笑曰：“吾意政爾，故試卿耳.”因謂普曰：“王全斌平蜀多殺人，吾今思之猶耿耿，不可用也.”普薦曹彬·潘美可用，後悉從其言.

帝嘗因北漢界上諜者謂北漢主曰：“君家與周氏世仇，宜其不屈. 今我與爾無所間，何爲困此一方人也？若有志中國，宜下太行以決勝負.”北漢主遣諜者復命曰：“河東土地甲兵，不足當中國之十一，區區守此，蓋懼漢室之不血食也.”帝哀其言，笑謂諜者曰：“爲我語劉鈞，開爾一路以爲生.”故終其世，不以大軍北伐.

30　　初，北漢世祖女爲晉護聖營卒薛釗妻，生子繼恩. 釗死，妻改適何氏，生子繼元，而何與妻皆卒. 世祖以北漢主鈞無子，使養繼恩及繼元，皆冒姓劉氏. 繼恩事主盡恭，昏定晨省，禮無違者. 及爲太原尹，選軟不治，北漢主憂之，嘗謂宰相郭無爲曰：“繼恩純孝，然非濟世才，恐不能了我家事，奈何？”無爲不對. 是月，北漢主臥疾，召無爲，執其手，以後事付之.

繼恩始監國，無爲與侍衛親軍使蔚進不協，因出進守代州，又建議漸斥去公族，命繼恩弟繼忠守忻州．繼忠，亦孝和養子也，自稱嘗使契丹，得冷痼病，定襄地寒，願留養晉陽；繼恩責其觀望，趣令就道．繼忠頗出怨語，或以白繼恩，尋縊殺之．

戊申，北漢主殂，繼恩遣使告終稱嗣於遼，遼主許之，然後即位，上謚曰孝和皇帝，廟號睿宗．遼遣使弔祭．

31　是月，令諸州察民有飢者，即發廩貸之．

32　左監門衛大將軍趙玭，既罷三司，累上密疏，皆留中不出，嘗疑趙普中傷之，乃詣閤門納所受誥命．八月，庚申，詔勒歸私第．玭請退居鄆州，不許．

33　丙寅，命客省使盧懷忠等二十二人領兵屯洺州，將有事於北漢也．

34　戊辰，命昭義節度使・同平章事李繼勳爲河東行營前軍都部署，侍衛步軍都指揮使黨進副之，宣徽南院使曹彬爲都監；棣州防禦使何繼筠爲先鋒部署，懷州防禦使康延沼爲都監；建雄節度使趙贊爲汾州路部署，絳州防禦使司超副之，隰州刺史李謙溥爲都監．

35　九月，癸未，監察御史楊士達，坐鞫獄濫殺棄市．

36　己丑，遼主登小山，祭天地.

37　戊戌，遼主知宋欲襲河東，諭西南面都統·南院大王塔爾預爲之備.

38　北漢主繼恩，惡郭無爲專政，欲逐之而未果，是月，加無爲守司空，外示優禮，內實疏遠之. 繼恩服衰裳視事，寢處皆居勒政閣，其左右親信悉留太守府廨，或請召入令翊衛，繼恩弗聽. 於是文武百官皆進秩，繼恩置酒宴諸大臣及宗子，飲罷，臥閣中，供奉官侯霸榮以刃揰其胸，殺之. 無爲遣兵以梯登屋入，殺霸榮并其黨，迎立繼恩弟太原尹繼元. 繼恩立纔六十餘日. 霸榮者，邢州人，多力善射，走及奔馬，嘗爲散指揮使，戍樂平，旋降於王全斌，補內殿直，未幾，復奔北漢，爲供奉官. 於是殺繼恩，謀南歸，卒爲無爲所殺. 或謂無爲實使霸榮作亂，亟誅霸榮以滅口，故人無知者.

繼元始立，宋師已入其境，乃亟遣使上表於遼，且請兵爲援. 又遣侍衛都虞候劉繼業·馬進珂領軍扼團柏穀，以將作監馬峰爲樞密使，監其軍. 峰至洞過河，與李繼勳等遇，何繼筠以先鋒擊破之，斬首二千餘級，禽其將張環·石斌，遂奪汾河橋，傅太原城下，焚延夏門. 繼元遣殿直都知郭守斌領內直兵出戰，又敗，守斌中流矢，退入城中.

39　丁未，北漢佐勝軍使李瓊來降.

538　속자치통감1

40 初，潘美克郴州，獲南漢內品十餘人．有餘延業者，自言爲扈駕弓官，授以弓，不能張，帝笑．問其國政，延業具言奢侈殘酷狀，帝驚駭曰："吾當救此一方民."於是道州刺史王繼勳言："劉鋹昏暴，民被其毒，又數出寇邊，請王師南伐."帝猶未欲加兵，乃命南唐主諭意，令南漢主先以湖南舊地來獻．南唐主遣使致書，南漢主不從．

41 建隆中，緣舊制，祭東岳泰山於兗州·西岳華山於華州·北岳常山於定州·中岳嵩山於河南府．於是有司言："祠官所奉止四岳．今按祭典，請祭南兵衡山於衡州；東鎮沂山於沂州，南鎮稽山於越州，西鎮吳山於隴州，中鎮霍山於晉州；東海於萊州，南海於廣州，西海·河瀆并於河中府，北海·濟瀆并於孟州，淮瀆於唐州；其江瀆准顯德五年敕，祭於揚州揚子江口，今請祭於成都；北鎮醫巫閭山在營州界，未行祭享."從之．其後望祭北鎮於定州岳祠，既而五鎮之祭復闕．

42 遼以伊賴哈兼政事令，仍以黑山東默珍之地數十里賜之．是秋，遼主獵於西京諸山．

43 冬，十月，甲戌，屯田員外郎同州雷德驤，責受商州司戶參軍．德驤判大理寺，其官屬與堂吏，附會宰相，擅增減刑名，德驤憤惋求見，欲面白其事，未及引對，即直詣講武殿奏之，辭氣俱厲；并言趙普強市人第宅，聚斂財賂．帝怒，叱之曰：「鼎鑊猶有耳，汝不聞趙普吾之社稷臣乎？」引柱斧擊折其上齶二齒，命左右曳出，詔宰相處以極刑．既而怒解，止以闌入之罪黜之．

44　丙子，吳越王俶遣其子建武節度使惟濬來朝貢，命知制誥盧多遜迎勞之．

45　是月，帝遣使賚詔至太原，諭北漢主繼元令降，約以平盧節度使授之．又別賜郭無爲・馬峰等詔四十餘道，許授無爲安國節度使，峰以下并與藩鎮．無爲得詔色動，但出繼元一詔，餘皆匿之，自是始有貳志，勸繼元納款，繼元不從．

初，帝使諜者惠璘僞稱殿前指揮使，負罪奔北漢，無爲知其謀，使爲供奉官．及宋兵入北漢境，璘即奔逃至嵐穀，候吏獲送太原，北漢主使無爲鞫之，無爲釋不問．有李超者，知璘狀，上告；無爲怒，并超殺之以滅口．

46　十一月，辛巳，詔曰：「盜賊漸息，減諸縣弓手有差，令・尉輒占留者，重置其罪．」

47　先是，帝入太廟，見其所陳籩豆簠簋，問曰：「此何等物也？」左右以禮器對．帝曰：「吾祖宗寧識此！」亟命撤去，進常膳如平生．既而曰：「古禮亦不可廢也．」命復設之．於是判太常寺和峴言：「按唐天寶中享太廟，禮料外每室加常食一牙盤，五代以來，遂廢其禮，今請如唐故事."詔："自今親享太廟，別設牙盤食，禘祫·時享皆同之."峴又言："乾德初，郊祀上帝，就望燎位，而燎壇稍遠，有司不聞告柴燎之聲. 臣時爲禮官，職當贊道，親聞德音，令舉燭相應. 按《史記·封禪書》，秦常以十月郊見，通燋火，狀若桔橰，欲令光明遠照，通於祀所. 望敕有司率循前制."從之.

48　壬寅，親享太廟.

49　癸卯，日南至，合祭天地於南郊，改元開寶，大赦，蠲乾德五年以前逋租，御乾元殿，宰相趙普等奉玉冊寶，上尊號曰應天廣運聖文神武明道至德仁孝皇帝.

50　是日，遼主以飲酒，不受賀.

51　是月，遼南院大王塔爾爲兵馬總管，統諸道兵授北漢，李繼勳等皆引歸，北漢因進掠晉·絳二州之境.

52　北漢主劉繼元弑其母郭氏.

53　南唐主納后周氏，昭惠后之妹也，美姿容，先已得幸於唐主. 昭惠疾甚，忽見后入，顧問："妹幾時進宮？"后幼未有知，以實對曰："數日矣."昭惠怒，遂轉鄉而臥，不復顧.

既殂，常出入禁中，至是納以爲后．其夕，燕羣臣，韓熙載等皆賦詩以風，南唐主亦不之譴也．

南唐主頗留情樂府，監察御史張憲上疏曰：“道路皆言以戶部侍郞孟拱宸宅與敎坊使袁承進．昔高祖欲拜舞人安叱奴爲散騎侍郞，擧朝皆笑．今雖不拜承進爲侍郞，而賜以侍郞居宅，事亦相類矣．”南唐主賜帛旌其敢言，然終不能改．

54 是冬，遼主駐黑山東川．

55 遼太平王諧薩噶，久預國政，遂謀亂．時司天魏璘善卜，因詣 璘卜僭立之日．事覺，遼主貶諧薩噶西北邊戌，流璘於烏庫部．

❖ 太祖啓運立極英武睿文神德聖功至明大孝皇帝開寶二年(遼應曆十九年, 己巳, 969)

1 春，正月，己卯朔，以出師，不御殿．

2 遼主宴宮中，不受賀．

3 己亥，以錢惟濬爲鎭海・鎭東節度使．惟濬奉其父命來助祭，將還，特詔增秩．

4 　王寅, 遣殿中侍御史洛陽李瑩等分往諸州, 調發軍儲赴太原. 丙午, 又遣使發諸道兵, 屯於潞 · 晉 · 磁等州.

5 　南唐樞密使 · 左僕射 · 平章事湯悅, 罷爲鎭海節度使. 悅不樂居藩, 上章求解. 於是改授太子太傅, 監修國史, 仍領鎭海節度使.

6 　二月, 乙卯, 命曹彬 · 党進等各領兵先赴太原.
　戊午, 詔親征. 己未, 以開封尹光義爲東京留守, 樞密副使沈義倫爲大內部署; 昭義節度使李繼勳爲河東行營前軍都部署, 建雄節度使趙贊爲馬步軍都虞候, 先赴太原. 甲子, 車駕發京師; 丁卯, 次王橋頓. 彰德節度使韓重贇來朝, 帝謂之曰: "契丹知我是行, 必率衆來援, 彼意鎭 · 定無備, 將由此路入, 卿可爲朕領兵倍道兼行, 出其不意破之." 乃以重贇爲北面都部署, 義武節度使郭延義副之.

7 　初, 遼主惑女巫肖褭言, 取人膽合延年藥, 殺人頗衆. 繼悟其詐, 以鳴鏑叢射騎踐殺之. 自是嗜酒好殺, 五坊掌獸及近侍給事諸人, 或以細故, 或奏對少失旨, 或因遷怒, 輒加砲烙 · 鐵梳之刑, 甚者至於無算, 或以手刃刺之, 斬擊射燎, 斷手足, 折腰脛, 劃口破齒, 棄尸於野, 且命築封於其地, 死者至百餘人, 京師署百尺牢以處繫囚. 季年, 暴虐益甚, 嘗謂太尉華哈曰: "朕醉中有處決不當者, 醒當覆奏." 徒能言之，竟無悛意.

　是月，己巳，春蒐懷州. 遼主射熊而中，侍中蕭思温與伊勒希巴牙哩斯等進酒上壽，遼主醉，還行宮，夜，爲近侍霄格・盥人華格・庖人錫袞等所弑. 年三十九，廟號穆宗.

　庚午，思温與南院樞密使高勳・飛龍使尼哩等奉世宗第二子賢，率甲騎千人馳赴行在. 賢慟哭，羣臣勸進，遂即皇帝位於樞前，百官上尊號曰天贊皇帝，大赦，改元保寧. 以殿前都點檢耶律伊賴哈・右皮室詳袞蕭烏哩濟宿衛不嚴，斬之. 以尼哩爲行宮都部署，加政事令.

8　權知貢擧趙逢奏進士安德裕等合格者七人.

9　乙亥，車駕次潞州，以霖雨駐蹕.

　時諸州餽餉畢集城中，車乘塞路. 帝聞之，以爲非理稽留，將罪轉運使. 趙普曰：“六師方至而轉運使獲罪，敵人聞之，必謂儲偫不充，非所以威遠之道，但當擇治劇者涖此州耳.” 丙子，命戶部員外郎・知制誥王祐權知潞州. 祐即發遣車乘，行路無阻.

　以樞密直學士趙逢爲隨駕轉運使，仍鑄印賜之.

10　北漢劉繼業・馮進珂屯於團柏穀，遣衛隊指揮使陳廷山領數百騎來偵邏. 會李繼勳等前軍至，廷山即以所部降. 繼業・進珂知衆寡不敵，亦奔還晉陽，北漢主怒，罷其兵柄. 繼勳等遂圍城.

時遼使內侍韓知範冊命北漢主爲帝,北漢主夜開門納之.明日,置宴,羣臣皆預,宰相郭無爲哭於庭中,拔佩劍自刺,北漢主遽降階,持其手引之升坐,無爲曰:"奈何以孤城抗百萬之師乎!"蓋無爲欲以此搖衆心也.

11 三月,丙戌,遼主次上京.以定策功,進蕭思温爲北院樞密使,旋兼北府宰相;封高勳爲秦王,尼哩加守太尉.

時承穆宗失德之後,中外翕然望治.遼主數召翰林學士南京室昉,問古今治亂得失,奏對稱旨.思温薦耶律色珍有經國才,遼主曰:"朕知之;第佚蕩,豈可羈屈!"思温曰:"外雖佚蕩,中未可量."乃召問以時政,指陳剴切,遼主器重之,旋命節制西南面諸軍,援河東.時南院大王耶律塔爾加兼政事令,致仕,以色珍代之.

12 遼諝薩噶聞遼主立,大懼,亡入沙陀.遼主以伊勒希巴訥穆袞陰附諝薩噶,誅之.旋召諝薩噶還,釋其罪.

13 帝駐蹕潞州凡十有八日,獲北漢諜者,問之,對曰:"城中民罹毒久矣,日夜望車駕,恨其遲耳."帝笑,給衣服縱之.壬辰,發潞州;戊戌,次太原;庚子,觀兵於城南,始命築長連城.辛丑,臨汾河作新橋.以兵部員外郎知制誥盧多遜知太原行府事.

壬寅，遣使發太原諸縣民數萬赴城下.

14　癸卯，北漢憲州判官史昭文以州城來降，即命昭文爲刺史.

15　乙巳，帝至城東南，命築長堤壅汾水. 先是有欲增兵攻城
者，左神武統軍陳承昭進曰：“陛下自有數千萬兵在左右，何
不用也？”帝未悟，承昭以馬策指汾水，帝大笑，因使承昭
董其役. 丙午，決晉祠水灌城.

　丁未，命李繼勳軍於城南，趙贊軍於西，曹彬軍於北，黨
進軍於東，爲四寨以逼之. 北漢人乘晦突門，潛犯西寨，趙贊
率衆與戰，弩矢貫贊足，未退. 時黨進遣東寨都監李謙溥伐木
西山以給軍用，謙溥聞鼓聲，即引所部兵赴之，北漢人乃退.
帝遽至戰所，怪赴援者非精甲，問之，則謙溥也，甚悦. 劉繼
業復以突騎數百犯東寨，黨進挺身逐繼業，麾下數人随之，
繼業走匿壕中，北漢兵出援之，繼業緣縆入城，獲免.

16　南唐右僕射·判省事游簡言，躬親簿領，督責稽緩，僚
吏畏之；然暗於大體，不爲士大夫所重. 數以疾辭，南唐主不
許. 是月，命簡言兼門下侍郎·平章事.

17　夏，四月，戊申朔，帝臨城東觀築堤.
　辛亥，遣海州刺史孫萬進領軍數千人圍汾州.
　壬子，帝復至城東，賜羣臣及諸軍時服，宴從臣.

初，楙州防禦使何繼筠爲石嶺關部署，屯陽曲. 帝聞遼兵分道來援北漢，其一自石嶺關入，乃驛召繼筠詣 行在所，授以方略，并給精兵數千，使往拒之，且謂繼筠曰："翌日亭午，俟卿捷奏至也！"時已盛暑，帝命太官設麻漿粉賜繼筠，食訖，辭去，戰於陽曲縣北，大敗遼兵，禽其武州刺史王彥符，斬首千餘級. 己未，繼筠遣子承睿來獻捷. 承睿未至，帝登北臺以俟，見一騎自北來，逆問之，乃承睿也. 北漢陰恃遼援，城久不下，帝以所獻首級示之，城中人氣奪.

18 遼主監穆宗暴虐，務行寬政. 趙王喜袞久繫獄，聞之，自去其械而朝. 遼主怒曰："汝罪人，何得離禁所！"復執之. 既而躬錄囚徒，悉召而釋之.

是月，進封太平王諳薩噶爲齊王，改封喜袞爲宋王，封隆先爲平王，稍爲吳王，道隱爲蜀王，必攝爲越王，異里爲冀王，宛爲衛王. 初，遼主弟質睦性敏給，通契丹·漢字，能詩，穆宗末年，質睦與宮人私，穆宗怒，榜掠數百，刺一目而宮之，繫獄，將棄市. 遼主即位，即釋之，賜以所私宮人，封寧王. 未幾，以隆先兼政事令，留守東京，道隱留守上京. 隆先·道隱·稍，皆世宗之弟也.

19 五月，戊寅，遼分兵由定州來侵，韓重贇陳於嘉山以待之. 遼人見旗幟，大駭，欲遁去；重贇亟擊之，大破其衆. 癸未，使來告捷，帝大喜，手詔褒之.

20　甲申，帝臨城北，引汾水入新堤，灌其城．戊子，臨城東南，命水軍乘小舟載強弩進攻其城，內外馬步軍都軍頭王廷義親鼓之，免冑選登，流矢中其腦而顛．庚寅，廷義卒．辛卯，殿前都指揮使都虞候石漢卿亦中流矢，溺死．癸巳，贈廷義建武節度使，漢卿袁州防禦使．

　　丁酉，帝幸城西，命諸軍攻其西門．

　　遣偏師圍嵐州，趙弘危蹙，請降．戊戌，弘來見，以避宣祖諱，賜名文度．

　　己亥，以右千牛衛將軍周承瑨爲嵐州團練使．

　　庚子，宴趙文度於行宮，后授重國節度使．

21　太原圍急，熟無爲謀出奔，因請自將出擊．北漢主信之，選精甲千人，命劉繼業·郭守斌爲之副，北漢主登延夏門自送之，且待其反．會夜雨晦冥，無爲行至北橋，駐馬召諸將，繼業以馬傷足，先收所部兵入城，守斌迷失道，呼之不獲；無爲不能獨前，乃與麾下數千人亦還．

22　帝以暑氣方盛，深念縲絏之苦，乃詔："西京諸州令長吏督掌猶掾五日一至獄戶，檢視灑掃，洗滌杻械，盆困者給饭食，病者給藥，輕繫小罪即時決遣．"自是每歲仲夏，必申明是詔以戒官吏．

23　遼立貴妃蕭氏爲皇后．后，北府宰相思温女也，早慧．思

温嘗觀諸女灑掃，唯后蠲潔，喜曰：“此女必成家.”及立爲
后，能參決朝政，遼主敬禮之.

24　閏月，戊申，太原南城爲汾水所陷，水穿外城，注城
中，城中大驚擾.帝臨長堤觀焉.水口漸闊，北漢人緣城設
障，爲宋師所射，障不得施.俄有積草自城中飄出，直抵水口
而止，宋師弩矢不能徹，北漢人因以施功，水口遂塞.

郭無爲復勸北漢主出降，北漢主不聽.閹人衛德貴，極言無
爲反狀明白，不可赦，北漢主殺之以徇，城中稍定.

北漢人俄自西長連城潛出，將焚攻戰之具，宋師擊走之，
斬首萬餘級.夜半，忽傳呼壁外云：“北漢主降.”帝令衛士環
甲，將開壁門，八作使趙璲曰：“受降如受敵，詎可夜半輕諾
乎！”帝使問之，果諜者詐爲也.

己酉，帝臨城南，命水軍乘輕舟焚其門.

25　右僕射魏仁浦卒.

先是仁浦侍春宴，因前上壽，帝密謂曰：“朕欲親征太原，
如何？”仁浦曰：“欲速則不達，惟陛下審思.”帝嘉其對.宴
罷，就第，賜上尊酒十石，御膳羊百口.既而從行，中途遇
疾，還，卒於梁侯驛.贈侍中，謚宣懿.

26　太原城久不下，東西班都指揮使李懷忠率衆攻之，戰不
利，中流矢，幾死.殿前指揮使都虞候趙廷翰，率諸班衛士叩

頭，願先登急擊以盡死力．帝曰：“汝曹皆吾所訓練，無不一當百，所以備肘腋，同休戚也．我寧不得太原，豈忍驅汝曹冒鋒刃，蹈必死之地乎！”衆皆感泣．

時大軍頓甘草地中，會暑雨，多被腹病．會遼遣北院大王烏珍自白馬率勁卒夜出，間道疾馳，駐太原西，鳴鼓擧火，北漢賴以自固．

太常博士李光贊言於帝曰：“陛下戰無不勝，謀無不臧，四方恃險之邦・僭竊帝王之號者，昔與中國爲鄰，今與陛下爲臣矣．蕞爾晉陽，豈須親討！重勞飛挽，取怨黔黎，得之未足爲多，失之未足爲辱．國家貴靜，天道惡盈，所慮向來恃險之邦，聞是役也，竭府庫之財，盡生民之力，忠心踴躍，各有窺覬．傳曰：‘鄰之厚，君之薄也．’豈若回鑾復都，屯兵上黨？使夏取其麥，秋取其禾，既寬力役之征，便是蕩平之策．惟陛下裁之！”帝覽奏，甚喜，復問趙普，普亦以爲然，因使普召光贊慰撫之．

癸丑，移駐城東罕山之南，始議班師．

27　己未，徙太原民萬餘家於山東・河南，給粟；庚申，分命使者十七人發禁軍護送之，因屯於鎮・潞等州，用絳人薛化光策也．化光言：“伐木先去枝葉，后取根柢．今河東外有契丹之助，內有人戶賦輸，竊恐歲月間未能下．宜於太原北石嶺山及河北界西山東靜陽村・樂平鎮・黃澤關・百井社，各建城寨，扼契丹援兵，起其部內人戶，於西京・襄・鄧・

唐・汝州給閑田，使自耕種，絶其供餽，如此，不數年間，
自可平定."帝嘉納之.

28　壬戌，車駕發太原. 時軍士陷敵者百人，帝遣驍雄副指揮
使孔守正領騎軍往救，守正奮擊，盡奪以還.
　北漢主籍所棄軍儲，得粟三十萬，茶・絹各數萬，喪敗馨
竭，賴此少濟.

29　戊辰，次鎮州，召道士蘇澄入見，謂曰："朕作建隆觀，
思得有道之士居之，師豈有意乎？"對曰："京師浩穰，非所
安也."壬申，幸其所居，謂曰："師年逾八十而容貌甚少，盍
以養生之術敎朕！"對曰："臣養生，不過精思練氣耳；帝王
養生，則異於是.《老子》曰：'我無爲而民自化，我無欲而民
自正.'無爲無欲，凝神太和，昔黃帝・唐堯享國永年，用此
道也."帝悦，厚賜之.

30　遼有司請以遼主生日爲天清節，從之.

31　是月，南唐右僕射兼門下侍郎・平章事游簡言卒.

32　六月，己卯，以儀鑾使知易州賀惟忠爲易州刺史，兼
易・祁・定等州巡檢使. 惟忠捍邊數有功，故遷其秩而不易其
任.

33 庚辰，詔：“車駕所過，民無出今年秋租.”

34 癸未，以右補闕大名王明爲荆湖轉運使，以用兵於嶺南也.

35 己丑，次滑州.

南唐主遣其弟從謙來貢，辛卯，見於胙城縣. 唐水部員外郎查元方掌從謙箋奏，帝命知制誥盧多遜燕從謙於館. 多遜弈碁次，謂元方曰：“江南竟如何？”元方斂衽對曰：“江南事大朝十餘年，極盡君臣之禮. 不知其他.”多遜愧謝曰：“孰謂江南無人！”元方，文徽子也.

36 癸巳，車駕至自太原，曲赦京城繫囚.

37 是月，北漢主決城下水，注之臺骀澤，水已落而城多摧圮. 遼使者韓知範猶在太原，嘆曰：“宋師之引水浸城也，知其一而不知其二. 若知先浸而後涸，則并人無類矣.”

時遼南院大王耶律色珍率援師屯於太原城下，劉繼業言主北漢主曰：“契丹貪利棄信，他日必破吾國. 今救兵驕而無備，願襲取之，獲馬數萬，因藉河東之地以歸中國，使晉人免於涂炭，陛下長享富貴，不亦可乎！”北漢主不從. 數日，色珍北還，贈遺甚厚.

其後北漢主復致幣於北院大王烏珍，烏珍以聞，遼主命受之. *